本书为国家自然科学基金面上项目"闽南传统村落文化生态失衡诊断、空间分异与形成机理"（42271254）、国家社科基金重大项目"革命老区'红色文化＋旅游'融合发展研究"（21&ZD179）的阶段性成果

文化生态学

理论与实践

CULTURAL ECOLOGY

THEORY
AND PRACTICE

林明水 著

社会科学文献出版社
SOCIAL SCIENCES ACADEMIC PRESS (CHINA)

序　言

　　"人地关系"是人类与自然环境相互作用和相互影响所呈现的动态关系的简称，也是地理学、生态学、环境学、人类学等相关学科共同研究的核心领域，更是人文地理学研究的热点和焦点。学术界对人地关系的认识是一个动态、复杂的渐进发展过程，无论是中国古代先人所提出的"人定者胜天，天定亦能胜人"的朴素人地相关思想，还是西方近代学者所推崇的"环境决定论""可能论"的人地互动思想，都体现了"生产力决定生产关系、生产关系反作用于生产力"的重要原理。人地关系研究随着生产力的发展不断地发生变化，在原始文明、农业文明、工业文明、生态文明的不同发展阶段，人地关系的内涵也不断丰富和完善，并呈现动态发展的特性。

　　文化生态学是人地关系跨学科研究的新视角。从 20 世纪 50 年代起，引入生态学观点研究人地关系成为重要的、新的研究方向。美国人类学家朱利安·斯图尔德（Julian H. Steward）将生态学原理引入文化与环境的研究，从跨学科的角度探讨人类文化的适应问题，其所著《文化变迁的理论：多线进化方法论》（*Theory of Culture Change*：*The Methodology of Multi-linear Evolution*）的出版，标志着文化生态学的正式诞生。斯图尔德认为，自然环境提供了一定的可能性或可供选择的机会来改变自身的发展状态，而人类发展的历史和特殊习俗所决定的文化则可以从中做出改变的选择或协商。这种文化与环境关系的"可能论"被认为是文化决定论（文化决定文化）与环境决定论（环境决定文化）之间的一种妥协，是将地理环境决定论引入文化和生态互动与辩证的观点。这标志着人地关系研究发生重大转变。此后，学者们关于文化生态的理论和实践研究虽然在内容和方法上得到了进一步丰富发展，但仍没有突破把文化生态作为解释文化与环境之间紧密联系的内涵这样一个基本的视角。因此，文化生态学是在对地理环境决定论的深刻反思基础上，将生态学的概念、理论与方法应用于文化与环境间关系研究而产生和形成的。

20世纪80年代，中国学者结合我国丰富的文化类型和文化区开展文化生态研究，在完成文化生态概念在地化的基础上，通过建立文化生态保护区制度开展全球最大规模的文化生态保护与利用的探索与创新，进一步推动了文化生态学理论与实践的发展。自2007年建立第一个文化生态保护实验区以来，我国政府累计设立了23个文化生态保护实验区，涉及17个省（自治区、直辖市），其中12个实验区被正式建设成国家级文化生态保护区。在全球迈入生态文明发展阶段的背景下，人类不仅要追求人与自然的和谐共生，还要学会改变生产和生活方式以适应自然生态系统的变化，促进社会、经济、自然系统协调发展。这就意味着生态文明不能像工业文明那样，建立在对资源的廉价获取和直接利用的基础之上，而是要建立在精准地获取资源与环境信息的基础上，通过不同文化生态系统之间的高效组合和再配置，最大限度地减少物质与能量的消耗，以期最终实现整体社会物质与能量的高度节约，以此确保对所有生态系统的精准监控和受损生态系统的及时修复，不断推进人与自然关系的和谐共荣。因此，在生态文明背景下，中国文化生态学自主知识体系亟须进一步构建，以对应未来中国文化生态保护区制度的实践与示范。

林明水博士是地地道道的闽南人，在福建师范大学从事文化与旅游地理的教学与科研工作，对自己的家乡闽南的文化生态保护区的建设过程进行了长期的跟踪和关注，并投入了大量的情感和努力。在闽南地区乡贤文化的保护与传承、传统村落文化生态失衡与修复、文化生态安全与保障等方面，林博士有着独到的见解，并以专家智库的身份推动泉州古城文化生态旅游度假区、石狮宝盖山旅游景区等"泉州：宋元中国的世界海洋商贸中心"海丝遗产地的整体系统性保护工作，以及漳州华安土楼、漳州长泰马洋溪、厦门观音山等地的闽南文化生态保护与利用，有着丰富的文化生态理论与实践研究经验。林博士在参与本人主持的国家社会科学基金重大项目"革命老区'红色文化+旅游'融合发展研究"（21&ZD179）的过程中，就提出了系统建构文化生态学理论体系的构想，并在其主持的国家自然科学基金面上项目"闽南传统村落文化生态失衡诊断、空间分异与形成机理"

（42271254）中进一步细化和完善了文化生态学的理论体系。经过近两年的探索，林博士在系统梳理国内外文化生态学概念体系、理论基础及研究方法的基础上，基于人文地理学构建了生态文明视角下文化生态学理论框架，并以闽南文化生态保护区为研究案例开展了实证研究，撰写了《文化生态学：理论与实践》，对文化生态学理论与实践有重要的补缺意义。本人相信该著作的出版，对于推进中国文化生态学自主知识体系建设有重要的指导作用，对人文地理学、文化地理学与生态学科的交叉融合发展有着重要的推动作用。当然，由于中西方对于文化生态学概念内涵和外延理解的差异，以及文化生态系统的要素和功能的复杂性和动态性，作者对于文化生态学发展历程和代表性人物的梳理也留有进一步深化研究的空间，对于文化生态失衡修复、文化生态安全保障的现实认识和应用还有待于进一步拓展至全国范围的文化生态保护区，对于数字化、乡村转型背景下文化生态保护区制度的创新与发展尚未展开论述。在此，也希望有更多学者与专家加入文化生态学理论与实践研究的行列，从地理学、生态学、环境学、人类学等交叉学科视角构建面向全球的文化生态理论体系，进一步推动人地关系的系统性、整体性研究。

是为序。

中国地理学会文化地理专业委员会主任
国家社会科学基金重大项目"革命老区'红色文化+旅游'
融合发展研究"（21&ZD179）首席专家
2023 年 12 月
于广州大学

目　录

第一章
文化生态与生态文明

第一节　文化生态的产生

一　文化生态的概念

（一）文化生态（Cultural Ecology）

"文化生态"一词诞生于 1955 年，由美国人类学家朱利安·斯图尔德（Julian H. Steward）在研究北美洲西部大盆地派尤特人（Paiute）和肖肖尼人（Shoshone）的生产、生活方式时所创造，用以描述村落居民文化与环境互动的关系（Sutton & Anderson，2013：25）。文化生态是指人类文化和行为与所处的自然生态环境之间相互作用的关系（黄正泉，2015：32）。

文化生态所关注的并不是技术的起源与传播，而是技术在每个环境中可以有不同的利用方式，因而产生不同的社会影响。环境不只是对技术有积极和消极方面的影响，地方性的环境特色甚至可能决定了某些有巨大影响的社会性适应。因此，拥有相同技术的社会，就可能因地形与动物相对的性质而有不同的社会制度（史徒华，1989：46）。其他拥有相似技术设备的社会也可能展现不同的社会模式，因为环境差异到某种程度，就会导致文化适应不得不有所差异。适应的过程可以说是生态的适应，但不只是整个生物网络中的人类社群，还有受适应过程所影响的一些文化特质。这就需要人们把注意力放在有关环境的特质上，而非生物网络本身。只有那些对地方性的文化具有重要性的环境特质，才需要人们加以关注（史徒华，1989：47）。

文化生态和文化生态学都用"Cultural Ecology"来表示，作为学术术语，文化生态研究的核心是人类对环境的适应，主要包括三个方面内容：一是在相似的环境中文化可能有相似的适应；二是所有的适应都是短暂的，并且不断地适应当地的条件；三是适应过程可以用来详述早期的文化，也可以产生全新的文化（Hirst，2018）。

（二）文化核心（Cultural Core）

根据整体观视角（Holistic View），文化的各个层面在功能上是相互依存的，且各种特质并不具有相同程度与种类的相互依存（史徒华，1989：45）。文化核心是与生产和经济活动最有关联的各项特质的集合，包括与经济活动有密切关联的社会、政治与宗教形式（斯图尔德，2013：26），它们是文化相互区别的关键因素（陈勇，2015：21）。

文化核心由文化特质聚合而成，文化特质并不是地方性的，但与与区域生产方式紧密相连的技术和资源息息相关（林明水等，2021a）。

（三）文化特质（Cultural Features）

文化特质是指与环境利用最有关联的资源与技术（Steward，1972），是经验性分析显示在文化规定的方式下与环境的利用最有关联的事物（史徒华，1989：45），并在很大程度上由纯文化和历史因素所决定，如偶然的创新和文化扩散（陈勇，2015：9）。某些文化特质可能存在很大的变异性，且并不依附于文化核心，成为文化的次要特质（Second Features），尽管被赋予了与文化核心相似的外部独立性，但这样的创新和扩散不在文化核心范围之内（斯图尔德，2013：26）。

二　文化生态产生的背景

文化生态并不是凭空产生的，是文化与环境互动关系研究的阶段性成果。一般认为，文化生态研究起源于人类生态学，是研究者将生态学的理论与方法引入人类学研究，从而对文化变迁有了更深入的认识而产生（陈勇，2015：21）。

（一）人类生态学孕育

历史上，关于文化与环境相互作用的各种理论尽管在神学中也被提出、接受、反驳、复议等，甚至许多研究成果是偏见的、种族中心主义的，有时甚至是完全错误的，但人们仍然接受并正视这些旧观念。20世纪的生态人类学借鉴其他学科理论，提出了一些有益的、创新性的理论，虽然这些理论都是有价值的贡献，但也存在理论发展中所常见的各种局限性。科学正是通过把新的事实转化为更全面的理论而发展起来的，就像一个理论的价值往往在于为进一步的研究和思考提供线索，甚至有时候最好的理论就是第一个被取代的（Sutton and Anderson，2013：15）。

人类生态学的发展有三个重要的历史阶段，分别为帝国主义阶段（Imperialist）、田园牧歌（Arcadian）阶段和科学（Scientific）阶段（Kormondy，1996；White，1967：P15）。帝国主义阶段的传统视角认为，人类优于自然，并控制自然（White，1967：P15；Coates，1998）。这一信仰由来已久，特别是在工业革命和西方文化在全球扩张之后，以牺牲环境和传统文化为代价获得了巨大的影响力，至今许多人仍然认同这一观点，政府和企业的生态帝国主义信仰仍然普遍存在。田园牧歌阶段的信仰提倡，人们生活在和谐和田园诗般的满足中，古希腊人以这种方式理想化建设了阿卡迪山谷（Vale of Arcady），实际上这是一个贫穷而艰苦的地区。随着工业社会的兴起，这一观点在过去几个世纪里焕然一新（Glacken，1967；Kormondy，1996）。科学阶段是一种由来已久的视角，在当今人类生态学领域占据主导地位。关于文化和环境的第一个科学理论可以追溯到公元前4世纪，希腊人对文化和环境的关系形成了一种解释性的观点，即人们及其潜力是根据气候来分类的：寒冷的气候造就了"愚蠢"的人，温暖的气候造就了"完美"的人，炎热的气候造就了没精打采和懒惰的人。希腊地处温暖的气候环境并非巧合，尽管希腊人错误地认为放牧先于农业出现，但他们也发现人们已经从狩猎和采集转向了农业和城市生活。

大约在同一时间，中国哲学家孟子在"牛山之木"中，讲述了用于放牛的山如何被伐木者砍伐，新的灌木被牲畜吃掉后，这座山被侵蚀破坏，看起来一直都是光秃秃的。类似的情况也发生在法国，造船厂从旺图山（Mont Ventoux）上砍下树木，800年后这一地区仍然像月球表面一样荒凉，同样光秃秃。孟子对坏人和好人的关系做了形象描述："虽存乎人者，岂无仁义之心哉？"伐木者也曾是好人，但管理不善导致他们变成坏人。孟子以及中国早期的许多学者提供了大量关于环境管理的资料，这表明环境管理在当时的中国已经是一门高度发达的科学。伴随着西亚和欧洲的环境科学影响的不断扩大，中国的环境科学也得到持续发展。

到了 17 世纪，西欧在自然科学研究方面居于领先地位，大学、学术团体、学术出版、公开辩论、科学奖励和资助都得到了发展。这些创新推动了科学活动的爆炸性增长（Gaukroger，2006）。这一时期，人们提出了一系列关于文化与环境关系的观点，其中包括与早期希腊孟德斯鸠等学者观点非常相似的地理决定论和文化进化等理论（Montesquieu，1949）。文化进化经历了"野蛮"（狩猎和采集）、放牧、农业、城市和商业等阶段（Smith，1920），这个观点在 19 世纪被广泛接受。此后，史密斯（Smith）和托马斯·马尔萨斯（Thomas Malthus）一起发展了自然和人类社会中的竞争思想，这些思想后来都融入了当代生态学理论。

启蒙时代的思想家和其他时代思想家都是社会科学的奠基人。伊曼纽尔·康德（Immanuel Kant）是第一个将"人类学"一词用于新领域研究的学者，尽管他所提出的人类学包含许多现在称为心理学的观点（Kant，1978）。这一时期人类学研究的主要贡献是对人类社会基本概念进行了系统的比较研究，研究内容和方法变得更加客观、系统和类型化，并对非欧洲国家和地区的实践更加关注（Sutton and Anderson，2013：16-17）。

（二）人地关系发展与文化生态

人地关系是地理学、生态学、环境学、人类学等学科研究的共同核心领域。人地关系是人类系统与自然环境系统动态关系的简称，自然环境为人类提供生存和发展的各种条件，人类通过各种生产和生活方式影响和改造自然环境；人类和自然环境在人地关系地域系统中相互依存、相互制约、动态发展（赵荣，2019）。

1. 环境决定论（Environmental Dehterminism）

关于文化与环境相互作用的第一个主要理论是环境决定论，也称环境保护论。这一理论从古希腊时代就开始流传，其基本内容是环境简单地决定了一种文化如何适应。进入 20 世纪后，埃尔斯沃思·亨廷顿（Ellsworth Huntington，1945）倡导这一观点，并详细阐述了降雨和干旱的重要性。环境决定论因其简单性而具有吸引力，但其研究方法存在明显缺陷：一是相信环境及其中的生命是固定不变的，并且几千年来都是不变的；随着环境的不断变化，这个前提现在被认为是错误的；二是文化的作用和环境的强制性作用被削弱。虽然第二个观点在一些缺少选择的环境中似乎有价值，但即使是那些选择机会很少的环境中也包含多种选择，从而产生了更多可能的选择。如果环境指示响应，那么对于同一环境中的不同文化，响应也应该相同，并且同一响应不应该出现在不同的环境中。

依循环境决定论的逻辑，因纽特人（Inuit）生活在北极，为了生存就必须猎杀海豹，住在雪屋里；波利尼西亚人（Polynesians）生活在热带岛屿上，就必须捕鱼并住在草棚里。但任何去过北极或波利尼西亚的人都知道，有些人确实生活在上述情况下，但其他人在同一地区的生活方式却大不相同，不同的还包括文化（包括技术），而不仅仅是环境，这是环境决定论不足的地方。正如乔治·黑格尔（Georg Hegel）所说："希腊人曾经居住过的地方，现在土耳其人居住着，并且希腊人文化在这里有一个终点。"（Geertz，1963）乔治·珀金斯·马什（Geoge Perkins Marsh）在其著作《人与自然》（2003）中，展示了人们如何深刻地改变了地球的面貌，有时改造得好，有时改造得坏，这也体现出一种强调人的能动性的不同立场（Sutton and Anderson，2013：17-18）。

2. 文化区（Culture Area）

与环境决定论有一定联系的是文化区的概念，即环境与文化类似的大范围地理区域，特别是在生存策略上相似的地区。19 世纪 90 年代，北美洲和南美洲以及世界其他地区都承认文化区的存在（Mason，1894）。北美洲确定了若干文化区，尽管各种方案存在一定的争议，但最终达成共识的是北美有 10 个文化区，如果将大草原区与平原区分开计算，则北美有 11 个文化区，包括北极区、亚北极区、西北海岸、加利福尼亚、西南区、大盆地、高原区、平原区、大草原区、东北区、东南区。

文化区概念的使用使人类学家有机会广泛比较相似环境中的文化，并确定文化区以外文化的影响程度，如扩散或迁移等。尽管如此，这一概念仍有一些不足，包括定义一个包含相当大范围的环境和文化多样性的区域，使用主观性较强的定义标准，假设一种静态的文化状况，以及将环境等同于文化产生的原因倾向，等等（Forde，1934；Kroeber，1939）。然而，这一概念作为比较或参照的依据仍然很有用，许多人类学家在非正式场合使用文化区来指代地理区域和文化特征。北美平原区就是一个很好的例子。从地理环境分析，大草原区（Plains）是一个相对平坦的草原，从墨西哥湾向北延伸到加拿大南部，从密西西比河向西延伸到洛矶山脉。平原上除了从西向东穿过该地区的河流之外，树木相对较少，水也很少。平原上的主要动物是野牛，也经常被误称为水牛。在获得马匹之前的历史时期，平原上的人口相对较少，野牛是当地居民步行猎杀的对象。随着马匹的到来，新的居住群体进入平原，其中一些人放弃了耕种，并迅速发展了以骑马狩猎野牛为基础的生产和生活文化。马匹引入前后的文化模式是相似的，特别是当地居民的野牛狩猎生存制度是一致的。尽管狩猎技术已经从步行转变为骑行，可以支持更多、更大和更富裕的群体，但平原地区的基本经济模式仍然相似，只不过居民可以采取更多样化的狩猎方式而已（Sutton and Anderson, 2013：18）。

3. 文化进化

人们很早就认识到，文化会随着时间的推移发生变化，但不知道这种变化的方式和深层次原因。尽管亚当·斯密（Adam Smith）等人创造了一种早期的、较不发达阶段的解释理论，但直到新的生物进化论被提出（Darwin，1859），文化进化的综合理论才发展起来。

（1）单线性文化进化

人类学的第一个主要理论是文化沿着一条线向上进化的观点。这个观点是由刘易斯·摩根（Lewis H. Morgan）根据亚当·斯密的作品提出的，爱德华·泰勒（Edward B. Tylor）和其他学者对该观点进行了拓展，后来被称为单线性文化进化（Unilinear Cultural Evolution，UCE）。也有学者提出，文化的演进经历了三个基本阶段：从"残暴（Savagery）"（狩猎和采集）到"野蛮（Barbarism）"（畜牧业和农业）再到"文明（Civilization）"。这一观点包含 19 世纪的进步思想，摩根把人的生活看作对"生计"的追求，即生存条件包括食物、衣服和住所。摩根意识到人类需要社会生活和对自我内心世界的控制感，他认为这些是不变的，而获取食物和技术的方式因当地居民创造力和当地环境不同而有所差异。摩根还认为，某些发明如弓箭、陶器和农业，是文化进化的基石，且每一个都催生了一个新的"更高"级别的社会阶段。同时，马克思和恩格斯提出了单线性文化进化的六阶段理论，其中包括政治和经济取代技术成为最重要的因素，社会最终将演变成先进的共产主义，这是单线性文化进化发展的顶峰。

从当代人类生态学角度分析，马克思和恩格斯进化论思想最重要的贡献或许是对人类创造力和能动性的肯定。早期的思想家（如孟德斯鸠，Montesquieu）认为，自然环境是地方的骄傲，并声称自然决定文化。马克思和恩格斯把人类的创造力置于自然之上，这也是当代许多人类生态学者支持的观点。

在整个19世纪，社会科学界都接受了单线性文化进化理论观点，但在20世纪初这一观点却遭到了反驳，部分原因是人们逐渐认识到技术本身并不支配文化，历史进程是影响文化进化的重要因素（Sutton and Anderson，2013：16）。然而，人们仍然认识到，技术创新在文化变革中发挥了重要作用，在某些方面甚至起了决定性作用。单线性文化进化观点中的狩猎和采集、畜牧业和农业、文明三阶段的观点也继续得到认可，并仍然被人类学家广泛使用，但只是作为一个分类方案，而不是作为对文化进化过程的描述。残暴（savage）和野蛮（barbarian）这两个时代感很强的术语仍然存在，且仍然简单地用来形容那些不"文明"的人。

文化进化理论阐述了文化和环境的关系，包括自然环境、政治环境、社会环境和技术环境等，即使在今天，文化演进的许多细节仍然没有被完全解释清楚，但很显然的是，环境和文化变化之间存在着关系（Sutton and Anderson，2013：20-21）。

（2）多线性文化进化

20世纪初，单线性文化进化理论陷入发展困境。首先，放牧先于农业这个关键假设并没有在调查中获得支持。其次，日积月累的人类学研究数据的处理超越有条理的文化进化过程中常规的解释。最后，人们还意识到，食物并不是人们从环境中获得的唯一东西，其他活动如艺术和宗教，也会利用资源。

显而易见，文化进化并不总是单线的。如在北美平原区，许多群体正放弃农业转而成为牧民或狩猎采集者。一个社会中包括不同进化阶段的元素，如狩猎采集者、农学家和城镇居民等，他们不是祖先和进化后代的混合体，而是在彼此进行交流与贸易中形成的一个广泛社会形态中经济上专业化的亚群体。亚瑟·赫尔曼（Arthur Herman）指出，亚当·斯密不必离开家，就可以观察到所处时代苏格兰的采集、放牧、农业和商业活动等所有阶段的文化要素。一些狩猎采集者，如北美太平洋沿岸的居民，拥有极其复杂的社会和技术系统，比许多农业文化的系统要复杂得多。因此，如果要使文化进化作为一种理论存在，就必须将其视为遵循许多路线进化的产物。在此基础上，文化生态学的奠基人朱利安·斯图尔德（Steward，1955）提出了多线性文化进化论。

斯图尔德（Steward，1955）引入一种基于社会文化复杂性的进化方案。社会中最不复杂的是社区，由小型的、相对流动的狩猎采集者与非正式领导人聚集的团体组成。其次是部落，由更大、更多或更少定居的狩猎采集者群体或初期的农业家（园艺家或牧民）组成，有几个定居点和相对正式的决策权，但仍然没有中央集权。再次是酋长国，有大量的、定居的人口（通常是农学家）及精英阶层和其他社会阶层，领导人通常是有权强加自己意愿的主要世系的首领。最后是国家（有时被称为"文明"，一个承载内容很多的术语），一个以粮食农业为基础的庞大而复杂的系统，人口越来越密集，社会和政治结构越来越复杂，记录保存完整，城市中心或城市有中央权力机构、纪念性建筑和专业化机构。尽管人们对这一方案提出了很多批评，但人类学家仍然广泛使用斯图尔德方案来描述政治实体和生态适应（Johnson and Earle，2000）。

现在人们越来越认可复杂的文化进化理论，社区级的狩猎采集者组成最初的社会，然后一些社区演变为部落意义上的地方独立定居点或团体，规模为500~1000人；随着农业的引入或复杂的狩猎采集成为经济基础，一些部落发展成为酋长国；有些部落和其他部落融合后在某些情况下发展成国家。虽然有足够的考古和其他证据证明这一进化趋势，但没有理由相信这种演变是单向的，更不用说好坏之分。此外，许多学者现在避免使用"部落"和"酋长制"这两个词，因为斯图尔德及其后学研究者精确定义了这两个词，使这两个词有了特别的含义。其他学者继续使用两个词，使这两个词在意义上更普遍，以适应新的发现（Sutton and Anderson，2013：21-22）。

（3）新进化

尽管在 20 世纪初，文化进化模式遭到了排斥，但到了 20 世纪中叶，许多人类学家开始接受这一现实，即文化进化已经发生，甚至是以多种方式发生的。莱斯利·怀特（Leslie White）是传统人类生态学研究的奠基人之一，他试图以一种新的方式（新进化论）来重新构建单线性文化进化论。怀特（White）认为，文化随着人类对能源控制的加强而发展：从火到动物能源，从煤到石油、电、热核能源等，在每一个阶段，人们越来越善于使用更多的能量。也许当代理论家会补充说，是人类提高了更有效地利用能源和更好地控制能源的能力。怀特将其概括为 $C = E \times T$，其中 C 为培养物，E 为能量，T 为技术。这个公式并不是字面上的数学公式。怀特并没有辩称美国的先进程度是瑞典的两倍，因为美国的人均能源使用量是瑞典的两倍。怀特认为，能源和利用能源的手段是一种文化的基础，而艺术风格或王朝家谱则不是。怀特还认为，符号是文化的基础，人类是动物的表征。然而，怀特认为这些现象在所有人类中都是同样典型的，因此本身并不会引起变化或进化（Sutton and Anderson，2013：22-23）。

4. 可能论

随着人类学家开始积累越来越多关于文化的一般知识和具体文化的详细知识，人们逐步达成一致观点：文化是高度适应的，大多数环境是被人类改变的，人类对大多数环境可能有各种各样的反应，文化也会受到其他文化的影响。没有学者会不认为环境不影响文化，但很明显，环境并没有支配文化。在可能论中，环境被视为一个限制性或有利因素，而不是一个决定因素。环境可能会否定某些可能性，如在阿拉伯地区使用雪屋，但也会出现各种其他可能性，例如木屋、草屋、泥屋、布屋、石屋或皮屋等，所有这些都发生在阿拉伯地区，而文化决定了人们会采用哪种可能性。

文化还包括限制性因素，包括技术、信仰体系和文化以外的各种关系。如金属屋是环境存在铁矿石提供的可能性，但是如果一个文化不具备技术来挖掘、加工金属，那么金属屋就不是真正的选择。然而，人们可以通过贸易获得金属，这也许是另外一种选择。可能论描述了文化与环境的互动过程。环境中可用的选择可能受到文化能力的限制，反之亦然，并且随着文化和环境的发展、变化，相互作用也会发生变化。

虽然文化区概念和文化与环境之间互动关系的相似性有关，但人们也认识到，同一环境（或文化区）可能包括具有完全不同生态适应的文化。如北美西南区有普韦布洛（Pueblo）农学家、狩猎和采集的阿帕奇人（Apaches）和牧羊的纳瓦霍人（Navajo）。这些组合通过区域嵌入互补共存。因此，文化塑造了环境的响应，环境并没有控制人们行为，只是使某些行为比其他行为更合理一些。另一个经典的佐证案例是，伯德塞尔（Birdsell）关于澳大利亚土著人口密度与降雨量关系的研究。

有些学者认为可能论是决定论的反面。事实上，从排除了一些选择的观点来看，可能论是确定性的，解决方案仅限于所有可能性的一个子集，即确定哪些是可能的，哪些不是可能的。可能论似乎比严格的决定论要现实得多，因为文化的作用在某种程度上是要被考虑的。人类文化倾向于改变条件和规则，随着人类文化机构和技术变得越来越复杂，环境在限制或决定人类反应和适应方面的作用似乎越来越小。因此，可能论经常被批评根本不是一个理论，因为该理论没有预测任何具体的事务（Smith，1991），这一反对观点确实很难被反驳。一个有利于可能论的研究是，历史上一个给定的生活方式如何成为主导，并发展出一种"锁定"或"依赖路径"的进化，在这种进化中，先前的选择限制了未来的选择。还有一个极端的例子是，当今的加利福尼亚州很难回到狩猎和采集阶段，加州选择了一种工业模式，摧毁了狩猎采集者所依赖的大部分资源，同时创造了一系列完全不同的资源（Sutton and Anderson，2013：23-24）。

（三）地理环境决定论的反思

对人地关系的认识，是一个动态、复杂的发展过程。中国古代有以"天命论"为基础的神怪论和不可知论，也有以"人定胜天，天定胜人"为代表的朴素人地相关思想。西方既有以埃拉托色尼（Eratosthenes）等为代表的地球家园说，也有众多神和上帝主宰一切的思想。欧洲文艺复兴和资本主义出现以后，博丹（Bodin Jean）和孟德斯鸠（Charles-Louis de Secondat）等学者提出了气候影响人类活动的思想；洪堡（Humboldt Alexander von）提出人是地球这个自然统一体的一部分，李特尔（Ritter Carl）把自然和人文现象的研究结合起来，把地球看作人类活动的舞台。这些思想为地理环境决定论的形成奠定了基础。拉采尔（Ratzel Friedrich）研究了地球表面居民分布、人类迁移和民族特性等对于地理环境的依赖性，并将达尔文（Darwin Charles Robert）的生物进化学说引入人地关系研究，认为人类活动的特征由区域地理环境的性质所决定，这种人地关系思想被森普尔（Semple Ellen Churchill）和亨廷顿（Samuel Phillips Huntington）等学者进一步发展为地理环境决定论，或称"决定论""必然论"（赵荣等，2019）。

地理环境决定论在一定时期内，避免了人类用神的意志、人性、理性和绝对观念等来解释历史现实，力图用物质的原因来说明社会历史的发展和进步，这与18世纪德国唯物主义学者费尔巴哈（Ludwig Andreas Feuerbach）等在自然观方面坚持唯物主义，在社会历史领域落入唯心主义陷阱相比，可以说是一个巨大的进步，并对历史唯物主义的诞生起到了"投石问路"的作用（皮家胜、罗雪贞，2016）。但地理环境决定论用一个长期没有变化或变化十分缓慢的地理环境解释变化十分迅速的社会历史发展，显然是不符合逻辑的，因而该学说也存在明显的缺陷。

20世纪初，以白兰士（Paul Vidal de la Blache）为代表的法国地理学派，反对"环境决定论"的思想，提出"可能论"或"或然论"的人地关系论点，认为自然环境为人类发展提供了许多可能性，而人类在创造居住地时，按照自己的需要、愿望和能力来利用这种可能性。20世纪上半叶，欧美国家还出现了研究自然环境与人类活动之间互相作用关系的适应论，从文化景观的角度来分析人地关系的文化景观论等观点，从不同学科视角开展人地关系的研究。其中，引入生态学观点研究人地关系成为一个重要的研究方向，这也进一步促成文化生态概念的产生（赵荣等，2019）。

三　文化生态的诞生

（一）斯图尔德与文化生态

与亚当·斯密、马克思、刘易斯·摩根等学者一致，大多数学者认为，文化是一个关于谋生的思想库，或者是一套获取食物、衣服、住所和其他经济商品的谋划和适应。弗兰兹·博阿斯（Franz Boas）及其大多数学生对此持反对意见，认为文化主要是一种问题交流的方式，是向他人讲述自己思想、情感和想法的方法的集合。因此，语言、艺术、故事、文本和思想是文化人类学家关注的主要问题。上述观点的差异在今天的人类学中依然存在（Sutton and Anderson，2013：24）。

文化生态诞生于斯图尔德及其学生们的研究，他们感到有必要在两种观点之间开展协调研究：一种基本的唯物主义或经济方法，一种认识到交流确实是至关重要的、不可忽视的方法。斯图尔德早期的学生倾向于唯物主义，但后期的学生和其他受斯图尔德影响的学生提高了沟通、叙事和思想的地位。这两种方法现在已经结合起来了，正如斯图尔德自己所做的那样，观察政治，政治在动机上通常是唯物主义的，也涉及访谈、写作和传媒炒作，这些对于交流思想和激发情绪至关重要（Sutton and Anderson，2013：25）。

尽管文化生态学一直植根于一般人类学理论，但直到 20 世纪 30 年代末，主要通过斯图尔德的工作，文化生态才真正诞生。斯图尔德的职业生涯始于对北美洲西部大盆地的派尤特人和肖肖尼人的调查研究，后来前往南美洲工作，并最终在当时世界的殖民社会波多黎各（Puerto Rico）工作。斯图尔德借鉴了可能论的观点，提出社会可以适应许多可能的方向，而不是受制于环境，他是最早研究复杂社会及其在当今更加复杂世界中地位的人类学家之一（Sutton and Anderson，2013：25）。

（二）斯图尔德的生态观

斯图尔德是第一个将四种观点结合起来研究文化与环境相互作用的学者：从文化存在的环境出发来解释文化，而不仅仅是从文化与经济的地理联系来分析；文化与环境之间的关系是一个过程，而不仅仅是一个关联；考虑小规模的地理环境，而不是文化区大小的区域；生态和多线性文化进化的联系（Sutton and Anderson，2013：25）。

斯图尔德的标志性的文化生态工作，是在 1938 年研究北美高原盆地土著的社会政治团体，涉及大盆地的土著居民。在这项工作中，斯图尔德首先描述了一般环境状况，列出了重要的资源，然后讨论了如何利用这些资源，进而分析了当地社会政治模式及其与技术、环境和资源分配的关系。斯图尔德的做法是开创性的，在他后期的文化变迁理论中，斯图尔德提出了三个主要论点：相似环境中的文化可能有相似的适应；所有的适应都是短暂的，并且不断地适应变化的环境；文化的改变可以阐释现有的文化或导致全新的文化。斯图尔德创造了文化生态这个术语来总结性地描述他的工作方法，因此也经常被称为"人类学的生态研究之父"（Sutton and Anderson，2013：25-26）。

斯图尔德（Steward，1955）正确认识到，人类的生态有着不同的生物学和文化方面的特征差异，尽管这两个方面是相互交织存在的。斯图尔德还认为，文化方面与技术有关，技术将人类及其文化置于环境之中，并与其他环境相对分离，但这一观点在当时是有争议的（Sutton and Anderson，2013：26）。

（三）小结

20 世纪上半叶，美国人类学家弗兰兹·博厄斯（Franz Boas）和克罗伯（Alfred Louis Kroeber）在研究北美土著民族时，采用"可能论"来解释文化与环境之间的关系，认为自然环境提供了一定的可能性或可供选择的机会，而由人类本身的历史和特殊习俗决定的文化可以从中做出选择（黄育馥，1999）。这种文化与环境关系的"可能论"的观点是文化决定论（文化决定文化）与地理环境决定论（环境决定文化）之间的一种妥协，将地理环境决定论引向文化和生态互动和辩证的观点，这也标志着北美地区人地关系研究的重大转变。

20 世纪 50 年代，美国人类学家斯图尔德将生态学原理引入文化与环境的研究，从跨学科的角度综合探讨人类文化的适应问题，包括文化的生成、发展与环境（包括自然环境、社会环境和文化环境）的关系，以及环境对人类的影响以及人类如何通过适应、利用和改造环境来创造文化。在《文化变迁理论：多线进化方法论》论著中，斯图尔德指出文化与其生态环境是不可分离的，它们之间相互影响、相互作用、互为因果，这一论著的出版被认为是文化生态学正式诞生的标志。此后，西方学者关于文化生态的理论和实践研究，虽然在内容和方法上进一步丰富和发展了斯图尔德所提出的文化与环境关系的理论，也拓展了文化生态的概念范畴，但仍没有突破文化生态用以解释文化及其环境之间紧密联系的内涵，并一直延续至今。因此，文化生态的概念是研究者在对地理环境决定论的深刻反思基础上，将生态学的概念、理论与方法应用于文化与环境关系研究而产生的。

第二节 文化生态的内涵

一 国外文化生态概念的内涵

文化生态和文化生态学均用 culture ecology 表示。从 20 世纪上半叶美国人类学家弗兰兹·博厄斯和克罗伯首次提出文化生态问题以来，世界各国人类学、地理学、生态学、社会学等学科背景的学者从不同视角丰富了文化生态的内涵。

1. 文化（Culture）

文化生态概念并不是"文化"和"生态"概念的简单相加（黄正泉，2015：30）。早在 1871 年，泰勒（Edward Burnett Tylor）就首先使用文化一词，并定义为："文化或文明，就其广泛的民族学意义来说，是包括全部的知识、信仰、艺术、道德、法律、风俗以及作为社会成员的人所掌握和接受的任何其他的才能和习惯的复合体。"（泰勒，1992）这个定义被广泛接受的原因并不在于列举的样式，而在于"复合体"概念内涵，即蕴含了人与文化的关系。但这个定义也只是文化的定义，而不是文化生态的概念。文化概念有近 300 种，不管何种定义，文化总是包括器物、制度、精神、习俗等样式，且文化只是人类的文化。人类的文化既是文化，也是人类各种关系的存在，这些关系是人类群体与文化的关系。在人类生存过程中，文化也成为一个动态过程，在这个过程中文化保障了人类的生存。生态是人生存的意义，生态也是人的文化。文化是人类生存的环境，对于人类而言，可以说就是一种生态系统（黄正泉，2015：31）。

无论是广义还是狭义的概念，文化都不能离开人的存在，是人的本质力量对象化为语言符号化的存在。冯天瑜（2006）指出，文化的实质性含义是"人类化"，是人类价值观念在社会实践过程中的对象化，是人类创造的文化价值，经由语言符号这一介质在传播中的实现过程，而这种实现过程包括外在的文化产品的创制和人自身心智的塑造。文化不是"经由语言符号"，而是自身就是以语言符号体系存在着，或者说语言符号就是文化"道体"。文化自身无论怎样存在（对象化）着，"经由语言符号"后，都只能是语言符号化的存在。所谓"文化也创造了人自身"，这正是人与动物生命区别之所在，并且文化也就成为人生存的母体。在文化生态母体中生成的人必然是文化生态的存在，人离开了这个母体，就不能成为人，也正是有这个母体，才能说文化创造了人，才会有文化生态概念（黄正泉，2015：33）。

文化的存在现象以语言符号化存在着，而存在现象的形态则是千差万别。千差万别的现象可以抽象为物质文明、历史文明、制度文明、精神文明四个层次的存在。这四个层次就是四种关系并与人性结构相吻合，人性由本能无意识、文化无意识、社会文化意识、内在自由意识构成。文化四个层次与人性的四个层次相嵌套，构成人自身文化生态系统的结构内容。结构内容的生存—转换与转换—生存为生态智慧，生态智慧指引人创造了文化生态。文化包括：本能无意识—物质文明；文化无意识—历史文明；社会文化意识—制度文明；内在自由意识—精神文明。文化与人性的存在现象是统一的，这是对于人性与文化的原生态而言。所谓"文化的原生态"，是指人与文化本真的存在。文化是人性的存在。人性与文化统一的道体是语言符号（黄正泉，2015：33）。

2. 生态（Ecology）

"生态"一词最早由德国科学家海克尔（Ernst Haeckel）于 1866 年提出，主要是探讨生物为了生存彼此间的互动关系，包括与无机环境的关系（郭凡等，2002：6）。相互作用的思想产生于柏拉图（Plato）和亚里士多德（Aristotle）的著作，以及后来的犹太—基督教传统文学作品。如亚里士多德提出"自然结构"概念，把地球和宇宙看成一个时钟般的、各种相互联系构建的系统，尽管这些构建是不同的"物种"，并为不同的原因所驱动。19 世纪，达尔文（Charles Robert Darwin）提出了"生命网络"的观点，所有生物在其"生存斗争"中必须彼此相互适应。范·汉姆博尔特（Van Hambolt）表达了类似观点，人类常常通过引进具有优势的外来品种，驱使本地植物灭绝或仅存于偏远的地方，从而改变本地植物的特征。这种做法的结果是导致了地表植物的单调性，清除了自然界多样化以有利于对人类有用的少数植物（郭凡等，2002：7）。

1935 年，英国生物学家坦斯利（SirArthur George Tansley）首先提出生态系统（ecosystem）一词，把生物群落和环境因素放在"生态环境"

中加以研究，并认为"生态"是指生物群落和环境共同组成的自然群体（张幼良，2006）。"生态"概念经过 100 多年的发展，随着人类赖以生存的环境遭到前所未有的破坏，而让人们深刻认识到"生态"对人类的重要性。

可见，生态是指生物为了生存发展彼此之间必然要发生的互动关系，生态是生命体与环境的关系。"生态"与"环境"也是有区别的。"生态"意味着相互依存的共同体、整体化的系统和系统内各部分之间的密切关系。环境是一个人类中心的和二元论的术语（王诺，2011）。随着生态学的发展，人们对"生态"的认识发生了变化。生态不是生命体与环境的简单关系。生态是一切事物形成、变化、发展、转换所呈现的状态，生态是生存—转换与转换—生存的状态。生态学是研究这种关系的科学。鲁枢元（2000）指出，生态学"似乎已经不再仅仅是一门专业化的学问，它已经演化为一种观点，一种统摄了自然、社会、生命、环境、物质、文化的观点，一种崭新的尚且有待进一步完善的世界观"。

3. 文化生态（Culture Ecology）

"文化"与"生态"的结合最早可以追溯到人类学中，这意味着这两个概念研究的是人性的内容（黄正泉，2015：33）。人类较早开展对自身的研究，虽然"作为独立研究领域的人类学是相对晚近的西方文明的产物"（罗素，2006）。人类对自身的关注是普遍的，人类总是离不开自然的生命之网，但人又是社会、文化的动物。人是文化动物，人在行动上都要受到文化的影响，身体也就是文化的载体。正是在人与文化互动关系的前提下，衍生出了"文化生态"概念。

墨菲（Robert·P. Murphy）指出，关于此问题最重要的理论内容来自克罗伯的一名学生斯图尔德。斯图尔德的"文化生态学"观点出自他对内华达的肖肖尼人的研究，文化生态理论的实质是指文化与环境——包括技术、资源和劳动——之间存在一种动态的富有创造力的关系（墨菲，1991）。斯图尔德文化生态学的理论植根于人类学，但又注重文化。正如墨菲所指出的，斯图尔德阐明的文化生态学的方法并不建立在刻板武断的环境决定论的基础之上，可以认作一种社会剖析的谋略，一种理解大量文化材料的方法，在别的问题出现之前要问的一系列首要问题（墨菲，

1991）。墨菲将文化生态看作一种"谋略"，也是一种智慧，即文化生态智慧。因此，人类文化和行为与其所处的自然生态环境之间相互作用的关系就是文化生态（黄正泉，2015：32）。

文化生态概念随着社会文化发展有了更为丰富的内容。人类学家博厄斯认为个人和社会之间的相互关系，是文化变迁、社会发展的动力。20世纪七八十年代，拉波波特（Rapoport）等将系统论纳入文化生态并成为学科基础，此后运用系统论研究文化变迁的方法，让文化生态学理论更加科学和完整。1994年，芬兰总统首次使用"文化生态"来表述人化环境与信息传播技术造成的严重问题。把人化环境与信息环境作为文化生态环境，这是文化生态概念发展的新阶段（黄正泉，2015：32）。

文化生态概念在构建阶段，偏重的是生态而不是文化，文化只是必要条件而不是本质内容。文化生态学的产生与发展并没有使"文化生态"问题得到解决，相反的是文化生态问题更加恶化。当前，人类处在各种文化生态危机之中，使得人们的研究重心在"文化"。人类在寻找生态危机的原因时，自觉或不自觉地认识到生态思想的主要诉求是重视人类文化，生态危机不是生态系统自身问题，而是人类文化系统衍生的问题。自然环境的经济体系已经面临崩溃，而生态思想成为世界潮流，并演变为一场文化革命。因此，所谓"生态危机"实际上就是"文化危机"（黄正泉，2015：32~33）。

4. 小结

文化生态与文化生态学均用"cultural ecology"表述，用于解释乡村和民族地区具有不同地方特色的独特文化形貌和模式的起源，研究的核心内容是文化适应环境的过程（Steward，1972；史徒华，1989：44~45）。1955年，美国人类学家斯图尔德（Julian H. Steward）提出"文化生态"一词，用于解释独特文化形貌和模式的起源，内涵也较为单一（Hirst，2018）。1994年在召开的国际传播研究年会上，芬兰总统阿赫蒂萨里在致辞中首次使用"文化生态"，用以表达信息技术传播的飞速发展所造成的严重问题，以及在"信息有产者"与"信息无产者"之间不断扩大的差距（黄育馥，1999）。此后，国外学者分别从文化学、生态学、系统学等视角定义文化生态，但核心观点较为一致，即文化生态是指人们为生存发展而适应、改造环境所创造的文化要素之间、文化与环境之间相互关系的生存状态，是某一特定文化形态与其所在区域内的自然环境和人文环境共同组成的一个整体，是文化生态学的基本研究对象（Isaacs，2010）。

文化生态关系到人类"怎么样"存在着。人类是从社会文化"母胎"中生存发育起来的，人的生理结构只是生物性的存在，"人"作为完完全全的人，则是文化"化"的存在。这个文化化的"文化"对于人而言就是"文化生态"的存在，文化成为人之存在，是人有机的无机部分（黄正泉，2015：32~33）。正如德国哲学家恩斯特·卡西尔（Ernst Cassirer）所言，人的突出特征，人与众不同的标志，既不是他的形而上学本性，也不是他的物理本性，而是人的劳作（work）。正是这种劳作，正是这种人类活动的体系，规定并划定了"人性"的圆周。语言、神话、宗教、艺术、科学、历史，都是这个圆的组成部分和各个扇面。语言、艺术、神话、宗教绝不是互不相干的任意创造，它们是被一个共同的纽带结合在一起的（卡西尔，2004）。人性"圆周"的存在内容（符号化）就是文化生态存在的内容，"共同的纽带"就是文化生态的功能。"圆周""纽带"都是语言符号化的存在，语言符号使"人"与"文化生态"凝结在一起（高宣扬，2005）。因此，人是文化生态的存在者，文化生态是人类所处的自然环境和社会环境的各种因素交互作用所形成的生存智慧（黄正泉，2015：40）。

人类的发展是文化生态的发展，文化生态的发展使文化生态学得以形成（黄正泉，2015：40）。文化是人类适应环境的方式，文化为人类利用自然能量提供了技术，以及完成这一过程的社会和意识方法。人类的适应方式在发展，"利用""服务"都在增强，所以文化之间的相互联系在拓展；为了理解文化的适应性变化，必须对环境持有一种广泛的观点，"文化生态学"应包括各文化之间的关系、超机体的环境和居住地自然特征，就像生物研究中的"生态学"应包括有机环境、相互竞争的物种和非生物一样（哈定等，1987：15~21）。

二　国内文化生态概念的发展

20世纪80年代，中国学者结合我国丰富的文化类型和文化区开展文化生态研究，对文化生态概念的在地化提出了各自的见解，对文化生态有以下几种定义：①文化生态是指由构成文化系统的内外诸要素及其相互作用所形成的生态关系；②文化生态把动态的文化有机整体称为文化生态系统；③文化生态是一定社会文化大系统内部各个具体文化样式之间相互影响、相互作用、相互制约的方式和状态。这些文化生态概念，包含四个方面特征：一是文化的相互作用；二是文化是一个整体；三是文化存在的方式和状态；四是文化的变量关系。总之，文化生态不是文化，文化生态是文化的关系，是人与文化及文化之间的互动关系（黄正泉，2015：38）。学者们对文化生态概念大致形成了"文化的生态""文化+生态""文化生态共同体""生态的文化"四个方面的认识。

（一）文化的生态

该观点立足于文化本体，认为文化生态是文化所面对的自然和生态系统。在系统中，文化是主体，自然和生态是客体，人类需要承认并设法适应文化及其周围自然环境。持这种观点的学者有冯天瑜、王长乐、方李莉等，主要观点如表1-1所示。

表1-1 "文化的生态"观点的主要内容

学者	时间	主要内容	特征
冯天瑜	1990年	文化生态可称为"文化背景"，主要指相互交往的文化群体从事文化创造、文化传播及其他文化活动的背景和条件，文化生态本身又构成一种文化成分	文化背景观点
王长乐	1999年	文化生态与自然生态类似，是人类社会经济发展的环境和条件，是社会-环境大系统中的一个有机、有序的亚系统，其运动是有目的、有目标、有规律、有秩序的，并拥有相当能力的自调控、自变动机制	自然生态类观点
方李莉	2001年	文化生态概念和美国人类学所研究的文化生态内涵不完全一致。一致的部分在于，"文化生态"是指人类的文化和行为与其所处的自然生态环境之间互相作用的关系；区别部分在于，文化生态概念是借鉴自然生态的概念，将人类文化的各个部分视为一个相互作用的整体，并通过相互作用方式推动人类文化历久不衰和保持平衡	文化生态失衡问题观点
孙兆刚	2003年	文化体系是与生态系统一样的有机体，人类是文化的主体，通过思维和行为方式作用于自然生态，自然生态以物质、能量、信息等方式反馈给人类并影响其再活动	文化体系观点

学者	时间	主要内容	特征
孙卫卫	2004 年	文化生态是与自然生态相对应的范畴，指在一定历史时期，一定社会文化大系统内部各个具体文化形式之间相互影响、相互作用、相互制约的方式和状态，各子文化系统之间的融通和互动，是解读文化演进和文化变迁的重要依据。任何社会都有属于自己的文化生态，各个民族、各个国家和地区以其各具特色的文化构成了世界文化生态大系统；每一个国家、每一个时期也都存在着不同的文化生态，各民间文化和主流文化一起，构成独特的文化生态景观。同时，和自然生态类似，文化生态系统内部的各种文化因子不可避免地交互融通，形成环环相扣的"文化链"，其中一个因素、一个环节的变化，往往会带来一连串的连锁反应，甚至导致社会总体文化系统的变革	自然生态观点
李吉远和谢业雷	2009 年	文化生态是文化在一定的环境下存在和发展的状态。该概念界定比照了自然生态概念，是与自然生态相对应的范畴，是借用生态学的角度方法从文化哲学的角度定义文化生存状态。我国官方首次提出文化生态是在《关于加强我国非物质文化遗产保护工作的意见》（国办发〔2005〕18 号）中："随着全球化趋势的加强和现代化进程的加快，我国的文化生态发生了巨大变化，非物质文化遗产受到越来越大的冲击。"	根据《现代汉语词典》《辞海》对生态概念的解释
乌丙安	2013 年	文化生态是借用生态学的自然生态概念理解文化范畴，文化类似自然界的生物。文化生态也是多样性的，以原真性活态传承为主的文化综合整体，是以大大小小、多种多样非物质文化遗产为主的文化整体	借用生态学的自然生态概念
曾芸	2013 年	文化生态作为文化生态学的基本概念，也可以成为文化环境，指相互交往的文化群体借以从事文化创造、文化传播及其他文化活动的背景和条件；文化生态本身又是一种文化成分	文化环境观点

　　该观点将生态学的研究方法运用到文化学、社会学系统中，是将人类生存发展的文化与自然环境和社会组织环境相结合，用统一、整体的观点去研究文化产生的规律，社会变迁和进化的重要因素。正如李向民和杨昆（2021）所指出的，从内容上看，文化生态重点关注人类行为与生态环境的适应性问题，文化作为人与自然相处的媒介，构建出社会结构、政治制度等。从系统角度看，文化生态是在某个相对独立的文化系统或者文化体内，在多元文化共生的语境下，各种文化元素和形态呈现出的相互关系。

此外，文化生态还与政治生态、经济生态、社会生态和自然生态相互关联、互相影响和作用，科技在此过程中也起着显著作用。

（二）文化+生态

这一观点立足于文化和生态之间，认为文化生态是"文化+生态"，即既要关注文化体系，又要兼顾文化的生态背景。在这个观点中，文化和生态都是主体，人类需要在这两者之间寻找平衡点，以避免过犹不及现象的产生（罗康隆、刘旭，2015）。代表性的学者有管宁、司马云杰等，如表1-2所示。

表1-2 "文化+生态"观点的主要内容

学者	时间	主要内容	特征
梁渭雄等	2000年	文化的发展有赖于良好的文化生态环境，多元和多样的文化生态是文化良好发展的前提，这是由文化发展的规律所决定的	文化发展的规律观点
文小勇	2002年	在研究不同民族、种族、国家和地区的不同文化之间在全球化语境下如何相互作用、相互影响的问题基础上，指出文化生态不仅是指人类文化和行为与其所处的自然环境之间相互作用的关系，同时还包括人类活动中各种不同文化之间相互作用的关系，即以一种类似自然生态的理念，把人类不同的文化因子或文化种群看成一个相互作用的整体，从而使人类文化历久不衰，保持着不同文化之间的多样性统一与平衡	自然生态的理念观点
管宁	2003年	文化生态是指某一区域范围中，受某种文化特质的影响，文化的诸要素之间相互关联、相互作用所呈现出的具有明显地域性特征的现实人文状况，其中文化特质是在特定的地理环境和历史传统及其发展进程中形成的。文化生态是一个具有一定的动态性、过程性和导向性的系统，深刻地决定着该地域社会经济文化的发展模式和价值观念体系	文化特质观点
戢斗勇	2004年	文化生态学研究主要内容不仅包括"文化的存在和发展的资源、环境、状态及规律"，也包含文化的系统、环境、资源、状态和规律五个方面	文化生态概念的内涵和外延观点
范大平	2005年	作为文化生态学的一个基本概念，文化生态是文化与其环境之间的互动系统，是文化主体从事文化创造、文化传播等活动的环境和条件，也指文化适应其生存环境而产生的不同形貌，即文化的生态景观。人类的文化活动既受环境的制约，又影响和改变着环境，二者双向互动，构成文化的生态系统和创生机制。因此，文化生态是一种文化的自然生态与人文生态的综合，即自然环境和社会人文环境对文化构成共同的影响和制约	文化的生态景观观点

续表

学者	时间	主要内容	特征
司马云杰	2007 年	文化生态指出环境包含自然环境和社会环境的各种影响因素，这些环境因素将影响文化的产生、发展以及适应环境发展的过程	从文化与环境的关系角度分析的观点
张松	2009 年	文化生态是一种历史过程的动态积淀，是为社会成员所共享的生存方式和区域现实人文状况的反映，它与特定区域的地理生态环境和历史文化传承有着密不可分的因缘关系，如同生物多样性和维持生态平衡一样极其重要、必不可少	历史过程观点
吴兴帜	2011 年	文化生态包含生态和文化两重含义，两者都是一个动态的过程，有着各自的发生、存在、发展以及延续的规律。文化生态一方面指文化与生态之间的互动，另一方面也隐喻着用生态的法则来看待文化，以使文化的整体性、系统性、动态平衡性、多样性等能够持续发展	文化与生态之间的互动观点
戴伟华	2011 年	搁置德国动物学家海克尔关于生态学概念的理论设定，文化生态可以理解为文化生成形式、存在方式和发展态势等。文化生态学是研究环境和人类文化的关系、相互影响，从而说明文化特征及其产生发展规律的科学	文化与生态关系观点
杨宏伟和徐旖瑶	2013 年	强调文化在生态文明建设中的重要作用，将文化生态视为生态文明建设的合理目标，认为文化生态是指文化与生态共生于人类实践活动	生态文明建设观点
宋增文等	2013 年	文化生态指人类的文化和行为及其所处环境之间的相互作用，内涵是人类文化行为的主观取向，根源是人类社会和对社会起控制作用的政治制度和经济制度等，具有时代性和发展性、逻辑性和有秩性、不可再生性、多元化发展趋势的特征。简而言之，文化生态是文化在人类社会中的生存和发展状态	人类文化行为观点

该观点的核心内容正如翟向坤和郭凌（2016）所指出的，文化生态包括文化的内部生态秩序与外部生态环境两个方面。其中，内部生态秩序是指以一种类似自然生态的概念，把人类文化的各个部分看成一个相互作用的整体，这种互相作用的方式推动人类文化历久不衰、导向平衡；外部生态环境则强调人类的文化与其所处的自然生态环境之间的相互影响关系。

（三）文化生态共同体

该观点立足于共同体理念，认为文化生态是"文化生态共同体"，即文化与生态之间相互联系、相互影响，形成一个稳定、和谐、动态、共荣的实体。在该观点中，文化生态就是文化的生存和发展的状态，既包含文化与自然、文化与社会之间的互动关系，也包含不同文化之间的交流和融合（吴合显，2017；Sreekuma，2011），这一观点与斯图尔德等所提出的文化生态的概念最为接近。代表性学者有邓先瑞、熊春林、杨庭硕、吴合显等，如表1-3所示。

表1-3　"文化生态共同体"观点的主要内容

学者	时间	主要内容	特征
邓先瑞	2003 年	文化生态是文化系统与生态环境系统的耦合，是一个自然-社会-经济复合生态系统，并以长江文化生态为例，揭示对文化生态的研究有助于深刻认识地区文化的根基与特质、深化对人与自然关系的认识、促进区域可持续发展等	文化系统与生态环境系统的耦合观点
段超	2005 年	文化生态是影响文化生存发展的各要素的有机统一体，它包括文化的自然生态（或自然环境）和社会生态（或社会环境）两方面。其中，自然生态包括地理环境、气候条件、生物状貌等要素，社会生态包括科技水平、生产方式、生活方式、政治制度、社会组织、社会思想等要素	有机统一体观点
李文兵	2008 年	从文化生态学看，文化是在一定环境条件下由人所创造的，文化如同生命有机体一样有自己的生态特征，文化与环境之间相互作用共同构成文化生态系统。文化生态是文化在文化生态系统中的存在状态，文化内部各要素之间以及文化与环境之间的交流互动促使文化生态的发展演变	文化生态系统观点
石群勇和龙晓飞	2011 年	文化生态是指文化与所处生态环境和社会环境互动制衡运行形成的专属于某个民族的生存生境。文化生态既包含文化内部各要素间的制衡关系，还包括文化与所处自然环境和社会环境的制衡关系，以及文化与其他并存文化之间的制衡关系。文化生态是影响文化生存、发展的各要素的有机统一体，包括文化的自然生态（自然环境）和社会生态（社会环境）两方面。文化生态由文化、文化所生存的自然环境和社会环境这三个基本要素构成，三者相互作用共同组成一个动态的和完整的文化生态系统	文化生态系统观点
熊春林	2012 年	国内关于文化生态的理解，虽然表述各异，但都强调了文化与环境的相互影响与制约；文化生态是借用生态学研究文化及人类所处的整个自然环境和社会环境的各种因素交互作用所形成的生存智慧；文化生态是社会存在的历史文化基础，社会存在对于人而言就是一种文化生态系统，人—社会—文化生态三位一体	文化生态系统观点

学者	时间	主要内容	特征
杨曾辉和李银艳	2013 年	文化生态与自然生态最根本的区别在于，文化生态具有民族文化的根本属性，而自然生态则不具备民族文化这一属性。而其联系在于，文化生态脱胎于自然生态。所谓各民族的"文化生态"，是指该民族成员凭借其特有的民族文化，在世代延续的漫长历史过程中，一方面加工、改造了该民族所处的自然环境与原生生态系统，使之获得了民族文化的属性；另一方面通过民族文化适应环境的过程，不断地完善了民族文化，最终使民族文化与它所处的生态环境之间结成了相互依存、相互制约的耦合关系。文化与生态的这种耦合体才是该民族的文化生态，在生态人类学圈内，也将这样的耦合体称为相关民族的生境	文化与生态耦合观点
杨庭硕和彭兵	2015 年	斯图尔德立足于民族文化必须适应所处的自然与生态系统，系统阐述了文化与生态的关系：任何一个民族，在经历了其"独特的进化历程"后，通过文化与所处生态系统的相互磨合，在文化与所处生态系统之间必然会形成一个个文化生态实体，即民族特有的"文化生态"。文化生态是一个整体，是特定民族的基本属性，是客观而具体的存在，是可以展开具体研究的实体，并催生了生态人类学	自然与生态系统观点
吴合显	2017 年	文化生态中的生态，已经渗入了文化的内容，而文化中也渗入了生态的内涵，两者之间你中有我，我中有你，形成一个稳定和谐共荣并能保持稳定、延续状态的实体，称为"文化生态共同体"	文化生态共同体观点

20 世纪 70 年代以来，文化生态理论从单向度强调环境的决定作用逐渐朝向多元方向和互动性影响发展。特别是美国人类学家拉帕波特（Roy A. Rappaport）将系统、要素、结构、功能等作为文化生态学分析框架以来，文化生态研究进入系统论阶段，文化生态不再是单一的文化和自然环境关系，而是各种因素相互关联、作用、影响形成的动态有机系统，自然环境与文化形态及其内部具体要素和类型之间存在系统性关联，各子系统彼此影响、互相作用（林继富，2021a，2021b，2021c）。

（四）生态的文化

该观点立足于生态本体，将文化生态理解为"生态的文化"，甚至将这个术语改成"生态文化"。在这个理解中，生态是主体，即特定的自然必然模塑出特定的民族文化，这与 20 世纪初流行的"环境决定论"一脉相承，致力于探讨文化多元并存的自然原因（Berensmeyer，2011）。该观点是文化生态传入我国后，一些学者研究的阶段认识，非文化生态研究的主流。

　　生态文化是指有关文化的存在状态，是人类的文化和行为与其所处的自然生态环境之间互相作用的结果。生态的核心是生命，也只有生命才有意义，科学不能不去认识生命的原因所在，只有在理解了生命之后，科学才能得出关于自然界的任何连贯一致的看法（普里戈金、斯唐热，2005）。生命具有创造力与破坏力，人既创造环境又破坏环境，这种创造与破坏使文化得以出现。生态学的基点是生命系统，生态学中不同层次的研究都是生命系统研究，但研究生命系统并不是生态文化的任务。生态文化只是生命系统与文化互动而形成的一种存在状态。生命系统是自然生态环境系统的基础（黄正泉，2015：36）。生态文化是关于人的文化，是人"怎样"存在着的问题，是人化了的文化存在，如表1-4所示。

表1-4　"生态的文化"观点的主要内容

学者	时间	主要内容	特征
余谋昌	2005 年	文化生态（生态文化）是一种新文化，是相对于自然文化、人文文化和科技文化而言的。生态文化作为一种有利于生态环境和自然资源可持续发展的人类生存方式，有广义和狭义之分。狭义的概念是以自然价值论为指导的社会意识形态、人类精神和社会制度；广义的概念是以自然价值论为指导的人类新的生存方式，即人与自然和谐发展的生产方式和生活方式	新文化观点
陈寿朋和杨立新	2005 年	生态文化是一种文化现象，即以生态价值观为指导的社会意识形式，它主要包括生态哲学、生态伦理、生态科技、生态教育、生态传媒、生态文艺、生态美学、生态宗教文化等要素	文化现象观点

（五）小结

　　上述四种概念认知在不同时期大力推动了文化生态学在中国的传播和发展。其中，文化生态共同体的理念与斯图尔德所提出的"文化生态是解释那些具有不同地方特色的独特文化形貌和模式的起源"概念较为契合（李振基，2004）。可见，文化生态是指文化的生成、传承、存在的状态，是某一特定文化形态与其所在区域内的自然环境和人文环境共同组成的整体，也是各类型文化聚集、发展所形成的文化生态系统的基本单元（林明水等，2021a）。

三　文化生态的内涵

（一）文化生态是文化生态系统的基本单元

文化一被创造出来，便与自然界相分离，在真实的自然界之上形成一个"第二自然"，并自成系统，构成了一个与自然生态系统相对应的文化系统（史徒华，1989；唐建军，2013）。这个文化系统既与自然生态系统有着密切关系，又相对独立，具有整体性、层次性、系统性的特点，它因人类社会生活和需求的多样性而丰富多彩，也因人类社会实践的不断进步而运动变化。因此，人类的文化系统与自然生态系统一样也具有生态性，被称作文化生态系统，文化生态则是文化生态系统的基本单元。

（二）文化生态是文化要素的聚合体

美国文化人类学家怀特（Leslie Alvin White）曾指出，"无论在什么地方，文化都绝非文化特质的单纯相加或简单汇聚，文化要素总是组成为系统（Duncan et al.，2004；Wartenberg，2011）。每种文化都有一定程度的一体化和统一性，它依赖于一定的基础，按照一定的原则或系统组织起来"，这个基础就是文化生态。其中，每一种文化都包括物质文化、非物质文化，都是一个动态的生命体，各种类型文化聚集在一起，形成不同的文化群落、文化圈，甚至类似生物链的文化链，从而形成稳定的文化生态系统。文化生态是由影响文化生成和变迁的自然环境、政治制度、经济体制、社会习俗、语言文字、道德观念、价值取向以及思想感情等变量所构成的文化生态体系（徐凤，2016）。

第三节　文化生态的特征和功能

一　文化生态的特征

文化生态作为一个人地关系研究的新领域、新方向、新概念，具有其独特特征。文化生态的特征可以概括为以下三个主要的方面。

（一）整体性和系统性

文化生态是文化生态系统的基本研究单元，是影响文化生存发展的各要素的有机统一体，在结构上包括自然生态的地理环境、气候条件、生物状貌等要素，文化生态的科技水平、生产方式、生活方式、政治制度、社会组织、社会思想等要素。各种因素不是无序的存在，而是按照生态链相互关联、作用、影响形成的动态有机系统，形成一个有机的整体。同时，自然环境与文化形态及其内部具体要素和类型之间存在系统性关联，各子系统彼此影响、互相作用，形成一个有机的文化生态系统。

（二）动态性和发展性

文化生态是人地关系研究的一个新视角，且随着生产力的发展不断处于动态发展中。人地关系随着生产力的发展不断地发生变化，在原始文明、农业文明、工业文明、生态文明等不同发展阶段，有决定论、可能论、生态论等不同的人地关系思想和观点，文化和环境关系的内涵也不断地丰富和发展，呈现出动态发展的特性。

（三）民族性和区域性

文化的产生过程来自特定区域人类的生产和生活方式的集合，因此具有典型的民族性和区域性。文化生态是博厄斯、克罗伯、斯图尔德等学者在研究北美土著民族文化与环境的关系过程中产生的，《文化变迁理论：多线进化方法论》（1955）、《尼日利亚的山地农民》（1968）、《献给祖先的猪：新几内亚人生态中的礼仪》（1968）、《北方草原居民》（1969）等文化生态学代表性著作均有很强的民族性和区域性特征。文化生态在传播的过程中，主要依靠人类学和民族学等学科，研究领域也聚焦在小尺度的乡村和民族地区，如东亚地区的风水林研究、中国南方的水稻耕作研究等。

二 文化生态的功能

（一）指示器功能

文化生态是某一特定文化形态与其所在区域内的自然环境和人文环境共同组成的整体，透过文化特质（cultural trait）和文化核心（cultural core）体现出其文化类型和特征。斯图尔德等认为，文化生态研究的对象并不是所有的文化，而是研究"与环境利用最有关联的资源与技术"的文化特质和"与生产及经济活动最有关联的各项特质的集合"的文化核心（Pimentel et al.，1997）。此外，文化核心是由文化特质聚合而成的，且文化特质并非地方性的，但与与区域生产方式紧密相连的技术和资源息息相关，即测度文化生态变迁要重点关注区域生产和生活方式的变化（Steward，1972）。区域产业结构的变化不仅能够表征资源利用的效率、产业技术的应用，还能体现劳动者就业类型及其日常活动的空间范围，如以农业为主导的地区，聚焦农业技术的创新和土地肥力的提升，居民生产及生活活动围绕农业用地展开（Head，2010）；以工业为主导的地区，聚焦机械化生产技术的更新和原材料资源成本的降低，居民生产及生活活动围绕工业用地展开（Head and Atchison，2008）；以服务业为主导的地区，聚焦信息化技术的广泛使用和人力资源水平的提升，居民生产及生活活动围绕文旅或商服用地展开（林明水等，2022）。

（二）调适功能

不论是自然环境还是社会文化环境，人们在一定环境中生活就会形成一定的适应性。当人们从一个文化环境迁移到另一个环境中，便会产生不适应，重新适应的过程就是文化变迁的过程。文化生态适应性是文化适应环境程度的量化指标，且处于动态发展中，是文化生态变迁的根本动力和机制。在文化生态系统内，各种文化相互作用并受环境制约而达到新的平衡，文化的可持续发展得以实现，这就是文化生态的自我调适功能的体现。

（三）引导功能

文化生态处于动态平衡发展过程中，处于良性发展中的文化生态，经济和社会繁荣发展，生态环境质量优越；处于失衡状态的文化生态，经济和社会发展缺乏活力，生态环境问题层出不穷。因此，良性发展的文化生态，不仅能够保障本地区生态文明建设和可持续发展，还能引导其他地区发展，化解经济、社会、生态环境中的各种危机，重新形成结构合理、层次有序、充满活力的文化生态。

第四节　生态文明与文化生态

一　生态文明发展历程

（一）生态文明的提出

国内外尚未有统一的生态文明概念。从字面上看，"生态（eco-）"一词源于古希腊文字 oicos，指家（house）或环境（environment）（梁渭雄等，2000）；从内容上看，生态指生物在一定的自然环境下生存和发展的状态，也指生物的生理特性和生活习性，以及生物之间、生物与环境之间的关系（李振基，2004）。"文明"是指人类所创造的物质和精神财富的总和，是人类在认识世界和改造世界过程中所形成的思想观念以及不断进化的人类本性的具体体现（谷树忠等，2013），内含物质文明、政治文明、精神文明、社会文明和生态文明等内容（方世南，2023）。综合分析，学者们普遍认为生态文明是人类对工业文明深刻反思的产物，核心问题是正确处理人与自然的关系，本质要求是尊重自然、顺应自然和保护自然，是人类社会继原始文明、农业文明、工业文明之后形成的新型文明形态。生态文明特征包括两个方面：在空间维度上，生态文明是全人类的共同课题；在时间维度上，生态文明是一个动态的历史过程（马凯，2013）。

（二）生态文明的发展

1. 国际背景

生态文明的提出与全球日趋严重的环境问题密切相关，是在对传统文明形态特别是工业文明深刻反思的基础上产生的。西方国家率先爆发工业革命，由此所产生的工业文明以人类征服自然为主要特征，世界工业化进程就是对资源与环境大规模消耗的过程，废水、废气、废物等"三废"问题严重影响环境的质量，环境问题伴随人类活动的开展大量产生。第二次世界大战之前，环境问题还仅仅是西方工业化较为发达国家或地区的区域性问题；第二次世界大战之后，随着工业技术的扩散，环境问题从区域性问题逐渐发展为全球问题，并且超越战争问题成为全球关注的焦点。为了应对全球日益严重的环境问题，联合国 1972 年在斯德哥尔摩、1992 年在里约热内卢、2002 年在约翰内斯堡相继召开人类环境会议、联合国环境与发展大会和可持续发展首脑会议，协商全球各国联合起来保护环境和促进可持续发展（柴云，2009）。2015 年，全球 193 个国家和地区共同签署《改变我们的世界——2030 年可持续发展议程》（Transforming Our World：The 2030 Agenda for Sustainable Development），正式提出了 17 项可持续发展目标和 169 项具体目标，由此各个国家和地区分别结合本国和本地区的情况，提出分类实现全球可持续发展目标的途径。因此，生态文明、生态保护、低碳生活成为全球各个国家和地区人民共同关心的话题（Fu et al.，2019）。

国际上，环境问题和人类发展关系协调的理论和政策的核心强调经济社会发展应该与资源环境消耗脱钩，并依次产生四个理论和政策模型：一是环境与发展的二维模型，强调资源环境在承载范围内支撑经济社会发展；二是可持续发展的三个支柱模型，强调发展需要注意经济、社会、环境三个效益；三是绿色经济的四面体模型（经济、社会、环境和资源子系统），强调绿色发展需要政府、企业、社会等利益相关者的合作治理；四是发展质量的三个层面模型（物、人、环境），强调好的发展应该注意四个方面的资本产业利用（市场、技术、人才、资金）（诸大建，2013；黄婧、谢攀琳，2020）。上述理论和政策的演变，是在人们对人地关系认识逐步深入的基础上产生的，特别是生态学理论与方法在全球的广泛传播，在各个国家和地区形成了对生态文明作为新的文明形态的广泛认可和支持。

2. 国内背景

我国提出建设生态文明，也与生态环境问题日益突出、资源环境保护压力不断加大的形势密切相关。改革开放 40 多年以来，我国经济保持了快速发展，GDP 超过了 100 万亿元，人均 GDP 由 1978 年的 226 美元增加到 2022 年的 12741 美元，人民生活水平显著提高，实现了整体性脱贫摘帽，正向全面小康生活迈进。但是，由于我国人口众多，经济社会发展在取得巨大成就的同时，对资源环境的压力与日俱增，"高投入、高消耗、高排放、低产出"的粗放型增长方式使能源和其他资源的消耗增长过快，发展方式不可持续，生态环境恶化问题日益突出。因此，百姓在温饱需求、富裕需求、保障需求和文化需求逐步得到满足的同时，对环境质量、健康水平的关注度越来越高，呈现出从"求温饱"到"盼环保"、从"谋生计"到"要生态"的转变趋势。推进生态文明建设顺应民生需求，体现了以人为本和绿色发展的理念，也符合国际社会的环保浪潮（杜祥琬等，2015）。

2005 年，中央人口资源环境工作座谈会提出了生态文明的概念，指出当前环境工作的重点之一是"完善促进生态建设的法律和政策体系，制定全国生态保护规划，在全社会大力进行生态文明教育"。2007 年，党的十七大首次把"生态文明"写入党代会的报告，提出"要建设生态文明，基本形成节约能源资源和保护生态环境的产业结构、增长方式、消费模式"，把建设生态文明列为全面建设小康社会目标之一，作为一项战略任务确定下来。2009 年，党的十七届四中全会把生态文明建设提升到与经济建设、政治建设、文化建设、社会建设并列的战略高度，作为中国特色社会主义事业总体布局的有机组成部分。2010 年，党的十七届五中全会提出要把"绿色发展，建设资源节约型、环境友好型社会""提高生态文明水平"作为"十二五"时期的重要战略任务。2012 年，党的十八大把生态文明建设纳入中国特色社会主义事业"五位一体"总体布局，明确提出"建设生态文明，实质上就是建设以资源环境承载力为基础、以自然规律为准则、以可持续发展为目标的资源节约型、环境友好型社会"，生态文明建设被正式纳入我国社会主义事业总体布局（谷树忠等，2013）。2013 年，中国共产党第十八届中央委员会第三次全体会议提出，建设生态文明，必须建立系统完整的生态文明制度体系，实行最严格的源头保护制度、损害赔偿制度、责任追究制度，完善环境治理和生态修复制度，用制度保护生态环境（杜祥琬等，2015）。至此，生态文明建设完成了最后的制度保障设计，成为一项系统的工程和国家战略。2018 年 5 月 18~19 日，党中央召开全国生态环境保护大会，正式提出习近平生态文明思想，并对推进新时代生态文明建设提出必须遵循"坚持人与自然和谐共生""绿水青山就是金山银山""良好生态环境是最普惠的民生福祉""山水林田湖草是生命共同体""用最严格制度最严密法治保护生态环境""共谋全球生态文明建设"六项重要原则的要求。

党的十九大指出，"建设生态文明是中华民族永续发展的千年大计"。2019 年，习近平总书记就生态文明建设的战略地位提出了"四个一"的判断，即生态文明建设是"五位一体"总体布局中的一位，坚持人与自然和谐共生是新时代坚持和发展中国特色社会主义基本方略中的一条重要方略，绿色发展是新发展理念当中的一项重要理念，污染防治是三大攻坚战（防范化解重大风险、精准脱贫、污染防治）中的重要一战（姚修杰，2020）。2021 年，习近平总书记在"四个一"的基础上指出，美丽中国是 21 世纪中叶建成富强民主文明和谐美丽的社会主义现代化强国目标中的一项重要目标（生态环境部党组，2023）。党的二十大报告提出，中国式现代化是人与自然和谐共生的现代化，要推进美丽中国建设；未来五年，城乡人居环境明显改善，美丽中国建设成效显著；到 2035 年，广泛形成绿色生产生活方式，碳排放达峰后稳中有降，生态环境根本好转，美丽中国目标基本实现；到 21 世纪中叶把我国建成富强民主文明和谐美丽的社会主义现代化强国。2023 年全国生态环境保护大会上，习近平总书记全面总结我国生态文明建设取得的举世瞩目的巨大成就，特别是历史性、转折性、全局性变化，深入分析当前生态文明建设面临的形势，深刻阐述新征程上推进生态文明建设需要处理好的重大关系，系统部署全面推进美丽中国建设的战略任务和重大举措，为进一步加强生态环境保护、推进生态文明建设提供了方向指引和根本遵循。

（三）生态文明的内涵

生态文明的内涵极其丰富，不同学者从发展维度、研究重点、建设路径等方面不断补充。从时间上看，生态文明是人类社会继原始文明、农业文明、工业文明之后的一种最高级的新型文明形态（黄勤等，2015），是人类对传统文明形态特别是工业文明进行深刻反思的成果，是人类文明形态和文明发展理念、道路和模式的重大进展（赵其国等，2016）；从内容上看，生态文明以遵循自然规律、尊重和维护自然为前提，以人与自然、人与人、人与社会和谐共生为宗旨，以资源环境承载力为基础，以建立可持续产业结构、生产方式、消费模式以及增强可持续发展能力为着眼点（周生贤，2009）；从建设路径来看，包括优化国土空间开发格局、调整能源利用结构、全面促进资源节约、加强生态环境保护、加强生态文明制度建设、转变经济增长方式等方面（赵其国等，2016）。

此外，生态文明建设是一个全球性系统工程，包括国际、国家、区域、地区、社区等层级，从建设主体来看，政府负责政策顶层设计，企业是核心建设主体，家庭是建设的基本单元，民间组织（NGO）和其他主体发挥咨询和监督职能作用；从建设类型看，包括城镇、荒漠、草原、森林、水等类型，并贯穿经济建设、社会建设、政治建设和文化建设的各方面和全过程。可见，文化生态作为文化和环境关系建设的核心内容，已经孕育在生态文明丰富内涵中。

二　生态文明中的文化生态

（一）生态文明的理论基础

习近平生态文明思想深刻阐明人与自然是生命共同体，绿水青山就是金山银山，揭示了保护生态环境就是保护生产力、改善生态环境就是发展生产力的道理，指明了发展和保护协同共进的新路径，总结为"一个主题、十个坚持"。一个主题是"实现人与自然和谐共生"，十个坚持是"坚持党对生态文明建设的全面领导、坚持生态兴则文明兴、坚持人与自然和谐共生、坚持绿水青山就是金山银山、坚持良好生态环境是最普惠的民生福祉、坚持绿色发展是发展观的深刻革命、坚持统筹山水林田湖草沙系统治理、坚持用最严格制度最严密法治保护生态环境、坚持把建设美丽中国转化为全体人民自觉行动、坚持共谋全球生态文明建设之路"。这些思想内容深刻体现了对资源环境基础理论、生态系统服务理论、可持续发展理论、区域发展空间均衡理论的继承和发展。

1. 资源环境基础理论

资源环境科学是一门从生态观点出发，将资源的合理利用和环境保护运用到生产和环境建设领域的综合性学科（封志明等，2017）；资源环境基础理论是在人类由对自然资源到环境资源认识深化的过程中所产生的，几乎所有的自然资源都构成人类生存的环境因子，而环境在特定情况下，也会成为资源的一部分，两者可以相互转化。资源环境既是人类及其文明诞生的基础，也是人类及其文明发展的动力来源。资源为人类提供日常生产和生活所需的基础资料，而资源的利用会对环境产生负面影响，最终导致环境质量的下降，进而影响人类的生存和可持续发展。人类文明的发展历程表明，资源环境基础的稳定性遭到破坏，无论是宏观的还是微观的，有意的还是无意的，自然因素还是人为因素，都会对社会经济发展产生重大影响，甚至改变人类文明的发展进程。

2. 生态系统服务理论

生态系统服务（ecosystem service）是指人类直接或间接从生态系统中得到的利益，包括生态系统向经济社会系统输入有用物质和能量、接受和转化来自经济社会系统的废弃物，以及直接向人类社会成员提供服务（李文华等，2009）。生态系统服务的价值主要表现在其作为生命支持系统的外部价值上，与传统经济学意义上的有形和无形服务不同，生态系统服务大多是公共产品或准公共产品，并与人类福祉紧密相连，仅有一部分服务能够进入市场被买卖。

3. 可持续发展理论

可持续发展首次出现在 1987 年联合国世界环境与发展委员会的《我们共同的未来》报告中，并被定义为"既满足当代人的需要，又不对后代人满足其需要的能力构成危害的发展"，1992 年联合国环境与发展大会上世界各国对可持续发展内涵达成共识，包括公平性、持续性和共同性，并广泛推广。美国世界观察研究所所长布朗（Lester R. Brown）对可持续发展的内涵进一步拓展，认为"可持续发展是一种具有经济含义的生态概念。一个持续社会的经济和社会体制的结构，应是自然资源和生命系统能够持续的结构"（张晓玲，2018）。

4. 区域发展空间均衡理论

区域发展的空间均衡是指在资源要素在区域间合理流动的前提下，标识任何区域综合发展状态（经济发展类、社会发展类、生态环境类等综合构成）的人均水平值是趋于大体相等的。区域发展的空间均衡需要识别地域功能属性，即一定地域在更大的地域范围内，在自然资源和生态环境系统中、在人类生产活动和生活活动中所履行的职能和发挥的作用（谷树忠等，2013）。

（二）生态文明的系统结构

1. 社会-经济-自然复合生态系统

根据生态文明的理论基础综合分析，生态文明建设涉及以人为主体的社会系统、经济系统和自然系统三个部分，是三个系统在特定区域内通过协同作用而形成的复合系统（马世骏、王如松，1984）。

社会系统、经济系统和自然系统是三个性质各不相同的系统，有着各自的结构、功能、存在条件和发展规律，但它们各自的存在和发展又受其他系统结构和功能的制约（见图1-1）。

（1）自然子系统

由土（土壤、土地和景观）、金（矿物质和营养物）、火（能和光、大气和气候）、水（水资源和水环境）、木（植物、动物和微生物）等五行相生相克的基本关系所组成，为生物地球化学循环过程和以太阳能为基础的能量转换过程所主导。

（2）经济子系统

由生产者、流通者、消费者、还原者和调控者等五类功能实体间相辅相成的基本关系耦合而成，为商品流和价值流所主导。

（3）社会子系统

由社会的知识网、体制网和文化网等三类功能网络间错综复杂的系统关系所组成，为体制网和信息流所主导（王如松、欧阳志云，2012）。

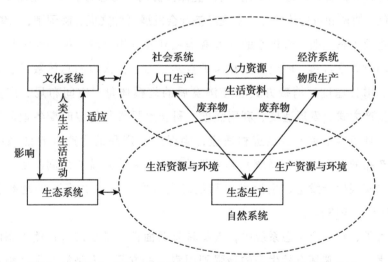

图1-1　"社会-经济-自然复合生态系统"中"三种生产"关系

人类社会的经济活动，涉及生产加工、运输及供销。生产与加工所需的物质与能源仰赖自然环境供给，消费的剩余物质又还给自然界。自然环境中物理的、化学的与生物的再生过程，供给人类生产需要。人类生产与加工的产品数量受自然资源的数量的制约。此类产品数量是否能满足人类社会需要，做到供需平衡，而取得一定的经济效益，则取决于生产过程和消费过程的成本、有效性及利用率。因此，自然资源和经济开发构成了社会可持续发展的物质基础，而自然子系统又为经济活动提供了物质条件和活动场所。所以要取得社会子系统的可持续发展，就要在以经济建设为中心的同时，保护好自然资源和生态环境，因为三个子系统"三位一体"的结构决定了社会子系统的可持续发展不能脱离复合生态系统的可持续发展。从某种意义上可以说，社会-经济-自然复合生态系统理论上本质就是一种关于人类社会可持续发展的理论（赵景柱，1992）。

2. 复合生态系统中的文化生态

生态文明建设并不是要否定发展，而是要在"社会-经济-自然复合生态系统"中（马世俊、王如松，1984），让人口的生产（重要因素是人口数量、地域分布和消费方式）、物质的生产（重要因素是农产品、工业品和基础设施的数量和品质）、生态的生产（重要因素是环境容量的修复和自然资源的数量和质量）这三种生产之间能保持协调和动态的平衡（见图1-1），以绿色、协调和可持续的方式实现经济社会发展（叶文虎、陈国谦，1997）。

建设生态文明，最核心的要求就是在开发利用自然、推动经济社会发展的同时尊重自然、顺应自然和保护自然，力求让人口的总体数量、地域分布、增长速度、消费方式和经济发展的规模体量、空间布局、产业结构、生产方式、发展速度、利用强度、科技水平等与特定时期各地的资源禀赋、环境容量和生态足迹相适应，确保生态产品的生产（自然系统）、物质产品的生产（经济系统）和人类的生产（社会系统）之间的协调和平衡，以实现生产发达、生活幸福和生态良好之"三生共赢"的理想目标（杨朝霞，2018）。

可见，在复合生态系统中，人类具有两面性，既是改造自然生态的积极因素，也是破坏自然生态的最强烈因素。一方面，人是社会和经济系统的主体，依靠科学技术改造和利用自然，驱使自然生态系统为人类服务，从而形成各种类型的文化；另一方面，人也是自然生态系统的一员，其生产和生活活动都不能违背自然生态系统的基本规律，自然生态系统的质量变化，要求人类通过改变生产和生活的方式去适应，从而形成了新的文化生态。因此，文化生态是"社会-经济-自然复合生态系统"中，社会系统与经济系统和自然系统耦合的产物；是在生态文明建设、人类改造自然生态过程中，环境质量改变所激发的人类生产生活适应性变化的过程（谷树忠等，2013）。

三　生态文明与文化生态的逻辑关系

（一）生态文明比其他文明更重视文化生态

从原始文明、农业文明到工业文明，人类更多地关注自身物质条件的改善，更多地考虑如何加快获取自然资源，以提高生产生活的效率与质量，而对于自然生态系统的承载力、健康状态关注较少，甚至熟视无睹、肆意掠夺。进入生态文明发展阶段，人们不仅追求人与自然的和谐共生，也注重可持续发展理念传播，人类不仅要重新定位考虑人与自然的关系，还要学会改变生产和生活方式去适应自然生态系统的变化，以促进社会、经济、自然系统协调发展。这就意味着生态文明不能像工业文明那样，建立在对资源的廉价获取和直接利用的基础之上，而应建立在精准的信息基础上，通过不同文化生态区之间的高效组合和再配置，最大限度地节约物质与能量，最终实现整体社会物质与能量的高度节约，以此确保对所有生态系统的精准监控和受损生态系统的及时修复，不断地推进人与自然关系的和谐共荣（杨庭硕、彭兵，2015）。因此，文化生态虽然也存在于原始文明、农业文明和工业文明，但在生态文明发展阶段才得以蓬勃发展，并成为"社会–经济–自然复合生态系统"的重要子系统。

（二）文化生态促进生态文明建设

生态兴则文明兴，生态衰则文明衰。生态文明是人类文明的重要组成部分，包括人类对自然的认识理解、价值判断、行为模式，人类社会中的环境友好关系以及有利于人类与环境状况相平衡的生活方式、生产方式，实现人类可持续发展的理念和目标等方面，其核心内容与文化生态内涵基本一致（杨庭硕、杨曾辉，2015）。生态文明是一个体系，包括从观念到社会、制度和物质建设的不同层面。但作为一种文明形态，生态文明更多体现出其文化内涵，生态文明相关的制度建设、科学技术进步、行动和物质建设的主要目的，都是保障生态文化理念的实现。作为文化系统和生态系统耦合产物的文化生态，一方面要保护和传承原始文明、农业文明、工业文明所形成的各类优秀文化；另一方面还要在可持续发展理念指引下，重新审视人与自然、人与人、人与社会的关系，创新绿色文化，促进新时代文化的变迁。可见，文化生态从保留原有文明中具有可持续理念的文化和开拓新的文化形态两个方面促进生态文明建设。

第二章
文化生态学基础

第一节 文化生态学的基础理论

文化生态学发展历程是复杂、波折的，其基础理论既来自人类学、民族学的相关研究，又与生态学、系统科学等有着密切的联系，是多学科理论交叉与实践的成果。

一 新生态学

斯图尔德将文化与环境联系在一起解释文化变迁，其团队成员维耶达（Andrew P. Vayda）和拉帕坡特（Roy Rappaport）则采用一种被称为新生态的新方法，将文化与新兴的系统生态学科学联系在一起开展研究。这种方法认为，人类文化并非独一无二的，文化只是形成了一个相互作用的人口单元，"以形成食物网、生物群落和生态系统"（Vayda and Rappaport，1968：477）。这种把人类放在统一的生态学中的研究方法，对人类行为的解释有更强的适用性（Sutton and Anderson，2013：26）。

新生态学将人类行为的分析与研究从严格的定性民族志转移到了定量科学，从而产生了一种全新的审视人类文化发展的方式。但这种理论视角也存在不足，体现在以下两个方面。一个不足是基于单一时间点描述现象的数据分析方式。虽然变量可以相互测量和比较，变量之间的关系可以描述和建模，但利用这些数据很难对文化变迁和进化开展建模，如模型的优化和使用等。在人类学发展的早期，这种缺陷是不可避免的，因为社会中还没有大量的历史数据可供研究。当前阶段，与斯图尔德时代没有条件充分利用当时的历史数据相比，研究者有了更好、更长时期的数据，可以更有效地开展文化变迁的研究（Sutton and Anderson，2013：26）。

另一个不足是 20 世纪 60 年代新生态学中的系统被证明看起来更难开展分析，因为生态系统通常是混沌的、边界模糊的（Botkin，1990）。维耶达因而转向寻求所谓的"事件生态学"方法，分析特定事件及其复杂原因，而不是系统（Vayda，2009）。维耶达这种分析形式保留了斯图尔德对适应和选择的关注，同时增加了时间维度，认识到在时间和空间上限制"系统"边界的困难，将关注重点转向事件以及随后引发的变化上（Sutton and Anderson，2013：27）。

二 文化唯物主义理论

（一）文化唯物主义

文化唯物主义是一种实用的、直截了当的、功能主义的人类学方法，其研究重点是文化产生的具体方式和原因。文化唯物主义直接而明确地延续了人类学中的"史密斯－摩根"（Smith-Morgan）传统，即基于"人类社会生活是对现实存在问题的回应"的观点（Harris，1979），并且这些问题可以以实际可见的方式认识。文化唯物主义非常强调从进化的角度来分析经验性的现象，如技术、经济、环境和人口等视角，并且严格按照西方科学的规则开展研究（Sutton and Anderson，2013：27）。

哈里斯（Harris，1966，1968）支持"技术环境唯物主义"的观点。哈里斯最初认为，所有的文化现象都可以通过直接的物质回报来解释，但他并没有提供一个完整的解释，相反把这看作一种研究策略。首先，文化现象寻找直接的物质因素反馈，通常是食物卡路里；如果这种解释不足，那就在蛋白质或避难所寻找答案。其次，只有当所有物质因素的影响都被消除后，人们才能调查心理和社会因素，这也被证明是一种有用的研究方法（Smith，1991）。

唯物主义者倾向于关注细节而不是趋势，关注特征而不是一般的特征。唯物主义者认为，研究任务是解释这个特征，以及为什么以这种特殊的方式形成这个特征。但这种方法也存在争议，批评者认为，这种做法偏离了文化的非物质方面，且往往忽视了重要或关键的信息；支持者认为，被忽视的信息不是经验性的，因此也不是科学性的。自 20 世纪 60 年代以来，文化唯物主义已经成为许多人类学者研究的基础方法，且现在研究范围不仅仅局限于对卡路里和蛋白质的关注，还扩大到心理因素等方面（Sutton and Anderson，2013：28）。

唯物主义方法研究的一个典型的例子是对印度神牛作用的分析（Harris，1966，1974）。对于印度教徒来说，牛是神圣的，牛肉不能食用。因为印度教包括一种转世的信仰，一个人的亲戚有可能转世为一头牛，吃了这头牛就相当于吃人。这对于几乎每天都吃牛肉的西方人来说，饿死的人拒绝吃他们饲养的牛似乎是愚蠢的（Sutton and Anderson，2013：28）。

然而，一项对印度神牛社会功能的分析显示，神牛实在太重要了，无法用于食用（Harris，1966）。首先，神牛为耕种提供劳动力，因为印度很少有农民买得起拖拉机，而且没有基础设施来支持机器生产。其次，牛粪被农民用作肥料和燃料，且没有其他替代品，农田必须由一定肥料来维持生产力。再次，神牛不需要喂食，靠觅食杂草和垃圾生存，这有助于保持该地区的清洁。最后，神牛还提供牛奶，这是一种可再生资源（Sutton and Anderson，2013：28）。

因此，屠宰神牛作为食物只能获得短时间的牛肉和排骨，但这将导致没有劳动力拉犁，没有肥料，没有燃料，没有牛奶，没有杂草或垃圾处理器，最终导致整个农业系统迅速崩溃，数百万人死于饥荒。当神牛自然死亡时，就会被印度社会最低阶层"贱民"宰杀，吃掉牛肉，利用牛皮和其他部分制造有用的商品。这种神牛文化在印度地区系统性发生和发展，但它并不一定能完全解释印度神牛文化实践的起源（Simoons，1979）。

（二）功能主义

对于文化唯物主义学者而言，研究解释的中心是功能和起源问题。如果某物服务于某一特定的功能，其一定是起源于或被设计来实现该功能的。许多人类生态学家把研究重点放在功能方面，如食品采购或技术。然而，正如认为功能一定等同于起源是错误的，有些事物有多种功能，只选择其中一个然后就确定是起源可能会导致错误。此外，有些事物可能有多个起源，可能已经被重组，服务于不同功能，如技术和文化不断地被修改、改变和调整以适应新的条件，可能在所有的变化中，某一特定实践的起源都消失了（Sutton and Anderson，2013：28）。

反向调查方法也是正确的：知道来源并不一定意味着功能已知。事物的功能可能会随着时间的推移而改变，因此，事物的起源可能与当前的用途无关，如曾经用来戴手套的袖扣现在只不过是装饰品，旧牛奶罐现在也成了室内装饰等（Sutton and Anderson，2013：29）。

与功能主义相关的是实践理论，由法国人类学家和社会学家皮埃尔·布迪厄（Pierre Bourdieu）提出。这一理论先注重实践，后转向思想，因而与文化唯物主义理论相似。实践理论着眼于个体实践的细节，并将这些扩展到广泛的文化模式，但对文化行为可能起到的作用不求甚解。布迪厄认为文化的方式往往是过渡的，以至于个人根本不需要考虑它们，如人们不必考虑用"s"来表示英语复数，也不必考虑如何以特定的方式走路，但是只要看着两岁的小孩子，人们就会很快意识到，这些东西是必须学习的，而且随着人们的成长，文化成为"惯习"的一部分，这也是文化无意识的一面。布迪厄对特定的制度和行为如何维持权力结构和权力体系，从而预示政治生态走向做了大量的工作，这也为大多数文化生态学家现在首先关注实际的行为和习惯，可以少考虑一些实践理论，有更多时间用来抽象出广泛的观点或做出广泛的概括提供了思路（Sutton and Anderson，2013：29）。

三 理性选择理论

环境社会科学的一种范式是某种形式的理性选择理论（Elster，1987；Frank，1988；Green and Shapiro，1994），这一理论在经济学、政治学以及人类学的一些研究领域应用广泛。该理论认为，人们的决定是在对所有获得的信息进行深思熟虑的基础上做出的，以实现既定的目标；人们根据需要寻找更好的信息，是很好的机会计算者。此外，人们有偏好，可以根据所收集的信息进行排名，然后再采取行动。如人类知道在哪里可以猎鹿，哪些作物会在哪些地方生长，以及如何权衡猎鹿和种植作物的潜在收获等。还有一些人认为理性选择理论与进化生态学有关，因为糟糕的选择会受到负面的选择压力。因此，人类进化出做出更好选择的能力。狭义的理性选择理论认为，人类的行为总是出于个人的物质利益（Sutton and Anderson，2013：29）。

事实上，许多传统行为都是理性选择的结果。如一个购物者在四个品牌的罐装西红柿中选择，虽然人们知道商品都是一样的，但会理性地选择最便宜的那一种。如果购物者要选择的是成熟的西红柿，那会理性地选择最成熟和未受损的西红柿，除非购物者有其他奇怪的偏好。猎人在一只一百磅重的鹿和一磅重的兔子之间做选择，在二者同样容易被杀死的情况下，猎人会选择鹿，以最大限度地获得更多的肉。但是，如果鹿是猎人所在社会的禁忌的话，他可能会合理地选择兔子。然而，有些行为是不合理的，即使对这种行为有一个看似合理的解释。人类有大量捷径及启发式的方法和偏见，使得信息处理更容易，但不太"理性"和准确（Gigerenzer，2007；Kahneman，2011）。在实践中，人们也常常将非理性行为合理化（Green and Shapiro，1994；Taylor，2006）。很明显，文化是不同的，如果理性的选择总是正确的，那么变化就不会那么明显了。每一种文化都有不同的目标、不同的技术、不同的理性观点，因此，即使在同一个环境中，A组的理性选择也可能不同于B组。此外，在人们还没有达到可以自己选择的年龄之前，就已经具备了许多选择的特征，比如语言和饮食，他们已经为自己做出了许多选择。还有，人们没有时间详细决定每件事，有时候必须走捷径，这通常意味着养成习惯或模仿他人。当人们被迫改变时，就会被迫做出或多或少的理性决定。在其余的时间里，最合理的过程是尽量减少做出决定的努力，人们遵循自己的习惯或通过粗略估算而做出决定（Kahneman，2011）。

也有学者认为，整个西方社会对自然环境的态度是不合理的。西方社会中，不少人往往把自然环境看成与人类不同的物质层面，可以随意开发和毁灭。这种信念既不科学，也不利于使人们从非人类世界获得的资源最大化。一个理性的选择者，会在个人最大化自身利益的同时，选择去思考和协调不同的事物（Sutton and Anderson，2013：30）。

理性选择是人类生态学分析中不可或缺的工具，但也留下了大量问题需要深入解释。事实上，几乎所有的文化内容都有待人们去解释。人类可以自由地承认所有的文化习俗都是被采纳的，因为这些习俗在过去似乎是最合理的事情。像文化唯物主义一样，理性选择是一个很好的分析起点，但通常不是最后一种方法，这也是大量人类生态学家和生态人类学家运用理性选择理论的方式（Sutton and Anderson，2013：30）。

四　民族社会学与民族生物学

人类学在语言和交际方面迅速发展出自己的文化生态形式。查尔斯·弗莱克（Charles Frake）在《文化生态学与民族志》（*Cultural Ecology and Ethnography*）中认为，民族志工作者必须充分注意人们所关注的环境话题，包括对动植物使用的分类系统，以及在一种文化中实际交流和共享的知识。随后，弗莱克进一步拓展了这一研究领域，随着时间的推移，民族社会学融入了民族生物学，研究特定民族的生物学知识，使得这一研究领域自然而然地发展，以适应研究物质和经济问题的需要。因此，唯物主义和传播学的观点也在这里融合，使民族生物学本质上成为文化生态学的一部分（Sutton and Anderson，2013：31）。

五　政治生态学

人类生态学的一个新发展是政治生态学的迅速传播，这个概念是斯图尔德的学生埃里克·沃尔夫（Eric Wolf）在1972年创造的。政治生态学在20世纪80年代中期得到广泛普及，并在地理学上特别流行（Blaikie and Brookfield，1987；Peet and Watts，1996；Robbins，2004），后续发展受到法国历史学家米歇尔·福柯（Michel Foucault）思想的影响。政治生态学关注的是权力关系，特别是日常冲突、联盟和谈判，最终产生某种确定的行为，将研究的重点引向眼前的进程和冲突。此外，政治生态学还特别关注规模，分析家庭—地方—全球的冲突。因此，政治生态学很有意义地补充了人类生态学的其他分支，这些分支往往着眼于长期性事件，但忽略了对宏观范围的关注。文化生态学在很长一段时间内倾向于关注某个特定的小族群，政治生态学则倾向于关注在某个时间点冲击某个社区的更大力量。斯图尔德虽然关注这两方面的事情，但他的学生经常缩小文化生态学的关注范围，直到沃尔夫与西德尼·明茨（Sidney Mintz）等恢复了研究对象范围的平衡。政治生态学家通常批评文化生态学对一个小规模的传统社会的相对狭隘的关注，从而排除了更广泛因素的影响，这是20世纪60年代许多文化生态学者工作的典型方式。

20世纪80~90年代，受当时经济和政治理论发展的影响，政治生态学领域迅速崛起（Bennett，1992；Robbins，2004），最重要的是环境政治学。在世界范围内，资本家和自然资源保护主义者之间的斗争总是对土著社区产生严重影响（Bodley，1999）。20 世纪 90 年代，即便是居住在热带雨林中的偏远土著群体也会发现，他们成为国家政府、跨国公司和国际保护组织之间权力斗争的棋子；其他土著群体则发现，政府部门以"保护"的名义使他们从祖先的土地上流离失所（Brockington et al.，2008）。这种斗争并不局限于土著群体，美国南部的非裔美国人社区也突然被定位为有毒废物处置场所（Bullard，1990）。因此，性别、种族和身份等概念成为生态人类学研究的重要课题，这些概念既是人类学家研究的传统领域，也是臭名昭著的政治战场。

政治生态学研究内容大体分为两大类。首先，在复杂的当代社会进行资源管理工作，这项工作主要涉及社区拥有或根本不拥有的资源的管理，如对共有财产水资源的研究非常重要（Ostrom，1990）。其次，研究处于"现代化"之中的小规模土著社会的命运，一个特别令人关切的问题是如何在一个现代化或全球化的世界中"发展"。小规模社会可能会受到蒸汽压路机等现代化东西的影响，只能尽可能地抵制直至最终失败。起初，许多学者通过妖魔化全球化和多元民族主义来诋毁当地人，并给他们贴上"纯粹的受害者"的标签。这些术语的滥用导致维耶达和布拉德利·沃尔特斯（Bradley Walters）对整个领域的尖锐批评，他们认为政治生态这个词应该被删除，研究重点应该回到一个整体的、以事件为中心的生态中来。然而，他们的评论只触及高度简化的文学作品，其他研究成果没有受到上述批评的影响，以至于尽管文学存在问题，政治生态研究也依然存在（Paulson and Gezon，2005）。近年来，研究者经常将生态科学的坚实基础与历史、政治和社会分析结合起来，开展政治生态学研究。

由于受到文化生态学者批评的部分影响，政治生态学也拓宽了研究视野。《政治生态学杂志》（*Journal of Political Ecology*）和其他政治生态学新刊物内容远远超出了政治学范畴，生物学和文化被重新纳入社会研究，政治生态与文化生态不断融合。如环境保护区往往排斥当地人来"保护"环境，然而事实证明，在许多情况下当地人民对环境的管理方式对维持其生物多样性和生态功能至关重要，政治生态学为研究这个问题提供了工具

（Brockkington et al.，2008）。政治生态学也批评了对文化变迁相对简单的生态解释，社会崩溃是复杂和严重的政治问题，而不仅仅是一个简单的过度利用环境的问题，需要包括科学史和社会学在内的科学研究方法加入其中来讨论和解决（Latour，2004，2005；Goldman et al.，2011）。

近年来，文化生态学和政治生态学受到由伊曼纽尔·沃勒斯坦（Immanuel Wallerstein）所提出的世界系统理论的影响。沃勒斯坦认真审视了世界各地社会之间的相互联系，提出不仅仅是简单的"富人-穷人"和"发达国家-欠发达国家"的对比，一个社会的崛起可能会与其他社会的衰落联系在一起。沃勒斯坦把世界分为"核心"（当今的欧洲、北美和日本等富裕国家和地区，一千年前的中国和中东）、"边缘"（贫穷和孤立的社会）和"半边缘"（介于两者之间的国家）三种类型。当前的墨西哥、土耳其和中国提供了半边缘的例子，在一千年前的世界里，欧洲最南端（欧洲的其他地方是"边缘"）、南太平洋大部分地区也是如此。帝国和统治的长期循环存在，反映在经济波动和权力的地理转移方面。

沃勒斯坦的世界系统理论被用来评估当今世界和早期世界中文化的兴衰，以及更小、更偏僻地区的社会问题，在那里可以创建小型的、本地的"世界"系统（Chase-Dunn and Mann，1998）。总的来说，世界体系是不公平的，今天的全球化并不是什么新现象，也许是最不公平的。在这个集装箱运输、喷气式飞机和互联网的时代，商品和数字经济不可避免地是全球化的产物，却被几个好战的或掠夺性的国家控制，当前似乎没有人找到解决这个问题的方法。

21 世纪以来，出现了一系列重大的、开创性的研究工作，拓展了政治生态学分析的范围和深度。这些研究涉及森林管理、牧场、采矿、土著农业和渔业等主题。一个新出现的焦点是受国家公园和其他保护活动影响的当地人所面临的问题（West，2006）。此外，政治生态学家甚至研究了生态学本身（Latour，2005）。

阿图罗·埃斯科瓦尔（Arturo Escobar）对地方和土著环境正义运动做了一些特别有活力和令人兴奋的分析。埃斯科瓦尔利用这些方法大大扩展了政治生态学的范畴，从"压迫者和受害者"的方法扩展到对机构和受害者权力的更为严格的研究。这种方法正在催生一种更为复杂的群体间关系研究的新视角。

政治生态学不同于以往的文化生态学，它植根于人类学，现在更涉及地理学、政治科学、环境科学和人类学等。尽管还存在一些争议，但这些领域至少是互补的，或者是同一事物的两个方面。良好的文化生态总是在一定程度上考虑到权力关系和不同的权力获取途径，良好的政治生态则考虑到当地的文化和传统，这两者都是斯图尔德文化生态学的可靠衍生（Sutton and Anderson，2013：31-34）。

六　历史生态学

人类生态学领域的术语数量因历史生态学的加入而增加（Balée，2006）。历史生态学这个术语在 20 世纪 70 年代才出现，是由爱德华·迪维（Edward Deevey）在佛罗里达大学指导一个历史生态学项目时提出的（Crumley，2001）。该领域与环境史、景观史和类似的历史子领域以及文化地理学密切相关。在实践中，历史生态学是这些领域的一种融合，在人类学中关注比平常更多的历史细节，或在历史中关注比平常更全面的文化和环境信息。

巴莱（Balée）提出了这一子领域的一个具体理论，他强调人与环境之间的相互作用，两者都是积极的参与者，而不仅仅是人类适应环境。巴莱认为：人类活动几乎影响了所有环境；人类活动不一定会降低或提升环境质量；不同的文化系统对其环境有不同的影响；人类与环境的互动可以被理解为一种总体现象。这些观点将注意力引向个人行为，而不是进化论、文化意识形态或社会系统。

历史生态学家和近年来其他人类生态学家一样，非常关注小规模社会对其环境的影响。这些小规模社会中的人群曾经被视为"原始人"和"野蛮人"，他们对周围环境的影响微乎其微，按照早期学者的观点，他们是"自然"而不是"文化"的一部分。正如在北美地区，人们仍然在自然历史博物馆而不是历史或艺术博物馆中观赏美洲土著的展品。对于这种习以为常的偏见，在包含历史生态学在内的当代生态人类学的研究中可以得到一些启示。

简而言之，历史生态学比文化生态学中的部分传统更关注变化、偶然性和人的能动性。在这个方面，历史生态学延续了该领域的长期议题，其他议题包括达尔文进化论或文化进化论，以及具有高度决定性的"适应"理论，这些理论认为人类的行为或多或少是对环境的反射。

历史生态学，连同考古学理论（Ashmore，2004）和一般的文化生态学（Feld and Basso，1996），使"景观"这一古老的文化地理学概念得以复兴。这一概念源于卡尔·索尔（Carl Sauer）的著作。自索尔以来，地理学家们一直用景观来指代人类修改、创造或感知的地球表面的现象。一个特别令人震惊的例子是最近由索尔学生编写的关于美洲原住民耕地的百科全书三部曲，其中环境范围要宽泛得多，包括从宇宙射线到细菌的一切事物。人类可能对他们居住的环境知之甚少，但根据索尔的定义，景观就是人类所看到的、所知道的和与之互动的所有事物（Whitmore and Turner，2001）。

至今，人类对景观的影响可能被看作好的，也可能被看作坏的，这是难以避免的。如在上述三部曲中，德尼万（Denevan）强调了本土耕耘者的成功，惠特莫尔（Whitmore）和特纳（Turner）则强调了他们的失败，而杜利特（Doolitt）则保持了谨慎的平衡观点。巴莱进一步指出，为了更好地理解人类对景观的影响，需要看实际的影响，而不是预先判断。正如人类希望维持或恢复传统的土地管理技术（如控制燃烧），这是具有双重影响的，公正的分析和理解必须先于人们所批判的那种天真、谴责性的判断。

索尔的思想远远领先于他的时代，直至现在他的景观概念才扩大了其范围，并迅速得到广泛应用。这是在上述认识的基础上实现的：即使是"最简单"的人，也不仅对他们的环境了解得很深透，而且深刻地改变了环境。

景观概念还具有将科学与人文相结合的优势，不仅考古学家、生态学家和历史学家，甚至传统艺术学和神话学的学生，更不用说现象学哲学家和诗人，都在谈论景观（Ashmore，2004），并且大家能在这里找到完全字面意义上的共同点，人类生态学从这样的思想交流中获益匪浅（Sutton and Anderson，2013：35-36）。

七　后现代主义

后现代主义是当代社会思潮中一个比较新的范式。后现代主义者批判一切现代事物，认为科学本身是有缺陷的。极端后现代主义采取了非常主观和反科学的立场，反对现代世界的客观主义。这种观点认为科学是主观的，因此对文化的解释也是主观的（Clifford and Marcus，1986）。后现代主义者认为不存在客观现实，事实列表在人类学中无足轻重，极端解释性交流在这一领域无法通行。后现代主义者更关注文字和文学，而不是经济学，而且倾向于否认一个可知的外部世界的存在。

这种方法是不科学的，它是在文学、宗教和表达行为的研究中发展起来的，但就其对文化实践的阐释和理解而言，又是一种宝贵的贡献。然而，后现代主义并没有深入到人类生态学的研究中，因为生态学家发现人类确实需要考虑一些眼前的事实：对食物的需要，避免极端寒冷和炎热的需要，以及疾病、骨折、灰熊袭击等残酷的现实。人类以多种方式面对这些生活细节，而文化解读对理解这些方式起着至关重要的作用，人们不能忽视迫使人类调整行为的生死问题。

维耶达反对后现代主义的反科学观点，认为生态人类学应该谨慎地建立因果联系。维耶达还反对某些被广泛称为功能主义者的观点，这些观点往往只是注重模型的构建，而不是因果解释。

然而，后现代主义的一种较温和的形式将研究者的注意力引向文学、话语和表现文化，这些都是早期民族志研究的基本内容，在许多生态人类学研究中被忽视。后现代主义还产生了一个有益的效果，就是取代了对西方思想的狭隘关注，让当地居民接受人类学家给予传统人类学相同分析的结论，同时让当地人相信他们也有非常好的思想。因此，最近一些好的研究结合了生物学方法和对当地人的语言、思想和贡献的高度关注（West，2006）。此外，这种做法并没有很大的创新，因为斯图尔德和许多其他早期学者也发表了大量的文献，但这项新做法在实际分析和理论建设中更多地关注本土思想（Sutton and Anderson，2013：36-37）。

八　精神生态学

精神生态学是由莱斯利·斯波塞尔（Leslie Sponsel）提出的，是处于不断发展中的人类生态学的子领域，而且是一个特别的领域。精神生态学融合了哲学和宗教学，并致力于研究宗教、灵性和环境，关注的核心问题是宗教如何代表环境，以及宗教行为如何影响环境等（Sutton and Anderson，2013：37）。

九 应用人类学

应用人类学这一领域中的许多观点以及所引用的许多文献，都有很强的应用性。政治生态学与政策有着直接的关系，许多谋求经济或生态利益的人类学家参与了发展工作，经常与世界银行等主要跨国机构合作。人类学家通常关心的是，如何确保当地、土著和小规模社区得到公平对待，或至少得到考虑，这些社区在现代化进程中往往被忽视，甚至被滥用。应用人类学有自己的文献数据库，过去 15~20 年的大部分作品都有某种程度的明确政策或应用相关性。在应用人类学学会的期刊《人类组织》（*Human Organization*）上，几乎一半的文章主题是关于环境问题的。

应用人类学向生态人类学提出了一个古老的伦理问题：科学应该是无价值的，还是应该为特定的伦理目的而工作？这个问题是亚里士多德（Aristotle）1955 年在《伦理学》（*Ethics*）中提出的。公元前 4 世纪，医学是完全科学的，但必须以一个特定的、有价值的目标为终极目标，即治愈。许多科学家继续使用这个论点，或类似的论点，并应用科学来解决人类问题。其他人类学者则认为，科学必须尽可能无价值，才能便于人们学习任何可靠的知识。当然，对于人类来说，实现没有价值的目标是极其困难的，但是人们可以努力实现这个目标。然而，这可能并不是获得真理的最佳途径。医学之所以被迫尽可能地准确可靠，正是因为它确实朝着有价值的目标努力。

这些问题仍处于激烈辩论中，在任何人类学期刊或网站上，关于什么是人类学家的伦理问题的争论十分常见。学术研究的基本价值是完全一致的：一个人必须得到原始的、不伪造的结果，而不是用阴暗的方法"改进"或"粉饰"，或者从别人那里偷来，或者在很远的地方复制（或至少近似复制）。应用人类学家在一个基本的人类学价值观上也有着完全一致的看法：一个人应该尽量避免伤害自己的受试者和研究对象。人类学家避免泄露机密，未经明确许可出版敏感材料（许多人会说任何材料），出版任何会使受试者面临风险的东西，这些相关的观点在美国人类学协会的道德规范和其他专业协会的规范中出现（Sutton and Anderson，2013：37-38）。

十 小结

综上，文化生态学与其他学科发展息息相关，研究内容和方法相互借鉴。如生态人类学研究的思路多来自生物学和生物保护，但更多来自文化人类学，这一视角的标准工作是拉塞尔·伯纳德（H. Russell Bernard）的人类学研究方法。对传统知识感兴趣的文化生态学家需要在这项一般性工作的基础上增加一些知识，如如何获取当地传统知识，包括分类系统等，以及如何研究决策、如何至少对营养和其他回报进行初步评估等。考古学、历史生态学和上述其他子领域都有自己的研究思路，伦理学已成为人类学界日益关注的问题（Sutton and Anderson，2013：39-40）。

第二节 文化生态学的学科基础

一 人类学

（一）人类学研究范畴

文化生态学一般被纳入人类学的学科范畴，属于人类学研究领域。人类学包括对人类生物学、语言、史前史、宗教、社会结构、经济学、进化论以及其他任何适用于人类的学科的研究，是从生物和文化的角度对人类进行全面研究的学科群。因此，人类学是一门研究领域非常广泛的学科，学科研究方法是整体的，分析方法是比较的，或者说是跨文化的。人类学家通常把研究工作聚焦在小规模的文化上，并倾向于与这些文化区内的人们有较多的个人接触与交流（Sutton and Anderson，2013：5）。

文化是人类学中的一个重要概念，可以定义为社会群体中的学习和共享行为，是把人类与其他动物区分开来的基本要素。相对于人类的生物属性，人类行为的复杂性源自其文化属性。语言是人类独有的技能，文化主要通过语言传播。此外，每个人都属于一种文化或社会，一个拥有相同的基本学习行为模式、价值观、观点、语言和身份的群体。每种文化的承载者都有自己的身份，并认识到他们与其他文化承载者不同（Sutton and Anderson，2013：5）。

文化群体之间是相互影响、相互学习的。人们（特别是年轻人）很容易从一种文化或群体转移到另一种文化或群体。文化可能会在与邻居互相学习的过程中保持分离，也可能完全融合。因此，人类学家在研究其他文化时，传统上持有一套基本的规范，如人们认识到，所有处于文化中的人都至少有一点种族中心主义，即认为自己的文化优于其他人（尽管许多人羡慕更富有或更强大的文化）。此外，种族中心主义常常被用来为虐待人民的行为辩护，所有的殖民国家都认为土著人民是低等的，因此剥削土著人民，以此为奴役或谋杀辩护。

人类学家通常来自一种外在文化，而不是正在被研究的文化。因此，研究者通过自己文化的视角来看待文化，本质上是作为一种局外人，这会影响到所观察的东西，最终影响到能学到的东西。尽管人类学家尽可能地处理这个问题，但许多人认为，最好的方法是同时借鉴局外人和局内人的观点，相互比较，并尊重所有人观点开展研究。

人类学的一个基本信念是文化相对主义，即在人类学研究过程中不应评判文化和文化实践。文化相对主义被误解为人类学家认可任何文化中的任何实践，或者是人类学家研究文化是为了理解它们，而不是试图表明这种文化比另外一种更好，也不是试图将自己的文化或标准强加给其他文化中的人。这种相对性是方法论上的，而不是道德上的。事实上，人类学家传统上采取非常明确的道德立场，例如反对种族灭绝和"文化社会"，或反对强迫人们违背自己的意愿放弃自己的文化（Hinton，2002；Anderson and Anderson，2012：6）。人类学家试图避免种族中心主义，他们普遍认为所有的人和文化都是有效的，各种文化中的人都有生存的权利，有属于自己的文化和实践，并说着自己的语言，并且个人有基本的人权（Nagengast and Turner，1997）。这些都是基于道德立场，体现了文化相对主义和道德相对主义的区别。

可见，人类学是对人的整体研究，是一个非常广泛和复杂的领域。根据定义方式和定义者的不同，人类学可以分为许多子学科。但传统上，人类学一般包括文化人类学、生物人类学、语言人类学和考古学四个分支（Sutton and Anderson，2013：5-7）。

（二）人类学分支学科

1. 文化人类学

文化人类学本质上是对活态民族和文化的研究。文化人类学家主要开展两种类型的研究：一是民族志，即在特定时间对特定群体的研究和描述；二是民族学，即文化的比较研究。文化人类学家力求尽可能多地了解一种文化，包括文化的亲属制度、婚姻规则、经济、语言和政治等。文化人类学家一般与被研究群体一起生活一年或一年以上，观察和记录人们的活动和行为，开展深度交流与访谈，甚至参与社区活动（Sutton and Anderson，2013：7）。

2. 生物人类学

生物人类学研究人类的生物学和进化，以及非人灵长类和其他动物的生物学、进化和行为，为理解人类行为提供线索。虽然人类群体在生物学上非常相似，但群体之间确实存在差异。这些差异可能有多种形式，包括身高、血型和对寒冷或高海拔的适应。了解过去的生物人类学可以帮助研究者了解生物学进化，并提出种群之间的关系（Sutton and Anderson，2013：7）。

3. 语言人类学

语言人类学是研究人类语言，包括语言的结构（如句法和语法）及其历史关系（起源和运动）的学科。人类学家之所以对语言学感兴趣，是因为通过研究一种文化的语言，可以获得很多关于文化的知识。因为通过语言和文化可以追溯过去的人类活动，所以考古学家对语言学特别是历史语言学感兴趣。语言学对文化生态学也非常关注，因为有关植物、动物和环境的信息存在于语言中（Sutton and Anderson，2013：7-8）。

4. 考古学

考古学是对过去人类的研究，这与文化人类学中对活人的研究相反。然而，考古学家也经常研究现在的文化，或是为了寻找解释过去的线索，或是利用考古学的方法来调查现在的问题。考古学和文化人类学的主要区别在于现有的数据和获取这些数据的方法。考古学家工作的场地中各类遗迹数量有限，部分原因是挖掘技术限制，导致考古学家无法获得过去文化的全部信息。但是，考古学家能够探测到随着时间的推移而发生的变化，能够识别出广泛的趋势，并且能够检验一些文化的变迁，比如从狩猎和采集到农业的变迁。此外，考古学家可以发现文化人类学家通常看不到的行为痕迹，这种获取"隐藏行为"的途径是考古学的另一个优势。当然，了解过去人类的生态是考古学的一个主要目标（Butzer，1982；Dincauze，2000）。

二 人类生态学

人类生态学（human ecology）是一门理论和实证科学，是由帕克（Park）和芝加哥学派在 20 世纪二三十年代创立的关于人类组织的理论，研究内容包括社会生物学、社会的自然主义理论等。通常采用人文主义的方法，遵循现代西方科学的程序和规则，包括科学方法，也借鉴其他学科方法开展研究（Sutton and Anderson，2013：8）。

人类占据了地球上大多数不同特征的环境，文化生态就是关于人类如何适应这一环境的故事。有些地方居民做得很好，有些地方居民做得不太好。无论如何，人类是大多数环境中的关键物种，无论他们的做法如何，都值得深入思考和研究。人类与环境相互作用的研究被称为人类生态学，人类生态学强调适应（包括进化）的生物学方面，文化生态学强调文化方面。人类生态学一般属于人类学，即通过时间和空间来研究人类的学科。

人类生态学源远流长，提出了许多思想和概念。环境支配文化（环境决定论）、文化阶段性演进和文化在环境参数内运行（可能论）的思想已经被提出、否定、提炼、论证和重新考虑。然而，包括文化生态学在内的现代人类生态学是由斯图尔德创立的，他认为人类的适应是环境、生物学和文化之间的相互作用。

至今，大多数人类生态学家在研究工作中运用了经验科学的原理，并以多种方式进行研究，其中包括一种严重依赖生物学原理的"人作为动物"程序。一些学者认为人类是理性的选择者，使用功能和唯物主义的方法。另一些学者则强调政治进程以及权力、现代化和全球化之间的相互作用。这些观点延续了一个长期的传统，即在该领域的生态科学基础上增加更多的人文因素（Sutton and Anderson，2013：39-40）。

（一）研究范式

任何科学的目标都是产生新的知识和理解，并最终预测事件。18 世纪法国哲学家康多塞（Condorcet）的一句话完美地解释了这一观点，"知道是为了预测，预测是为了能够行动"。许多科学都是经验主义的，采用尽可能客观、可观察、可测量的数据，研究过程可复制。不符合客观性、可测量性和再现性标准的信息被视为暂定信息。

现代科学方法是一套具体的、系统的科学研究规则。在理想情况下，在这种方法中，经验数据首先被观察，然后被记录下来。接下来，数据之间的关系被用来形成假设，然后制定一个实验，使用额外的经验数据来检验假设；如果假设不可检验，则立即予以驳回。根据测试结果，这个假设要么被支持要么被拒绝。如果该假设被拒绝，则可能被放弃或修改并重新测试；如果得到支持，这个假设将再次得到更多数据的检验。一组相互关联的假设被称为理论，然后还要接受更多的检验。即使是被普遍接受的假设和理论也会被反复检验，从而使科学自我修正。如果一个理论经受住了大量的反复实验，它可能会被称为定律，特别是如果它可以用简明的数学术语来表述，比如 $F = ma$（牛顿第二运动定律），这样的定律在人类学中是罕见的。"科学定律"的界限是可以商量的，在一般情况下，科学家更喜欢开发预测模型，而不必将其称为"定律"，这在人类生态学中很常见。

实际上，科学家并不总是如此系统地行动，他们有自己的个人见解甚至偏见。即使是最优秀的人也会犯错误，有时是正常的，有时是基于对他们的偏见。这就是不断地测试的意义所在，特别是由持有其他理论观点的科学家进行的测试是有价值的（Wylie，2002，2004）。错误假设的证伪和正确假设的验证是一个持续的过程。理论上，没有什么是可以完全被验证的，但人们常常可以达到接近现实世界的目的。因此，科学仍然能够发挥作用（Kitcher，1993）。

就人类生态学而言，广义地定义科学是有用的。这也不排除人文主义、现象学和解释视角（Ingold，2011）。文化包括宗教、神话、艺术、歌曲、舞蹈和诗歌等不太适合用于实验室的分析，当宗教禁忌需要保护森林或鱼类时，这些对环境的适应通常至关重要。关于这些问题的结论涉及敏感的解释和对个人经验的关注，以及客观的记录和比较等。因此，人类生态学必须充分综合考虑科学和人文的方法（Sutton and Anderson，2013：8-9）。

（二）研究方法

人类生态学和人类学的其他学科一样，是学习、理解和应用有关人类与环境互动的知识的学科。人类生态学的研究采用多种方法，以了解人类如何适应以及以特定方式开展劳作。

第一种方法，对于包含文化生态学在内的人类生态学来说，人类被视为与其他任何动物一样，重点研究人类如何通过最有效的手段获取食物和配偶。这种普遍的方法，体现在进化生态学中，即将研究焦点引向食物获取等问题。此外，人类生态学研究重点还包括对环境的认真思考，包括环境提供了什么资源，获得这些资源有多困难，以及可能带来的任何其他问题等。大多数人类生态学家发现这种方法是不够的，因为这种方法既不能预测世界上所观察到的各种文化，也不能预测音乐、诗歌以及其他人们所拥有的和其他动物所不具备的一切东西。

第二种方法，认为人类是理性的选择者。在这个模式中，人类设定了各种目标，而不仅仅是追求必需品。然后，人类有条不紊、理性地寻求实现这些目标的方式。这种模式将研究的重点引向个人选择，并假定人们在充分了解信息的基础上，谨慎而认真地进行选择。这种模式在很多情况下都被证明是非常有用的。然而，人类并不总是能够获取有关环境的充足信息，人类的选择在很大程度上受到情感、社会压力、文化传统以及普通错误的影响，这也导致这种模式本身存在一定的缺陷。

第三种方法，着眼于政治进程，从个人谈判到全球政治力量。这一模式将研究的重点引向权力差异，从乡村当局的权力到跨国机构和公司的更大权力。这一模式在经验上取得一些重大进展，但并没有充分处理人类的长期目标。政治生态学的新领域借鉴了这一方法，但往往也增加了对长期目标的考虑。

也可以灵活采用其他方法和模式，要将现有的模式和未来的模式结合起来考量。早在 1890 年，张伯伦（Thomas Chrowder Chamberlin）就提倡一种"多重工作假设的方法"，这在文化生态学中是科学的。人类有生理需求，人们必须满足这些需求。人类会选择，人们会做出最好的选择，错误是不容忽视或不可否认的。人们必须与其他人谈判，不能在社会交往中随心所欲，合作与竞争是社会生活的共同点。

要理解生态实践，人们必须了解这些实践的历史，观察整个特定事件链，包括纯粹的偶然性，这实际上导致了行为的确立（Vayda，2009）。许多事件可能是偶然的，而不可从一般原则上预测。例如，在缺乏先前知识的情况下，任何理性选择理论家都能预测大多数美国人会在一棵常青树上堆礼物庆祝 12 月 25 日吗？12 月 25 日并不是耶稣基督的真正生日，这一天和圣诞树最初是北欧一个异教徒节日的一部分，随着这种文化向北扩展，基督教接管了这个节日。如果我们想解释为什么美国人为了一个节日每年砍伐数百万棵树，就必须看看这一文化历史。我们对生态环境变化的个体选择可能是理性的，但不像理性选择理论家一样能够在现有理论的基础上准确预测事务（Sutton and Anderson，2013：9-11）。

1. 进化与适应

任何人类生态学研究的基础都是变化和适应变化的观念。所有的环境都是动态的，在时间和空间的尺度上都会发生变化。随着环境的变化，生物体必须适应这些变化，这一过程可能需要多种机制，人类利用生物和文化机制适应变化。

进化论的概念被大量误解。进化就是变化，因为万物都在变化，所以万物都在进化，包括行星等，尽管变化非常缓慢。生物学家更具体地把进化定义为一代又一代种群中基因的变化，文化进化被描述为随着时间的推移，文化知识库或文化改变的行为。

许多人还认为进化是有方向的。某种事物随着进化，向某种进化阶梯前进，体现了某种进步，这些观念是错误的。因为有些事物随着时间的推移变得更加复杂，但并非所有的事物都如此，复杂性本身并不一定是一个优势。一个生活在今天的简单的变形虫，处于持续"进化"中，但在结构上没有人类复杂，却有着悠久的进化历史，涉及无数的变化，这种存在反映了生物的成功。就文化进化而言，远离史前人类祖先的任何文化，所有活着的人类文化都是平等进化的，尽管进化到不同的自然和文化环境中。因此，没有进化的方向，就没有权力的下放，就没有进步的大小，就没有进步的外在尺度衡量。如果选择的压力能使有机体很好地适应非变化的环境，生物进化甚至可以长期避免重大变化。4.5 亿年来，微小贝类的语言几乎没有什么变化，然而最终环境和物种会发生变化，甚至语言也会发生变化。

在生物进化中，物种通过自然选择来适应环境。自然选择是这样一个过程，通过允许承载者留下更多的后代并将基因保留在下一代的基因库中，从而选择一些性状，而有害的性状则被选择为反对，一些中性的性状将继续遗传下去。为了让选择情况发生，在种群内必须存在选择或反对的变异差异性状。除了克隆，所有的个体都不同，即使是同卵双胞胎也会有惊人的不同。

遗传变异最终是由于突变：基因的偶然变化。大多数突变都是有害的，而且大多数突变很快就会被选中并从人群中删除。然而，有些突变是有利的，因为它们允许携带者留下更多的后代，获得的表型特征不是遗传的。为了引起遗传性的变化，从而产生进化的潜力，必须有外部因素影响生殖细胞中的基因，如硬辐射和一些化学物质可以做到这一点。如果基因的改变世代相传并传播到整个生物种群中，进化就已经发生了。

与流行媒体的成见相反，表型特征（外在的和可观察的身体特征）通常不是基因进化的直接结果，生活中没有肥胖、抑郁或聪明的基因。所有这些事情都受遗传的影响，但环境经验对最终结果的决定性作用是压倒性的。因此，人们经常改变基因的表达，如基因可以像灯一样打开或关闭，或者变暗。这一发现引发了表观遗传学（Epigenetics）领域的研究，即基因表达如何被事件修饰。例如，肥胖受几个基因的影响，有些基因是表观遗传可改变的，但肥胖也受文化、个人对食物和运动的偏好、饥荒和战争等重要的外部力量的影响。其他复杂事件的特征也是如此，文化生态学家很快下意识地就适应了这种反应，即无视媒体关于"发现外向型基因"或"宗教虔诚"等的报道。

常见的错误观点是，如果一个人的父母有某种特质，那么他们所有的后代都必须有。事实上，相关基因在传播过程中可能会被丢失或不表达。如果这个特性真的是遗传的，而且这些基因真的表达出来了，那么可能会以新的方式结合在一起，就像一个人的孙辈比任何祖辈都高、黑、轻一样，这种现象被称为"基因突变"。有时，遗传特征的表达可能会跳过一代人，重新出现在孙子孙女身上，这是非常普遍的，以至于传统社会认为，祖父母是在孙子孙女身上转世的，并将这种情况作为一种证据。

自然选择之所以发挥作用，是因为所有这些变异都让一些生物更好地留下后代。这些成功的繁殖者自然会超过其他人，如果选择压力持续一段时间保持一致，那么将完全控制人口。乳糖不耐受是人类生物进化的一个例子。乳糖是牛奶中的糖，大约在六岁时，大多数人停止生产乳糖酶，乳糖酶可以使人们消化乳糖。此后，牛奶使人们的胃不舒服。但是纯粹由于基因的偶然性，一些人在一生中都在生产乳糖酶。乳糖酶持续生产的基因已经在牛奶饮用地区被选择，特别是西欧和东非。大多数祖先来自这些地区的人可以一辈子快乐地喝牛奶（Huang，2002；Clutton-Brock，2012）。在世界上大多数地方，人们必须将牛奶发酵成酸奶，利用乳酸菌为人们分解乳糖。

人类文化也在进化，文化进化一直是人类学中的一个重要概念。文化人类学家把文化进化看作行为在时间上的差异性持续。众所周知，这种文化进化确实发生过，尽管还不清楚确切的原因或方式。在一些分析方法中，如进化生态学，文化等同于有机体，并应用生物进化的概念。文化进化之所以备受争议，是因为有学者之前认同"进步论"，因而对"落后"的社会持消极态度，但这是对进化的误解（Sanderson，1999；Johnson and Earle，2000）。随着时间的推移，变化不是"好"的或"坏"的，进化只是证明发生了变化。文化和生物学相互作用，引导人们进行进一步的文化变革（Boyd and Richerson，2005；Richerson and Boyd，2005）。

随着环境条件的变化，文化产生一些反应是必要的。这种反应或适应是一个持续的过程，因为环境条件总是处于动态中。生物体内的变异性允许生物选择适当的反应，变异越大，生物就越有可能做出适当的适应。在文化中，类似的创新产生后，通常是通过以新的方式结合旧的技巧，并通过教学、模仿和复制来传播。文化的这种变化，沿着文化和社会建构的网络传播，可能局限于一个小群体，也可能会改变世界。对于大多数生物来说，适应是纯生物的，最终由自然选择来调节。然而，对于人类来说，适应也是文化的，一种可以在更短时间内发挥作用的机制。文化是人们通过集体行为和技术来适应环境的一种方式（Sutton and Anderson，2013：12-14）。

2. 解决方案

对于任何问题，在特征和行为等方面可能有多种解决方案。在某些情况下，一种解决方案可能是最好的，有机体能够良好适应。例如，生活在寒冷气候中的动物可能长出皮毛或厚厚的脂肪层。在其他情况下，一种解决方案可能是坏的，或者由于条件的改变而变得不充分，而这个有机体就会灭绝。在许多情况下，一种解决方案可能是足够的，并且足够好。

在某些环境中，一组有限的解决方案是可能的。例如，在北极的气候条件下，尤伊特人（Yuit）和因纽特人（Inuit）开发了寒冷环境的文化解决方案，并进行了一些身体上的适应，包括使用动物皮制作衣服、用雪建造房屋（中部因纽特人）以及通过猎杀该地区动物获取食物。考虑到尤伊特人和因纽特人的技术，解决方案是较好的。然而，欧洲裔美国人进入该地区后，利用自己的文化和技术适应了环境，这包括用人造材料制成服装、用木材和金属制成房屋、进口和加工燃料（汽油）产生热量和光线，以及从其他地区进口食品。虽然这两种改变方式大不相同，但最终都取得了成功。

在其他情况下，解决方案之间似乎没有什么联系。如北美洲西北海岸的古爱尔兰人（Irish）和古海达人（Haida）都吃鲑鱼，都把狼看作力量和凶残的象征。他们都把鹪鹩（wren）看作一种强大的超自然生物，这是令人费解和无法预测的。古爱尔兰人和古海达人相信这种鸟具有超自然力量，因为在最猛烈的冬季风暴中，小巧精致的鹪鹩的响亮而象征胜利的歌声充满整个森林，这让他们相信，歌声的力量是万物更广泛力量的一部分。在要求较低的环境中，许多完全不同的解决方案可能都可以发挥作用，如美洲原住民、亚洲人和非洲人都发展出了热带集约农业体系，但作物和技术却截然不同（Sutton and Anderson，2013：14-15）。

三　地理学

（一）"自然-文化"视角

区域性、流动性和全球化的主题有助于人们理解人类在地球上创造空间的模式、流动和彼此间相互联系，"自然-文化"视角为这一分析增加了一个不同的维度，它使人们的注意力集中在人类如何生活在地球上，以及人类与自然环境的关系上。这一视角有助于我们调查群体如何与地球的生物物理环境互动，并考察这些群体的文化、政治和经济如何影响他们的生态状况和资源使用。人文地理学者将人与自然的关系视为一种双向互动。

人们的文化价值观、信仰和实践对生态产生影响，生态条件反过来影响文化观念和实践。人文地理学者必须研究文化与环境之间的相互作用，以了解文化的空间变化（Domosh et al.，2010：16-17）。

"生态学"一词是在 19 世纪被创造的，指的是一门新的生物科学，涉及生物与其物理环境之间的复杂关系。地理学家在 20 世纪中叶借用了这个术语，并将其与文化一词结合起来，以描绘一个研究文化与自然环境之间相互作用的文化生态学领域。后来，学者引入了生态系统这一个概念，来描述一个由相互作用的有机和无机成分组成的有界的系统。植物和动物物种不断适应生态系统中的特定条件，并随着时间的推移保持系统的稳定。

然而，人们很快就认识到，人类与环境的文化互动太复杂，无法用从生物学中借来的概念来分析。此外，群体与生态系统的互动与更大规模的政治、经济和社会力量隔绝的想法很难得到捍卫。例如，我们可以很容易地观察到，贸易商品进入社区，农产品流出，货币流通，税收，人们为了工作而进出。因此，地理学家现在使用"自然文化"一词来指代所有这些变量之间的复杂互动，并反映出一个事实，即对当地人类环境关系的研究需要包括在国家乃至全球范围内运作的政治、经济和社会力量。

"自然-文化"视角是传统上文化地理学家和自然地理学家的共同关注焦点。事实上，一些地理学家提出，地理学的主题是"自然-文化"，研究人与自然环境之间的复杂关系，将文化和自然地理学结合起来，形成了整个学科体系。虽然很少有学者接受这种狭隘的地理定义，但大多数人都会同意，对于 21 世纪的人们来说，"自然-文化"视角对于理解复杂的人与环境的关系是必要的。

（二）四个学派

多年来，人文地理学家针对人类与土地之间的互动发展出了各种观点。四个学派已经发展起来：环境决定论、可能论、环境感知论和人类作为地球的修饰者（Domosh et al.，2010：17）。

1. 环境决定论

19 世纪末 20 世纪初，许多地理学家接受了环境决定论：物质环境是塑造文化的主导力量，人类本质上是物质环境的被动产物。人类是大自然塑造的黏土，相似的物理环境产生相似的文化。例如，环境决定论者认为，崎岖的地形注定了山区人民是简单、落后、保守、缺乏想象力和热爱自由的。沙漠中的居民可能相信一个上帝，但生活在暴君的统治下。温和的气候造就了创造力、勤奋和民主。布满峡湾的海岸造就了伟大的航海家和渔民。环境决定论产生了严重后果，特别是在 19 世纪末欧洲殖民时期，许多欧洲人认为拉丁美洲土著居民懒惰、孩子气，并且由于热带气候覆盖了该地的大部分地区，容易养成酗酒等恶习；生活在热带气候下，人们不必为了食物而拼命工作。欧洲人能够在一定程度上沿着气候线合理化他们对世界大部分地区的殖民。由于当地人"天生"懒惰、迟钝，欧洲人的推理是，当地人将从来自更温和地区的"天生"更强壮、更聪明、更勤奋的欧洲人的存在中受益。

环境决定论者过分强调环境在人类活动中的作用。当然，这并不意味着环境影响是无关紧要的，或者地理学家不应该研究这些影响。相反，物理环境只是影响人类文化的众多因素之一，从来不是行为和信仰的唯一决定因素。

2. 可能论

自 20 世纪 20 年代以来，可能论一直是地理学家们青睐的观点。可能论者声称，任何物理环境都为一种文化的发展提供了许多可能的途径。通过这种方式，当地环境有助于塑造居民文化。然而，一种文化的生活方式最终取决于人们在环境提供的可能中做出的选择。这些选择以文化遗产为指导，并由特定的政治和经济制度决定。可能论者认为物理环境提供了机会和限制，人们在其中做出选择以满足他们的需求。如旧金山和重庆建在相似的物理地形上，这决定了整体形态，但不同的文化导致了非常不同的街道模式、建筑和土地使用。简而言之，当地的经济特征是人们在环境提供的可能性范围内做出的基于文化的决定的产物。

重庆和旧金山这两座城市都是各自国家最大的城市之一。这两座城市都是在狭长的丘陵地带上发展起来的，除了一侧是水，这两座城市都通过桥梁连接起来，通过跨越水面的桥梁通向相邻的土地，在某些其他方面，如主干道、隧道的使用上，两座城市也类似。然而，对比两个地方的街道模式，重庆街道的布局是为了适应崎岖不平的地形，旧金山则与网格模式的偏差相对较小。旧金山的面积要大得多，但它的人口比重庆少得多。这些对比说明了环境决定论和可能论的相对优势以及文化的作用（Domosh et al.，2010：17-18）。

　　大多数可能论者认为，一种文化的技术水平越高，可能的选择就越多，物理环境的影响就越弱。从这一观点来看，技术先进的文化已经在一定程度上掌握了其物质环境。然而，地理学家吉姆·诺温（Jim Norwin）和托马斯·安德森（Thomas Anderson）提醒到，即使在这些先进的社会，人类生活的数量和质量仍然受到自然环境，特别是气候的强烈影响；人类对自然的控制绝不是至高无上的，甚至可能是虚幻的。人们只需了解2004年12月印度洋海啸造成的破坏，就可以知晓人类对周围环境的控制往往是虚幻的。

　　3. 环境感知论

　　"自然-文化"视角侧重于人类如何感知自然。每个人和文化群体都有关于物质环境的心理形象，这些形象是由知识、无知、经验、价值观和情感塑造的。为了描述这样的心理形象，人类地理学家使用了环境感知这一术语。可能论者认为人类在给定的物理环境中可以做出不同的选择，但环境感知论者认为，人们做出的选择更多地取决于他们对环境的感知，而不是取决于土地的实际性质。反过来，感知又受到文化教义的影响（Domosh et al.，2010：18）。

　　环境感知学派的地理学家所做的一些最有成效的研究是关于自然灾害的研究，如洪水、飓风、火山爆发、地震、虫害和干旱。所有文化都会对这种危险和灾难做出反应，但不同群体的反应差异很大。有些人认为，自然灾害和风险是神不可避免的行为，甚至可能是神的报复，他们通常通过安抚神灵来应对危险；其他人认为政府有责任在灾害发生时照顾他们。在西方文化中，许多团体将自然灾害视为可以通过技术手段解决的问题。如在美国，这种信念最常见的表现之一是广泛修建水坝以防止洪水。在2005年8月的卡特里娜飓风期间，这种利用技术减轻自然灾害影响的信念在美国经受了严峻考验，当时为防止洪水涌入新奥尔良市而修建的众多水坝和堤坝都发生了故障，1800多人因此丧生，数万人无家可归，人们对自然灾害可以通过技术避免的信念提出了质疑。

　　几乎在所有的文化中，人们都有意地居住在危险区，特别是洪泛平原、裸露的沿海地区、易干旱地区和活火山周围。现在，更多的美国人生活在墨西哥湾沿岸和加利福尼亚地震断层顶上可能遭受飓风破坏的地区。他们对所涉及的危险感知有多准确？他们为什么选择住在那里？我们如何将最终的灾难降到最低？人文地理学家寻求这些问题的答案，并渴望与其他地理学家一起，通过土地利用规划等手段减轻不可避免的灾害。

环境感知最基本的表达方式在于不同文化看待自然本身的方式，人们必须从一开始就理解，自然是一个文化衍生的概念，对于不同的民族有不同的含义。在许多传统团体所持的有机观点中，人是自然的一部分。栖息地拥有一个灵魂，充满了自然精神，绝不能冒犯。相比之下，大多数西方民族相信自然的物质观，即人类与自然是分离的，人类对自然拥有统治权。人类将栖息地视为一个由外力控制的综合机制系统，这些外力可以转化为自然法则，并被人类思维理解。

4. 人类作为地球的修饰者

人类是地球的改造者。许多人文地理学家在观察人类造成的环境变化时，强调人类是栖息地的改变者，这是"自然-文化"视角的一个方面。在某种意义上，人类作为地球的修饰者的思想学派是环境决定论的反面。尽管环境决定论者宣称自然塑造了人类，可能论者认为自然为人类带来了可能性，但那些研究人类对土地影响的地理学家断言，人类塑造了自然（Domosh et al. , 2010：19）。

除了通过采矿、伐木和灌溉等活动对地球进行有意的改造外，即使是现在看似无害的行为，重复了几千年、几个世纪，甚至在某些情况下仅几十年，也可能对环境产生灾难性影响。耕地和放牧最终会使地区荒芜，使用某些类型的空调或喷雾罐显然有可能破坏地球维持生命的能力；汽车和工厂排放的化石燃料（所谓的"温室气体"）越来越多，这可能会导致全球变暖，对地球环境造成潜在的破坏性影响。显然，获得能源和技术是控制环境变化幅度和速度的关键变量。地理学家试图理解和解释环境变化的过程，因为这一过程因文化而异，并通过应用地理学提出替代的、破坏性较小的行为模式。

早在生态意识产生之前，人文地理学家就开始关注人类在改变地球面貌方面的作用。不同的文化群体对人类在改变地球中的角色有着截然不同的看法，比如那些植根于机械主义传统的人，倾向于将环境改造视为上帝的认可，将人类视为上帝完成创造任务的助手。其他群体认为自然是有机的，小心翼翼地不冒犯自然的力量，他们将人类视为自然的一部分，旨在与环境和谐相处。

性别差异也可能在人类改造地球方面发挥作用。"生态女性主义"一词源于凯伦·沃伦（Karen Warren）的著作，她认为，由于社会化，女性比男性成为更好的生态学家和环保主义者，认为性别差异是由生物学决定的而非文化建构的，无论我们是否同意这种观点，随着时间的推移，在世界各地的许多情况下，女性和男性与自然世界的关系确实存在不同（Domosh et al.，2010：16-20）。

5. 小结

人地关系一直是地理学传统研究的核心议题所在。文化在人地关系地域系统演变过程中发挥着重要作用，表现为文化调控人们的生产方式，制约人们的生活方式，并最终成为构成地域特征的重要因素。因此，文化被看作人与自然的契合点，被理解为人类在环境中形成的行为习惯和思想观念的复合体（金其铭等，1993）。索尔（Carl Ortwin Sauer）有关文化景观的研究使文化景观学派风靡一时，而生态观点被理解为人类及其行为与环境，加之时间、空间和生产关系的三角态势的评判（Alain，1999）。马修森（1998）意识到文化、景观与生态研究终将走向统一的趋势，认为人类圈只是全球复杂巨系统的子系统之一（陈之荣，1993），并建立了"环境感应与行为学说"、"人类营力"及"人地关系供求学说"（陈静生等，2001）。此外，人类丰富多彩的历史和文化就是人类对地理环境不同的利用程度和方式的产物，生态环境在民族文化演进中的历史地位是可变的。特别是，生态环境在个别环节，在民族文化源头上甚至起着决定性作用（张需军、黄昌智，1999）。

近年来，谋求自然环境与人类社会协调的和谐论成为主流，这迎合了20世纪后半叶人本主义在中国兴起的潮流，使区域可持续发展研究成为研究新热点（王黎明，1998）。行为理论也被运用于文化生态乃至文化地理其他领域。人对环境的适应是地理学者从事文化生态研究的重要领域之一（王明东，2001）。韩茂莉（2000）与此相关的研究发现，由于人类自身对环境变化有感知能力与能动反应，人类调整生产与生活的每一次文化行动都可以作为人地互动信息的反映。对环境历史地理学的众多研究表明，人地关系冲突由来已久，其中有自然环境自身剧变的原因，近现代则更多表现为文化生态不适的原因（方李莉，2001）。

综上所述，人文地理学尚未能提炼出深层系统的文化生态理论。人地关系论尚未形成统一的系统理论，将人地关系论的衍生理论视为文化生态学理论基础，从层次上和侧重点上也无法支撑文化生态学的理论体系。

第三节 文化生态学的研究内容

从遥远过去的某个时间点开始，文化开始影响人类的发展，改变人类与环境的关系。几千年来，文化在人类生存和发展中变得更加复杂和有影响力。许多与人类有关的文化生态工作都集中在饮食和生存上。生存并不是简单的食物清单，而是一个复杂的系统，包括资源、技术、社会和政治组织、定居模式以及谋生的所有其他方面。生存是人类行为的巨大复杂性之一，主要是因为其与文化有关。通过关注食物，人类的诸多行为被排除在多种类型生态研究之外。一旦人类不再强调食物，就可以开始研究其他行为对人类文化适应的影响。然而，包括粮食、住房、安全、普通生存的广义生计仍然很重要。正如卡尔（Edward Carr）所指出的，关注民生可以使研究的注意力从抽象的政治和经济理论回归到现实的、有生命的、有呼吸的、在世界上行动和被行动的人身上（Sutton and Anderson，2013：111）。

一 人类基本需求

（一）类型

文化是为了满足人类的需求而存在的，但是文化是如何满足需求的总是不断变化的。这些基本的需求包括以下七点。

第一，人类都必须吃喝，因此需要某种经济组织。

第二，人类必须保持足够的健康才能正常运转，所以需要某种医疗体系。

第三，为了一种文化的生存，人类必须繁殖和照顾他们的孩子，这样孩子才能活得足够长，能够自我繁殖，这包括喂养、保护和教育等。

第四，人类通常需要某种形式的保护，以免受自然因素的影响。在热带等地区，保护需求可能很小，但在北极等地区，满足保护需求更为困难和关键；斯图尔德（Steward，1955）将"文化核心"定义为主要致力于满足这些基本生存需求的文化的一部分，这些也是马克思的"基础"或"子结构"的基础，是经济生产的一部分，与社会生产和意识形态生产相对应。在这两种情况下，生产的社会关系都是混合体的一个组成部分；商品本身不生产，人们必须组织所有权、劳动力和资本，使生产得以发生。

第五，人类需要一些刺激和变化，包括需要体验觉醒、兴奋、无聊、平静、狂野的热情、积极的兴趣和睡眠。如果没有变化，人类可能会变得没精打采、毫无乐趣。人类是在不同的环境中进化而来的，很可能喜欢多样性，这不同于生活在只有一种松树的树林中的甲虫。人类喜欢消遣和多样性，在这方面有些人比其他人开放得多。

第六，人类需要社会生活，因为人们实际上可能死于疏忽和无聊，正如在被忽视的儿童和养老院的老年人中看到的那样。

第七，人类必须对自己的生活有某种控制。与忽视现象一样，压力和无助会导致死亡。人类也必须有效地处理情绪，并倾向于根据情感做出重大决定，而不考虑环境后果。最极端的情况是战争，任何政治冲突都容易导致环境代价（Sutton and Anderson，2013：111-112）。

（二）沟通和决策

这个高度复杂的社会系统需要沟通和决策两个关键因素。交流总是远远超出语言范畴，手势、面部表情、音乐、舞蹈、服装和语言表演在所有文化中都高度发达。在人数较少的小组中，决策可以由所有人聚集在一起讨论做出；而在较大的团体中，必须有某种领导和管理组织，如长老会；更大规模的是当代国家庞大、复杂、强大的官僚机构。然而，无论组织规模大小，人们都必须做出决定。

作为一个横跨多个生态位的群体，人类对于如何满足自身生物需求有着广泛的选择。人类可以获得满足这些需求的多种有效解决方案，而决定利用哪一套解决方案的是文化。除了生理需要外，文化还影响人类其他的需要，如宗教仪式或禁忌，这些需要也必须得到满足，才能使文化得以发

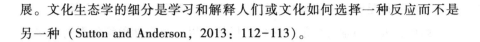

展。文化生态学的细分是学习和解释人们或文化如何选择一种反应而不是另一种（Sutton and Anderson，2013：112-113）。

二　文化作为一种适应机制

（一）概述

人类适应环境的主要机制是文化，这可能是"最有效的适应方法"。文化反应包括技术和组织，如经济、政治和社会系统的结构。与达尔文进化论相比，文化是一种极其灵活和快速的适应机制，因为"对外界环境的行为反应可以在个体的生命周期内获得、传递和修改"（Henry，1995）。

所有人都属于一个特定的文化群体，一个拥有相同且独特的学习行为模式的群体。因此，每个文化群体都有其独特的生态适应。人们可能会把狭义的、定义更为严格的文化群体视为"群体"，因为这些人占据了不同的地理区域，确定了谋生的方式，并占据了特定的生态位。然而，这并不是一个非常广泛和普遍的文化群体，正如所有说英语的加拿大人或墨西哥人一样。

文化群体与自然环境、文化环境相互作用。共享特定文化的群体首先必须满足其成员简单的生物需求，然后通过宗教、社会监管和其他机制满足其成员更复杂的需求。正如伟大的进化理论家多布赞斯基（Theododius Dobzhansky）观察到的经典现象那样，个体出生在一个特定运行的环境系统中：在传统农业社会中，人们所处的文化系统往往更容易受到自然环境的影响；在工业化文化中，环境往往更加社会经济化，阶级、收入、获得的资源是个人之间的主要环境差异。因此，在工业化文化中，选择过程更多地依赖于社会经济因素，从而影响某种群体的遗传组成。

随着环境（非生物、生物和文化）的变化，人类在生物和文化上都适应了。由于所有的环境都是动态的，即使变化很微小，一种文化也必须不断地调整以达到某种平衡，并且文化实践和生物适应之间存在着不断的相互作用。例如，一个民族可以在生物学上适应寒冷，但仍然需要穿着外套。

各种文化习俗可以减轻环境变化的影响，从而消除环境差异。这种差异可能是季节性的，如春季和冬季食物供应的差异，也可能是长期的，如气候波动。人们从各种各样的解决方案中选择去解决各种各样的问题，如果这些解决方案对足够多的人起作用，那么这些方案就会成为文化标准。当一些解决方案变得不可用时，人们就会开发其他解决方案。因此，技术变革改变了选择的等式，可能增加了一种文化的潜在选择集。

每一种文化中的人都必须设法解决文化群体中个体成员所面临的问题。要实现这一目标，每一种文化都要有制度、规则、法律、社会契约和组织来保持社会的正常运转，并在各种需求之间保持一种平衡，且解决问题的具体办法必须与各机构和组织协调一致。如果解决方案足够有效，则该区域性将继续存在。重要的是，可能有多套有效的解决方案，由特定的文化群体选择一套；不同的文化可能有不同的解决方案，但都是有效的解决方案（Sutton and Anderson，2013：113-114）。

（二）组织

文化是一个系统，由各种各样的组成部分构成，包括经济、政治、宗教和社会等方面，每个组成部分也都有一个组织。这些组织可以是相对简单的家庭，也可以是非常复杂的政府。在一个小规模的社会，如狩猎采集群体中，这些组成部分是不会分离的。随着城市和国家的发展，这些组成部分最终分化为不同的制度，包括政治和法律制度、宗教组织、货币和市场经济制度、学校和学院的教育制度等（Abrutyn，2009）。但所有这些制度仍然是整个社会文化体系的一部分，并涉及国家及其邻国和贸易伙伴。

文化的不同方面有不同的组织。一个政治体系可能有一个等级制度，其成员在不同层次上拥有权力和责任，宗教体系也是如此。完成一项简单的经济任务可能需要一个相当复杂的组织。人们越了解这些文化背后的组织，就越能了解这些文化本身。

对一般人类生态学感兴趣的学者，特别是考古学家，专注于文化的经济部分，以确定人们如何谋生，从而推断人类与环境的相互作用。虽然人类学家倾向于单独处理这些组成部分，但它们都是相互关联的。例如，宗教与经济交织在一起，因此可以被视为环境适应的一部分。

以粮食和气候为例，如果一个群体通过农业种植获得食物，包括降雨量的某些环境变量对农业至关重要：如果不下雨，庄稼就会歉收，人们就会挨饿，文化甚至可能随着人类消失而消亡。降雨模式（作为气候的一部分）是非生物环境的组成部分，但与生物环境（植物需要水）相关，因此与文化适应（农业）相关。为保证整个种植过程的成功，该地区居民可以选择影响降雨量或降雨时间的途径，甚至可能会制定一些宗教习俗来祈祷确保下雨，如美国西南部霍皮人的祈雨仪式。这种习俗可被视为与经济直接相关，包括组织该地区居民开展这些活动所需的努力。

西方人可能认为这样的文化组织是没有必要的，因为雨无论如何都会来，不会受到祈雨仪式的影响。这一推理过程存在着一些缺陷：首先，西方人傲慢地认为，该组织的做法是与雨毫无关系的，实际上这种做法有太多人们不知道的知识；其次，真正的目的可能更多的是让大家聚在一起解决干旱带来的社会和心理问题，而不是真正祈祷产生降雨。因此，作为人类学家，应有兴趣了解这一组织而不是批评他们的做法（Sutton and Anderson，2013：114-115）。

1. 社交网络

社会对环境压力的反应是多种多样的。缓解当前资源分配不均的一个简单方法是共享材料给有需要的人。分享可以带来回报的期望，也可以作为未来资源短缺时候的某种保险。这类行为的一个典型例子是，高等级的狩猎采集男性与群体中的其他成员分享所获得的肉。霍克斯（Hawkes，1993）认为，共享资源的好处可能不在于获得卡路里，而在于发展社会关系。

在双边亲属关系系统中可以看到更大规模的社交网络。单线性系统仅通过家庭的一方，即父亲方（父系）或母亲方（母系）建立基于关系的成员关系。因此，在母系制中，母亲的兄弟可能是重要的亲属，而父亲的兄弟可能不是。选择单线性系统可能有多种原因，但它将一个人的功能亲属限制在可能的一半以内。

然而，双边亲属关系系统包括家庭双方，因此一个人的亲属数量是在单线性系统中的两倍。有人认为双边亲属关系系统可以在容易出现资源短缺的地区发展，在这些地区，人们可以向单线性系统亲属数量两倍多的亲属寻求援助。然而，许多单边亲属关系制度在资源短缺领域获得了完美的成功，通常是在极端需要时通过双边招募亲属。因此，文化不是束缚，制度可以灵活改变以应对环境变化（Sutton and Anderson，2013：116）。

2. 定居模式

不同文化将以不同的方式编码，使用同一空间的规则，这种使用将反映在跨空间和跨时间的定居点分布中（Ashmore and Knapp，1999）。人类以及他们的活动、住所、工作场所、设施和宗教场所等以一种具有文化意义的方式分布在整个景观中，称为聚落模式。这个系统的一部分是特定群体概念化和利用其空间的方式。

定居模式取决于多种因素。首先，一个群体所使用的基本经济制度。例如，一个狩猎采集群体对谷底的利用与一组农民群体截然不同，双方的组成部分、管理实践、居住区和支持设施都非常不同。基本经济制度还将影响所用设施和技术的类型和规模，以及所用资源的种类。一般情况下，狩猎采集群体不会有大型铁矿、油田或大型水库，这些设施是工业化群体使用的。其次，技术创新可能产生巨大的影响，如在发明犁板犁之前，欧洲农民主要耕作在轻土地区，这种犁允许翻耕重黏土，因此帮助欧洲农民开辟了数百万英亩肥沃的土地。此外，有些事情可能古今做法仍然相似，如使用交通走廊，高速公路往往遵循古老的贸易路线（Sutton and Anderson，2013：116-117）。

（三）技术及其变革

1. 技术

技术包括制造和使用工具的能力，是区分人类和其他动物的一个主要因素，尽管其他一些动物确实会制造和使用简单的工具。人类主要是通过技术，而不是生物学遗产，去适应地球上的每一种生态系统。技术可以是非常通用的（如一个锤子可以用于许多任务），也可以是为非常特殊的任务（如太空服）设计和使用的。通过对技术的分析，人们可以深入了解工具的功能以及用户的文化与环境之间的关系。

假设一位考古学家发现了一块边缘被击打的岩石，考古学家可能得出结论：这块岩石可能被用作锤子，是一种简单的工具。但是锤什么？如果能够回答这个问题，人们将更好地了解用户信息，以及他们的文化及其适应情况。对磨损岩石使用的研究使我们能够对此做出越来越好的推断，如果将锤子用于生产片状石器，则可以推断出一种更复杂的技术；如果用锤子敲打帐篷桩，就可以推断出帐篷的用途。人们对技术了解得越多，就越能了解一种文化如何适应其环境。这是一种有用的唯物主义和实证方法，但这种方法并不涉及文化适应的所有方面。

2. 技术变革

所有的人类文化都有技术。技术是需求、可用材料、创新和其他文化影响的结果。如果其中一个条件改变，技术也会改变，环境和文化也会受到影响。武器技术的发展过程是技术变革的重要例证。当插入矛被投掷矛取代时，人类可以成功猎杀的动物的数量和类型发生了变化，从而改变了经济体系以及人类和动物种群。另一个技术变革案例是弓箭的引入，在北美西部，有一种理论认为弓箭比长矛更能有效地杀死绵羊，以至于人类数量迅速增加，绵羊数量急剧减少，然后人类由于缺乏绵羊而不得不迁移。此外，马和枪的引入对北美平原上人类和野牛种群的影响也是显而易见的。

虽然北美东部的土著人用石斧砍伐树木已有数千年的历史，但砍伐的速度很慢，森林可以恢复。金属斧的效率要高得多，北美东部引入金属斧后改变了树木被砍伐的速度。因此，人口较多、农业和土地使用制度与美洲原住民不同的欧裔美国人砍伐了北美大片森林，这一过程仍在进行，但情况似乎正在改善。同样的情况也发生在欧洲使用石斧的年代，现在发生在亚马孙和非洲使用链锯的阶段。因此，在弓箭狩猎的日子里，对某些猎物的禁忌拯救了南美的这些动物，但随着枪支的到来，猎物失去了保护，一些禁忌破坏者也开始消灭这些动物（Shepard et al.，2012）。

复杂的技术使以前无法维持人类生命的地区被殖民化，甚至南极洲的海底和太空。人迹罕至的南极洲也有文化生态研究，那里的科学研究站有自己的文化，技术为一些文化群体提供了优势，被用来征服其他群体，如枪胜于矛。此外，技术现在允许人类消灭其他物种，并在全球范围内改变环境（Sutton and Anderson，2013：117-118）。

（四）储备

储备意味着占用一些资源并保存起来以备将来使用。所有的植物和动物都以脂肪和碳水化合物的形式在体内储备能量，有些动物，如冬眠的熊，长期使用储备的脂肪作为能量。许多物种从其他物种中收集生物量以备日后使用，这一过程称为实际储存。这种储存方式的一个例子是松鼠冬天收集橡子。人类也做同样的事情，储存橡子、玉米、肉类和其他资源。人类还可以"储备"生物资源，如驯养动物，以备日后使用。

人类的储存方法通常在两个主要方面不同于其他动物：规模和技术。

大多数人类群体，特别是农学家，都在大规模地利用储存。对于人类来说，技术在储存中起着重要作用，因为资源通常会通过研磨（如小麦磨成面粉）、干燥（如肉干）、烟熏（如许多鱼和其他肉类）以及烘烤或晒烤（如种子，以使其在储存期间不发芽）进行加工。这些处理方法可以使某些资源得到长期保存，有时长达数年。此外，人类还经常建造特殊设施来储存资源，如粮仓、筒仓等。还有一种存储资源的方法是控制一个可以找到资源的区域，不允许其他人访问，这是一种社交存储。

有学者提出，食物收集经济可以通过其储存程度来区分，这是文化复杂性的一个方面。因此，一个存储量相对较少的经济体相当简单，而另一个具有大规模存储的经济体则要复杂得多。后一种社会可以发展定居的生活方式和更高的人口密度。环境，特别是生长季节的长度和降水量，也会在文化复杂性的储备行为发展中发挥作用。如北美洲西北海岸的土著居民面临着鲑鱼泛滥的问题，这些鲑鱼可能大量出现几个星期，很容易就能提供足够养活一大群人一年的鱼肉。烟熏和烘干技术的发展导致了人口的大量增加，进而导致了各种各样的文化进化，劳动力可以在短时间内加工数千条鱼（Sutton and Anderson，2013：118-119）。

三　传统知识体系

（一）概述

随着时间的推移，文化及其环境的知识逐渐融合和分类。这些知识绝大多数是不成文的，被一代又一代地口头传递，且数量惊人。传统文化中的个人通常对环境了解很多，因为他们每天都在环境中工作。许多人拥有医学、宗教或其他领域的专业知识。传统知识和智慧的实际应用吸引了生态科学家和人类学家（Ellis，2005）。通过感知（如视觉和听觉）获得的所有信息都要经过观察者的认知解释和思维过滤。分类系统是所有文化认知学说的一部分，是重要的分析要素。

每种文化都有一个获取知识的系统，即科学。现代科学是理论和实证的，既有演绎，也有归纳，需要在科学研究中使用具体的方法。所有传统文化都使用经验科学和大量演绎，并且都必须认识到一些客观现实的支撑，如果没有食物和水，人们很快就会死亡。使用西方科学严格形式演绎法的人相对较少，大多数人使用传统科学并开展了大量实验，尽管通常缺乏书面记录信息，但中国和古希腊等文明的传统科学知识除外。如果研究者不强调方法而专注于结果，其贡献的正确性将是令人惊奇的，这好比传统医生可能无法解释所用物质的具体化学性质，但清楚地了解结果。

纳瓦霍人（Navajo）就是这样一个科学方法发挥作用的典型例子。1991 年，美国西南部健康的纳瓦霍人死于一种神秘的疾病。经过相当多的科学努力，罪魁祸首被发现是老鼠（拉布拉多白足鼠，peromyscus manicu-latus）携带的汉坦病毒。病毒通过老鼠尿液和唾液传播给人类。对传统纳瓦霍人信仰的调查显示，他们认识到老鼠是疾病携带者，并采取了特别的预防措施，以保护人类免受老鼠尿液和唾液的伤害。这些调查大多是由受过西医训练的纳瓦霍人开展的，这一知识似乎已有数百年的历史，表明纳瓦霍人已经识别了该病媒是老鼠，并制定了预防措施以避免感染该病。纳瓦霍族长老将最近的疫情归咎于背离传统信仰的运动。

许多文化在科学中也包括非经验的方面。非经验数据是指非物理数据、非客观数据、无法复制数据，且未经实验验证的数据。一般来说，非经验知识是由特定的个人在特殊情况下获得的，如使用致幻物质是获得此类知识的常用方法。在某些文化中，这种知识与经验知识具有同等的地位，有时甚至是特权。许多宗教行为和信仰是非经验主义的，是建立在信仰基础上的。有趣的是，尽管经验科学在西方社会很普遍，但许多西方人的生活中包含大量非经验的信仰，通灵读物和占星术非常流行。即使是正式的科学也必然包含一些非经验的材料，以理论结构的形式存在，这些理论结构可能经得起经验检验，也可能经不起检验，就像黑洞在被发现之前在理论上是假定的。不幸的是乙醚与燃素，理论上有很好的科学依据，但事实证明并不存在。

许多西方科学家认为传统文化的科学实践和知识是低劣的，可以忽略传统文化的结果，这与西方人看待其他文化的方式一样。然而，西方科学利用了大部分传统知识库，现在对积累知识的传统民族的知识产权密切关注，特别是相当多的传统医学知识被跨国制药公司无偿占用。在世界范围内，法律权威正将版权法等法律延伸到不成文的传统文化。事实上，许多人都会争辩说，本土知识正在被窃取，而知识持有人得不到赔偿，这是一种版权或专利侵权。许多人认为这是西方殖民做法的延伸，是对传统民族的进一步剥削。现在有学者针对这种现象，提出了处理这一问题的方法（Laird，2002）。

随着传统文化的消失，许多知识也消亡了。因此，传统知识的记录是人类学和一般科学需要关注的关键问题。即使传统知识不适合西方科学，人类学家仍然对尝试理解传统文化如何运作感兴趣。作为文化生态学家，想探究一个文化群体是如何与其周围环境相互作用的，就有必要了解文化是如何构建环境知识的（Sutton and Anderson，2013：119-121）。

（二）民族科学

1. 研究范式

在 19 世纪末和 20 世纪初，民族志学者尽可能记录有关土著文化的信息，因为这些文化正在迅速消失。动植物的分类很快就被记录下来，但与林奈系统有很大的不同；世界观、宇宙学、天文信仰、狩猎理论、农业知识和其他生态知识都被详细记录下来。大多数文化都将生态知识编码为宗教的一部分，或者归于宗教话语中，如《圣经》被证明是一个关于古代近东植物和动物知识的信息库。文化生态学出现了一个新的组成部分，即研究当地人对环境的认识，如何对这些信息进行分类，以及如何使用这些信息，这种方法被称为民族科学和后来的民族生态学（Gragson and Blount，1999；Nazarea，1999）。

在文化生态学形成之后，对民族科学的第一项研究是对密克罗尼西亚群岛（Micronesia）中的一个岛屿群——加洛林中部（Central Carolines）的本土天文学研究。当地居民依靠星星和波浪模式航行，以从事漫长的海洋航行而闻名，他们是世界上最勇敢的航海家之一，甚至可以乘坐小型独木舟，在没有指南针或其他技术辅助的情况下，从数千英里的开阔水域出发远航。随后文化生态学开展了其他工作，包括对菲律宾哈努诺人（Hanunoo）的土壤、森林、植物和农业知识的研究，以及对菲律宾苏巴努人的宗教、医学和营养知识的研究等。

这些研究拉开了民族科学发展的序幕，以民族为前缀的词语被附加到各种各样的研究中，从人种学（鱼）到民族考古学（壳）。几十年来，学者一直在写关于民族生物学和民族植物学的文章，但现在这些术语是指有关群体的生物学或植物学观点，而不是用西方术语重新定义这些观点。民族生态信息是对一种文化所拥有的环境的分类和知识。民族生态学现已成为文化生态学的一个主要分支领域，并与地理学家的"景观"概念相关（Johnson and Hunn，2010）。

民族科学的研究对于理解传统文化与环境的关系十分重要，人们也发现将这些信息翻译成西方科学术语很有用。这使得农业科学家、开发工作者和考古学家更容易获得这些信息。因此，有必要对所讨论的动植物进行深入的动物学和植物学研究，并对其显著特性进行认真评估。然而，这种方法可能存在几个问题。一是将甲方的知识编码到甲方的分类系统中，并将甲方信息转换到乙方的系统中，有可能存在"在翻译过程中丢失了一些东西"，或者导致没有抓住要点；二是一些研究人员为了减少种族中心主义或在政治上更加正确，过分强调传统的环境观，导致对本土观点的任何质疑都被视为缺乏同情心、种族中心主义或种族主义，从而难以评估这些观点。因此，人们在研究传统知识体系时需要更加谨慎。最重要的是，有必要对当地人分享他们的知识以及外人对这些指示的任何利用进行补偿。至少，外人必须向当地人提供由此产生的出版物等成果，并且通常按照研究协议所要求的条款执行。

事实上，西方世界有很多东西要向其他文化学习，即使是传统最"简单"的文化也蕴含着丰富的知识，这是任何人都无法想象的。无数的新药、食品和工业产品继续从传统的植物和动物资源中开发出来，如利用当地人的特殊知识，许多地区正在改革农业做法等。

2. 分类

所有文化都建立了一个系统来对环境中的元素进行分类，包括植物、动物、土壤、岩石和矿物、气候和天气、地球表面和天文现象。每一个不同的分类系统都基于一个特定的起点，一种文化可以根据形态学对动物进行分类，而另一种文化（甚至同一文化中的不同亚文化）可以根据栖息地对动物进行分类。因此，在第一个分类系统中，鲸被认为与金枪鱼（哺乳动物和鱼类）非常不同，而在第二个分类系统中，这两种动物被视为相似（生活在海洋中）。1818 年，这两种分类方法在纽约发生冲突，导致法院审判认定鲸是鱼，而不是哺乳动物。这一决定与纽约对"鱼油"征税的事实不无关系（Burnett，2007）。

任何分类，在一定程度上都是对现实文化的建构，并因特定的世界观和文化经验而有差异。一些人类学家认为，由此产生的世界观与现实相去甚远，完全是武断和独特的。然而，人们不断地根据现实测试自己的信仰，并在文化上对正确的信仰进行编码。许多人可能不知道毒芹（poison hemlock）是致命的，但可以肯定地说，所有毒芹出没区域的文化都在信息库中编码了毒芹的致命性。可见，从观察中可以推断出错误但看似合理的知识。许多文化认为，地震是由巨大的地下动物来回走动引起的，在板块构造和大陆漂移提供更好的解释之前，这可能是所有人都能想到的最合理的解释。同样普遍和不太合理的是对所有蛇的恐惧，所有灵长类动物似乎都天生害怕蛇，但人类经常夸大这一点。人们通常会发现更多的异国情调和地方信仰，人类学家非常注意解释人们为什么相信这些信仰及其在社会中是如何运作的。近来一个典型的案例是爱德华多·科恩（Eduardo Kohn）对亚马孙本地人相信狗可以在梦中预见未来的分析（Kohn，2007），虽然这一信念导致了明显错误的预测，但这是人类组织与动物有关的态度和行为方式的逻辑结果，人类认为像狗这样的动物具有其所不知道的特殊智能。

对文化分类系统的研究涉及人们对世界上的事物进行分类的方式，什么包含在什么中，什么被忽略。人们倾向于精细地划分他们感兴趣的领域，而划分不太突出的领域则不那么仔细。专门捕岩鱼的香港渔民记录了几十种岩鱼的名字，而普通渔民简单地把岩鱼分为"绿色"、"红色"或"斑点"（Sutton and Anderson，2013：121-125）。

早期的分类学者认为，人类学家应该研究知识，而文化生态学家的正确任务是研究传统的生态知识体系，这引发了文化生态学家之间的一场辩论。其中一些人认为人们应该研究实践，并将知识系统视为次要系统。这场争论很快就过去了，因为几乎每个人都认识到知识和实践是分不开的，是相互关联的，必须一起研究。今天，很少有人类学家忽视知识和实践之间的不断反馈，人们对世界的无休止的测试，以及人们对测试的无休止的讨论，正在不断地改变人们对世界的行为和态度。知识的分类和结构极大地影响了人们对环境的行为（Ross，2004；Atran and Medin，2008）。

（三）生物环境知识

对过去和现在生物环境的分类、使用和知识的研究称为人种学（Anderson et al.，2011）。民族生物学是文化生态学的一个重要组成部分，包括对人类饮食、分类系统、仪式以及对动植物的认识和使用的研究。关于这些问题的数据是通过各种方法获得的，包括标准的民族志数据、口述传统的分析、其他植物学专家的研究以及考古学成果等。

民族生物学已成为新兴的研究领域（Anderson et al.，2011）。新方法中包括对教育的兴趣，人类学家正在研究如何在野外学习传统的生态知识。一个相当普遍的发现是，这种知识并没有像人们曾经担心的那样迅速消失（Laird，2002）。很多语言和文化确实正在消亡，但一些充满希望的最新研究表明，相当多的地方生存下来了，这是非常需要鼓励的事情（Zarger，2011；Mathez-Stiefel et al.，2012）。随着土著民族进入正规教育体系，关于民族生物学和传统动植物观的大量文献已经出现，如美洲土著民族生物学家皮耶罗（Ray Pierotti）的一篇特别有价值的评论就涉及大量该领域的研究和主题。

当地人对环境的了解往往比生物科学家多得多，尤其是在生物学家探索不足的地区。因此，民族生物学的研究带来了大量新的、令人兴奋的和有价值的信息。如 Shepard 等（2004）发现，亚马孙上游的马奇健格族人（Matsigenka）所知道的当地植被类型远远多于外界科学家所掌握的信息。当地人在某些领域掌握的知识可能比其他人多得多，对未知领域的研究现在已成为一个有趣的领域（Moritz et al.，2013）。

1. 民族植物学

对植物的本地分类和使用的研究称为民族植物学。植物有各种各样的用途，包括食物、建筑材料、工具、纺织和装饰等。如果一个人在这些方面依赖于植物，那么他对植物的了解就必须相当深入。人们要成功开发植物，就需要对植物的位置、可利用季节、普通化学性质、耐用性和生物学有详细的了解。传统文化对植物学的了解是相当深入的，西方科学所不知道的许多非常有用的植物正被其他文化领域的人日常使用。

园艺家和农学家需要对某些特定驯化植物有更详细的研究，以便掌握植物的生长周期、营养需求、虫害控制和肥力等。知识不足可能导致时间安排和决策不当，甚至作物歉收。在实行烧垦农业系统的情况下，需要相当多的森林环境知识。

2. 民族动物学

民族动物学研究土著和民间社会中动物的知识和意义。这些知识包括动物的生物学、季节性、繁殖和利用等。不同种类的动物可以用来做食物、毒药及其他东西。人类对不同动物的知识掌握得越多，使用动物的灵活性就越高。

大多数人想到动物时，通常只想到脊椎动物、哺乳动物。然而，大多数动物实际上是无脊椎动物，如昆虫。虽然西方民间分类有时淡化昆虫，但许多其他文化并非如此。如美国西南部的纳瓦霍人对大约 700 种昆虫进行了非常复杂的分类，非洲南部卡拉哈里沙漠（Kalahari Desert）的狩猎采集者发现了包括至少 70 种昆虫的许多无脊椎动物。

3. 民族医学

对医学传统知识的研究称为民族医学，主要涉及民族药理学、植物、动物和其他医疗用途物质的分类和使用，也包括骨折的恢复等。这个领域还包括知识和物质的使用，以改变一个人的现实。在传统社会中，专攻医学的人往往是专攻宗教的人，这两个领域往往是由一个从业者结合起来研究的。

民族药理学的大量研究已经开展了许多年。如果人类寻找的话，可以获得数十万年的植物药用经验与知识。现代英美文化中也有一种与商业药品行业分离的民族药理学，被称为家庭或民间疗法，包括许多未经科学认可或证实的疗法。

大规模生产药品可以满足大众的日常要求，但这对人类生态产生了深远的影响。大量可用于食品生产的资源用于药品生产，而药品作物生产对土地的影响是巨大的。如在阿富汗（Afghanistan）和哥伦比亚（Colombia）等一些国家，用于生产可卡因和海洛因的罂粟种植面积巨大，美国种植烟草的面积在一定程度上降低了粮食产量（Sutton and Anderson，2013：124-126）。

（四）非生物环境知识

除了生物环境外，所有文化也获取和分类有关非生物环境的信息，包括陆地和非限制性元素。非生物环境的重要组成部分包括地理、土壤、气象学和天文学。

所有群体都在景观中生存和互动。西方城市研究者倾向于将景观视为笛卡尔空间（Cartesian）、地理位置和距离，往往偏离其真正价值。其他群体从经验的角度观察景观，将地理视为重要生物相互作用和重要事件发生的地方，而不仅仅是地图上的 x-y 坐标（Brück and Goodman，1999）。这些景观也可能具有重大的仪式意义，如澳大利亚土著或当代中东人通常会拥有令人震惊的精确和详细的家园心理地图。

景观本身可以包含多种元素。福尔曼（R. Forman）和戈德伦（M. Godron）（1986）确定了三个主要景观要素：斑块、走廊和基质。斑块由相互分离的小型特定生态区组成；走廊是分隔道路、河流和小径等斑块的带状区域；基质是围绕斑块和走廊的其余景观。因此，在由小径连接的草地基质中有森林斑块，或者在由道路连接的森林基质中有农田斑块。从文化角度来看，斑块是人们生活和工作的城镇、农场等，走廊是交通动脉，基质是可以使用的边远地区，但使用强度低于斑块或走廊，如森林或保护区，这种观点可能是合理和有用的，但这三个景观要素的管理程度差异也很大。

所有文化都承认并维护特定地理位置在土地景观中的作用，包括存在着重要事件发生地的物质场所，例如，奥林匹斯山（Mt. Olympus），希腊人相信是众神居住的地方；葛底斯堡（Gettysburg）是美国内战中一场重要战役的地点；澳大利亚中部的乌鲁鲁（Uluru，艾尔斯岩），那里居住着皮特詹特贾拉部落（Pitjantjatjara）的许多神灵。其他重要地点包括资料来源地，如主要采石场或渔场，或上述地点和其他地点的组合地点等。近年来，对文化群体感知景观的研究已经从地理学扩展到人类学，特别是在史蒂文·费尔德（Steven Feld）和基思·巴索（Keith Basso，1996）编辑开创性著作《地方感》（Senses of Place）之后。

对土壤和土壤类型的了解是至关重要的，尤其是对于农业学家来说。土壤类型可以指示其他重要资源的存在，如植物、动物、水或矿物。对于制作陶瓷的人来说，土壤（黏土）本身可能是一种资源。在工业社会中也是如此，工业社会也利用各种各样的土壤。

了解、预测和控制天气和气候在所有社会中都很重要，但在农业社会中最为明显（McIntosh et al.，2000）。在西澳大利亚、南部非洲、北非沙漠中，跟踪降雨的能力对于了解哪里可以获得水，以及动物可能在哪里生存至关重要。烧荒的适当时机也与天气模式有关，如果太早或太迟，其他问题可能接踵而至。

农业社会更加重视天气及其控制。霍皮人（Hopi）制造雨水的努力就是一个很好的例子，玛雅人（Maya）通过更为复杂的仪式进行祈雨，甚至用活人进行祭祀。人类一直关注着天空，包括民族天文学的所有文化，都对不断变化的天空有一定的分类和解释，有些还相当复杂。传统民族文化的天文观测揭示了天体的运动规律，如太阳和月亮的运动，以及一些不太规律的现象，如彗星。每一种文化对这些模式和事件都有一定的解释，许多文化将其纳入调节世界复兴、农业周期和其他重要文化现象的信仰体系。过去的文化也是如此，对过去人类的天文学研究被称为古天文学（Sutton and Anderson，2013：126-129）。

（五）艺术与环境

艺术一直是人们展示对环境感受的主要方式之一，有几万年历史。艺术不仅描绘了动物和植物，而且还描绘了宇宙哲学，象征着宗教哲学。人类需要一种艺术的生态理论，但迄今为止，人类所拥有的最接近生态理论的产物是克劳德·列维·施特劳斯（Claude Lévi Strauss）关于神话、音乐和在一定程度上称为艺术的理论。

对于美国西北海岸北部沿海土著人的艺术，特别是海达（Haida）、特林吉特（Tlingit）和钦西安（Tsimshian）部落，艺术中的绝大多数图像是动物，其余大部分是人类或超自然生物。动物对于西北海岸的人们来说很重要，不仅是食物和衣服的来源，也是社会和宇宙的象征。主要的血统群体是以特定的动物命名的，包括熊、狼、鹰和鲸。许多其他动物，以及一些植物，甚至像云这样的气象现象，都被用作家庭的顶棚设计元素（Sutton and Anderson，2013：129）。

美国西北海岸北部民族的艺术定义了人类、动物和植物领域之间的相似之处。尽管动物和植物被视为人，但不是人类。动物和植物被倾诉、祈祷，并被视为魔法和精神力量的源泉。人类和动物通常被视为彼此的转世。动物有时会变成人类，或者当它们躲在山里或海里时，会变成人类。因此，当动物被用来描绘社会事实时，人类就没有想到要用动物作为隐喻。动物实际上是社会的一部分，而不是人类。这门艺术在很大程度上反映了人与动物的关系。澳大利亚土著艺术描绘了神话主题及其与土地和资源的关系，与"国家"主题密切相关，且一直是传递传统知识和价值观的主要方式（Myers，2002）。

（六）西方对传统知识的运用

大多数人都不知道有多少来自其他文化的创意和产品被改编进自身文化中使用。有些文化在短期内有用，例如目前的许多药品等，而一些文化则长期重要，例如如何使可持续农业适应雨林。韦瑟福德（Weatherford）讨论了西方人从美洲土著人那里借来的植物、动物、思想和技术，范围包括从玉米到公园，从家养火鸡到雪鞋等。

1. 医学

文化生态学家是寻找含有有用化合物的动植物的西方科学家中最努力的一部分人，医学是野外生物学最简单、最直接、最明显的应用，药用植物就是一个例子（Chivian and Bernstein，2008）。在用于治疗疾病的数千种植物中，绝大多数来自民族医学，人类如今使用的药物中，约50%最初来自其他文化。阿司匹林是使用最广泛的药物之一，早在西方社会合成和大规模生产之前，它就来源于许多传统群体使用的柳树皮，如北美西北海岸的部落。

大量的植物和动物具有药用价值。摩尔曼（Moerman）编制了一个包含北美土著人使用的2147种植物的数据库，其中很大一部分是有效的，有几种已经成为重要药物的来源。大量的动植物对于西方科学来说仍然是未知的，并且可能含有很有价值的化合物。这些物种灭绝的速度快于我们发现和测试它们的速度，正如电影《医学人》（Medicine Man）和肖恩·康纳利（Sean Connery）所描述的那样，这是一个严重的问题，人类正在努力记录和测试这些物种。

有时候，一种植物因其在民族医学中的价值而被研究，并在其他方面被证明是有用的。一个著名的例子是普通长春花或马达加斯加长春花（Madagascar Periwinkle），它的传统用途不包括治疗癌症，但它却成为长春新碱和长春花碱的来源，这两种药物彻底改变了儿童白血病的治疗方法。这两种化学品的变种现在被广泛使用，并被用来挽救了数十万人的生命。

在传统文化下，人们发现了世界上大多数常见的有毒植物，在许多情况下，人们也发现了解毒剂，这为西方调查人员节省了大量时间和避免了很多危险。在这类调查中，生态人类学家的工作通常仅限于记录当地使用植物的数据和收集相关植物。植物学和生物化学方面的专家必须承担这些工作，并研究它们在医学上的潜力，许多传统医学的知识是随着人们对植物特性认识的深入而演变的（Sutton and Anderson，2013：130-131）。

2. 食物和纤维

食品、纤维和其他贵重物品的新来源也经常出现，尽管它们目前的媒体魅力不如药物。在美国，人们摄入的热量约三分之一来自单株玉米。人们从许多来源中获得玉米热量：玉米粉喂给人类吃的大多数家畜，玉米油在许多食物烹制中使用，还有人们直接食用玉米。然而，玉米是一种被美洲土著人在墨西哥西南地区驯化的植物，人们从土著人那里借来种子，使之适应人们的用途。其他许多植物也是如此，包括土豆、西红柿和烟草。

世界粮食和纤维依赖于极少数作物品种，由于满足需求、适应和种植相对容易，这些作物品种已在世界农业系统中占据主导地位。小麦、大米、玉米和土豆现在提供了大部分的食物热量，而美洲大陆棉花品种产生了大部分的天然纤维。人们食用的大部分肉类仅来自少数动物：牛、猪、羊和鸡。如此狭窄的食物基础容易造成不稳定的局面，一些致命的植物病害可能会造成严重破坏，如 1846~1848 年，一种马铃薯病害在欧洲蔓延，并袭击了严重依赖马铃薯的爱尔兰，后果非常严重。饥荒接踵而至，数十万爱尔兰人饿死，数百万人离开家园。因此，我们需要尽可能多地了解替代作物、食品和农业方法，以及其他植物和动物的用途。

人类学家和经济植物学家描述了数千种动植物的传统用途。这些物种为未来提供了巨大且经证实的保护区。人类现在不仅知道大多数物种的名字是什么，分布在哪里，还知道如何处理和利用它们。世界上大约有七千个文化群体，已经发现了数千种有用的野生物种。此外，需要复杂加工的物种也被带入了这个研究领域。韩国人和加利福尼亚本地人都使用橡子粉，并过滤掉所有令人烦恼的单宁酸；未来，人类的一些食物供应很可能依赖过滤毒素这项技术的完善。西南部的沙漠目前很少被使用，其包含许多类似具有潜在重要性的珍贵物种。

传统的本地植物品种在育种上已经很有用了。智利奇洛岛（Chiloe Island）上的居民种植的土豆种类繁多，令人难以置信。其中一些品种抗病性很强，奇洛的农民已经开始向国际马铃薯育种公司出售种子。墨西哥当地种植的大豆品种已成为抗旱和抗枯萎病大豆的来源。野生或部分野生玉米（Teosite）因其抗病基因而极具价值，因此墨西哥西部建立了一个主要的生物圈保护区，作为玉米生物多样性中心（Sutton and Anderson，2013：131-132）。

3. 农业技术

传统的农业技术在许多领域被证明是有价值的，甚至是必要的。民族志学家和农学家只有共同努力合作，才能记录繁多的知识。在巴厘岛（Bali），传统的水管理方式被证明比现代的创新更为成功，以至于人们不得不放弃新技术。即使是狩猎和采集的人也拥有极其宝贵的土地管理技术，其中许多技术仍然可以使用。北美土著人在旧文献中常常被轻蔑地描述为"原始的"和"落后的"，实际上他们拥有极其复杂的土地管理技能，以至于现在人们对当代的土地利用规划者非常感兴趣（Anderson，2005）。

4. 哲学

通常情况下，当地人对本土资源非常了解，并拥有丰富而复杂的相关知识。每个人都认识到麻雀比鸭子更接近雀鸟，比鱼更接近鸭子。每个人都知道水是湿的，岩石是硬的。然而，不同的群体所营造的文化和心理环境却大相径庭，这种差异引起了人们的极大兴趣。显然，每一组人都可能知道另一组人不知道的重要事实。更有趣的是，在旁观者看来，不同的信仰是不真实的。为什么许多北美土著民族相信植物、动物，甚至山脉和岩石在某种意义上都是有意识的人，通常能够与人类交流并影响人类的命运？为什么全球这么多团体都相信世界中心有一座圣山？为什么疾病常常被归咎于巫术？为什么邻近的民族经常以完全不同的方式对植物进行分类？这些问题的答案直接而迅速地影响到所有人，不仅因为这些理念仍然是最新的，而且因为这些理念揭示了人类的思维过程。

在处理这些问题和其他问题的过程中，人类学家对有关人类心理和认知的辩论提供了大量信息。19世纪末之前人类学家得出的第一个也是最明显的结论是，"土著"民族并不是无知的，他们的生活也不是由魔法主宰的；土著居民总是对自己的环境有深刻、丰富、或多或少系统的了解。随着时间的推移，人们已经了解到土著民族如何能够保持对世界的宗教观点，并仍然将其与冷静、实事求是的观点相结合。相比之下，西方社会形成了其特有的超然和不抱幻想的自然观。因此，与土著文化相比，许多人认为现代西方世界失去了一些原真的东西。

如果真的像罗伊·拉帕波特（Roy Rappaport）等文化生态学家所说的那样，宗教在世界如此之多的地方起着维持知识和生态调整的作用，那么西方世界是否需要功能上类似的东西？一些环境伦理学的学者认为需要（Berkes，2008）。非西方国家的人民在多大程度上管理和保护他们的资源是极具争议的，有人说他们失败了，西方科学是人们保护宜居环境的唯一武器。如果是这样，那就麻烦了，因为经验表明，科学并不总是有说服力的。

然而，如果一些持有传统文化的人们通过伦理或道德教诲成功地"出售"了保护地，那么人们或许还有更多的希望。人们可能不认为自己的宗教有说服力，或者他们的技巧是绝对正确的，但人们可以根据自身的经验设计出更强大的道德教诲。似乎只有通过将西方科学与对环境的新的伦理、道德和宗教态度相结合，人们才能生存下去。当然，对于许多当代作家来说，传统民族环境观的美丽和诗意已经被证明是极其感人和有力的，比如人类学家出身的诗人加里·斯奈德（Gary Snyder）。

5. 发展

现代开发人员在开发计划中经常使用传统知识（Sillitoe，2010）。传统知识通常比高技术更适合小规模、资金短缺的农业和工艺操作，这些知识经常从一个团体循环到另一个团体，或者被保存起来供一个团体使用。因此，古希腊和中国使用的可以在一撮草上煮一餐的简单陶制炉灶，近年来已在世界范围内推广。然而，即使传统知识也不总是灵丹妙药，包括使用传统知识自上而下控制发展也有其问题。李（Li，2007）为苏拉威西岛（Sulawesi, Indonesia）的可持续、节约资源的发展提供了一段令人畏惧的历史，原因在于缺乏对现实的持续关注颠覆了每一个善意的尝试（Sutton and Anderson，2013：130-134）。

四　人类对环境的控制

所有的文化都采用了旨在对其资源和环境施加某种程度控制的实践。

这些活动包括以保护、开发和控制的形式进行管理。管理可以发生在多个尺度上，从单个植物到整个景观，以及各种各样的短期或长期利益最大化。资源的获取和开发是由某些因素决定的，例如亲属关系或财富，有些资源属于个人，有些资源属于集体。

（一）驯化与控制

人们在不同程度上影响和改变他们的环境，特别是动植物种群（Kay and Simmons，2002）。这种影响的规模取决于人口规模和该群体拥有的技术。大多数群体认为他们对自己的环境有一定的控制力，可能是通过他们影响超自然现象的能力，或是他们改变河道的能力，或是通过他们的空调。事实上，许多群体认为他们的环境或至少在某种程度上是可控的，因此是被驯化的，尽管很少有人会相信环境是完全可控的。

驯化的典型定义与农业有关。在这种情况下，驯化物种是指人类对一个物种进行了某种遗传控制，使得驯化的物种不同于野生物种。虽然基因改变确实是一种有效的控制方法，但对植物、动物或生态系统也可以通过其他方式进行控制。更广泛的驯化定义可能意味着更一般意义上的控制。所有文化都有一些方法来控制和驯化所在的环境，尽管这些方法的有效性存在争议。环境是由各种技术控制的，包括景观的控制和个人资源的管理。如果一种文化"控制"了它的环境，那么这个环境可以被认为是"驯化的"。

然而，进入传统民族聚居区的西方群体通常将大部分土地视为"原始荒野"，即人类未曾触及和改变的景观。这种观点几乎总是错误的，例如，当欧洲农民在新大陆殖民时，他们看到的是一片荒野和未驯服的土地。然而，在现实中，土著居民长期以来一直在实践各种管理技术，并通过使用这些技术改变了景观。这里不仅一点也不荒凉，而且是一个驯化的、高产的环境。欧洲人将土著人密集使用的斑块和走廊周围的社会环境解释为未使用，而不是以不同方式使用，因此可用于殖民。

人类有意识地改变和操控环境，通常是为了达到预期的结果。人类带来的这种变化被称为"人为的"，变化的规模取决于多种因素，包括变化的目标。技术也是一个因素，因为有推土机的人比有石斧的人对环境的影响更大。环境的大规模改变被称为"环境控制"；较小规模的资源控制被称为"资源管理"（见表2-1）。环境的变化包括影响非生物和生物成分的变化，即环境的生物和非生物方面都被改变和控制（Sutton and Anderson，2013：135-136）。

表 2-1　环境控制的几种方法

方法	一般原理	比例尺	例子
环境控制			
活跃	亲自动手，有目的地修改景观以实现目标	大的，如镶嵌的风景	• 焚烧大片土地以清除灌木丛并鼓励新的增长 • 为农田清理大片土地 • 改变用于灌溉的自然水系统
消极	影响控制和改变的仪式活动	大的，如镶嵌的风景	• 世界复兴的仪式 • 管理区域以维持其权力
资源管理			
活跃（轻度至中度）	亲自动手，有目的地更改资源以实现结果	小型的，通常是单个的资源（例如，一个物种或一个水源）	• 修剪特定植物以提高某些产品的产量 • 限制其他群体成员进入泉水区，以保护水源
活跃（密集型）	亲自动手，有目的地更改资源以实现结果	对单个物种的小而强烈的关注，常常达到基因控制的程度	• 驯鹿群的管理 • 一个物种（如玉米或牛）的农业驯化，其中个体的移动、繁殖和生活受到控制
消极	影响控制和改变的仪式活动	小规模，专注于特定需求	• 特定物种的生育仪式 • 感谢一个物种（如鹿）允许自己猎杀

1. 环境控制

人类对环境的大规模改变称为环境控制，即对整个景观的改变。在短期或长期内，控制可能对人类有利，或至少被认为是有利的。在巴西（Brazil）和其他地方砍伐雨林对于农民或牧场主来说可以获得非常短期的经济利益，但对环境和人类福利有着非常负面的长期影响。环境的一些改变是无方向的，但许多控制是为特定目的而计划和进行的。控制策略分为主动和被动两大类。

（1）主动环境控制

主动的环境控制是指大规模的、有目的的、物理性的物种群和生态系统的改变。这是对景观的积极操纵，而不是对个别物种的操纵。

①烧荒

烧荒可能是人类史前和历史上最广泛使用的环境控制方法（Anderson，2005）。大火清除干枯的林地和草地，减少竞争，消除对人类有害的荆棘和动物。火势通常是有管理的，以便对森林和其他持久的资源造成最小的破坏。世界上大部分的植物被狩猎采集者和农学家反复烧毁。这一点在当代管理方案中需要被记住，即人类数千年来一直在某些地区引发火灾，火灾控制并不总是最好的事情。

许多植物都能很好地适应火灾，有些甚至需要燃烧才能发芽。灰烬提供肥料，为新的生长腾出空间。自然火灾周期性地消耗地面上的燃料，绝不允许其累积到发生灾难性火灾的程度。一个最近被烧荒的地区可能会有大量新生物出现。狩猎采集者知道这一点，他们通常会放火焚烧这些地区，目的是清除死亡物质，鼓励新生物的生长。通过这种方式，良好植株在收获后，将被鼓励继续种植。这是加利福尼亚州土著人的普遍做法，并被广泛用于生产适合制作篮子的材料（Anderson，1999）。烧荒还可以杀死杂草，有助于保持林地的生物纯度。

烧荒也可能与宗教有关，如世界复兴活动。在澳大利亚中北部的加加杰人（Gagadju）中，平原的燃烧标志着一年一度的生命周期的更新。如果没有"适当"的人作为土地的看管者进行仪式性干预，这个循环将被打破，生命将不复存在。事实上，土著人的烧荒确实更新了土地，对许多动物和一些植物的生存至关重要。乌鲁鲁（Uluru）重新引入了由澳大利亚土著人控制的烧荒，以拯救因缺乏燃烧而濒临灭绝的野生动物（Sutton and Anderson，2013：137-138）。

②种植业

另一个环境操纵的典型例子是种植业和农业。为了种植一种作物，大量土地必须被清除其原有的自然生态，以便可以种植和容纳一个人工生态系统。这导致了生物多样性的丧失，因为许多野生物种被一些驯化的物种所取代，通过耕作和破坏邻近生态系统等机制，地表往往发生了相当大的变化（Gepts et al.，2012）。

③建筑景观

所有的文化都力求在某种程度上调整其景观，这是非生物环境的一部分。有些以相对较温和的方式修改景观，而另一些则实际构建新的景观以满足人们的需求。一个典型的例子是中国的山水科学，在一个景观中适当安排各元素，以确保地区和谐（Anderson，1996）。聚落还在景观周围移动远距离材料，以建造特定设施。偏远地区，更不用说机械时代之前的早期社会，也是以此方式运输材料，就像英国建造巨石阵时使用的大石头都是远距离移动一样。

最常见的人工景观是那些与农业相关的景观，在这些景观中，人们进行了一系列的改造，使土地适合农民使用。农田建设可能涉及简单的森林清理，但也可能涉及创建或整平土堆、改变地质特征，如岩石露头、修建围墙、挖掘灌溉和排水沟，以及梯田系统的建设和使用，例如中国的梯田系统，以及菲律宾（Philippines）和秘鲁（Peru）等地类似景观。在某些情况下，梯田系统可以覆盖数百平方英里，如秘鲁的科尔卡山谷（Colca of Peru）（Denevan，2001）。

灌溉系统是人工景观中的常见元素。这些系统可能非常小，也可能相当庞大，可以几英里，也可以是数千英里的运河、沟渠和其他正在建设中的设施。同样，即使是非城市的小规模社会也创造了许多这样的系统，如菲律宾吕宋（Luzon）和印度尼西亚的大部分地区。大坝建成后淹没大片地区，形成湖泊和沼泽，并摧毁部分河流和溪谷，如埃及的阿斯旺（Aswan）和中国的三峡（Three Gorges），由此产生的灌溉系统可以将干旱地区转变为繁茂的农业区。

其他大型建筑也可以改变景观。许多聚落建立了大型仪式中心，改变了当地地形，甚至影响了更大范围的地区。城市的建设，特别是20世纪的巨型城市，极大地改变了住房、交通、水利和废物管理系统的景观。

（2）被动环境控制

为使环境保持在驯化状态而设计的活动仪式被认为是被动的环境控制。这些活动包括世界复兴仪式，如生育仪式，甚至活人祭祀。墨西哥人（Mexica），包括阿兹特克人（Aztecs）在内的文化小区，进行了这两项实践，以祈祷太阳继续正常升起。

在仪式上，控制和保护环境的一种方法是管理。在澳大利亚，土地及其资源是在黄金时代形成的。某些地方非常特殊，是由特定人群负责维护的。没有人完全拥有这些地方，人们是看管者而不是所有者。如果不能妥善维护这些地方，可能会导致灾难。当土地不被烧荒、耕种和进行其他管理时，不仅会出现神圣的惩罚，如疾病，而且会产生非常现实的问题。在盎格鲁人（Anglo）定居之前，澳大利亚被认为是非农业地区，但事实上，土地管理相当集中。《圣经》（Bible）也规定了类似的责任，其中亚当（Adam）被认证为土地的管家，并详细说明了土地管理不善的后果（Sutton and Anderson，2013：137-140）。

2. 资源管理

对特定资源的管理称为资源管理。这些活动的规模通常比环境控制小，但也可能有一些重叠。例如，可以通过烧荒来管理特定资源，但它可能会影响更大的系统。相反，如许多群体所实行的烟草修剪，只影响一小部分地区，特别是植物本身。与环境控制一样，资源管理可以是主动的，也可以是被动的。

（1）主动资源管理

一些特定的资源受到积极的资源管理或控制以确保生产力，人们采取了一些实际行动来控制物种的生产力，尽管对有些资源的管理是为了保持景观的美丽，而不是为了获得食物或材料。大多数物种的管理方式使它们保持野生状态，但有些物种的管理方式使它们最终被驯化。

对植物可以使用多种技术进行积极管理。烧荒通常被认为是环境控制，如果作为一种管理技术用于一种或两种植物，则可被视为资源管理。修剪也是一种管理技术。烟草控制和修剪，对于许多美洲土著群体来说是重要的仪式，以便获得更大的叶子。储存收获的果实，如松子、草籽、橡子等，也是资源管理的一种形式。

在内华达州（Nevada）和其他地方，当地人用杜松木（Juniper Trees）制作弓箭。这些木材取自特殊的杜松树，树干非常直，没有节疤和扭曲。有这种树干的树木是特意塑造的，而不是人类偶然发现并加以利用的。在未来的规划中，树木将被挑选、修剪、管理和培育，以便生长笔直、无节疤的树干，提供弓形横杠，这一过程可能需要几十年的时间。一旦树木生长合适了，当地人就会在树上按轮廓切割一个弓形壁，晾干，几年后树木会自行愈合。这棵树需要很多年来填补由此产生的弓形缺口，同时，人们将对其进行监测和管理，以确保壁区没有树枝生长。然后可以移除另一个弓形横杠，一些树的许多横杠也被移除。这些树木是非常宝贵的资源，数百年来一直受到监测、维护和再利用。太平洋西北部和旧英格兰的红豆杉（Yew Trees）也是被如此管理。

动物也被主动管理。雌性动物会生育，在动物种群中保持一定水平的雌性是很重要的。在某些情况下，有避免杀死雌性或幼小动物的规则，成年雄性是首选猎物。在当代美国，猎鹿有这样的规则；一个人必须有执照，如一张"鹿牌"，并且不能杀死雌性或幼小动物。

限制对资源的使用也是资源管理的一种方法，例如水源地。有时使用仅限于形式，如在非洲南部卡拉哈里沙漠（kalahari Desert）的萨恩族（San）地区，水源地为一帮人所有，必须获得许可才能使用。尽管请求总是被有条件通过，但许可仍然是对资源行使某种权力的一种方式。在其他情况下，访问受到更严重的限制，例如一个由武力保护的水源地。这种控制可能通过阻止通过某一地区的旅行而影响其他群体的适应（Sutton and Anderson，2013：140-141）。

（2）被动资源管理

资源也可以通过被动的方式来管理，即那些不涉及与资源直接物理接触的方式，所有的聚落都会采用某种被动的管理方式。

①仪式管理

仪式，作为宗教活动的一部分，可以在许多方面作为一种资源管理的形式发挥作用。仪式包括祈祷、典礼，甚至一些艺术。这些仪式服务于管理环境，有利于人民。

其他实践也可以起到资源管理的作用，即使这不是实践的初衷。一个例子是对重要资源，有时甚至是一个地区或地方的仪式礼节，比如迎春，这是许多群体的共同习俗。这种礼节可以代代相传。礼节也可以作为一种保护技术，一种阻止他人使用资源的方式。礼节也是一种控制资源、财富和权力的方式，即使生态管理不是目标。

在许多群体中，个人或社会实体，如家庭或宗族，可能与自然界中的某些实体有着特殊的关系，这种实体通常被称为图腾（Toeem）。例如，如果一个人的图腾是鹿，那么这个人就不会把鹿作为他们正常饮食的一部分。这种做法尽管有争议，但可能成为一种被动的资源管理技术，以减轻鹿的被狩猎压力，因为食用它们的人会减少。

摩尔（Moore）提出了游戏被动管理的一个例子。为了确定去哪里猎杀驯鹿，加拿大东部的纳斯卡皮人（Naskapi）用驯鹿肩胛骨来判断鹿群的位置，而不是用过去的经验和知识。摩尔认为，占卜会把猎人送到不同的方向，因此可能有助于随机选择狩猎地点。这会降低狩猎的成功率，从而减轻对猎物的压力。然而，随后的研究表明，纳斯卡皮人非常清楚游戏关键点在哪里，但他们通过控制读数来产生更合理的预期结果。

某些资源，如肉类或牛奶，在特定时间是不能食用的。在某些文化中，月经来潮的女性是不被允许吃肉的。其他资源可能仅在仪式活动期间可以享用。这类禁忌的作用是减少对某些资源的需求，并可被视为一种管理技术。

其他仪式行为可能包括资源更新仪式。在北美本土的大部分地区，如果一只动物被宰杀作为食物，可能有必要在仪式上感谢它的牺牲精神。如果不这样做，可能会导致该动物愤怒，并拒绝让自己在未来被宰杀。如果发生这种情况，人们就会挨饿。在西方科学中，这种行为不会被视为资源管理，因为它们之间的联系不被承认。

然而，在文化科学中，实践习俗可能是确保资源持续可用性的一种非常真实和重要的技术。事实上，这种对动物的"尊重"确实让人们在杀死动物时三思而后行，而且至少对某些群体肯定具有保护作用（Nadasdy，2004）。同样的行为也可以推广到一般的世界更新仪式。

②知识保留

知识本身是一种资源，既有学习和利用经验的主动管理，也有编码成仪式的被动管理。世界各地的大多数人都对自己的环境相当了解，并在日常活动中运用这些技能。这些技能集中在当前环境中资源的使用上。如果某个群体所处的环境包含许多不同的生态区，那么开发这些生态区所需的技能和知识数量将是巨大的。通过了解一个群体所拥有的知识的数量和类型，人们可以了解这个群体是如何适应环境的。

保留关于不再被积极使用的资源的开发知识可能是经济不景气时的一种保障。人们可能会保留在经济繁荣时期不需要的某些资源的使用知识，以便在必要时加以利用，如向当代武装部队传授的生存技术。这些知识可能不会出现在日常实践中，但会保留在口头传统中，近来人们重新学习18世纪和19世纪美国的习俗就是一个相关的例子。人类长寿的一个原因可能是老年人保留着有关过去的流行病和饥荒的知识，以及为了生存与这些疾病努力抗争的知识。当代玛雅人（Maya）仍然仔细地教导他们的孩子如果庄稼歉收该吃什么，这一知识在飓风过去时仍然至关重要。（Sutton and Anderson，2013：140-143）。

五　决 策

分析环境控制和资源管理技术的其他方法还包括对决策的研究。所有团体和个人在特定情况下都会对自己的行为做出决定。由于所有系统都是动态的，所以需要不断地调整决策，通常是小调整，但有时是大调整。大部分人倾向于认为，决策过程是理性的，是经过深思熟虑的。但是，人类经常做出错误的决定，原因有很多，如信息不完整，过于重视情绪，或者仅仅是简单的错误。一些糟糕的决定令人恼火，而另一些决定则可能是灾难性的。如果一种文化做出太多错误的决定，就可能导致自身进化失败甚至灭绝。一个在短期内看起来不错的决定在长期内可能非常糟糕，反之亦然，可见达成平衡是很重要的。决策理论本身就是人类学中的一个研究领域，需要引起重视。

（一）信 息

决策主要基于各种信息，包括新的或旧的信息。然而，没有人能考虑到眼前环境中的所有事情。经济理论假设人类的行为来自"完美的信息"，但这当然不是真的。也许最远的星系和最小的尘埃粒子都以某种方式影响着人类，但人们通常忽略它们，甚至更重要的事情，比如我们行为的长期和短期后果，也常常被忽视。

因此，遵循西蒙（Simon）的观点，人类学家必须在不完美信息的假设下考虑决策，这反过来又涉及研究人类的简化前提。其中一个前提是，人们认为其他人比他们自己实际更像他们。在与人打交道时，人们通常认为其他人会像自己一样行事，即使其他人的情况不同（Kahneman，2011）。对信息处理的普遍关注中，出现了两个主要的研究领域：解释（推理、归因）和分类。前者主要是社会心理学的领域，而后者是人类学的领域。

信息以多种方式交流，包括言语、手势、标记和物质文化（Mithen，1990：70-71）。信息可以在不久的将来使用，也可以通过口头传统和年轻人的经验教育储存起来供将来使用。

传统民族的知识基础通常令人印象深刻，往往比在同一领域工作的专业生物学家的知识基础更为丰富。这尤其适用于偏远、研究不足的地区。例如，巴拉圭（Paraguay）的脊椎动物以平头山核桃为主食，这种动物被动物学家认为早已灭绝。即使是知名地区也有令人惊讶的地方，如华盛顿州的萨哈普丁人（Sahaptin）几千年来一直认识的某些根作物物种，生物学家直到最近才意识到其存在。

猎人或采集者不仅必须知道如何识别一个物种，还必须知道如何使用它。如野生作物，采集者必须知道它在哪里生长，什么时候播种，在好的一年或坏的一年里是否值得争取好的收成。近几年来，一位学者（ENA）监测了加利福尼亚州一块土地上重要的野生食物——鼠尾草（Salvia Columbariae），这片土地的种子产量年年不同，在大多数年份，不值得花时间聚在一起。只有适度的、分布均匀的降雨才能提供更多的种子。因此，采集者必须决定是否前往并利用这块土地。

传统民族拥有大量关于其环境的知识，但信息的庞大数量是系统化存储和检索信息的一个主要问题，解决办法部分在于宗教方式。宗教提供了强大的情感和社会参与，知识被赋予了神圣文本的绝对价值。此外，信息被编码在口头传统（传说或神话）中，如激动人心的故事，往往与性和暴力交织在一起。在澳大利亚原住民居住区和加利福尼亚东南部等截然不同的地区，人类学家发现沙漠中的儿童通过故事了解水源的位置。英雄从一个水源游到另一个水源，每一次都会发生戏剧性的冒险，这个故事因其连贯有序的情节发展而令人激动。因此，故事比简单的水源位置列表更容易记住。

此外，道德规则与基本生存知识被一起学习。大多数狩猎和采集的民族都有关于分享资源和仅获取所需资源的规则，以便将一些资源留给其他人。这些规则以及群体可能拥有的其他规则，在他们的故事中占有突出地位。这提供了一个统一的世界观，宗教、伦理和实践知识是不可分割的。事实上，似乎没有任何狩猎采集群体将"宗教"与"世俗"区分开来。因此，对于这些群体来说，一切都是神圣的。事实是，对这些人来说，这种区别并不存在。从某种意义上说，一切都是宗教的，但几乎一切都是实用的。

由于各种原因，许多狩猎采集群体经常出没在野外，在四处活动时，各种事物的信息被获取并存储在记忆中，包括动物（足迹、粪便、声音和气味）、天气信息、环境参数（一个物种的状况可能会反映另一个物种的状况）以及其他人的活动。根据需要，狩猎采集群体甚至与其他群体一起使用和分享这些知识。对于依靠这些资源和良好决策生存的人来说，资源信息是一个非常重要的优先事项。

信息获取的一种具体方法是资源监控，这几乎是一种人人都会使用的技术。人们关注周围事物的状态、资源状况以及机会。例如，当人们开车去任何地方时，可能会注意到各个加油站的汽油价格，并记住最便宜的在哪里，以及可能会注意正在建造的新餐馆，注意餐馆在哪里，供应什么样的食物，以备将来参考。所有人都会监控自己所使用的资源的环境。

在许多情况下，人们会收集特定资源的信息。在决定秋天去哪个松子树林时，可以利用不同林地的近几年监测数据，因为松子作物可能需要两年才能成熟，并且可能丰年与荒年交替。除了关于实际资源的数据之外，还可以考虑关于旅行时间、社交机会等的信息。综合考虑所有这些因素后，人们才能决定去哪一片松子树林。

信息是被不断收集的，既作为一个人正在做的事情的附属品，也可以通过有意识的努力被采集。即使到某个特定的地方旅行，狩猎采集者也很少沿着直线旅行。通过蜿蜒道路，可以收集和处理有关各种资源的信息，如植物的状况和动物的活动轨迹。狩猎采集者选择直达路线将错过许多包含群体使用的资源的区域，因此人们会选择通过蜿蜒路线穿过景观，查看事物。人们将首先访问资源区 A，以确定动物密度，并检查种子成熟的进度，以确定将来最终成熟时，那里的种子是否值得收集。然后，开始前往资源区 B，收集沿途土地的总体状况信息，以了解那里是否值得猎杀兔子。

一旦到达资源区 B，人们将检查该组资源的状况，再次评估是否应在将来收集这些资源。人们将对排水孔进行检查，以确保其有效，如果堵塞或藏污，可能会进行一些维护。接下来，将检查一条狩猎路线，以检查动物的移动情况，包括数量、移动频率和方向，以便决定何时何地狩猎。然后访问资源区 C，以评估松果的状况、每棵树的松果数量、有松果的树的数量以及松果成熟的可能时间。狩猎采集者花了更多的时间最终到达目的地，并会带回大量有用的信息。这样的资源监控对于群体的每个成员来说都是固定不变的，并且获得的信息数量惊人。

因此，猎人会做出一系列决定，组成流程图或路线图。农业决策在概念上相似，但更为复杂。农民决定什么时候清理田地，先做什么，田地准备好后种植什么，什么时候除草，什么时候收割，等等。整个过程可以作为一个流程图来研究，在每一步询问农民首先做什么，接下来做什么，之后做什么等，并询问所有选择。这可能会变得复杂，最好在实际观察的同时进行（Sutton and Anderson，2013：144-148）。

（二）调度

调度是计划何时移动和开发哪些资源，也需要充足的信息。为了获得植物 X 的种子，人们必须了解植物的生命周期，包括在哪里，状况如何，以及何时何地使用下一种资源。有时，日程安排可能非常紧凑，几乎没有出错的余地；而在其他时候，这可能不是那么关键。如果两个资源同时可用，则可能必须决定使用哪一个资源。如果不遵守时间表，可能会导致严重的问题。如果获得替代资源 Y 为时已晚，人们可能会承受相当大的压力，或导致系统失去平衡，可能需要采取严厉的措施进行调整（Sutton and Anderson，2013：148）。

六　管理的反思

文化生态学家对管理环境的各种策略表现出广泛的关注。一方面，这涉及土壤、渔业、野生动物和害虫，以及简单的食物采集和耕作。另一方面，它涉及农业和农业经济学的经典关注点，并扩展到粮食采购的社会框架：社会制度及其宗教和意识形态表征、个人决策及其心理根源，以及这些因素如何相互作用。

综上所述，资源管理的核心问题是：如何管理资源，以便随着时间的推移获得最佳效益？这涉及分配问题，首先是长期的、广泛的利益和短期的、狭隘的利益的权衡问题。每一种文化都在与如何管理资源的问题做斗争，其中一些文化和个人可能比其他文化和个人做出更好的决定（Sutton and Anderson，2013：148-149）。

七 小结

虽然人类生态学的研究可以告诉我们许多关于人类适应的知识，但适应的文化方面必须通过文化生态学来考察。文化生态学可以解释文化如何和为什么以一种方式而不是以另一种方式适应环境。

文化本质上是一种适应机制。文化包含许多要素，如社会和政治制度、定居模式、技术和储藏，这些要素在形式上是适应的，并随着环境变化而演变。知识也是这些适应性文化元素的一部分。每种文化都是某种形式的实践科学，每种文化都保留和分类关于其环境中各种非生物和生物成分的知识体系。这些知识体系，统称为民族科学，包含千百年来数千种文化积累的知识，构成了对人类具有巨大价值的资源。例如，现代西方医学中的许多药物知识都来源于传统的药理学。

每种文化都会花费一些精力来控制或驯化其环境和环境中的资源。环境控制需要对大型实体（如景观）进行监管，而对单个资源的控制称为资源管理。每种实践都是通过主动（如身体变化）和被动（如宗教）两种方法进行的。

第三章
文化生态学发展历程

第一节　文化生态学萌芽时期

一　主要特征

文化的进化是对文化变迁规律的探求（谭卫华、罗康隆，2013）。文化进化包含三种主要的阐释方式：一是单线性进化（unilinear evolution），将具体的文化置于线性发展序列中的不同阶段加以研究；二是普通进化（universal evolution），是对单线性进化论的一种修正，只关注人类的进化，而不关注具体文化的进化；三是多线性进化（multilinear evolution），承认发展有阶段，反对单线性进化论者将发展阶段理解为所在皆是的过程，提出发展阶段仅是并存文化各自演化中的一个有限并行发展区段。文化生态学萌芽于文化进化的过程之中，是对单线性进化观点的改进，对多线性进化观点的发扬。

20 世纪上半叶，美国人类学家博厄斯和克罗伯在研究北美土著民族时，提出"可能论"来解释文化与环境之间的关系，认为自然环境提供了一定的可能性或可供选择的机会，由人类本身的历史和特殊习俗决定的文化可以从中做出选择（黄育馥，1999）。这种文化与环境关系的"可能主义"的观点被认为是文化决定论（文化决定文化）与环境决定论（环境决定文化）之间的一种妥协，却将地理环境决定论引向文化和生态互动和辩证的观点，这也标志着人地关系研究的重大转变。

二　代表性学者

(一) 彼得·克罗波特金 (Peter Kropotkin)

1865 年，地理学家彼得·克罗波特金在前往西伯利亚北部一个基本未开发地区探险时，借助一名通古斯 (Tungus) 猎人绘制的地图进行导航，这张地图是用刀尖在树皮上画的。克罗波特金认为，这张地图"让我印象深刻的是它对自然的表面真实性，我完全相信它" (Woodcock and Avaku-movic, 1990)。像之前的几次探险一样，这次探险向这位年轻的俄罗斯贵族展示了"未知群众的建设性工作，在书中很少提及，以及这种建设性工作在社会形式的发展中的重要性"，之后这位贵族开始支持社会无政府主义的进步政策。在马背上和徒步开展持续探险使克罗波特金与农民、牧民、植物、动物接触，这些都为他最著名的论点奠定了经验基础，即进化取决于物种间的集体互助、合作和集体组织 (Woodcock and Avakumovic, 1990)。

克罗波特金的田野调查、对当地知识的尊重、对生产和社会关系的兴趣等，都反映了人类—环境研究的良好开端和文化生态学的标志性特征，体现在以下五个方面。

第一，克罗波特金的工作重点是将生产作为社会环境变迁过程的关键场所。他认为，通过调查人们是如何从土地上谋生的，可能会更好地理解自然与社会的相互作用。生产手段是人类的集体劳动，并为人类提供了了解文化进化机制的最佳窗口。

第二，克罗波特金的工作以严格的档案和基于实地调研的实证研究为标志。《互助》(*Mutual Aid*) 专著中充满了他对西伯利亚和中国东北植物和动物生活的详细观察，也仔细描述了从罗马到早期俄罗斯等地的社会组织，所有这些都是根据历史和考古记录重建的。

第三，克罗波特金明确关注边缘化和被剥夺权利的社区。在这些社区，他看到了"制度、习惯和习俗"的生存和创新，尽管地主和国家持续剥削，但当地人宁愿维持现状而不采用"以科学的名义提供给他们的，但根本不是科学"的有问题的解决方案。

第四，克罗波特金对传统环境知识的地位和权力有着浓厚的兴趣。尽管他是创新和现代化的坚定支持者，但他相信进步的要素在于当地社区现有的知识和创造力。

第五，像许多文化生态学家一样，克罗波特金对景观有着浓厚的兴趣，并将其作为解释的焦点。事实上，他对理论地理学最早和最全面的贡献涉及探索长期干旱和地形变化的证据（Woodcock and Avakumovic，1990）。

克罗波特金将大量问题转化为一个实证项目，他是最早以扎根的方式探索自然/社会关系的地理学家之一。为什么人们会这样做？是什么导致了全球经济和人类生态的巨大多样性？开发者是如何工作的？为什么会失败？广阔的文明与它们所连接的土壤、植物和营养系统之间有什么联系？这些努力很快就会被其他人效仿（Duncan et al.，2004：180-183）。

（二）卡尔·索尔（Carl Ortwin Sauer）

卡尔·索尔（1889~1975年）在美国地理学和文化人类学领域具有广泛的影响。20世纪30~50年代，索尔和他的学生们发表了大量优秀的关于当地文化景观与生态环境相互关系的实证性研究论文并出版了相关著作，从而形成了具有世界影响力的"伯克利学派（Berkeley School）"。

索尔文化生态学实证研究工作，按时间顺序大致可以分为四个方面：一是文化景观与生态环境的关系；二是农业起源问题；三是美洲探险史和发现史；四是人类对自然环境的改造。

索尔的学术实践与他所倡导的文化生态学思想紧密联系，以揭示文化景观的形成和变化为核心，属于历史地理学的文化景观研究。在文化景观的研究中，索尔强调文化传统、技术手段对文化景观形成的作用，反对地理环境决定文化景观的"地理环境决定论"。一方面，索尔重视研究人类文化塑造地球表面的过程，即文化景观的创造和变化过程；另一方面，索尔又极其重视气候、土壤、河流、植被、动物与人类活动的密切关系，从而形成了"伯克利—文化生态学派"的研究特点。《景观的形态》（Morphology of Landscape）和《历史地理学序言》（Foreword to Historical Geography）是索尔最有代表性的两篇理论文章。《景观的形态》是对景观（包括自然景观和文化景观）结构的深刻分析，《历史地理学序言》则是对文化景观时间属性的系统阐述，两篇文章相辅相成，共同构成了索尔文化生态学派的方法论体系（邓辉，2003）。

1925 年，索尔提出："通过文化景观表现出来的人类与多变的家园的这种联系，是我们的工作领域。"索尔避开了过去几十年席卷地理学的各种形式的环境决定论，试图创造一种基于领域的方法来理解人类在陆地上雕刻历史的方式。耕地景观如何发挥生态功能，如何形成适应生产者需求的耕地景观？随着新品种的出现或市场的变化，这种情况会发生什么变化？作为对斯图尔德的补充，索尔的文化生态观点以适应环境为中心。斯图尔德和索尔所关注和提出的方法将继续界定文化生态学这一领域，无论是在哲学方面，还是在世俗的研究对象方面（Duncan et al. ，2004：183-184）。

（三）阿尔弗雷德·路易斯·克罗伯（Alfred Louis Kroeber）

在研究北美土著民族时，博厄斯和克罗伯提出"可能论"来解释文化与环境之间的关系，认为自然环境提供了一定的可能性或可供选择的机会，由人类本身的历史和特殊习俗决定的文化可以从中做出选择。

1948 年，克罗伯指出，生物进化的过程是一个代替的过程，而文化进化的过程则是一个不断增加，也就是积累的过程。生物的复杂性与文化的复杂性存在着本质的差异，相对论者和进化论者争论的焦点不在于复杂性，而在于发散性。相对论者认为累积性的变迁必然导致并行的进化趋势；进化论者则注意到辐合和并行总是一起发生，但在一般情况下仍以发散为主。此外，进化论和相对论的区别在于，进化论将本质性的差异归因于发展阶段的不同，却忽略了具体文化的特有传统；相对论则将本质性的差异归因于特有的文化传统或文化区，而不承认发展分阶段（斯图尔德，2013：2~3）。

在生物进化与文化进化关于进步而展开的讨论中，克罗伯提出了三个度量进步的标准：一是逐步摆脱了巫术对聪明才智的困扰；二是逐步摆脱了个人生理发育环节对个人精神的困扰；三是科学和技术的积累有可持续趋势。就哲学意义而言，上述三个标准都不具有决定性，都可以合乎逻辑地看作文化性质或文化禀赋的表现。按照上述定义，无论是否将进步视为进化的结果，进步都仅是一种可能，进步并不必然是一切文化变迁的禀赋（斯图尔德，2013：3~4）。

克罗伯还以世界各地发现大量文化并行演化事实为依据推断，在大多数情况下，文化的特点或模式很可能是由内部因素自然发展而来的，不一定与文化要素的直接传播与借用有关。同样地，由于文化模式的类型十分有限，因而同一类型的文化几乎可以同时被独立地发明出来。君主制与民主制、封建制与阶级社会、宗教社会与非宗教社会、扩张主义与重商主义，以及自给自足的农业国家等，都是不断地被并行发展出来的。克罗伯对比分析了雷赛（Lesser）、鲍亚士（Boas）、基德（Kidder）和其他持有相似观点学者对跨文化的研究成果，发现这些学者都是从建构规律、规律或并行发展模型去展开跨文化研究的（斯图尔德，2013：11）。

三　综合评价

文化进化可能被理解为一种特殊的历史重构，或被视为一种独特的方法论或分析方法。独特文化重视多个具体文化显著并行演化过程，而不是单线进化阶段。没有人会怀疑狩猎采集发生在农耕和畜牧之前，并且农耕和畜牧是"文明"的先决条件，而文明最具代表性的特征在于拥有了密集和稳定的人口，有了冶金术、知识成果、社会异化和内部特化等文化事实，以及其他一些特征。

由于有许多重要证据似乎能支持分化式的文化发展观，所以在文化史中存在着显著并行演化事实的主张得到了质疑。然而，大多数的人类学家注意到，在不同传统文化中，模式、功能以及发展过程都存在相似性。因为现在学者们都已经了解，文化发展并不完全是单线的，每个传统文化必定经历了完全独特的演化过程。

19世纪，除了个别学者对具体文化做了详细分析，并提供了有限的精彩描述外，单线性进化受到了质疑。对文化、规律和构想过程的研究，只能对有限的相似性与并行演化事实做分析和比较，即开展多线性进化研究，而非单线性或普遍进化研究（斯图尔德，2013：17-19）。

第二节　文化生态学形成时期

一　主要特征

1955年，人类学家朱利安·斯图尔德提出了一个综合性理论来解释文化的发展和变化，这个理论严肃地对待人类所处的环境系统，即没有因果确定性模型的环境系统。斯图尔德首次提出"文化生态"一词，并将文化核心解释为"与生存活动和经济安排最密切相关的特征组合"，这标志着人类行为和群体实践调查的新起点（Steward，1972：37）。为什么某些狩猎社区团体被安排成一组？是否与生存需求有关？如果不是这样，还有哪些生态和文化因素会受到影响？因此，文化生态研究的核心是人类对环境的适应（Duncan et al.，2004：184-185）。

二　代表性学者

（一）朱利安·斯图尔德（Julian H. Steward）

文化生态学植根于一般人类学的研究，直到 20 世纪 30 年代末，斯图尔德通过其相关研究工作，才促使文化生态学真正形成。斯图尔德的职业生涯始于对北美洲西部大盆地的派尤特人和肖肖尼人的调查研究，后来他到南美洲开展研究，并最终在当代世界的殖民地波多黎各工作。1955 年，斯图尔德创造了"文化生态学"这个术语来描述他的研究方法（道路或方式），也因此被后人称为"人类生态学研究之父"。

斯图尔德是最早研究复杂社会及其在更加复杂世界中地位的人类学家之一。斯图尔德和他的学生们感到有必要在一种基本的唯物主义或经济方法和一种认识到交流确实是至关重要的、不可忽视的方法之间进行调和，于是提出了文化生态学理论。早期，斯图尔德的学生倾向于唯物主义，但后期，斯图尔德的学生和其他受斯图尔德影响的学生提高了沟通、文本和观念的地位。这两种方法现在已经结合起来了，正如斯图尔德自己所做的那样，观察在动机上通常是唯物主义的政治，政治，也涉及谈话、写作和媒体操纵，这对于交流思想和煽动情绪至关重要。斯图尔德还借鉴了可能论的理念，社会可以适应许多可能的方向，而不是受制于环境决定论。

斯图尔德是第一个将下面四种方法结合起来研究文化与环境相互作用方法的学者：从文化存在的环境出发来解释文化，而不仅仅是文化与经济的地理联系；文化与环境之间的关系是一个过程（而不仅仅是一个关联）；考虑小规模的环境；和生态和多线性文化进化的联系。

斯图尔德的标志性生态工作是研究盆地高原土著社会政治团体，涉及大盆地的土著居民。在这项工作中，他首先描述了一般环境，列出了重要的资源，讨论了如何利用这些资源，然后探讨社会政治模式以及它们与技术、环境和资源分配的关系。斯图尔德的做法是开创性的，在他后期的文化变迁论中，斯图尔德提出了 3 个主要论点：相似环境中的文化可能有相似的适应；所有的适应都是短暂的，并且不断地适应变化的环境；文化的改变可以阐述现有的文化或导致全新的文化。

斯图尔德还认识到，人类的生态有不同的生物学和文化方面的内容，尽管这些内容是相互交织的。文化方面与技术有关，技术将人类及其文化置于环境之上，并与其他环境分离。尽管斯图尔德正确地认识到了人类生态在生物学和文化方面的差异，但他错误地认为人类与其他环境是分离的（Sutton and Anderson，2013：24-26）。

（二）罗伊·拉帕波特（Roy Rappaport）

1968 年，拉帕波特对新几内亚马林人生计开展了研究，试图解释自给自足生产者复杂的、间歇性重复的仪式行为。拉帕波特得出的结论是，周期性的仪式和猪祭祀都是猪和人的种群周期的产物，它们在复杂的新陈代谢中相互作用以达到平衡。

这种思维的自然延伸是对人们如何适应环境进行严格的研究，花时间在经历变化的社区中，并探索历史和考古记录，寻找新的适应。由此产生的文化生态适应研究试图解释复杂的传统和实践如何在生态上发挥作用。适应性研究通过解释一个文化事件的生态逻辑，如节日、食物系统或房屋类型，展示了人类在自然界中生活的无限变化性和创造性。通过这种方式，其他神秘或难以理解的做事方式可以通过其复杂的生态系统功能来解释，特别是人们被迫在困难环境中使用简单工具来谋生，更容易获得解释。土丘上的农业是对热带土壤水分和温度状况的适应。游牧适应可以被视为降低风险和生态影响的一种高度有效的方式，与殖民地和政府试图安置游牧民族的努力相反。庞大的牧群规模和"牛群"文化，不是被视为不合理的，而是可以被视为对半干旱土地上的变化和牛群死亡模式的有效适应（Duncan et al.，2004：184-185）。

（三）约翰·贝内特（John W. Bennett）

1969 年，贝内特的《北方平原的居民》（*Northern Plainsmens*）问世，

该书主要研究加拿大阿尔伯塔省（Alberta）的农民、牧场主和土著人，是对农村地区和多元社会的研究，该书对人类学研究有着独特的贡献。贝内特指出，每一种生计都是对复杂生态系统中一个单独领域或生态位的适应，如牧场主采用个性化的做法，赫特特人（Hutterite）和土地贫瘠的美洲原住民合作适应等。该书将文化生态学科的概念框架与当代农业社会及其历史发展联系起来，而不是与农民或部落民族联系起来，显示了三个不同社会群体对加拿大大平原环境的适应性。该书还研究了社会和经济变化，描述了与世界各地土地发展相关的文化模式和机制，以及北美西部平原经典定居顺序中的社区生活。该书以生态学的方式，始终关注人类社会对其环境的适应，将社会和经济以及自然现象视为环境和资源，这对在不发达环境中传统领域以外地区的生计应用具有指导意义（Duncan et al.，2004：184-185）。

三　综合评价

（一）文化与变革

20世纪50年代，美国人类学家斯图尔德将生态学原理引入文化与环境的研究，从跨学科的角度综合探讨人类文化的适应问题，包括文化的生成、发展与环境（包括自然环境、社会环境和文化环境）的关系，以及环境对人类的影响以及人类如何适应环境、利用和改造环境来创造文化。在《文化变迁理论：多线进化方法论》论著中，斯图尔德指出文化与其生态环境是不可分离的，它们之间相互影响、相互作用、互为因果，这一论著的出版被认为是文化生态学正式诞生的标志。此后，西方学者关于文化生态学的理论和实践研究，虽然在内容和方法上进一步丰富发展了斯图尔德所提出的文化与环境关系的理论，也拓展了文化生态的概念范畴，但仍没有突破文化生态用以解释文化及其环境之间紧密联系的内涵，并一直延续至今。因此，文化生态学是在对地理环境决定论的深刻反思基础上，将生态学的概念、理论与方法应用于文化与环境关系研究而产生的（Duncan et al.，2004：185-186）。

（二）适应——探索人的能力

适应这种思维的自然延伸是对人们如何适应环境进行严格的研究，花时间在经历变化的社区中，探索历史和考古记录，寻找新的适应方式。由此产生的关于文化生态适应的研究，试图解释复杂的传统和实践如何在生态上发挥作用。通过解释节日、食物系统或房屋类型等文化事件的生态逻辑，适应性研究展示了人类在自然界中的生活无限变化性和创造性。

尽管这种适应方法有很多优点，但它过度扩展了自身优势，并存在一个根本的目的论缺陷：如果人们这样做，它必须是适应性的。事实上，适应的逻辑是，那些在人群中明显的文化特征，特别是那些不同于一般做法的"不寻常"的特征，必须具有环境功能。人类学家马文·哈里斯（Marvin Harris）最彻底地阐述了这一思路，他的著作的全球性例子和引人入胜的标题（1974 年的《奶牛、猪、战争和女巫》，1977 年最著名的是《食人族和国王》）使他成为环境人类学领域有影响力的思想家。哈里斯认为，奶牛在印度变得神圣，因为它为农业生产提供牛奶蛋白和牵引力，是有意义的（Harris，1966）。由于文化生态学的方法论实践很少，特别是长期的实地调查和档案调查，这一众所周知的"文化唯物主义"领域提出了几十个类似的假设，用简单的适应原则解释了饮食、冲突和婚姻的巨大复杂性。

这种功能性适应通常无法通过经验评估。例如，对印度神牛的严格实地调查揭示了动物饲养的适应性和不适应性特征的更为复杂的图景。在仔细的调查中，牲畜保护的因果问题变得突出：适应性使用导致禁忌过剩，还是动物过剩导致适应性使用？

然而，即使在对适应问题进行了丰富探索的地方，基本的和令人不安的问题仍然存在。正如罗伊·艾伦（Roy Ellen）简单解释的那样，"展示事物是如何运作的，既不能解释它们为什么会发生，也不能解释它们为什么会持续。它不能提供因果解释"。适应研究者亚历山大·艾伦（Alexander Alland）也同样警告说，适应的作用"不应该被夸大，否则我们就有可能用'一般的故事'来代替科学解释"。

这种形式的功能性解释的还原论确实导致了奇怪的、站不住脚的结论。例如，阿兹特克人（Aztec）的祭祀传统极为复杂，据专家研究解释，这是由蛋白质缺乏造成的，而人肉是蛋白质的重要来源。这种说法显然忽略了这一时期该地区种植的玉米-豆科植物组合很容易满足人们的蛋白质需求这一事实，也忽视了将如此复杂的政治、经济和文化系统简化为蛋白质需求的问题，直接导致即使是最热心的支持者也认为这种解释不令人满意。

更为重要的是，探索不同社区的适应性并不能说明为什么某些形式的人类生态会盛行，特别是当社区内部和社区之间的更广泛的力量被忽视时，贝内特的北方平原人就是一个具有代表性的例子。令人不安的是，为什么该地区的土著人土地贫瘠、资本匮乏，他们只是在寻找贫困的"生态位"吗？还是说更深刻的历史权力失衡、土地盗窃和冲突是解释的一部分？这些问题的答案明显在以适应为中心的方法中很难得出，因为即使在人们明显对环境信号做出反应的情况下，其他尺度（国际、国家和社区）的复杂互动也会影响并推动这些反应。

即便如此，在近年来出现的一系列有效且富有启发性的研究中，也能听到适应性研究的回声。随着人们越来越关注非洲、拉丁美洲和亚洲的人们如何在生态和经济边缘化以及多变的条件下茁壮成长，适应作为一个总的研究方向仍然是有意义的。尽管它仍然缺乏解释力，但通过对当地人的环境实践效果的评价，适应研究有助于人们理解世界（Duncan et al.，2004：185-186）。

第三节　文化生态学发展时期

一　能量学和系统阶段

（一）主要特征

随着人们对适应性动力学兴趣的兴起，生态评估的形式化和定量化技术也开始蓬勃发展，文化生态学的系统研究也进入了计算机时代。文化生态学家效仿生态学的研究，寻求一种通用的指标，通过该指标可以跟踪复杂系统的代谢，其中可能包括人类、动物和植物等，并通过研究可以得出这样的结论：一个普遍的代谢单位可能包括能量和营养。因此，使用这些通用指标，人类社会系统可以在生产率和效率方面进行比较（Duncan et al.，2004：186）。

（二）代表性学者

1. 贝利斯·史密斯（Bayliss-Smith）

贝利斯·史密斯对新几内亚（New Guinea）、波利尼西亚（Polynesia）、南印度（Southern India）、英国（Britain）和苏联（Soviet Russia）的历史和当代农场之间的能源流动进行了细致的比较。史密斯得出的结论是，最高产量的系统并不是苏联集体农场和当代英国的集约化实践，这一结论与化石燃料依赖的生态价格有关。

这类工作的意义对于快速刀耕火种（Swidden）农业系统的研究尤其明显。在该系统中，生产者清除森林斑块，在燃烧后的土地上种植，直到森林重新生长成令人望而却步的茂密状态。历史上，殖民地和发展当局将此类系统描述为无效、破坏性和不可持续的。

2. 拉帕波特（Roy A. Rappaport）

文化生态学家会得出截然不同的结论。早在20世纪50年代，人们就越来越认识到刀耕火种田地和热带森林自然生态之间的生态相似性。之后人们进行了详细的比较案例研究，表明刀耕火种种植场的生物多样性结构和物理冠层结构使其成为小型热带森林。更为正式的研究是，拉帕波特再次在新几内亚的特森巴加（Tsembaga）工作，记录了刀耕火种种植中太阳能和人类能量的流动。通过测量除草、种植和收获作物的投入以及作物产量，拉帕波特得出结论，刀耕火种比依赖高产品种和更高投入的系统效率更高，生态更稳定。拉帕波特修正了这项早期工作得到的许多结论，即刀耕火种系统的结构和可持续性与它所取代的常绿森林完全不同，并继续从生态系统的角度探索实践。相关研究进一步表明，刀耕火种虽然经常被诬蔑为是孤立民族的做法，但往往很好地融入了市场经济（Duncan et al.，2004：186-187）。

（三）综合评价

尽管系统方法和定量能量学具有强大的威力，但关于能量流动解释的问题仍然存在。描述一个系统中的能量流动，绝不等同于解释为什么这个系统看起来是这样的，或者为什么它可能会改变。因此，在过去20年中，人们对这种方法的热情已经减弱。

虽然文化生态学家放弃了能量学，但工程师们开始支持这种方法，特别关注许多实践的热力学成本效率。在这样做的过程中，学者们可能会寻求一个令人信服的现实谜团的最终答案，比如："纸还是塑料？"文化生态学中的系统方法解释力还比较差，如在回答为什么人们会这样做方面。但这种系统视角仍然是探索答案过程的有力工具，如回答不同的做事方式在生态学意义上有什么不同（Duncan et al.，2004：187）？

二　土地景观阶段

（一）主要特征

文化生态学家关注的中心问题，除了人类生态系统的内部特征之外，就是农业景观，这也是一个在强调和执行上真正具有地理意义的问题。这种研究兴趣引发了对在土地上谋生的内部逻辑和实际约束的持续研究，如如何产生可识别的特征和模式等问题。无论是探索新几内亚丘陵和平原的农业系统分布，还是通过精心制作的田野、牧场和花园的拼接景观跟踪瑞士农民的日常工作，或是考察中国甘蔗园、蚕园和桑葚园等极其复杂的人工生态系统，所有这些工作都强调景观的改造，以解决生产中的实际问题。景观被证明适合完成家庭目标，并使平衡环境和市场需求的复杂生计成为可能（Duncan et al.，2004：187-188）。

（二）代表性学者

在漫长的历史中，由于解释景观变化的变量很少，文化生态学家倾向于依靠人口来解释这种变化。因此，这种景观研究方法的理论和方法反映了人们对"需求驱动"的关注。文化生态学家认为，当人口增加时人口有创新的压力，因为产量增加会导致景观改造和土地清理。当种群数量减少时，情况正好相反，土地被留作休耕地，重新生长原生植被。这种对人口的关注直接源于埃斯特·博塞拉普（Esther Boserup）的《农业增长的条件：人口压力下土地变动的经济收益》（*The Condition of Agricultural Growth：The Economies of Agrarian Change under Populationg*）的启示。这本论著及其精心组合的推理表明，人类有能力通过改变食物的生产条件来扩大食物的生产，从而对长期以来关于人口绝对极限的假设提出疑问（博塞拉普，2015：1-8）。

博塞拉普研究了自马尔萨斯（Malthus）以来广受关注又充满争议的主

题，即人口和自然资源之间的关系。根据马尔萨斯理论，人口的规模和增长取决于食物供给和农业技术，当食物不足以满足人类需求时，过剩的人口将会消亡。博塞拉普逆转了这个因果关系，认为农业技术取决于人口的规模，当人口压力出现的时候，人类将寻找提高食物产量的方式，如增加劳动力、机械和化肥投入等。博塞拉普提出，人地关系的紧张刺激了农业发展，以及使用新的技术和管理策略来提高与需求相适应的产量，并阐述了在农业发展中，从森林休耕到灌木休耕，到短期休耕，到一年一茬，再到多茬复种的"集约化"程度递增的土地利用制度的演变逻辑（Duncan et al.，2004：187-188）。

（三）综合评价

这一阶段模型无论多么吸引人，或是多么老套，但作用在农户身上的许多力量和变量仍然没有得到考虑。除了人口之外，商品价格、政治制度以及广泛的意识形态和传统也影响着人们的谋生方式，很少有研究者凸显这些因素在文化生态研究中的重要地位。因此，对人口学的解释减少了其他方面对景观开展的优秀研究，但这些方法仍然被允许为研究土地变化提出许多关键问题和假设。随后的研究探索了集约化生产发生的条件，以及接受和拒绝绿色革命技术背后的逻辑，包括高产品种和重要投入品，如肥料和其他农用化学品。

在过去的环境研究中，这方面的探索蓬勃发展，在地理学和考古学方面开辟了新的重要领域。研究表明，前哥伦比亚人（Columbian）对景观进行了巨大而复杂的改变（Denevan，2001）。这项研究不仅证明了美洲原住民对景观的深刻影响，强调了这些传统的适应性和创造性，还有助于进一步消除"原始"和伊甸园（Garden of Eden）、前哥伦布时期（Pre-Columbian）的景观神话，这是一种对美洲大众、科学和政治想象持续影响不小的误解（Duncan et al.，2004：188）。

三 生态系统阶段

（一）主要特征

在 20 世纪末，随着研究环境和生态环境的急剧变化，文化生态学研究分支数量逐渐达到极限。一个新的、不断发展的研究领域——政治生态学——与文化生态学一起出现，以更仔细的视角审视人们做出环境决策的体制、经济和权力环境。然而，正像橡子不会落在离树太远的地方，政治生态学家继续接受文化生态学理论和方法的影响，这两个领域的研究人员通过努力，继续为长期被忽视的阴影问题提供光明。

因此，尽管文化生态学领域有其局限性，但它提供了一个经验参照，可以从中评估各种各样的重要问题。通过以一种综合的方式将文化和自然结合在一起，文化生态学家继续关注人类对环境的适应（adaptation to the environment）和人类的环境适应（human adaptation of the environment）（Duncan et al.，2004：188-189）。

（二）代表性学者

1. 巴尼·尼茨曼（Barney Nietschmann）

1971 年，尼茨曼前往尼加拉瓜（Nicaragua）的米斯基托（Miskito）海岸工作，与塔斯巴帕尼村（Tasbapauni）的米斯基托印第安人一起生活了几年，利用能量学和生态系统分析技术解决适应问题。然而，当尼茨曼划着独木舟回到自己的野外基地时，发现一种文化在不断变化，如关键食物，尤其是海龟的匮乏等伴随着土地、劳动力和农作物的日益商品化。

为了解释所目睹的变化，尼茨曼被迫超越了传统的文化生态学解释模式。改变的原因不在米斯基托村，这不仅与该村与全球市场的联系密切相关，也与米斯基托在尼加拉瓜地区和国家政治中相对缺乏权力密切相关。尼茨曼的经典著作《土地与水之间》（*Between Land and Water*）总结了令人信服的解释，这需要政治生态和文化生态理论基础。此外，米斯基托人面临问题的紧迫性导致尼茨曼在接下来的几年中与塔斯巴乌尼人（Tasbapauni）一起，通过建立社区生产使用的保护区，为争夺土地、水、植物和动物的权利而斗争。

在整个文化生态学中，类似的问题正在被提出，涉及方法的局限性，以及需要聚焦更大问题。例如，在家庭内部，男女之间的知识和权力的显著差异直接导致并响应社会和环境变化，为什么家庭应该是分析的"自然"单位？几十年来，当商品价格下跌和农民劳动力合同化一直在推动农业集约化时，为什么集约化的解释应该在当地和区域人口结构中保持不变？当不同的知识导致生存群体之间和内部出现政治分裂时，为什么所有文化意义和知识体系都应该为生态功能服务？如果当地人口的目标超过了当地的机会，那么对生态变化的解释是否在于跨国移民和汇款过程等？

然而，更深刻的问题也许是，文化生态学面临着后殖民政治带来的更普遍的关注。富有的北美洲人、欧洲人和澳大利亚人居住在全球南方的村庄，在"简单"的人中寻求基本的真理，这意味着什么？关于这个问题，人们已经说了很多，他们指责文化生态项目是 20 世纪残酷、殖民和种族主义项目的延伸，尽管这些项目的意图通常是仁慈的，但对于当今欠发达世界的统治至关重要。这一指控引起了一些共鸣，特别是在研究最本质主义和还原主义的工作，及其对更多全球经济和政治力量的服务时。

即便如此，很少有维护当地人权利、知识和尊严的人，会比文化生态学家更直言不讳或学识渊博。事实上，许多像尼茨曼一样的人，由于他们有时间与当地生产商合作，他们的政治意识发生了彻底的转变，并成为当地政治组织的学徒，试图帮助和保护当地资源免受"第一世界"经济体和政治力量的侵略（Duncan et al.，2014：189-190）。

2. 贾里德·戴蒙德（Jared Diamond）和保罗·埃利希（Paul Ehrlich）

戴蒙德和埃利希等广义生态历史学家和人口学家假设发展由大陆轴决定，并由人口增长来界定，这一观点赢得了公众的认同。无论这些主张的简单逻辑多么令人信服，文化生态学中的严谨工作都要求他们拒绝这些观点。

戴蒙德的主张应该建立在地形和气候的限制之上，他坚持认为新大陆的纬度和半干旱对农业向北扩散设置了障碍，从而阻碍了美洲印第安人的发展。戴蒙德的主张并没有在实践中得到发展，哥伦布以前的种植制度在美洲的多样性表明，农业可以在数量惊人的环境中出现和繁荣，并在其中扩散（Whitmore and Turner，1992）。

埃利希和其他人则提出，生态系统的自然极限是固定的，从而限制全球人口的增长，这些主张在文化生态调查中也同样被质疑。他们经过仔细研究后发现，从史前到现在，人口膨胀和收缩的繁荣和萧条周期显示出人口增长与资源基础的复杂关系，同时也显示出人类通过适应环境而生存和繁荣的难以置信的能力。这并不是说文化生态学家不承认在某些情况下不同的资源环境的承载能力，但增长的极限被视为社会和生态系统之间复杂相互适应的产物，而不是简单易懂的数字极限。此外，决定论和宿命论也被适应、环境知识、战略行为以及社会与生态系统之间不可分割联系的深入研究所颠覆（Duncan et al.，2014：189-190）。

3. 朱迪思·卡尼（Judith Carney）

"主导"经济体对其他"失败文化"的环境知识和实践的依赖也破坏了所有此类决定论观点。卡尼对美国殖民地奴隶种植水稻的研究表明，西非的生产知识和品种是被奴役的人带到新世界的。人们对水淹和旱地水稻生产系统的生态理解，正是建立水稻经济的基础，而水稻是内战前时期的主要出口作物，未来的"文化主导地位"正是以此为基础。卡尼认为统治的先决条件是全球范围内相互作用，这一工作破坏了任何确定"西方"农业史的希望，因为这种历史与世界各地其他知识体系的结合是孤立的，而不是互动的。适应环境是全球历史的一个普遍事实，而西方的主导地位，从某种程度上说，是全球适应和胁迫的产物，而不是区域限制的结果（Duncan et al.，2014：189-190）。

4. 保罗·罗宾斯（Paul Robbins）

罗宾斯研究方向包括人类—环境系统，非人类对人类行为和组织的影响，以及这些相互作用对生态系统健康、当地社区和社会公正的影响，主要著有《政治生态学：批判性导论》（*Political Ecology：A Critical Introduction*）。

系统中环境是指水体中、陆地上和空气中的非人类世界的全部，包括形态万千的具体事物，如树木、二氧化碳和水，以及连接、改变它们的有机和无机的系统与过程，如光合作用、捕食或者土壤风化等。与之相反，社会则包括地球上的人类，以及掌控人类相互关系的文化、政治、经济交流等更复杂的系统。环境和人类这两个分类是相互关联、密不可分的。人类显然是环境的生物，依赖有机的过程。同样，环境过程联系着人类并影响人类间的关系，因此，从这个意义来说，环境过程在根本上也是社会的。例如，光合作用是农业的基础，因此在文明的历史长河中，它或许是最关键的环境过程。更复杂的是，人类改变了大气中的碳含量，这可能会进一步剧烈地改变全球的光合作用，并且对人类的粮食和社会组织产生影响。很显然，我们很难辨别环境的终点与社会的起点。

此外，环境与社会关系和联系始终没有统一的说法。社会和环境在哪些方面是相关联的，在什么情况下它们会改变或者可以被改变，通常什么做法是最佳选择，等等，这些视角会对思考人们在生态系统中的位置和解决那些迫在眉睫的问题有深刻启发，例如全球变暖、森林砍伐或者世界渔场的减少等问题。

美国的黄石公园虽被称为荒野，但它是人们在野蛮地驱逐了许多土著部落后建成的，这些部落曾在这里生活，改造了这里的景观，依靠这片即将成为无人公园的土地上的资源生存。亚洲和拉丁美洲的咖啡种植园虽被认为纯粹是经济的、人造的风景，也常有大量野生鸟类、哺乳动物和昆虫出现，它们根本不受农场主、保全主义者或者其他任何人的意图控制。人们寻找任何没有人的地方时，都会遇到人类创造和毁坏的痕迹，并且任何有人类活动的地方，都有非人类的系统和生物，它们完全按照各自的方式运转。

人们不能仅凭是"自然的"或"社会的"做出决定。在这些地方，两者都不存在，或也都存在，如动植物和因人类的参与作用而产生的水域共同创造出新的栖息地和环境。所以，野生动物园和咖啡种植园都是人类的风景。风景这个专有名词指的是当前的时代，人们对地球产生巨大的影响，但是要控制这些环境和它们纷繁复杂的生态，又必然是难以实现的。

如果要决定做什么或者不做什么，并且解决在自然界生存这个更复杂的难题，人们需要使用一些特殊方法才能用全新的方式看待世界，评价前面可能出现的道路。例如，如果把它看成一个伦理学的问题，什么是最符合伦理的，人们是为了谁的利益提出这种观点，将以什么标准裁定"好的"政策，等等。相反，如果从政治经济学的观点来看，人们得研究在改造这些泥泞的土地过程中创造或者破坏了哪些价值，挑选出了哪些具体的物种，以及为什么如此选择；在这个过程中，谁的腰包鼓了起来，以及通过专家权力和保护机构的循环，如何控制并且指导决定等（王一，2021）。

5. 萨顿（M. Q. Sutton）和安德森（E. N. Anderson）

萨顿和安德森共同编写了《文化生态学》（*Introduction to Cultural Ecology*），这是关于文化生态学原理和研究基础的入门教材。《文化生态学》正文有十个章节：引言、生态学基石、人类生物生态学、文化生态学、狩猎和采集、食物生产的起源、园艺、田园牧歌、集约化农业、当代问题。《文化生态学》从人类生态学溯源展开，讨论了生态学中的人类学取向，在介绍了文化人类学、环境研究和人类对环境的生物适应等基本原则基础上，对文化生态学的历史和背后的理论基础进行了深入的讨论，引发人们对全球生态问题的关注。

在文化生态学成为一门学科前，文化与生态领域最重要的研究范式是"文化区"与"环境决定论"的联合。文化区是指环境和文化相似的大规模地理区域，该概念尤其适用于经济领域，给人类学家提供了一个广泛的、比较一般相似环境中的文化的机会。随后，文化区比较扩散到地理区域互相间隔、影响程度不一的地区，这种类比衍生出了扩散和迁移的概念。环境决定论被学界指出存在许多缺点，包括对复杂环境和文化多样性的单一定义、使用某种武断的定义标准、假定一种静态的文化状况以及夸大环境的强制作用、将环境与原因等同起来等。虽然环境决定论不再被作为单一的范式使用，但仍作为可供参考的观点保存了下来。此外，在单线性进化论范式下，农业发展存在的"狩猎-采集、畜牧、农业"三分法也被证明是不准确的。对文化与环境关系的认识同样显著发生了变化，如文化进化的主因是人对生态中能源的控制力增强。直至1955年，斯图尔德第一个将文化与生态管理联合起来审视怀特所秉持的功能主义的观点，可能论成为看待文化与环境之间互动的新视角，即可利用的选择会受到生态能力与文化能力的双重限制。

文化生态学首先认识到，所有民族和文化都面临着环境问题，旨在发现来自其他地方和时代的人们是如何处理我们今天所面临的同样的基本问题的。通过研究其他人群，包括环境和适应的信息，研究者可以找出当地人有哪些选择，哪些有效，哪些无效。从而人们可以分析这些选择，找出他们选择的结果，并从当地人的成功和错误中总结经验。归根结底，人们可以发现如何改善自己的处境，对这些文化的研究能为人们未来做出什么贡献（Sutton and Anderson，2013：xv）。

《文化生态学》这本书的哲学立场并非没有价值。大多数文化生态工作的主要目标之一是利用这些知识来阻止全球灾难。然而，要做到这一点，人们必须研究过去和现在的所有文化，并从中吸取教训。没有一种文化对环境保护或环境淡漠有垄断权，只有将众多计划中最好的结合起来，人类才能拯救自己（Sutton and Anderson，2013：xvi）。

（三）综合评价

文化生态学家通过将文化与自然融为一体开展研究，持续关注人类对环境的适应（human adaptation to the environment）和人类的环境适应（human adaptation of the environment）。尽管文化生态学研究领域有其局限性，但提供了一个经验性的视角，从中可以评估一系列长期性的重要问题。

文化生态学正准备解决当今人类面临的最深远和最重要的问题，如与全球化市场的联系，如何影响环境决策和自然环境的生产？个体生产决策是如何受到影响的，反过来又是如何影响全球土地覆盖变化的？这些问题推动了下一代文化生态研究。

总而言之，文化生态学提供了决定论者和新马尔萨斯主义者（Neo-Malthusians）都没有涉及的关键概念体系：地理是一个过程，而不是一个预先存在的、先验的"自然"条件。地理是通过人类和非人类主体的相互作用被创造的，各要素在不同的时空尺度上相互适应和相互作用。地理是天生的，既不是命运安排，也不是监狱控制。在一个欠发达和基本物资分配不均的时代，许多人每天都面临着痛苦的前景，这样教训更加紧迫。因此，文化生态学一如既往地及时为研究复杂世界中人类生产和非人类行为生产的诸多方式提供了一个平台（Duncan et al.，2004：190-191）。

第四章
文化生态学方法体系

第一节　文化生态学的研究对象

一　人与自然的关系

（一）作为生物属性的人与自然的关系

人类来源于自然世界，是自然世界的一部分，人类的生存发展高度依赖自然世界（余泽娜，2021）。人类本身就是自然环境进化的产物，而且作为生物性进化定型较早的人类也必须依赖于自然环境才能获得生存发展（邹诗鹏，2002）。人类的生存发展高度依赖自然世界，不能脱离自然世界而超然独立，而自然世界却可以脱离人类，甚至因为不再有人为干涉的影响，可以通过漫长时间的自我修复而更加生机盎然。因此，作为生物属性的人，不仅从自然中获得物质性来源，也从自然环境的自稳性、多样性、复杂性、矛盾性与美学性中获得生存活动的精神支柱。

人类与其他生命体是有区别的。人类对自然环境进行持续不断的改造，甚至可以创造出新的"环境"，而环境本身具有自立性并直接约束人类的活动。人类的生存实践活动不仅造就了人类社会，也造就了属人的自然界，使自然界成为"人的无机身体"。自然就是不断人化着的存在，自然环境的人工化同时也意味着自然界的环境化。作为人与自然之间互动活动的文明成果，环境本身又充当着人与自然的中介。环境是自然的人化与人的自然化的现实统一体，具体承载着人与自然的互动关联。因此，自然绝不仅仅是受动的客体，其内部存在着相互作用、相互影响的运动，并通过这一运动作用于人类、给人类以影响的自立的客观世界（邹诗鹏，2002）。

（二）作为社会属性的人与自然的关系

在生态圈中，人确实是一种特殊的生命物。一方面，人类不像其他动物那样属于特化型动物，而是可以在多种环境中生存下来的杂食性动物，因此，人类似乎比其他动物对环境的依赖更少。另一方面，人类又是"专性寄生物"（Obligate Parasite），必须依赖于有限的寄主才能生存，因此，人的生存能力又是相当脆弱的（邹诗鹏，2002）。可见，源自肉体方面的人类生存能力并不能与人类所获得的尊严相匹配。此外，人类在进化中所获得的许多优势，对于动物生命活动的一些基本要求而言，恰恰表明了人的生命能力的先天不足。但人类具有强大的生命力，这种生命力并不是孤立的个人所能获得的，而是人类生存的族类能力，不仅仅是动物式的群体力量，而且是人的历史性形成的社会与文化能力。

与人类的尊严相匹配的恰恰是人特有的文化活动形式。自然环境成为人类的内在的存在方式，正是通过人的社会性、历史性的实践活动才得以展开的。因此，人类既是自然存在物，也是社会性、历史性的自然存在物。只有在社会性与历史性的意义上把握人类的本质，与人的生存相关联的自然环境才表现为属人的特性。正如马克思所言，"自然界的属人的本质，只有对社会的人来说才是存在着的，因为只有在社会中，自然界才对人类说来是人与人间联系的纽带，才对别人说来是他的存在和对他说来是别人的存在，这才是属人的现实的生命要素；只有在社会中，自然界才表现为他自己的属人的存在的基础。只有在社会中，人的自然的存在才成为人的属人的存在，而自然界对人类说来才成为人。因此，社会是人同自然界的完成了的、本质的统一，是自然界的真正复活，是人类的实现了的自然主义和自然界的实现了的人本主义（马克思，2021）。

二 人与社会的关系

尽管环境适应的概念构成了文化生态学的全部基础，但传统的做法还必须考虑文化的复杂性和水平。因此，不管是由通过自己努力而独立生存的猎人和采集者组成的公社，还是开发当地矿物资源并得到铁路、轮船或飞机供应的富裕民族的边区村庄都有很大的差别。在发达社会中，文化核心的性质是由有长期文化历史的复杂技术和生产安排决定的（斯图尔德，1983）。

文化生态学研究的三个基本环节如下。

第一，必须分析开发技术或生产技术与环境的相互关系。

技术包括所谓"物质文化"的相当大部分，但所有特征的重要性是不相等的。在原始社会中，生计手段是基本的，包括狩猎和捕鱼的武器和器具、采集和贮存食物的容器、地上和水上使用的运输手段、水和燃料资源、在某些环境中抵御过冷（做衣服和建屋子）或过热的手段。在较发达的社会中，技术包括农业和放牧技术，以及关键性器具的制造技术。在工业社会中，资本和信贷调节、商业体系等是技术决定性的内容。此外，由于文化的发展，来自社会的其他特殊的技术，如特殊味道的食品、更华丽的住房和衣着以及多种多样的生活附属品，在生产安排中变得日益重要了（斯图尔德、玉文华，1988）。

虽然相应的环境特征由文化决定，较简单的文化比发达的文化更直接地受环境制约，但总的来说，气候、地形、土壤、植被、动物群是决定性的，其中的某些特征可能比其他特征更加重要。如沙漠中的水洼地对流动采集种子类食物的人来说是极重要的，猎物的习性可能会改变猎人的狩猎方式，鱼的种类和洄游季节将决定沿岸居住部落的习惯。

第二，必须分析用特殊的技术手段开发特殊地区中的行为模式。

某些生计模式给人们的一般生活方式施加了很狭隘的限制，而另一些模式则允许相当大的自由。一方面，采集野生植物产品通常是由妇女来完成的，她们或单独，或以小集团进行劳动。合作不能带来利益，而事实上妇女们又是互相竞争的。因此，除了食物非常丰富以外，种子类食物的采集者都趋向于分成小的集团。另一方面，狩猎可能是个体的或者是集体的，狩猎社会的性质是由文化规定的集体狩猎方式和物种决定的。当使用围绕物、烧草地、立栅栏、滑运道以及其他合作方式时，每个人的平均所得要比单独狩猎的所得多很多。同样，如果环境允许的话，使用水坝、鱼梁、箩和网的集团所捕的鱼要远多于个人所捕的鱼（斯图尔德、玉文华，1988）。

但是，更复杂协作技术的频繁使用并不是由发明和传播决定的，而是由环境及其植物群和动物群决定的。围绕物的方法并不利于猎鹿，但可猎到更多的羚羊。热带雨林区的刀耕火种农业需要较小的合作规模，一些男子清理土地后，女子进行耕作和种植。旱地农业可能是合作式的，也可能是非合作式的；灌溉农业则都建立在集体的供水系统基础上。开发模式不仅依赖于与食物和商品直接生产有关的习惯，而且还依赖于把人运到供应源地或把商品运输给人的工具。在移民超过本地居民的时候，水运工具就是主要运输因素。在所有游牧民族中，马在促进大群牲畜增长上几乎起到了革命性的作用。

第三，必须弄清行为模式在开发环境中影响其他文化的程度。

尽管技术和环境规定某些事必须用某种方式来做，如果这些事全做到的话，这些与其他文化方面功能联系着的事则纯粹是经验主义的结果。西部肖肖尼人中某些狩猎者的父系村社分裂为家庭现象的出现几乎完全是由他们的生计活动决定的，而卡列尔印第安人已从合作狩猎的村社转变为以半偶族和世袭地位制为基础的社会，但生计活动的性质却没有得到任何改变。在早期农业文明的灌溉区中，社会政治形式或文化所引起的结果是类似的，尽管这些文化的表面细节或从属特征有所不同。如果在社会文化类型中生产安排允许有较大的余地可以得到确定的话，那么历史影响就可以解释所发现的特殊类型。在考虑现代工业文明问题时也一样，工业化是否允许有这样的余地，以至于政治民主、共产主义、国家社会主义以及其他可能的形式都同样可以存在，使得传播意识形态，即宣传的强大历史影响可以使一种类型取代另一种类型，或者是否每一种类型都代表了该地区的特殊适应（斯图尔德、玉文华，1988）。

第三个环节需要真正整合的方法，因为孤立地考虑人口统计、居住模式、亲属关系结构、土地占有、土地使用以及其他关键性的文化因素的话，那就不能掌握要素相互之间的关系及其与环境的关系。

三 小结

文化生态学研究的核心问题是人类对环境的适应。随着环境的变化，人类需重新协调人与人、人与社会的关系，以适应新的环境。因此，人的生产和生活方式所构成的人与人、人与社会的关系，是文化生态学研究的核心对象。文化生态是一个关于人们生活方式、存在条件与状态的系统性概念。文化生态的良性化程度直接关系到在这个环境和条件下人们生活的质量，是人的一切文化行为的结果，包括一切物质性生产活动在内，具有"天人合一"的显著特征（胡惠林，2017）。

对于一个国家和民族来说，文化生态是一个民族和一个国家在长期的历史过程中形成的生存与发展的一切外在文化条件的总和，是一个民族在漫长的文明进化过程中，在一定的空间和不同生存条件下，长期适应分化选择结果的状态，包括生活方式、历史传统、风俗习惯、聚落形式、建筑风格等物质的与非物质的状况。对于一个民族来说，许多重要的物质与非物质文化遗产，如口传历史、表演艺术、风俗习惯、节庆礼仪等，都是文化认同的重要标志，是维系民族社群存在的生命线，这样的生命线一旦遭到毁灭性破坏，那么民族失去的就不仅是文化生物链的有机性，而且是民族存在的全部文化基因的谱系依据（胡惠林，2017）。

第二节　文化生态学的研究方法

一　民族志

（一）概述

民族志（ethnography）又称人种志，是人类学的一种研究方法，也是文化生态学的基本研究方法（张小军、木合塔尔·阿皮孜，2014）。民族志起源于20世纪初文化人类学对不同民族文化的考察，是建立在人群中实地调查（field research）基础上的第一手观察。马林诺夫斯基（Bronislaw Kaspar Malinovski）所提出的"参与观察法"是这一方法体系的核心内容之一，其在《西太平洋上的航海者》（*Argonauts of the Western Pacific*）（1922）著作中，对这种方法提出三项原则性内容：一是学者理所当然必须怀有科学的研究目标，明了现代民族志的价值与准则；二是应当具备良好的工作条件，主要是指完全生活在土著人当中，并无需其他白人介入；三是使用一些特殊的方法来搜索、处理和核实相关证据（郭建斌，2003）。

在研究角色方面，民族志研究者是以局外人身份，通过介入局内人日常生活来研究文化；在研究内容方面，民族志研究者主要关注人类群体文化，有意使自我成为背景，侧重于从整体上来描述有关其他人的看法和实践；在研究手段方面，民族志主要通过参与观察和访谈来收集数据（蒋逸民，2011）。

（二）步骤

民族志包含一些基本规则，以保证民族志著作的客观性（高丙中，2005），主要包括：一是要选择特定的社区；二是要进行至少一年的现场调查；三是能够使用当地语言；四是先以本土的观点参与体验，但是最终要达成对对象的客观认识。

现代人类学民族志的撰写模式，一般有以下9个特点（阮云星，2007）。

第一，叙述结构是全貌的民族志（total ethnography），逐一考察文化的组成部分或社会组织，提供关于地理、亲属关系、经济、政治和宗教等方面的详细图表。

第二，作者不是以第一人称形式出现，而是作为一个权威叙述者在叙述客观事实。

第三，个人的存在通常被埋没了，取而代之的是一个规范的角色模型。

第四，提供地图、图表和照片作为"真的到过那里"的象征物。

第五，分析时空坐落或发生的事件，从而来表述真实生活细节。

第六，提供资料，并忠实地表述当地人的观点。

第七，写作风格趋于一般性的描述，而不是对个别事实进行细致的探讨，被研究的个别事项（仪式、婚姻、政治组织等）很少有个性，而是具有典型性（典型仪式、典型婚姻、典型乡村委员会等）。

第八，使用专业术语。

第九，对土著的概念加以注释。

二　系统分析

（一）概述

系统分析也称"系统方法"，它来源于系统科学，从系统的着眼点或角度去考察和研究整个客观世界，为人类认识和改造世界提供科学的理论和方法（钟永光等，2023），适用于对文化生态系统的全面分析。系统分析方法的产生和发展标志着人类的科学思维由"以实物为中心"逐渐过渡到"以系统为中心",是科学思维的一个划时代突破(徐庚保、曾莲芝,2016)。

系统分析方法以系统的整体最优为目标,对系统要素进行综合分析,找出解决问题的可行方案;是一个有目的、有步骤的探索和分析过程,为决策者提供直接判断和决定最优系统方案所需的信息和资料;能在不确定的情况下,确定问题的本质和起因,明确咨询目标,找出各种可行方案,并通过一定标准对这些方案进行比较,帮助决策者在复杂的问题和环境中做出科学抉择(张象枢,2008)。

(二)步骤

从系统的角度来分析选择区域的特征,对已有资料、所需要的资料、设备状况、人员状况、工作力度等进行初步估计,设计出可行的技术路线,然后对所研究的区域进行系统分析,包括对研究区域的社会系统分析和对区域背景及特征的系统分析,有利于扬弃研究问题的细枝末节,抽象出事物的结构和功能,把握问题的实质(杨国安、甘国辉,2003)。具体步骤如下。

第一,对研究的对象和需要解决的问题进行系统的说明,目的在于确定目标和说明该问题的重点和范围。

第二,收集资料,在系统分析的基础上,根据资料分析各种因素之间的相互关系,寻求解决问题的可行方案。

第三,依系统的性质和要求,建立各种数学模型。

第四,运用数学模型对比并权衡各种方案的利弊得失。

第五,确定最优方案。

通过分析,若不满意所选方案,则可按原步骤重新分析。一项成功的系统分析需要对各个方案进行多次反复比较,最终找到最优方案。

三　空间分析

(一)概述

空间过程是生态环境、社会经济和地理系统的基本运动形式之一,文化生态学包含农业、工业、服务业各类活动的空间过程。空间分析是分析、模拟、预测和调控空间过程的一系列理论和技术,是运用空间结构、特征及空间的相关性来研究空间过程的方法（王劲峰等，2000）。空间目标的基本信息包括空间位置、分布、形态、距离、方位、拓扑关系等，其中距离、方位、拓扑关系组成了空间目标的空间关系，是实体之间的空间特性，可以作为数据组织、查询、分析和推理的基础。空间分析通过空间数据和空间模型的联合分析可以挖掘空间目标的基本和潜在信息，通过将空间目标划分为点、线、面不同的类型，可以获得这些不同类型目标的形态结构；将空间目标的空间数据和属性数据结合起来，可以开展特定任务的空间计算与分析（汤国安等，2023）。

（二）步骤

以斑块（patch）、廊道（corridor）和基质（matrix）为核心的一系列概念、理论和方法是现代景观生态学的重要内容，也是文化生态学的研究基础（陈文波等，2002）。从空间分析的角度来看，斑块是"点状或面状地物"，廊道是"线状或带状地物"，基质是在景观中占主导地位的斑块；斑块与斑块、斑块与廊道、廊道与廊道之间的空间关系可以抽象为一般点、线、面之间的空间关系，"斑块、廊道、基质"模式为景观空间分析提供了"空间语言"，使得对景观结构、功能和动态的表达更为具体、形象，也有利于对文化生态要素的空间范围划定（陈利顶等，2008）。

遥感（RS）可以识别大尺度或跨尺度的"斑块、廊道、基质"景观模式，地理信息系统（GIS）可以便捷研究景观空间结构和动态，尤其是物质、生物和各种人类活动过程相互之间的复杂关系。遥感手段能快速而准确地提取景观空间信息，利用地理信息系统快速而准确地进行景观空间信息处理，为景观空间分析提供了"空间手段"（汤国安等，2023）。

空间分析主要内容包括以下五个方面（汤国安等，2023）。

一是空间位置：借助空间坐标系传递空间对象的定位信息，是空间对象表述的研究基础，即投影与转换理论。

二是空间分布：同类空间对象的群体定位信息，包括分布、趋势、对比等内容。

三是空间形态：空间对象的几何形态。

四是空间距离：空间物体的接近程度。

五是空间关系：空间对象的相关关系，包括拓扑、方位、相似、相关等。

四　生态位

（一）概述

生态位（ecological niche）是有机体在环境中占据的地位（李振基等，2000）。生态位概念最早由格林奈尔（Joseph Grinell）引入生态学，是指一个物种在生态系统中的功能作用及其在时间和空间中的地位，反映了物种与物种之间、物种与环境之间的关系。生态位不仅决定了物种在哪里生活，而且决定了物种如何生活、如何受到其他生物的约束等（晋秀龙、陆林，2008）。

生态位是生物与环境之间关系的某种定性或定量的描述，包含两层含义：一是对于生物个体和种群来说，其生存所必需的或可被其利用的各种生态因子或关系的集合；二是对于生物实际生活的环境来说，其中各种生态因子或生态关系对该种生物的适应程度。每一种生物在多维生态空间中都有其理想的生态位，而每一种环境因素都给生物提供了现实生态位，理想生态位与现实生态位之差就产生了生态位势（朱春全，1997）。这种位势一方面使生物去寻求、占领和竞争良好的生态位，能动地去改造环境；另一方面也迫使生物不断地适应环境，调节自己的理想生态位，并通过自然选择，实现生物和环境关系的世代平衡，使现实生态位与理想生态位之差最小（陈亮等，2007）。

生态位方法可以用来确定文化生态系统中人口数量与环境容量之间的关系。种群数量与环境容量存在一定的对应关系，种群的数量会自动受到环境容量的制约，但种群数量难以统计，人口数量虽然相对容易统计，但不会自动受到环境容量所允许的范围制约。因此，确定合理的人口规模，关键在于界定最佳环境容量的合理值。

（二）步骤

人类社会实质上是一类以人的行为为主导、自然环境为依托、资源流动为命脉、社会体制为经络的人口-资源-环境复合生态系统（马世骏、王如松，1984）。生态位主要通过建立评价指标体系开展综合评价，可以从资源、环境、经济、社会等四个方面对区域复合生态系统的自然、社会和经济三个子系统进行生态位的评价，指标体系可以借鉴国内外有关宜居城市、可持续发展以及人类发展等的评价指标。

表 4-1　社会-经济-自然复合生态系统生态位评价指标体系

一级指标	二级指标	三级指标
综合生态位	资源生态位	土地资源
		水资源
		光热资源
	环境生态位	生物多样性资源
		能源资源
		盐渍化压力
		荒漠化压力
		水环境压力
		二氧化硫排放压力
		工业固废排放压力
	经济生态位	土地生产力
		交通运输能力
		建筑材料消耗量
		国内生产总值
		财政收入
		进出口贸易额
		人口密度
	社会生态位	平均预期寿命
		平均受教育年限
		人均可支配收入
		服务设施水平
		城市发展水平

五　生态安全（风险）评价方法

（一）概述

生态安全也称为环境安全（evironmental security），有广义和狭义两种内涵。广义上，美国保险会计与系统学会（Insurance Accountingand System Association，IASA）（1989）将生态安全定义为：人类的基本权利、生活保障、必要的资源、社会秩序以及人类的适应性，各个方面都没有被破坏或侵害的状态，具体包括自然生态安全，经济生态安全和社会生态安全三方面组成的一个复合的人工生态安全系统（肖笃宁等，2002）。狭义上，生态安全是自然和半自然的产物，是对整个环境的整体质量和健康度做出的响应；是一个群落的自然环境能满足群落持续生存的需求，而不损害自然环境的潜力（晋秀龙、陆林，2008）；也可以指自然生态和人类生态生存和发展的风险等级大小，包括环境安全、生物安全、人体安全以及企业、社会生态安全等方面（熊好琴等，2003）。

综合分析，生态安全的含义大致有两种类型：一是着重于健康安全、完整和可持续的生态系统自身发展；二是着重于对人的生存保障，即对人的生命保障。

无论哪一种划分，两者之间关系紧密，生态系统自身的健康、完整和可持续发展，也是其被人为使用的前提。

文化生态安全的概念从文化安全和生态安全中衍生而来，从环境与发展的角度来阐释文化生态环境的变化对于人类发展的影响。

（二）步骤

生态安全一般采用定量方法开展评价，对文化生态安全研究有一定借鉴作用。可以选取研究区域，根据生态足迹模型，构建生态安全评价的指标体系和方法，并以人均生态足迹和人均用地承载力的比值确定生态安全的状况，计算出生态安全度的值，得出生态安全等级（曹新向，2006）。也可以运用"压力-状态-响应（PSR）"指标体系模型，对生态安全度的计算采用线性加权法，对区域生态安全进行综合评分（董雪旺，2003）。

此外，风险矩阵法（Risk Matrix）是操作简便的风险评估方法（Ni and Chen，2010）。该方法是一种将定性和定量相结合的方法，基本原理是根据危险源辨识确定的危害及根据影响程度与危害和影响事件发生的可能性乘积确定风险的大小，其计算公式为：

$$R = L \times S \qquad (4-1)$$

式 4-1 中，R 为风险程度，L 为风险发生的概率，S 为风险的潜在影响程度，风险等级对照如表 4-2 所示。

表 4-2　风险等级对照

风险发生的概率	风险的潜在影响程度				
	微度脆弱	轻度脆弱	中度脆弱	重度脆弱	极度脆弱
非常低	很低	很低	低	中	中
较低	很低	低	中	中	高
一般	低	中	中	高	高
较高	中	中	高	高	很高
非常高	中	高	高	很高	很高

六　可接受改变的极限（Limits of Acceptable Change，LAC）

（一）概述

1963 年，美国学者科尔（Cole D. N.）在其硕士学位论文中提出可接受改变的极限（LAC）理论（Bryson and Crosby，1992），主要内容包括：如果允许一个地区开展旅游活动，那么资源状况下降就是不可避免的，也是必须接受的；关键是要为可容忍的环境改变设定一个极限，当一个地区的资源状况达到预先设定的极限值时，就必须采取措施，以阻止进一步的环境变化。1972 年，佛里赛（Frissell S. S.）和史迪科（Stankey G. H.）进一步拓展了这一理论，提出不仅应对自然资源的生态环境状况设定极限，还要对游客的体验水准设定极限，同时还建议将 LAC 理论作为解决环境容量问题的一个替选方法（Swarbrook，1999）。史迪科（1984）发表了题为《可接受改变的极限：管理鲍勃马苏荒野地的新思路》（The Limits of Acceptable Change：A New Approach to Managing Bob Massow Wilderness）的论文，第一次提出了 LAC 的框架（韩念勇，2000）。

LAC 理论广泛应用于美国、加拿大、澳大利亚等国家的国家公园和保护区规划和管理之中，在化解资源保护和旅游发展之间的矛盾方面取得了很好的效果（沈海琴，2013）。LAC 理论不同于传统的纯数字计算环境容量，而是以一套包含九个步骤的管理过程来替代单纯的"环境容量计算"管理过程（Lindberg et al.，2002）。该方法适用于文化生态学中关于人地关系协调管理等方面的研究。

（二）步骤

LAC 规划系统（Limits of Acceptable Change Planning System）的基本思想主要是制定特定的目标来管理游憩地点、控制活动水平，以便限制其对社会和自然环境的冲击，这一实践过程使大量的研究和问题分析的最终结果趋向于管理系统的改善。LAC 理论把重点放在积极规划和管理已有的不当的和过度的使用上，来避免治疗的需要或事后的管理行为（林明水，2014）。

在 LAC 理论中，指标分为社会指标（social indicator）、资源指标（resource indicator）两种类型。其中，资源指标的目的是保证自然资源的完整性，社会指标的目的在于保证游客有较好的体验，如表 4-3 所示。

表 4-3　LAC 的整体框架

步骤	描述	具体操作
1	确定规划地区的课题与关注点	确定规划地区的资源特征与质量；确定规划中应该解决哪些管理问题；确定哪些是公众关注的管理问题；确定规划在区域层次和国家层次扮演的角色
2	界定并描述旅游机会种类	根据每一个规划地区内部不同区域存在的不同的生物物理特征和不同的利用程度、不同的旅游和其他人类活动的痕迹，以及不同的游客体验需求，确定规划范围内的不同区域所要维持的不同的资源状况、社会状况和管理状况
3	选择有关资源状况和社会状况的监测指标	确定每一个机会类别及其资源状况或社会状况是否合适或可接受的量化因素
4	调查资源状况和社会状况	对步骤 3 所选择出的监测指标实施调查行动计划并监测资源与社会状况
5	确定每个旅游机会类别的资源状况标准和社会状况标准	确定管理者"可以接受的"每个旅游机会类别的每一项指标的极限值
6	制定旅游机会类别替选方案	根据步骤 1 和步骤 4 所获得的信息，来探索旅游机会类别的不同空间分布
7	为每一个替选方案制定管理行动计划	对每一个替选方案进行代价分析
8	评价替选方案并选出一个最佳方案	规划者和管理者联合开展各个方案的代价和优势评价，管理机构可以根据评价的结果选出一个最佳方案
9	实施行动计划并监测资源与社会状况	对步骤 3 中确定的指标进行监测，以确定指标是否符合步骤 5 所确定的标准。如果资源和社会状况没有得到改善，甚至在恶化，应该采取进一步的或新的管理行动，以遏制这种不良的趋势

第五章
文化生态系统

第一节　文化生态系统的结构

一　"社会-经济-自然"复合生态系统

20世纪70年代，马世骏提出"社会-经济-自然"复合生态系统，并得到学界广泛认可和推广。其中，自然子系统是由水、土、气、生、矿及其相互关系构成的人类赖以生存、繁衍的生存环境；经济子系统是指人类主动地为自身生存和发展组织的有目的的生产、流通、消费、还原和调控活动；社会子系统是人的观念、体制及文化构成。该系统认为，人类社会是以人的行为为主导、自然环境为依托、资源流动为命脉、社会文化为经络的"社会-经济-自然"复合生态系统（陈亮等，2007）。复合生态系统理论的核心是生态整合，通过系统结构和功能整合，协调社会、经济、自然三个子系统及其内部组分的关系，使三个子系统的耦合关系和谐有序，实现人类社会、经济与环境间复合生态关系的可持续发展。这三个子系统是相生相克、相辅相成的。三个子系统之间在时间、空间、数量、结构、秩序方面的生态耦合关系和相互作用机制决定了复合生态系统的发展与演替方向，如图5-1所示。

复合生态系统是人与自然相互依存、共生的复合体系，社会、经济、自然三个子系统相互依存、相互制约，通过人这一"耦合器"耦合成为复合生态系统。社会系统、经济系统和自然系统是三个性质各不相同的系统，有着各自的结构、功能、存在条件和发展规律，但三个系统各自的存在和发展又受其他系统结构和功能的制约。因此，不能将这三个系统割裂

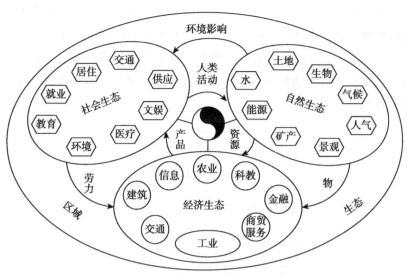

图 5-1　早期复合生态系统结构

开来分析，而必须将它们视为一个统一的整体，即从"社会-经济-自然"复合生态系统角度加以分析和研究，如图 5-2 所示。

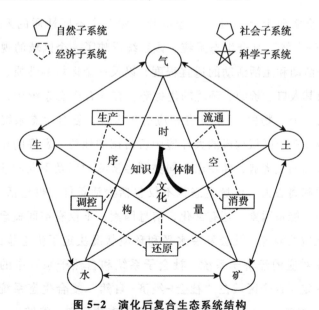

图 5-2　演化后复合生态系统结构

分析人类社会的可持续发展，就是要分析复合生态系统的发生、发展和变化规律以及复合生态系统中的物质、能量、价值、信息的传递和交换等各种作用关系。因此，复合生态系统理论上本质就是一种关于人类社会可持续发展的理论，如图 5-3 所示。经过几十年的发展和完善，"社会-经济-自然"复合生态系统的思想已经在全球范围内被广泛接受，相关理论和方法也得到了极大的发展与应用，在可持续发展理论与实践方面发挥了巨大的作用。

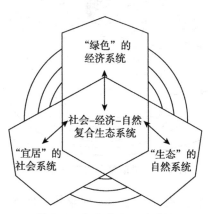

图 5-3　复合生态系统功能

　　人类社会实质上是由社会、经济和自然三个不同性质的系统构成的"社会-经济-自然"复合生态系统。该系统反映了一个区域的现状对于人类各种经济活动和生活活动的适宜程度，以及一个区域的性质、功能、地位、作用及其人口、资源、环境的优劣势。在复合生态系统中，一个区域可以被视为一个"物种"，也具有相应的生态位。复合生态系统生态位反映了该区域在多个区域构成的大环境中所占据的地位、发挥的作用及其在资源环境方面的优劣势，体现出不同类型经济活动以及不同职业、年龄人群的吸引力和离心力。区域生态位不仅包括生活条件，也包括生产条件，不仅有物质、能量因素，还有文化、信息因素；不仅有空间概念，还有时间概念。区域的经济、社会发展水平和环境状况决定了生态位的吸引力，决定了其在对应的经济子系统、社会子系统和自然子系统中的地位和作用，进而决定了这个区域在"社会-经济-自然"复合生态系统中的生态位。"社会-经济-自然"复合生态系统的生态位研究，能够进一步深化对人类在这个复杂生态系统中的活动和生活的影响的研究，对于区域可持续发展有一定的促进作用（汪嘉杨等，2016）。

二　梯田文化生态系统

（一）哈尼梯田文化生态系统

文化生态学是用生态学的观点研究文化和自然环境间的相互关系的科学，由此衍生出来的文化生态系统是文化和自然环境相互作用的总称（角媛梅，1999）。文化生态系统是复杂的巨系统，其中人类是最重要的要素和子系统，自然无机物、有机物是人类生存与创造的基础，人造物为人类服务，并补充、改变着无机物和有机物，促使其更好地为人类所利用。各子系统之间有着复杂的联系，子系统之间相互制约、相互促进，是对立统一关系。

农业生态系统是人类按照需要，利用自然资源和社会资源，调节农业生物种群及其与环境间的相互作用，通过合理的能量转化和物质循环，进行物质生产的综合体（周颖等，2023）。哈尼梯田是哈尼人民在长期的生产和生活实践中，为了满足自身生存和发展的需要，适应当地的自然条件和社会发展阶段，利用自然资源和本民族的物质的、精神的和社会的文化资源，通过梯田稻作达到合理的能量转化和物质循环，并最终达到物质生产与生态环境协调发展的文化生态系统。

（二）组成要素与结构

1. 森林生态子系统

由森林生物群落及其所在生境相互作用而形成的一个相对稳定的系统，包括森林生物群落（植物和动物）和生态环境（土壤环境和气候环境）。

2. 哈尼村寨文化子系统

以哈尼族为核心的人文社会系统，由哈尼族、哈尼族的梯田稻作技术、哈尼族与梯田稻作相适应的物质文化（如居住、饮食、服饰）和精神文化（如宗教、节日、心理等）组成，这一子系统只有消费者——哈尼族和次级生产者——畜禽，没有初级生产者。

3. 梯田生态子系统

人为控制下的不完整的人工生态系统，其生产者主要是水稻以及生长于梯田埂边的各种野生草本植物，或人工种植的黄豆，还有处于次级生产者地位的鱼、螺蛳、黄鳝、泥鳅等水生动物；分解者是各种土壤微生物等。此外，梯田生态子系统还与梯田土壤、空气、梯田动物、微生物等自然环境组分密切相关，并与整个大环境中的气候因素有密切联系。

哈尼梯田文化生态系统的空间结构极为特殊，从土地利用格局或者各子系统在空间上的分布来看，各子系统沿等高线分布，如图5-4所示。这种"林—寨—田"在空间上的垂直分布模式，是红河南岸的哈尼族的最典型的土地利用格局。但这是一个抽象的模式，也存在许多变体，如墨江县座细村的土地利用格局为"林—寨—轮歇地—田"沿等高线分布。产生这种变体的原因在于村寨及固定耕地与水田之间的轮歇地没有水源灌溉，如果水源充足，这些轮歇地即为水田（或梯田）所代替（角媛梅，1999）。

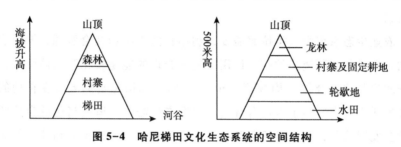

图5-4 哈尼梯田文化生态系统的空间结构

三 名人故居文化生态系统

城市在发展过程中形成了各类丰富的文化生态单元，众多文化生态单元多样共生，形成了不同的城市文化圈、城市文化群落、城市文化链等文化生态系统（尹贻梅等，2004）。因此，文化生态系统是指由文化生态单元构成的文化功能和文化价值集合体，类似于自然生态系统，也具有复杂系统的特点。系统内部各因子（人、文化生态单元与物质环境）之间在外界因素的影响下处于动态平衡之中，以受制于整体又牵制整体的方式发挥作用。文化生态系统的空间结构可以分为文化生态轴、文化生态环、文化生态集中型、文化生态中心辐射型四种类型，如图5-5所示。

名人故居文化生态系统作为城市的组成部分，必然随着城市的成长而演变和发展。因此，在城市建设中，应该尊重和利用文化生态系统的规律性，明确保护重点，协调保护与利用的关系，在保护中求发展，在发展中求保护，以促进文化生态系统向良性方向发展（董晓峰等，2014）。

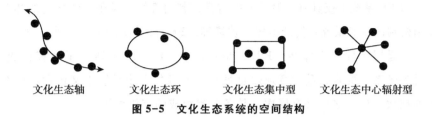

文化生态轴　　　文化生态环　　　文化生态集中型　　文化生态中心辐射型

图 5-5　文化生态系统的空间结构

四　人口、资源、环境与经济协调发展系统

可持续发展的实质是自然与社会系统的协调发展，其核心内容可以归纳为人口（population）、资源（resource）、环境（environment）和经济（economy）四项关键要素（曾嵘等，2000）。其中，人口及其社会经济活动为一部分，人口赖以生存的资源和环境为另一部分，四者共同组成了自然与社会相互作用、相互制约的动态开放复杂系统（简称"PREE 系统"），如图 5-6 所示。

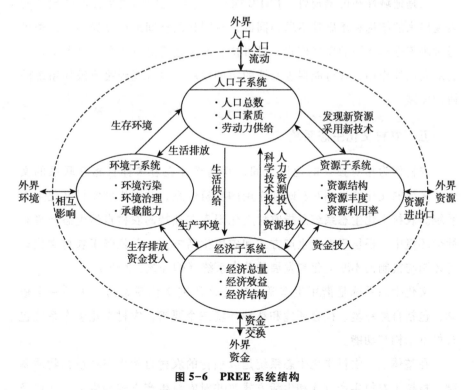

图 5-6　PREE 系统结构

PREE 系统不仅具有一般系统的特征，其内部结构及子系统之间的相互作用机制比一般系统要复杂得多（曾嵘等，2000），体现在以下三个方面。

一是层次性和整体性，PREE 系统由 P、R、E、E 四个子系统构成，不是各子系统要素杂乱无章地随意堆积，而且每个子系统中又包含不同级别的层次，层次之中又有层次，是各要素组成的有机整体。

二是动态性和开放性，PREE 系统是在动态演化过程中不断形成的耗散结构，且这种耗散结构本身也处于不断地高级化的过程中。系统在达到某种协调状态后，会随着某些条件限制的突破而产生跃进过程，从而打破平衡，而后又在系统要素的协同作用下，逐渐达到新的协调状态。系统这样循环往复，在动态演化中不断推动自身向高层次、高水平的阶段发展。PREE 系统是个高度开放的系统，与外界环境不断交换资源、资金、人员、技术等要素，这种能量、物资和信息的交换，使系统维持"耗散结构"状态。

三是地域性和可调控性，PREE 四个子系统之间的关系在不同地域所表现出来的结构和矛盾是不尽相同的，有明显的空间地域差异性。人类可通过决策选择不同的发展模式，对可持续发展过程进行干预，这种干预具有双向调控作用，既可能促进系统的协调发展，也可能延缓或破坏系统的协调发展。

五　农村文化生态系统

农村作为相对独立的地域空间，其内部存在着多样且相互联系的文化。多样的文化通过相互影响和作用的有机联系，共同构成农村文化生态系统。农村文化生态系统是指农村文化因素在独特的农村自然生态环境和社会环境中，根植于农业生产方式和农民生活方式，并依赖于农村文化运行体制与机制而不断变化和发展的动态系统（仰和芝，2009）。

文化生态系统是借用生态学的方法来研究文化现象而产生的一个概念，包括自然环境、社会环境和精神环境三个要素，农村文化生态系统包含如下结构与功能。

在整体上，农村文化生态系统是以独特的农村自然生态环境为物质基础，根植于农村生产方式和生活方式，并对农村生产方式和生活方式以及农村自然生态环境产生反作用的复杂互动系统。

在内容上，农村文化生态系统不仅包括农民的观念、行为习惯、道德标准等传统农村文化内容，还包括承载和促进农村文化发展的经济因素、政治因素、社会因素等内容；不仅包括农村文化的人文因素，还包括农村独特的自然环境因素；不仅包括维持传统农村文化运行的各种传统制度，还包括当前促进农村文化发展的体制和机制因素；等等。

在结构上，农村文化生态系统是一个层次复杂、内部各因素功能协调的循环运行的动态开放系统。在系统里存在着各种复杂的矛盾关系，有传统文化与现代文化之间的关系、先进文化与落后文化之间的关系、自然生态环境与人文生态环境之间的关系等。从农村文化建设的角度来看，系统里还存在农村文化与农村政治、经济、社会等之间的关系，农村文化内部各要素之间的关系，继承与创新之间的关系，等等。这些复杂的关系不断地互动，关系与关系之间也在不断地进行着能量的交换，促使农村文化生态系统在内部结构和外部环境的相互碰撞中不断发展。

农村文化生态系统结构有 3 个圈层，如图 5-7 所示。内圈层为社会文化系统，社会文化系统的核心是"人"，按其价值导向分为政府、居民、企业和旅游者等不同群体；外圈层为自然环境系统，按自然界循环规律划分为山水本底、生物植被、能源资源、物质空间等；中间圈层为构成村落的互动空间，其在自然与文化的交互影响下形成并不断演化。当各圈层均衡共生发展时，系统向和谐即可持续的状态进化，同时不断向更稳定更复杂的层次阶跃。在演化过程中，任何一方的失衡都会导致整体系统的不平衡，同时也会改变或者破坏中间圈层的稳态（李小寒等，2016）。

六　体育文化生态系统

在生态学视域下，"在一定时间和空间范围内，生物与生物之间、生物与物理环境之间相互作用，通过物质循环、能量流动和信息传递，形成特定的营养结构和生物多样性，这样一个功能单位就被称为生态系统"（刘增文等，2003）。借鉴生态系统的理论，体育文化生态系统也有和自然生态系统一样的结构和功能，但具体内容有所不同。体育文化生态系统是指体育文化与体育环境相互联系而构成的有机统一体，是一个开放、自组

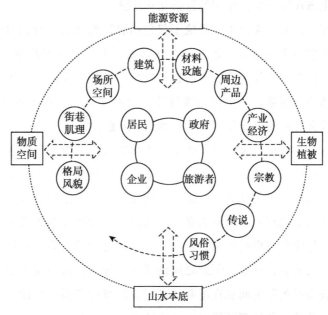

图 5-7　农村文化生态系统结构

织的系统，具有一定的结构、功能和自适应、自我调节能力，并具有一定的稳定性（龚建林，2011）。

体育文化生态系统由体育文化与体育环境两个子系统所构成。其中，体育文化子系统是体育文化生态系统的核心部分，但是作为一定时空的存在，该系统与自然系统和社会系统中的某些因子发生各种联系，自然系统和社会系统中的相关因子共同构成了体育文化的环境子系统。

（一）体育文化子系统

美国文化人类学家怀特在《文化的科学——人类与文明研究》（*The Science of Culture：A Study of Man and Civilization*）中，将文化视为一个有其自身生命和规律的、自成一格的一体化系统，并进一步把文化系统分为技术系统、社会系统和思想意识系统三个子系统。其中，技术系统是由物质、机械、物理、化学诸手段，连同运用它们的技能共同构成的，如生产工具、维持生计的手段、筑居材料、攻防手段等。社会系统则是由表现于集体与个人行为规范之中的人际关系构成的，包括亲缘、经济、伦理、政治、军事、教会、职业和专业、娱乐等系统。思想意识系统则是由音节清

晰的语言及其他符号形式所表达的思想、信念、知识等构成的，包括神话
与神学、传说、文学、哲学、科学、民间格言和常识性知识等。

体育文化也具备三个层面内容：体育文化的心理要素，或称为精神文
化，即体育文化的精神、观念层面；体育文化的行为要素，或称为行为制
度文化，即体育文化的行为方式、制度规范层面；体育文化的物质要素，
或称为物质文化，即体育文化的物质实体层面，包括凝结体育文化特质的
各种物质产品（易剑东，2006）。

（二）体育环境子系统

1. 体育文化的自然环境

自然环境包括该地区所处的位置、海陆分布、地形特征、气候条件、
水文状况、自然资源的分布等。体育文化的自然环境是指体育行为发生地
的地理和气象条件，包括大气圈、水圈、土壤圈、岩石圈和地表生物圈，
既是人类生存的基本条件，也是体育赖以形成、发展和进行的最基本的物
质环境（谭华，2008）。自然环境对体育文化系统以及系统中不断变化的
人类行为产生重要的直接或间接的影响。自然环境是体育产生、生存和发
展的最基本条件，人类对环境的社会生态适应即人类文化，体育是人类对
环境适应的产物，即体育文化（陈琦等，2010）。在自然环境中，人类不
断适应、改造自然环境，在此过程中，体育便逐渐萌芽和产生了。西方竞
技体育和东方传统武术、瑜伽等，正是在人类与自然环境的共存中诞生的
文明，水上运动、冰雪运动、沙上运动等许多体育项目仍依附自然环境而
开展。

2. 体育文化的社会环境

社会环境是人类所特有的生活环境。体育文化的社会环境主要包括政
治、经济、科技、教育等因素。社会环境具有两重性：一方面人作为生物
有机体存在于社会中，另一方面人是具有社会性的生命主体。其中，体育
政治环境包括执政党状况、民主政治制度、政策法规等社会设置的宏观系
统，对体育文化的发展起着保障作用。在体育与政治的互动关系中，体育
与政治之间能量相互流动，并且不断进行着信息流的交换，使体育与政治
在相互影响中共同发展。体育的经济环境是指影响、制约和促进体育运动
发展的经济因素的总和。经济对体育的影响主要来自经济发展水平和经济

发展模式两个方面，这两者决定了体育事业的发展速度、整体水平和具体发展模式。同时体育也为经济建设开发人力资本和体育产业，促进经济环境的改善，推进经济发展。因此，体育与经济之间是相互联系、相互制约、共同发展、共同繁荣的关系，两者之间也有广泛的物质流、能量流和信息流的交换（游海燕，2008）。体育的科技环境是指为推动体育运动的发展所营造的科技环境，科技环境促进了体育器械的改进，推动了体育体制的改革，为体育的发展提供强大助推力量。体育与教育环境之间的物质循环和能量流动是一个自然、长期和较为稳定的过程，一个国家的体育制度一旦形成，就具有在基本指向上的稳定性。

七　文化社会学视角下的文化生态系统

文化生态学以生物学的概念作为工具性方法来分析和研究文化现象，但并没有从遗传学角度推导文化特征或文化模式，而是把文化放到整个环境中，分析文化的产生、发展、变异的过程，即人如何适应环境而创造具有某种特征的文化，以及这些文化现象又是如何适应环境变迁而不断发展的。文化生态学在寻求用各种环境因素的交互作用来解释不同区域文化特征形成方面无疑有其独特的优势，特别是在以整体的观点研究人口、居住条件、亲属结构、土地使用及其他资源的利用与技术发展等相互关系方面，比孤立地考虑文化因素增长点的观点有着很高的优越性。从这个意义上分析，文化生态系统是指影响文化产生、发展的自然环境、科学技术、生计体制、社会组织及价值观念等变量构成的完整体系，不仅包含自然生态，还包括文化与上述各种变量的共存关系（司马云杰，2007）。

文化生态学把人类的活动看作社会的主体，把人类创造的文化划分为科学技术（包括经验、知识等）、经济体制、社会组织和价值观念（包括风俗、道德、宗教、哲学等）四个层次，文化生态系统的结构模式如图5-8所示。但文化生态系统把语言作为信息工具，其暂不包含在系统主要层次内。

文化生态系统内与自然环境最接近的是科学一类的智能文化，包括工具、机械以及经验、知识、科学、技术等要素，都与自然环境有着直接关系；其次是经济体制、社会组织一类的规范文化；最远的是价值观念，自然环境虽然对其有影响，但影响比较弱，而且往往是通过科学技术、经济

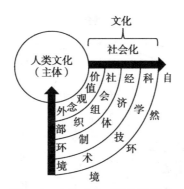

图 5-8　文化生态系统结构模式

体制、社会组织等中间变量产生影响的。与之相反，与人类的社会文化最接近的是价值观念，即风俗、道德、宗教、哲学等观念形态的精神文化，其次是社会组织、经济体制，最远的是自然环境，其对人类社会化的影响是通过经济体制、社会组织、价值观念等中间变量实现的。

八　综合分析

国内外学者对文化生态系统概念尚未有统一的认识，一般是指文化系统和生态系统耦合的产物，是复杂的动态系统（Tang et al.，2019）。国内学者借鉴生态系统的概念，将其界定为一定时间和空间范围内文化与文化之间、文化与环境之间，通过能量流动和物质循环而相互作用的统一整体（黎德扬、孙兆刚，2003；吴赢，2014）。

文化生态系统作为文化系统与环境系统耦合的产物，以文化特质与文化核心为关键要素，以文化生态为基本构成单元，以文化生态平衡为演进目标，形成完善的系统要素、结构和功能，如图 5-9 所示（林明水等，2021a）。文化特质与文化核心的改变，影响文化生态的状态，当文化特质与文化核心适应环境变化时，文化生态呈现平衡的状态；当文化特质与文化核心不适应环境变化时，则会出现文化生态失衡问题。

此外，文化生态平衡是指人类通过文化的方式，调整行为模式以实现与环境协调发展的过程（Finke，2006；Head，2007）。文化适应环境是动态的适应，文化生态平衡是动态的平衡，适应是文化生态平衡的动力机制（Pahl-Wostl，2009）。

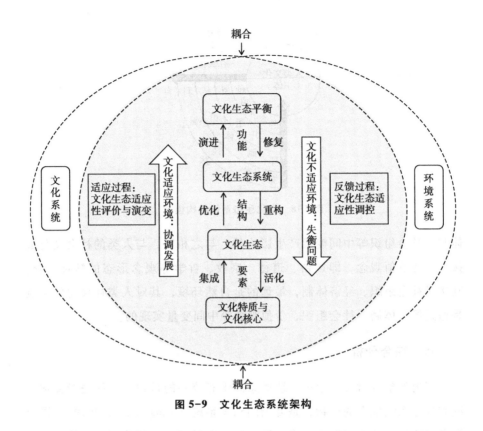

图 5-9　文化生态系统架构

第二节　文化生态系统要素

一　文化特质

文化是人类创造的特质。所谓"特质"，主要有两个方面的含义：一是指人类创造物的最小独立单位；二是指人类创造物的新内容和独特形式（司马云杰，2007：9~10）。最小的独立单元是指特质是独立存在的、含有一定文化意义的单位，又是最小的、不能再分割的文化单位。例如，驯养的马是一种文化特质，是独立存在的最小单位，如果把马分割为马头、马身、马腿和马尾巴，就不是独立存在的文化了。新的内容和独特形式是指人类以独特的形式表现新的内容的时候，即构成一种新的特质的时候，才称创造物为文化。例如，小轿车是一种文化，因为它是人类所创造的一种特质，但被制造出几百万辆用于出售时，它是商品而不是文化。因为 1000 辆小轿车与一辆小轿车没有什么不同，都是同一种文化，同一个特质。只有当大卡车、面包车等其他类型的汽车被制造出来，作为新的特质时，才能被视为文化（司马云杰，2001：9~10）。

二　文化核心

文化核心是与生存活动和经济安排最密切相关的特征组合，标志着人类行为和群体实践调查的起点（Steward，1972：37）。斯图尔德（1955）认为，文化核心主要致力于满足这些基本生存需求的文化部分，这些也是马克思理论的"基础"或"子结构"的基础，是经济生产的一部分，与社会生产和意识形态生产相对应。

根据全观论（Holistic View），文化的所有层面在功能上都彼此依赖。然而，所有的文化特质并不具有相同程度与种类的互相依赖。文化核心指与生产及经济活动最有关联的各项特质的集合，包括与经济活动有密切关联的社会、政治与宗教模式等。其他与文化核心不怎么相关的文化特质则可能有较高的变异性，这些特质可称为次要特质（Secondary Features），主要是由纯粹的"文化—历史"因素所决定的，如传播或无意的创新，就是这些次要特质使具有相同核心的各文化显出各自的独特性。

文化核心是由文化特质聚合而成的，且文化特质虽不具有地方性，但与与区域生产方式紧密相连的技术和资源息息相关（黎德扬、孙兆刚，2003）。特质是文化生态的最小独立单位，但是文化生态很少是以一种单一的特质存在的，往往是由许多特质构成的复合整体。例如，马车是由马与车复合而成的，衣服是由不同颜色、不同质料的布与特殊的制作形式、方法复合而成的。最简单的文化核心包含着两种及以上的文化特质，而复杂的文化核心则是由许多文化特质组成的。因此，文化生态是一个整体性的概念，是各种特质相互关联的总和（司马云杰，2007）。

三　文化生态

文化生态与文化生态学均用"cultural ecology"表示，但前者出现时间较迟，内涵也较为单一（邓辉，2003；吴合显，2017）。文化生态一词首现于 1994 年的国际传播研究年会，用以表达由信息技术传播的飞速发展所造成的严重问题，以及在"信息有产者"与"信息无产者"之间不断扩大的差距（黄育馥，1999）。斯图尔德（1972）认为，文化生态可以解释那些具有不同地方特色的独特文化形貌和模式的起源，是指文化的生成、传承、存在的状态，是某一特定文化形态与其所在区域内的自然环境和人文环境共同组成的整体，也是各类型文化聚集、发展所形成的文化生态系统的基本单元（史徒华，1989；Sutton and Anderson，2014）。国内外学者分别从文化学、生态学、系统学等视角定义文化生态，但核心观点较为一致，即文化生态是指人们为生存发展而适应、改造环境所创造的文化要素之间、文化与环境之间相互关系的生存状态，是某一特定文化形态与其所在区域内的自然环境和人文环境共同组成的一个整体，是文化生态学的基本研究对象（Isaacs，2010；Yuan et al.，2014）。

文化生态是文化生态系统的基本研究单元，是影响文化生存发展的各要素的有机统一体，其在结构上包括自然生态的地理环境、气候条件、生物状貌等要素，也包括文化生态的科技水平、生产方式、生活方式、政治制度、社会组织、社会思想等要素。文化生态中各种因素不是无序的存在，而是按照生态链相互关联、作用、影响形成动态有机系统，形成一个有机的整体。同时，自然环境与文化形态及其内部具体要素和类型之间存在系统性关联，各子系统彼此影响、互相作用，形成一个有机的文化生态系统（史徒华，1989；Sutton and Anderson，2014）。

第三节　文化生态系统功能

一　文化生态适应

（一）文化适应

文化适应是不同的文化经过长期的接触、联系、调整而改变原来的性质、模式的过程。文化适应并不是简单地抛弃一些旧的文化特质，或采取一些新的文化特质，而是一种新的综合过程，也是产生新文化的过程。当一种文化适应新的社会文化制度的需要，并在风俗与信仰、目标与价值、行为与规范等方面形成新的特征，沿着新的取向发展的时候，事实上便已形成新的文化模式。不论是新文化特质的产生和发展，还是新文化体系、模式的建立，文化适应都有着积极的意义（司马云杰，2007：309~310）。

早期的文化适应理论是西方社会学家、文化人类学家为化解殖民主义文化所带来的矛盾冲突而建立发展起来的。这种文化适应理论，把文化适应看作民族认识或忘却个体心理的过程，如少数民族（印第安人）服从美国文化所产生的变化。如果抛弃文化适应理论的主观成分和功利主义的目的，将该理论用于研究人类不同的文化适应过程及其发展变化，仍有积极的意义。

文化适应并不是单方面的，而是一个相互的过程。文化适应是不同的文化相互作用、相互影响、相互吸收的过程，一方面失去了一些文化特质，另一方面又获得了一些文化特质，双方在交互作用中不断发生变化。一种文化只有适应一定社会文化的需要，才能与原来文化相结合、相融合，才能够产生新的文化，并求得发展；否则，文化就会遭到原有文化的排斥、抵抗，与之发生冲突。当然，文化适应并不仅仅是文化本身的问题，还受政治、经济等因素的影响。在文化影响与政治、经济等因素结合在一起的时候，文化适应问题显得尤其突出（司马云杰，2007：310）。

此外，文化人类学探讨的文化适应事实上是指民族对所处生态环境的适应，这与生物学中探讨的生物物种对所处环境的适应相似。文化适应可划分为生物性适应和社会性适应两部分。文化的生物性适应，是指一个民族针对其所处生态环境进行的人为信息系统创新和社会程序化，目的是使该民族获得高效利用生物资源和无机资源的能力，并在利用的同时确保所处生态系统的稳态延续。文化的社会性适应是指，作为维系社会存在的人为信息系统，调适于一定时代及历史积淀下来的社会背景而获得稳态延续能力（廖国强、关磊，2011）。

（二）文化生态适应的内容和内涵

1. 文化人类学视角

文化人类学中"适应"概念借鉴了生物学相关概念。"适应"这一概念在20世纪初被广泛提及，但文化适应内涵与机制至"二战"以后才被系统研究。美国人类学家托马斯·哈定（Thomas Harding）将文化的适应分解为"创造和保持"两个部分，其中创造是一个快速的过程，而保持则是一个漫长的过程。文化对所处生态环境的适应是一种"特化"，一旦适应就不用改变，甚至对所处环境的适应越稳妥，下一步的发展就越困难，而人类的特性在于具有能动地认识世界和利用世界的能力。然而，不管适应什么样的环境，其构成要素总是千姿百态，对一个要素取得了创造性的适应，并把这一适应成果保持下来了，文化适应的任务就已经完成了。学者们的工作就是描述文化适应这种事实，这个工作遭到很多其他学者的批评，因为这种对适应过程的描述是静态的。此外，环境的众多构成要素，各自的生命周期是不同的，对一个要素取得的适应成果，显然不能代表对其他要素也具有适应能力，那么当其他要素发生变化时，文化该怎么做出应对，这正是适应研究的关键问题（罗康隆、刘旭，2015）。

然而，文化人类学往往是就文化演化后取得的成效去评估适应的水平，这种做法与生物学界的办法非常相似，但揭示的内容却缺乏过程的连续性，因而对适应的认识难以深入。问题的关键在于文化适应的对象千差万别，需要适应的各种文化要素生命周期有长有短，但在评价文化适应所取得的成效时，先前学者往往立足于田野调查的结果展开分析，主要是依赖研究者的感悟去做经验性的判断，这使得文化适应研究过于主观化。由于文化生态的结构具有层次性，而且这个体系又是逐步丰富和完善起来的，因此作为文化演化有机构成部分的文化适应就不可能没有层次的差异，也不可能没有其既定的时空内涵。可见，若没有意识到文化适应具有层次的差异，那么对文化适应的理解就很难深入下去，更难以具体化和准确化（罗康隆、刘旭，2015）。

学者们研究文化适应时，需要区分文化对环境的短效、中效和长效适应。对于"短效适应"而言，由于适应的主动权掌握在当地居民的手中，其做出这样的应对并没有考虑长期保持，因而适应的成果不应当强行延续下去，应当允许当地的居民随时准备替换，但不排除将这样的适应成果推广到其他的适应地区。对于"长效适应"而言，如果文化手段发生了改变，那肯定意味着原先适应的对象由于文化的变迁而需要加以改变，因而在发掘利用时要高度审慎。如在文化做出适应时，可以替换农作物的构成，也可以改变农作物的匹配关系，可以采取诱致性文化变迁，借鉴其他民族的文化事实来加以改造。正如在田野中种植玉米已经表现出明显的副作用，而玉米和南瓜都是牲畜的饲料作物，因而可以果断地将玉米换成其他高产作物，这对当地的生态维护将更有利。总之，对文化生态的适应应具有一种动态的制衡观，不应把文化生态适应视为一成不变的教条，对文化生态适应的研究很有必要深入到运行机制中去探讨，而不应只停留在表面上做判断（罗康隆、刘旭，2015）。

2. 生态人类学视角

生态人类学认为，文化适应环境有行为、生理、遗传和人口统计学三个层次。环境的突然变化首先会引起行为层次或第一层次的适应，如果环境变化持续则产生生理层次或第二层次的适应，环境长期和持续的变迁会引发生物的本质——遗传和人口统计学层次或第三层次的适应。适应的三个层次中，行为层次触发最快，其次是生理层次，最后是遗传和人口统计学层次（哈迪斯蒂，2002：18~19）。

（1）行为适应

行为是生物物种能做的迅速反应，即使行为反应基于习得而非遗传，也是最灵活的。行为有个体和群体两种适应性，个性行为包括个体可能对环境问题所采取的独特应对方式，属于心理学研究的对象。人类学家关注的重点在于个体和群体通过文化行为方式做出的适应反应，因为文化行为被模仿、分享和继承，是人类最显著的特征。可见，适应是随着技术、制度和思想三种文化行为的变化而产生的。其中，技术是人类用以采集食物、安全防护和繁衍后代的保障，包括从石器棒到计算机的各类工具；制度是群体中有关个人社会地位和作用的网络，包括亲属关系、社会等级和阶层、各类社团和政党等；思想包括价值、规范、知识、哲学和宗教信仰、情感、道德准则、世界观等各类规程。

此外，技术、制度和思想的变化有助于人类通过"提供对环境问题的基本处理""改进，以增强有效性""适应性""提供对环境问题的了解和认识"四种方式适应环境（哈迪斯蒂，2002：18~19）。

（2）生理适应

生理适应比行为适应激发得更为缓慢，是个人做出的可逆和不可逆的生理反应集合。适应气候是对环境压力的可逆生理调节，尽管可能是生理上的变化，但这些变化都不是遗传的，如个人对海拔和气温变化的反应就是人类适应气候的最好例证。

塑造性，又称"发展着的体内平衡"，是由于个人在生长和发展过程中，受到外部环境压力而产生的一种不可逆的表现。如生长在高海拔地区的人们肺活量大、骨骼成熟速度慢，都是对大气中氧气含量低的反应（哈迪斯蒂，2002：25~26）。

（3）遗传和人口统计学适应

环境变化如果长期持续，则需要人类永久性地产生适应行为和生理的反应。遗传和人口统计学适应激发得都缓慢，需要数代人才能完成，这一过程不仅影响个人，也会影响群体。在稳定条件下，人类群体的遗传结构是以高比例有利基因得以维持的，而各种不利的基因作为"缓冲器"存在，以应对环境可能的变化。

选择是实现遗传转变的过程，包括稳定选择、定向选择和多样化选择等方式。稳定选择是指从群体中清除非常不利的基因并使其维持现状；定向选择是指牺牲旧基因增加新基因，以改变一个群体的遗传特征，旨在改善这一群体的环境适应性，因为人类正好面对着已经改变了或正在改变着的环境条件；多样化选择是对多种环境（非同类环境）的适应模式，一部分群体必须解决与其他群体完全不同的环境问题，经历不同的适应性变化。

人口统计学变化不能完全看成第三层次的适应，如散布各地的人类群体能够迅速对火山爆发等环境变化做出反应，这种改变完全是行为的。但群体的多方面人口统计学特征的变化相当缓慢，包括出生率和死亡率、年龄结构、增长率和规模。要理解适应，就特别需要分析一个群体的人口统计学资料与其获取重要资源的能力之间的关系（哈迪斯蒂，2002：26~27）。

3. 小结

文化生态适应性是文化适应环境程度的量化指标。在宏观层面上，适应是文化生态变迁的根本动力和机制；在微观层面上，文化生态适应或不适应全凭研究者的感性判断，且因人而异，会导致评估结果的应用存在很大局限性（Head，2010）。近年来，适应性指标的量化研究工作取得了重要进展，例如，Resilience Alliance 利用恢复力（韧性）、适应性和可转化性等概念，探索社会生态系统的动态适应（Head，2007）；余勇等（2008）采用民族文化元素的生态制衡和文化主体的自觉选择视角，从风俗礼仪、工艺传承、宗教节庆文化等方面探讨民族文化在旅游环境中的生态适应性变化特征；杨立国等（2017）采用传承度对传统村落文化的保存程度和村民接纳水平进行了综合判断，把适应性作为 6 个三级指标之一，并包含载体、形式和场所 3 个次级指标；何艳冰等（2017）将适应能力作为适应性的核心，从认知、缓冲、学习、转型和管理五个方面构建适应能力评价指标体系，研究快速城市化背景下城市边缘区失地农民的适应性及其影响因素；苏飞等（2020）指出，从适应性角度研究"社会－生态系统（social-ecological system）"对外部干扰的适应力及系统演化发展的过程和机制，是当前可持续发展和全球变化研究的重要趋势。上述研究表明，可以借鉴生态人类学、生态学中适应性相关概念与指标，进一步量化文化适应环境的能力及其变化（Gupta et al.，2010）。

二　文化生态平衡

文化生态平衡是指人类通过文化的方式，调整行为模式以实现与环境协调发展的过程（Finke，2006）。文化适应环境是动态的适应，文化生态平衡是动态的平衡，适应是文化生态平衡的动力机制（Pahl-Wostl，2009）。

保持文化生态平衡是一切文化生态系统的外在属性，这一属性来源于文化生态的存在方式，这样的存在方式必然遵循平衡法则。平衡法则是文化生态系统在其特有信息系统调节下，物质与能量的聚合和运动始终保持有序，使该系统内部协调、外部稳定。文化生态系统的稳态延续是遵循平衡法则的结果，而平衡状态的持续则是人为限定认知条件后的抽象认知结果，有如下四个方面的特征。

第一，处于稳态延续的文化生态系统，其内部的物质与能量种类及其运动形式复杂多样，而处于平衡持续状态的文化生态系统，其物质与能量的构成与运动相对简单。稳态延续是多种物质与能量有序运行的预设结果，文化生态系统的平衡持续则仅是物质与能量随机集合的特殊状态。要揭示一个文化生态系统如何保持稳态延续，是一项十分艰巨的任务。在现有的科学技术水平上，人类还不能在真正意义上，彻底制造出一个能稳态延续的文化生态系统，但人类却可以在实验室里，模拟出各种各样的物质与能量的平衡状态，并在一定的时空范围内长期保持这一状态的稳定存在。

第二，处于稳态延续的文化生态系统对外界的各种干预具有感知和响应的能动性。一旦外来干预造成创伤，文化生态系统可以在一定范围内进行自我修复。处于平衡持续状态的随机时文化生态系统则只能被动接受外来的扰动，一旦平衡被打破，该随机单元将永远不可能自我复位。

第三，处于稳态延续的文化生态系统都具有自我成长、世代更替、体系壮大等一系列生命现象，任何个体都不可能超越其生命周期而无限期地稳态延续。随机时文化生态系统的平衡无生命周期可言。处于平衡持续状态的随机时文化生态系统只要不受到外来作用，或外来作用不足以打破平衡，平衡状态就可以长期持续下去。

第四，处于稳态延续的文化生态系统必须不断地从外界截获并消化吸收物质与能量，才能保证自身的有序运行，而且这样的物质与能量截获，总是在自身特有信息系统的节制下精确完成。处于平衡持续状态的文化生态系统随机单元，既不会能动截获物质与能量，也不会能动节制物质与能量的运动，只能被动地接受外界的作用（杨庭硕、罗康隆，2007：16～18）。

第四节　文化生态系统演进

一　文化变迁

文化变迁与文化进化概念既有区别又有联系。文化进化又常被称为"社会进化"，泰勒（Edward Burnett Taylo）认为文化进化是指文化从低级上升到高级的过程。摩根（Lewis Henry Morgan）依据生存技术将文化进化划分为蒙昧、野蛮和文明三个阶段。可见，文化进化着眼于文化发展的宏观全局与总趋势。相对而言，文化变迁是多线性的（Steward，1972），既可能沿着进化的方向发展，也有可能逆着进化方向或者无方向地发展。因此，文化变迁的内涵是由内外因作用而引起的一个民族或区域的文化结构性的变化。已有研究表明，进化、发明、发现、传播或借用都是文化变迁的途径（黄淑聘、龚佩华，1998），经济基础变迁在一定程度上受制于自然生态变迁。文化变迁是文化生态系统演进的直接原因与重要动力。尽管文化变迁的动力千差万别，但根本的动力是经济基础的变化所引起的生产力发展。文化变迁既构成区域文化生态系统演替的核心内容，又随区域文化生态系统演替而发生（江金波，2005）。

文化变迁有多种类型划分方式，常见方式可以将文化变迁分为渐变和突变两种（司马云杰，2007：317）。无论是哪一种文化变迁过程，均受到自然和文化两方面的反馈控制。由选择产生的变迁动因可能促进变迁的作用，是正反馈，导致起决定作用的要素进一步增强。反之，变迁过程中阻碍因素的产生，使得文化生态回到原有的状态，是负反馈，导致起决定作用的要素进一步减弱。在适应过程中，正反馈促成了持续的文化变迁，在人类及其环境之间建立起新的文化生态关系；负反馈提供了保持原有关系必要的"自我调节"。

二　文化生态系统演进过程

文化生态系统演进是文化适应环境的过程，与文化生态系统要素、结构和功能的认知过程紧密联系（崔胜辉等，2011）。处于不同发展阶段的地域，有着不同的文化生态适应性演变过程；同一发展阶段的地域，处于不同的发展环境，其文化生态适应性演变过程也可能不同（Li et al.，2019）。虽然系统要素的变化会影响文化生态变迁的时序，但所有文化生态系统有着一致的功能和结构，因而也具有相似的文化生态适应性演变机理。

文化生态学将文化作为适应环境的机制，主张在环境和文化变迁前提下探讨文化生态适应性问题，是一种动态性视角（Folke et al.，2005）。早期研究发现，资源和技术是文化生态系统的核心要素，技术变革和资源利用方式变化是推进文化生态系统演进的根本因素（Banks et al.，2011；Whitaker et al.，2019）。尔后研究表明，人的意图是影响文化生态系统演进的最终因素，人的行为是有效因素，社会组织则是形式因素，地方性的环境特色是次要因素（Levant，2016）。研究发现，经济资源、技能和制度等因素是文化生态系统演进的主要影响因素，人口、商品价格、政治以及各种意识形态和传统是次要影响因素，而社会转型、外来文化冲击和信息技术的飞速发展则被认为是导致文化生态失衡的主要因素（Berensmeyer，2011；Sreekumar，2011）。

上述文化生态系统要素分属生物、环境和文化三个维度的不同层面，并随着具体研究对象的不同而有所变化，进而影响文化生态系统结构和功能的表达。此外，空间分析和系统动力学方法在文化扩散和生态平衡等领域的广泛应用，为揭示文化生态系统架构及其演进过程提供了方向。

第六章
闽南文化生态保护区的实践

第一节　文化生态保护区制度的设立

一　文化生态保护区的内涵

　　建立文化生态保护区是文化生态学理论的实践与创新，也是中国文化生态学自主知识体系构建的探索与实践。自 2007 年建立第一个文化生态保护实验区以来，中国政府累计建设了 23 个文化生态保护实验区，涉及 17 个省（区、市），其中 12 个实验区正式建设成国家级文化生态保护区。中国文化生态保护区在建设过程中非常重视非物质文化遗产及其环境的整体系统性保护，政府划出一定的空间范围，通过自上而下的方式，探索出分类与整体性保护相结合的方式，构建起人类与文化、自然和谐相处的文化生态系统，将多元化的文化形态同自然生态环境一起进行有效的整体性保护。

表 6-1　中国文化生态保护实验区概况

单位：个

名称	省（区、市）	设立时间	批复时间	国家级非遗项目数
闽南文化生态保护实验区	福建	2007 年 6 月	2019 年 12 月	58
徽州文化生态保护实验区	安徽、江西	2008 年 1 月	2019 年 12 月	24
热贡文化生态保护实验区	青海	2008 年 8 月	2019 年 12 月	6
羌族文化生态保护实验区	四川、陕西	2008 年 11 月	2019 年 12 月	31
客家文化（梅州）生态保护实验区	广东	2010 年 5 月	—	6

名称	省（区、市）	设立时间	批复时间	国家级非遗项目数
武陵山区（湘西）土家族苗族文化生态保护实验区	湖南	2010 年 5 月	2019 年 12 月	26
海洋渔文化（象山）生态保护实验区	浙江	2010 年 6 月	2019 年 12 月	7
齐鲁文化（潍坊）生态保护实验区	山东	2010 年 11 月	2019 年 12 月	14
晋中文化生态保护实验区	山西	2010 年 6 月	—	32
迪庆文化生态保护实验区	云南	2010 年 11 月	2023 年 7 月	8
大理文化生态实验保护区	云南	2011 年 1 月		16
陕北文化生态实验保护区	陕西	2012 年 5 月		22
铜鼓文化（河池）生态保护实验区	广西	2012 年 11 月	2023 年 7 月	9
黔东南民族文化生态保护实验区	贵州	2012 年 12 月	2023 年 7 月	72
客家文化（赣南）生态保护实验区	江西	2013 年 1 月	2023 年 7 月	10
格萨尔文化（果洛）生态保护实验区	青海	2014 年 8 月	2023 年 7 月	4
武陵山区（鄂西南）土家族苗族文化生态保护实验区	湖北	2014 年 8 月	—	22
武陵山区（渝东南）土家族苗族文化生态保护实验区	重庆	2014 年 8 月	—	11
客家文化（闽西）生态保护实验区	福建	2017 年 1 月		8
说唱文化（宝丰）生态保护实验区	河南	2017 年 1 月		3
藏族文化（玉树）生态保护实验区	青海	2017 年 2 月		11
河洛文化生态保护实验区	河南	2020 年 6 月		8
景德镇陶瓷文化生态保护实验区	江西	2020 年 6 月		3

尽管学界对文化生态保护区的定义存在一定的争议，但较为一致的看法是，文化生态保护区是指在一个划定的自然和文化生态环境区域，为达到保护目标而指定或实行管制和管理的地区。文化生态保护区既包含自然

遗产"整体生态环境"，有形的物质文化遗产如古建筑、历史街区、乡镇、传统民居、历史古遗迹等，也包含无形的非物质文化遗产，如口头传统、传统表演艺术、民俗活动、礼仪、节庆、传统手工技艺等，且物质和非物质文化遗产均与人们的生活密切相关（卞利，2010）。根据《文化部关于加强国家级文化生态保护区建设的指导意见》（2010年）的界定，国家级文化生态保护区是以保护非物质文化遗产为核心，对历史文化积淀丰厚、存续状态良好，具有重要价值和鲜明特色的文化形态进行整体性保护，并经文化和旅游部批准设立的特定区域（宋俊华，2011）。

文化生态保护区概念植入非物质文化遗产保护，是基于非物质文化遗产的动态属性，及其与环境、历史和遗产持有人的再创造相互关联的特性，实施整体性建构式保护方式的探索实践模式（文化部非物质文化遗产司，2011）。国家级文化生态保护区的建立，顺应非物质文化遗产的保护趋势，是在文化生态整体保护方法上的新探索，既是我国对《保护非物质文化遗产公约》精神实践的表现，也是对非物质文化遗产及其文化生态环境协同保护的创造性实践，使非物质文化遗产保护从静态、单体的保护变为动态、整体的保护，是对中国非物质文化遗产保护理念和方法的拓展。

二 文化生态保护区的发展历程

（一）萌芽期

非物质文化遗产及其文化生态环境整体保护的理念脱胎于物质文化遗产保护（周建明等，2014）。1962年，法国最早提出了保护区的概念，法国颁布的《马尔罗法》（*Malraux Act*，又称《历史街区保护法》）明确提出，"保护区"即历史建筑的保护范围从建筑单体扩展至与历史建筑有关的整个环境。随后，联合国教科文组织进一步强化了整体保护的重要性，在1964年颁布的《威尼斯宪章》（*Venetorum Amicitia*）认为，文物古迹是"体量小至仅包括单体建筑，而且包括能够从中找出一种独特的文明、一种有意义的发展或一个历史事件见证的城市或乡村环境"，即古迹保护也是"包含着对一定规模的环境的保护"，"体量小但能与其所见证的历史和其所根植的环境相分离"。此后，国际博物馆理事会（ICOM）等相关国际组织进一步强化了环境要素在遗产保护中的重要性，遗产被认为是"世界各民族及它们的生存环境的见证物（Material Evidence of People and their Environment）"，倡导保护"每一历史地区及其周围环境，应从整体上视为一个相互联系的统一体"，在"文化遗产"中增加了"具有特殊环境价值的地区"等内容（张松，2009）。

对保护无形（非物质文化遗产）的关注源于《保护世界文化和自然遗产公约》（*Convention Concerning the Protection of the World Cultural and Natural Heritage*，以下简称《世界遗产公约》）。1973 年，玻利维亚（Bolivia）建议在《世界遗产公约》中增加关于保护民俗的条款，建议对民间文学艺术的保存、发展和传播做出规定。1982 年，在墨西哥举行的世界文化政策会议重新界定了文化遗产的概念，在其中加入了非物质文化遗产的因素；同年，联合国教科文组织成立了一个由民俗保护专家组成的关于非物质文化遗产的专门委员会（Section for the Non-Physical Heritage）。1989 年 11 月 15 日，联合国教科文组织第二十五届会议在巴黎通过了《保护传统文化和民俗的建议》（*Suggestions for Protecting Traditional Culture and Customs*），这成为有关非物质文化遗产保护的第一份国际准则（张松，2009）。

无形文化遗产的概念形成较晚，吸收了文化遗产的相关表述。1982 年，联合国教科文组织使用 "nonphysical cultural heritage" 来表述无形文化遗产，后采用日文中的"无形"（intangible）一词取代"非物质"（nonphysical），以体现这类遗产也以物质形式呈现。《保护非物质文化遗产公约》（*The Convention for the Safeguarding of Intangible Cultural Heritage*）将 "intangible cultural heritage" 定义为，被各群体、团体，有时为个人视为其文化遗产的各种实践、表演、表现形式、知识和技能及其有关的工具、实物、工艺品和文化场所。可见，任何实践、表演或是技能都与某种工具、场所或是实物相联系，这些工具、场所和实物都是物质的，保护任何一种实践、表演或是技能，都需要保护与其相联系的物质载体（张松，2009）。

虽然无形文化遗产和有形文化遗产分属两个国际公约，但两者之间相互依存、关系紧密。无形文化遗产能够让人们更深刻地了解遗产背后的人和这些人的日常生活，以及这些人所传递的价值观、道德观及思考方式，这些既是构成一个社会生活的基础，也往往由于其无形性，不可捉摸、难以明了（张松，2009）。如为了防止开发建设给古都风貌带来破坏和负面影响，日本政府于1966年制定了《关于古都内历史风土保存的特别措施法》（*Special Measures for the Preservation of Historical and Cultural Heritage in the Ancient Capital*，以下简称《古都保存法》），通过城市规划划定历史风土保存区及历史风土特别保存地区，在保存区、特别保存地区，实施严格的控制和管理，以保护京都、奈良、镰仓等古都内的"历史风土地区"。《古都保存法》中"历史风土"是指"在历史上有意义的建筑物、遗址等与周围的自然环境已成为一体，具体体现并构成了古都传统和文化的土地状况"，既包括古寺院、古建筑、古迹，也包含周边的自然环境，并且《古都保存法》划定的保护范围很大，对保护古迹和周边环境景观发挥了重要的作用（张松，2009）。

（二）初步形成期

1. 生态博物馆的国外实践

保护无形文化遗产常见的方法有两种：一是将文化遗产转变为有形的形式开展保护；二是在文化遗产产生的原始环境氛围中保持活力，即通过鼓励世代相传和复兴无形文化遗产来保持它的活力。这两种方法是相辅相成、不可分割的。联合国教科文组织通过的《关于保护传统文化和民俗的建议》主要着重于对遗产的记录和研究，侧重于第一种方法；"生态博物馆"概念的提出，标志着文化生态整体保护理念的初步形成，侧重于第二种方法（张松，2009）。

1971年，法国博物馆学家乔治·亨利·里维埃（Geoxges Henri Rivie）和于格·戴瓦兰（Hugues de Varnle）提出生态博物馆的概念，指"文化遗产应该被原状地保存和保护在其所属的社区及环境之中，文化遗产及其文化生态环境应被整体保护"（刘魁立，2007）。1981年，法国政府定义了生态博物馆，即生态博物馆是一个文化机构，这个机构以一种永久的方式，在一块特定土地上，伴随着人们的参与，保证研究、保护和陈列功能的实现，强调自然和文化遗产的整体，以展现其有代表性的某个领域及继承而来的生活方式（汪欣，2011）。

生态博物馆的内涵与传统博物馆截然不同。传统的博物馆是将文化遗产搬到一个特定的博物馆建筑中，人为割裂了文化遗产与其所有者和所处环境的紧密关系，而生态博物馆是建立在"活化"理念之上，即认为文化遗产应该被原状地保存和保护在其所属的社区及环境之中。因此，生态博物馆不是一个建筑、一间房子，而是一个社区。生态博物馆所保护和传播的不仅仅是文化遗产，还包括自然遗产。由于生态博物馆具有传统博物馆所缺乏的活态性质，顺应了当代人类生态环境保护意识日益觉醒和高涨的潮流，顺应了当代要求文化遗产权和文化遗产的诠释权应回归原驻地和原住民的呼声，顺应了人类要求协调和持续发展的愿望，所以一经问世，便迅速在欧洲、拉丁美洲和北美洲等许多地区传播开来，成为一种有效的保护文化生态的方式（赛汉，2011）。

1973 年，法国建立了世界第一座生态博物馆——克勒索蒙特索矿区生态博物馆（余压芳、刘建浩，2006）；20 世纪 70 年代后期，葡萄牙和斯堪的纳维亚等欧洲地区建立了近 20 个生态博物馆，在不同程度上丰富和发展了生态博物馆理论。此后，生态博物馆理论不断地扩散到拉丁美洲、日本、印度和中国等国家和地区（朱生东，2011）。

2. 生态博物馆的中国实践

20 世纪 80 年代，生态博物馆理念通过《中国博物馆》杂志等渠道传入中国。1995 年，中国和挪威两国政府联合在贵州省建立了亚洲第一个生态博物馆——梭戛苗族生态博物馆，1998 年 10 月建成开馆，为第一代生态博物馆（潘守永，2011A）。第二代生态博物馆加强了社区居民、学者和政府之间的沟通和多方合作，以科研力量指导村民的本土管理，同时增强了社区的文化展示功能，如内蒙古的敖伦苏木蒙古族生态博物馆。第三代生态博物馆将管理权交到村民手中，实现村民自治的理念，如云南西定布朗族生态博物馆。第四代生态博物馆从农村走向城市，从西部到东部，呈现多维度发展态势，如浙江安吉生态博物馆（曹兵武，2022）。截至2023 年底，中国先后建成 52 座生态博物馆或社区博物馆，主要分布在少数民族聚居地区以及东部发达地区的古村古镇、工业遗址和城市传统社区等，民族地区还存在具有生态博物馆性质的民族村寨、民族生态园（村）等形式的文化实体，为民族民间文化遗产的保护提供了有益的经验（朱生东，2011）。

"生态博物馆"理念最初是在文化遗产保护领域应用，成熟的生态博物馆类型一般包括完整的民族村寨、民族特色资料信息中心、民族传统活动（潘守永，2011b）。生态博物馆的建立与推广，是中国对文化生态学理论的实践与创新（汪欣，2011）。学界对生态博物馆没有统一的定义，典型内涵如将"一个有价值的社群（村寨、社区）整体上（人、物、生产业态、生活形态）"视作保护及传承的对象（段勇，2017）；生态博物馆强调"地域性、空间性、社区居民参与的重要性以及实践性"（尤小菊，2013），以及将生态博物馆作为博物馆的一种派生模式，在一定程度上体现了社会对于文化事业目的和功能的诉求，提倡文化拥有者和"社区化"等概念（尹绍亭，2008）。生态博物馆的效用是多元的，学者或认为生态博物馆是"沟通人类与自然内在的关联与谐和的外在物质形式"（张勇，1996），或认为生态博物馆的建立顺应了"时代召唤"，是一场"解放运动""复兴运动"（宋向光，2005）；或对这一"舶来品"的中国实践前景表示担忧，认为其是"深刻的文化殖民"，博物馆展示的方式可能会造成"现实和原有生态的分离"（方李莉，2005）。

综上，中国生态博物馆的相关研究，将生态博物馆概括为一种重视社区居民的主体参与意识，提倡在日常生活实践中将文化保护和社区发展视为并行不悖的宗旨和目标的一种在地收藏与保存的文化遗产保护方式（赵尔文达，2021）。在"文化生态失衡"问题日益引起广泛关注的背景下，为弥补我国传统文化实践碎片化和固定化缺陷，"民族文化生态村""文化生态保护区"等新理念被提出并投入实践，开辟了中国文化生态理论及实践的道路（马千里，2019）。

三 国家级文化生态保护区的建立

在联合国教科文组织颁布的《保护非物质文化遗产公约》的引领下，经过生态博物馆、民族民间文化生态保护区的实践，文化生态整体保护理念在非物质文化遗产保护中越来越得到认同，推动了我国文化生态保护区的设立。

2004 年，文化部、财政部联合发出的《关于实施中国民族民间文化保护工程的通知》（文社图发〔2004〕11 号）提出"在民族民间文化形态保存较完整并具有特殊价值、特色鲜明的民族聚集村落和特定区域，分级建立文化生态保护区"，首次提出文化生态保护区的概念。国家级文化生态保护实验区建设工作，是根据《国务院办公厅关于加强我国非物质文化遗产保护工作的意见》（国办发〔2005〕18号）中有关"研究探索对传统文化生态保持较完整并具有特殊价值的村落或特定区域，进行动态整体性保护的方式"的精神，以及《国务院关于加强文化遗产保护的通知》（国发〔2005〕42号）中有关"加强少数民族文化遗产和文化生态保护区的保护。重点扶持少数民族地区的非物质文化遗产保护工作。对文化遗产丰富且传统文化生态保持较完整的区域，要有计划地进行动态的整体性保护。对确属濒危的少数民族文化遗产和文化生态区，要尽快列入保护名录，落实保护措施，抓紧进行抢救和保护"的要求开展的（马盛德，2018）。《国家"十一五"时期文化发展规划纲要》（2006年）中提出，在"十一五"期间，要"确定10个国家级民族民间文化生态保护区"。《中华人民共和国非物质文化遗产法》（2011年）中虽然没有出现文化生态保护区的概念，但在第三章第二十六条中有相关的专门论述："对非物质文化遗产代表性项目集中、特色鲜明、形式和内涵保持完整的特定区域，当地文化主管部门可以制定专项保护规划，报经本级人民政府批准后，实行区域性整体保护"，"实行区域性整体保护"正是文化生态保护区建设的核心理念和重点内容（文化部非物质文化遗产司，2011），详见表6-2。

表6-2　国家文化生态保护区发展历程

事件名称	时间	主要内容
中国民族民间文化保护工程	1987年	开展民族艺术之乡、特色艺术之乡、民间文化艺术之乡、民族文化生态村、民族民间文化生态保护区等的命名工作
《关于进一步加强少数民族文化工作的意见》（文社图发〔2000〕8号）	2000年	在传统文化保存比较完整的地区建立"民族文化生态保护区"
《关于实施中国民族民间文化保护工程的通知》（文社图发〔2004〕11号）	2004年	分级建立"文化生态保护区"构想，将建立文化生态保护区作为"保护工程"的基本保护方式之一
《国务院办公厅关于加强我国非物质文化遗产保护工作的意见》（国办发〔2005〕18号）	2005年	对传统文化生态保持较完整并具有特色价值的村落或特定区域，进行动态整体性保护

事件名称	时间	主要内容
《国务院关于加强文化遗产保护的通知》（国发〔2005〕42号）	2005年	重点扶持少数民族地区的非物质文化遗产保护工作；对文化遗产丰富且传统文化生态保持较完整的区域，要有计划地进行动态整体性保护；对确属濒危的少数民族文化遗产和文化生态区，要尽快列入保护名录，落实保护措施，抓紧进行抢救和保护
《国家"十一五"时期文化发展规划纲要》	2006年	首次正式提出"文化生态保护区"概念，明确未来五年内要在全国范围"确定10个国家级民族民间文化生态保护区，对非物质文化遗产内容丰富、较为集中的区域，实施整体性保护"的目标
首个国家级文化生态保护区设立	2007年	闽南文化生态保护实验区经文化部正式批准设立
《文化部关于加强国家级文化生态保护区建设的指导意见》（文非遗发〔2010〕7号）	2010年	在文化生态保护区的建设工作中，应坚持以保护非物质文化遗产为核心的原则，坚持人文环境与自然环境协调、维护文化生态平衡的整体性原则，坚持尊重人民群众的文化主体地位的原则，坚持以人为本、活态传承的原则，坚持文化与经济社会协调发展的原则，坚持保护优先、开发服从保护的原则，坚持政府主导、社会参与的原则
《中华人民共和国非物质文化遗产法》	2011年	通过并实施
《文化部办公厅关于加强国家级文化生态保护区总体规划编制工作的通知》（文政法发〔2011〕22号）	2011年	对非物质文化遗产代表性项目集中、特色鲜明、形式和内涵保持完整的特定区域，当地文化主管部门可以制定专项保护规划，报经本级人民政府批准后，实行区域性整体保护
《国家"十二五"时期文化改革发展规划纲要》和《文化部"十二五"时期文化改革发展规划》（文政法发〔2012〕13号）	2012年	"十二五"时期，文化部将新设立20个国家级文化生态保护区，已经设立的国家级文化生态保护区要编制和实施总体规划
青海黄南藏族自治州"国家级文化生态保护实验区建设工作座谈会"	2017年	文化生态保护区建设要实现"遗产丰富、氛围浓厚、特色鲜明、民众受益"的目标，践行"见人见物见生活"的保护理念
《国家级文化生态保护区管理办法》	2018年	从原则、目标、申报与设立、建设与管理多方面明确了文化生态保护区的相关规定，标志着依法行政、依规保护非物质文化遗产又迈上一个新的台阶

事件名称	时间	主要内容
《文化和旅游部关于公布国家级文化生态保护区名单的通知》（文旅非遗发〔2019〕147号）	2019年	正式公布闽南文化生态保护实验区等7家为国家级文化生态保护区
《"十四五"文化和旅游发展规划》（文旅政法发〔2021〕40号）	2021年	要在"十四五"期间，建设30个国家级文化生态保护区，开展国家级文化生态保护（实验）区建设评估

资料来源：品橙旅游《万字盘点：国家级文化生态保护（实验）区》，2021年11月16日，https://www.pinchain.com/article/260520。

截至2023年12月，我国已正式批准设立了23处国家级文化生态保护实验区。2019年，闽南文化生态保护实验区、徽州文化生态保护实验区、热贡文化生态保护实验区、羌族文化生态保护实验区（四川）、武陵山区（湘西）土家族苗族文化生态保护实验区、海洋渔文化（象山）生态保护实验区、齐鲁文化（潍坊）生态保护实验区等7个国家级文化生态保护实验区通过验收，正式成为国家级文化生态保护区。2023年，客家文化（赣南）生态保护实验区、铜鼓文化（河池）生态保护实验区、迪庆民族文化生态保护实验区、格萨尔文化（果洛）生态保护实验区、羌族文化生态保护实验区（陕西）通过验收。

第二节　闽南文化生态保护区的设立

一　概况

（一）发展历程

闽南文化生态保护区包括福建省厦门市、泉州市、漳州市三市，共辖十二区四市（县级市）十三县（含金门县），总面积约2.5万平方公里，常住人口约1700万人，居民以汉族为主，有回、满、壮、畲、苗、高山等多个少数民族，全区通行闽南方言。2007年6月，文化部批复设立闽南文化生态保护实验区；2013年2月，福建省人民政府批复《闽南文化生态保护实验区总体规划》；2019年12月，文化和旅游部正式批复设立国家级文化生态保护区。

福建地处东南沿海，《山海经》称"闽在海中"，这种地理环境影响着闽南文化的形成。闽南文化经历了先秦时期闽越文化的融合、汉晋至唐末五代时期的形成、宋元时期的发展、明清时期的曲折前进等历史发展阶段。据考古发现，福建在距今 18 万年以前就有人类活动，闽南地区的人类活动，可以追溯到以漳州莲花池山遗址（距今 7 万~5 万年）为代表的旧石器文化时期；新石器文化的遗存有距今 5000~4000 年的东山大帽山遗址、距今 4000~3000 年的惠安蚁山遗址等。新石器文化时期的贝丘遗址显示，闽南先民的经济生活形态以渔猎和捕捞为主、农业为辅。

（二）自然与人文环境

闽南文化生态保护区"三面环山、两江入海"，是闽南文化生成、发展的舞台。地势从西北向东南倾斜，西北多山，东南濒海，地形多样，山地、丘陵、平原俱全。在晋江、九龙江中下游，形成了福建两大著名的三角洲平原——泉州平原和漳州平原，有着良好的农业生产环境。海域面积约 3 万平方公里，海岸线总长度约 1400 公里，自古以来，沿海闽南人过着"以海为田"的生活。沿海岛屿星罗棋布，拥有大小港湾数十个，主要有湄洲湾、大港湾、泉州湾、深沪湾、围头湾、安海湾、厦门湾、旧镇湾、东山湾、诏安湾等。

闽南文化生态保护区内晋江、九龙江蜿蜒而过，直入大海，是闽南地区物质能量循环的两大动脉。两江串联着两岸众多的河谷盆地，成为闽南区域文化发展的物质依托。历史上闽南的州、府、县大都散布于这些河谷盆地之中。保护区是闽南文化的发祥地、核心区，是世界闽南人的原乡祖地和精神家园。保护区存续状态良好的闽南风俗习惯、闽南方言、闽南祭祖、闽南信俗、闽南传统艺术、闽南传统建筑、闽南饮食等文化事象，构成了闽南文化的完整系统，体现了鲜明的文化特征，保留了丰富的祖地文化内涵，是闽南文化的代表。

（三）保护目标

1. 保护、传承和发展闽南文化，促进闽南地区全面协调可持续发展

闽南文化以中华文化为主体，融合了闽越文化、闽南本土文化，吸收了异域文化，既保留了闽越文化、中原汉文化的浓厚色彩，又具有东南沿海的海洋文化特色。闽南文化既是独特的地域文化，也是中华文化在闽南

地区的具体表现。

建设闽南文化生态保护区，旨在继承闽南文化的优秀传统、激活闽南文化创造力，发挥闽南文化在现代化建设中的重要作用，促进闽南地区经济建设、政治建设、文化建设、社会建设以及生态文明建设全面协调可持续发展。

2. 加强两岸文化交流，推进祖国和平统一

福建省与台湾地区地缘相近、血缘相亲、文缘相承、商缘相连、法缘相循，具有对台交往的独特优势。闽南文化生态保护区有 1700 万闽南人在传承闽南文化，而台湾地区是闽南文化重要的传播区之一。闽南文化保护与传承有利于加强闽台两岸文化交流，有利于促进民族文化认同，增强中华民族凝聚力，维护两岸和平关系，推进祖国和平统一大业。

二　保护区的文化生态

（一）文化特质与文化核心

中华主流文化对闽南文化的形成与发展具有重要的影响，而具有亚热带山海兼备地域特色的闽南文化又进一步丰富了中华文化内涵（福建省人民政府办公厅，2014）。

（1）开放和包容的海洋文化

山海兼备的闽南文化不仅具有以农为本、安土重迁的农耕文化特征，还具有商业性、开拓性、冒险性、兼容性等海洋文化特色。闽南文化在中国海洋文化史上占有重要的地位，"泉州：宋元中国的世界海洋商贸中心"被批准作为文化遗产列入《世界遗产名录》，包括九日山祈风石刻、市舶司遗址、德济门遗址、天后宫、真武庙、南外宗正司遗址、泉州府文庙、开元寺、老君岩造像、清净寺、伊斯兰教圣墓、草庵摩尼光佛造像、磁灶窑址、德化窑址、安溪青阳下草埔冶铁遗址、洛阳桥、安平桥、顺济桥遗址、江口码头、石湖码头、六胜塔、万寿塔（姑嫂塔）等 22 处代表性古迹遗址，在公元 10~14 世纪亚洲海上贸易的高度繁荣时期，泉州地域一体化结构和关键的制度、交通、生产、市场和社会文化因素使它成为一个全球级的重要商业中心，泉州对东亚和东南亚经济文化发展做出巨大贡献，泉州一度成为世界第一大港。

宋元以来，闽南人掌握了先进的造船和航海技术，开辟了海上贸易航

线，向台湾、海外大量移民，将中华文化传播到世界各地，形成了福佑帝君、妈祖等航海神信仰，创造了郊商郊行等贸易制度，保留着祈风、送王船、送顺风、脱草鞋等海洋习俗，引进了阿拉伯、东南亚以及西方多种文化。闽南人既能以开放兼容的胸怀接受多元文化，又能够以和而不同的理念与异域文化和谐共处，体现了中华民族的宽容仁爱、和而不同、大同世界的传统文化价值观与海洋文化精神的融合。

（2）爱国爱乡的宗族文化

闽南文化在坚守中华主流文化核心价值观的同时，又坚持闽南地区某些价值观念，形成耕读为本与商业意识、安分守己与开拓进取、重礼尚义与务实逐利、崇文重教与冒险犯难、传统守成与开放兼容、爱国爱乡与海外眼光等相辅相成的人文性格，并世代相传，保留了中国最为完整的宗族文化形态。历代中原汉人举家或举族南迁，为了适应新的环境，采取聚族或聚乡而居的形式，巩固发展自己占有的生存空间。闽南人向台湾地区、海外移民，也采取这种家族性迁徙形式，从而不断加深闽南人的宗族观念，形成了家族、血缘性宗族、契约性宗族（不同地区的同姓整合而成）等社会形式，也形成了祠堂、族产、谱牒、宗法、祭祀等系统的宗族文化。正是这种传统保守的宗族文化，在闽南人开创事业、向外拓展的过程中发挥着积极有效的凝聚作用，闽南本土民营企业和台湾地区、海外的闽南人企业都具有家族色彩。随着社会的发展，宗族文化通过信息流、交通流、人流、物质流、资金流等，使闽南本土与世界各地保持着紧密的社会网络关系。宗族文化是联系海峡两岸闽南人的血缘纽带，对于促进闽南文化、中华文化的认同具有十分重要的意义。

（3）个性鲜明的民俗文化与民间艺术

闽南各地都有自己相对独立的地方保护神，世界各地闽南人仍通过进香谒祖的形式来认同闽南文化和中华民族文化。地方保护神是宗族组织的黏合剂，将不同姓氏的宗族组织整合起来，构成了包含不同姓氏的乡族社会。闽南地区就是由这些大大小小的乡族社会构成的。这些地方神祇随着闽南人的移民扩散到世界各地，移民们同样以地方神祇来"复制"闽南的乡族社会。闽南民间信仰是移民们建设家园、战胜困难的精神寄托，也是移民及其后裔对闽南本土文化认同的标志。此外，闽南有生育女神、冥吏瘟神、禅道神仙、忠义圣贤、水神、海神、财神、戏神、乐神、医神等多种民间信仰，这些神祇既有中原移民带来的，也有外地传来和本土产生的，构成了闽南民间信仰的复杂性和多样性。

民间信仰、人生礼俗、传统节庆是闽南地方戏曲、歌舞生存与发展的沃土，闽南话是闽南文化生态保护区通行方言，区内民间艺术表演多以闽南语为基础，个性鲜明、风格独特，包括被誉为"中国音乐历史的活化石"的南音，用泉腔方言演唱，保留着古老的乐器、记谱方式、演奏方法和许多唐宋乐曲，并形成了不同的唱法和流派。此外，民间戏曲多样，如梨园戏精致优雅、高甲戏市井气息浓厚、打城戏充满宗教色彩、歌仔戏则是两岸共同孕育的文化等；掌中木偶、提线木偶、铁枝木偶、皮影戏等种类丰富，体现了民间艺术与民俗共生共荣的特色。

（二）文化生态单元

闽南文化是秦汉晋唐期间南迁汉人携带来的中原文化在福建东南沿海特殊的地理环境中与闽越、闽南本土文化多次融合的产物，是宋元明清以来在与异域经济文化交流和向外拓展中吸收了东南亚、阿拉伯、西方等外来优秀文化因素而形成的农耕文化与海洋文化交织的闽南民系文化，是历代闽南人创造出来的精神文明与物质文明的总和，是中华文化的重要组成部分（福建省人民政府办公厅，2014）。

闽南文化生态单元主要以非物质文化遗产和物质文化遗产表现出来。闽南三市共有国家级非物质文化遗产代表性项目54项、省级非物质文化遗产代表性项目150项，有国家级非物质文化遗产项目代表性传承人59人、省级非物质文化遗产项目代表性传承人169人。三市共有全国重点文物保护单位43处、省级文物保护单位147处、市县区级文物保护单位1535处。三市有风景名胜区9处，其中国家级2处、省级7处。三市有国家级历史文化名城泉州市、漳州市，有历史文化街区泉州市中山路、漳州市古街区、厦门市中山路，也有一批国家级、省级历史文化名镇、名村，以及一些非物质文化遗产所在的古建筑、古村落。

三市共有民间职业剧团300多个，南音社团仅泉州市就有300个以上；大小庙宇遍布各村社，开展妈祖、保生大帝、关帝、开漳圣王等祭祀活动，影响遍及闽台两岸同胞和东南亚华侨华人；祠堂遍布城乡各地，两岸共祭祖先活动持续不断；数千家民间企业在传承德化瓷烧制、安溪铁观音制作和惠安石雕、木雕等各种技艺；三市成立了闽南文化研究会，开展闽南文化艺术的保护、传承和研究。

表6-3 闽南主要非物质文化遗产和物质文化遗产

名称	类型	特征
南音（北管、什音、褒歌、四平锣鼓乐等传统音乐）	人类非物质文化遗产代表作	中国古典音乐的宝库，广泛传播于中国台湾、东南亚各地
闽南传统民居营造技艺，福建土楼营造技艺	人类非物质文化遗产代表作，中国传统木结构建筑营造技艺的组成部分	闽南土楼、闽南庙宇、开元寺的东西塔、洛阳桥、安平桥等古建筑，共同展示了闽南传统建筑特点
剪纸与木版年画、刻纸、纸织画、无骨花灯、木偶头雕刻等传统美术	人类非物质文化遗产代表作	在节日节庆和各种艺术活动中发挥作用
妈祖信俗以及保生大帝、关帝、开漳圣王、清水祖师、三平祖师、广泽尊王、青山王等民间信俗	人类非物质文化遗产代表作	广泛传播于中国台湾、港澳和东南亚等地
水密隔舱福船制造技艺、东山海船钉造技术和妈祖信俗、送王船习俗、惠安女习俗、蟳埔女习俗等非物质文化遗产	急需保护的人类非物质文化遗产	闽南海洋文化的特征
华侨教育、华侨商会、华侨批局、华侨社团等华侨文化	急需保护的人类非物质文化遗产	闽南海洋文化的特征
梨园戏、木偶戏、高甲戏、歌仔戏、打城戏等传统戏曲	中国宋元南戏活态遗存	活跃于各地城乡舞台之上
闽南灯谜、闽南童谣等民间文学，锦歌、讲古、答嘴鼓、东山歌册等曲艺	非物质文化遗产	受闽南人喜爱
闽南方言	中原古汉语与闽越语融合而成，被称为"河洛语"	被世界数千万闽南人使用
拍胸舞、踢球舞、火鼎公婆、大鼓凉伞、车鼓弄等传统舞蹈，蜈蚣阁等民间游艺	非物质文化遗产	活跃于迎神赛会
刣狮、五祖拳、赛龙舟、宋江阵等传统体育与竞技	非物质文化遗产	受广大群众喜爱
闽南祭祖、谱牒	非物质文化遗产	延续着中原文化的血脉，世界闽南人寻根谒祖的重要载体，两岸、海内外祭祖活动世代传承

续表

名称	类型	特征
结婚、生日、寿诞、入学礼、成年礼、拜师礼等传统礼仪，闹元宵、嗦啰嗹、海峡两岸端午对渡、闽台东石灯俗、中秋博饼等岁时节庆	非物质文化遗产	两岸共庆
惠安石雕、厦门漆线雕、德化瓷、安溪铁观音（乌龙茶）	非物质文化遗产	保留传统制作技艺
片仔癀、灵源万应茶等传统中药，永春老醋、春生堂老酒、源和堂蜜饯等传统食品	非物质文化遗产	与人们的生活息息相关
宋代科学家苏颂、明代思想家李贽、史学家何乔远、理学家黄道周、民族英雄郑成功、抗倭英雄俞大猷、清代理学家李光地和收复台湾的施琅、近现代华侨领袖陈嘉庚等闽南先贤		闽南名人文化
唐宋元明清的港口遗址、九日山摩崖石刻、宋代古船、蚝壳厝、鼓浪屿建筑	物质文化遗产	闽南海洋文化的特征
祠堂家庙	物质文化遗产	延续着中原文化的血脉

资料来源：根据福建省人民政府办公厅《闽南文化生态保护区总体规划》（2014年）整理。

（三）闽南文化生态系统

文化生态系统并不是静止的，而是在保护过程中发展。闽南文化生态系统主要有三种类型：一是闽南文化生态保护区所保护的核心对象，即其区域范围内的各级非物质文化遗产代表性项目以及代表性传承人；二是保护区内的文物，历史文化名城（街区）、名镇（乡）、名村以及自然保护区，风景名胜区的整体性环境；三是文化遗产集中、特色鲜明、形式和内涵保持相对完整、自然生态较好的重点区域。

表6-4 闽南文化生态保护区实施整体性保护重点区域

单位：处

类别	区域名称	数量
历史文化街区保护区域	泉州市鲤城区历史文化街区、漳州市芗城区历史文化街区、厦门市思明区中山路历史文化街区	3

类别	区域名称	数量
历史文化名镇（村）、古村落保护区域	泉州市泉港区后龙镇土坑村、晋江市金井镇福全村、永春县岵山镇、龙海市东园镇埭尾村、诏安县西潭乡山河村、华安县马坑乡和春村、漳州市龙文区蓝田镇湘桥村、漳浦县湖西乡硕高山赵家堡、南靖县书洋镇长教村、华安县仙都镇大地村、长泰县陈巷镇山重村、厦门市翔安新店镇吕塘村	12
民间信俗保护区域	泉州市洛江区仙公山及其周边社区、云霄县云陵镇享堂村及其周边社区、平和县文峰镇三平社区、漳浦县旧镇乌石社区、东山县铜陵镇、厦门市海沧区青礁村、漳州龙海市白礁村、厦门市集美区灌口镇、厦门市翔安区马巷镇、厦门市同安区北辰山及其周边社区	10
民俗保护区域	南安市丰州镇九日山及其周边社区，石狮市蚶江镇，惠安县崇武镇大岞村、小岞镇，泉州市丰泽区蟳埔社区，南安市石井镇，晋江市安海镇，厦门市同安区吕厝村，厦门市湖里区殿前街道	8
传统戏剧保护区域	晋江市五店市街区、龙海市海澄镇及其周边社区	2
传统技艺保护区域	惠安县崇武镇、山霞镇和泉州台投区张坂镇、德化县浔中镇、龙浔镇、诏安县南诏镇、安溪县西坪镇松岩村、安溪县西坪镇尧阳村	7
传统体育、游艺保护区域	永春县桃城镇、五里街镇、厦门市海沧区新垵村、厦门市同安区造水村	4
传统音乐、曲艺、舞蹈保护区域	泉州市泉港区山腰街道、泉州市鲤城区浮桥街道、厦门市同安莲花小坪村、厦门市思明区梧村街道、厦门市翔安区金柄村	5
传统美术保护区域	漳浦县绥安镇	1
闽南文化遗产保护展示区域、点	泉州市清源山及其周边社区、博物馆群保护展示区、漳州市漳台民间文化艺术保护展示点、漳州市天福茶文化保护展示点、厦门市鼓浪屿建筑保护展示区、厦门集美学村嘉庚建筑保护展示区	6

资料来源：根据福建省人民政府办公厅《闽南文化生态保护区总体规划》（2014 年）整理。

第三节　闽南文化生态保护区的发展

一　现状分析

（一）理论创新

文化生态学是闽南文化生态保护区建设的理论基础，国家文化生态保护区建设离不开三个相关联的理论假设：一是文化与生物一样，都具有生态性，有生物生态，也有文化生态；二是文化生态与生物生态一样，都有系统性；三是文化生态系统与生物生态系统一样，都具有动态性、区域性（宋增文等，2013）。文化的生态性、文化生态的系统性与文化生态系统的动态性和区域性，是国家文化生态保护区建设的理论依据，闽南文化生态保护区建设进一步丰富了文化生态学的理论体系。

闽南文化生态保护区在地理上连成一片，在文化生态上呈现一致性，区内非遗及其文化生态得到整体性保护，是对文化生态博物馆理论与实践的创新（赵尔文达，2021），体现在四个方面：一是保护区以区域为单位对空间内非遗项目实行整体性保护，处理好项目间的内在逻辑联系，尊重文化发展的客观规律；二是保护区从时间性角度思考非遗传统性、现代性与未来性作用的关系，强调结合现代语境，将传统与现代同时合理嵌入文化实践；三是保护区从共时性角度解释多样非遗与复杂文化生态系统之间相互依存、相互共生的关系；四是保护区从利益相关者的视角揭示保护区民众在非遗传承和发展过程中的多主体协商过程。

此外，闽南文化生态保护区以非物质文化遗产代表性项目、代表性传承人和整体性保护的重点区域为"三大抓手"，建立政府主导、群众主体、社会参与的共同保护机制，对闽南地区的非物质文化遗产和与之相关的物质文化遗产、自然遗产进行整体性保护，营造有利于文化遗产保存、生存、发展的各种环境，使闽南文化中优秀的传统文化融入现代文明，构建起人与文化遗产、自然遗产和谐相处的文化生态系统。

（二）实践创新

1. 建立一套完整的保护机制

（1）工作机制保障

闽南文化生态保护区成立保护区工作领导小组、保护区专家工作委员会、保护区工作领导小组办公室等机构，负责保护区建设的顶层设计、区域协调和任务落实与督导。

闽南文化生态保护区工作领导小组由福建省政府牵头，成员由福建省文化和旅游厅、财政厅、住房和城乡建设厅、教育厅、农业农村厅、民政厅、环境保护厅、民族与宗教事务厅、旅游局、文物局等以及厦门市、漳州市、泉州市主要领导组成,各市成立相应机构。领导小组主要职能有三个。

一是定期召开联席会议,听取闽南文化生态保护区工作汇报,统筹协调有关工作。

二是指导、督查闽南文化生态保护区工作。

三是制定、出台闽南文化生态保护区有关管理办法、条例等。

闽南文化生态保护区专家工作委员会设在福建省艺术研究院。专家工作委员会由闽南文化生态保护区工作领导小组聘请的各学科有关专家学者组成,为闽南文化生态保护区建设提供智力支撑。专家工作委员会主要职能有四个。

一是深入调查研究,对闽南文化生态保护区工作提出指导性意见和建议。

二是为闽南文化生态保护区工作所遇到的问题提供专业咨询。

三是对闽南文化生态保护区有关工作人员进行教育和培训。

四是对闽南文化生态保护区的工作进行评估和审查评议有关项目等。

闽南文化生态保护区工作领导小组办公室设在福建省文化和旅游厅,各市设在文化局,并依托省、市非物质文化遗产保护中心,配备相应的管理、宣传、培训等专职人员编制和工作经费、专项经费。办公室主要职能有三个。

一是组织实施闽南文化生态保护区工作操作层面事项,确保领导小组决定的执行。

二是起草闽南文化生态保护区相关文件及会议议程。

三是开展单位间、区域间协调、联络、交流工作等。

闽南三市设立非物质文化遗产保护中心,给予事业单位人员编制和经费支持,具体负责闽南文化生态保护区工作。

(2)政策法规保障

闽南文化生态保护区以《中华人民共和国非物质文化遗产法》《国务院关于加强文化遗产保护的通知》等文件为依据,制定符合实际情况的各类管理办法,包括:《闽南文化生态保护区保护工作管理暂行条例》;《闽南文化生态保护区非物质文化遗产代表性项目保护与管理暂行办法》;《闽南文化生态保护区非物质文化遗产项目代表性传承人保护与管理暂行办法》;《闽南文化生态保护区非物质文化遗产传习中心管理暂行办法》;《闽南文化生态保护区整体性保护区域管理暂行办法》；《闽南文化生态保护区生产性示范基地管理暂行办法》；《闽南文化生态保护区专项资金使用管理暂行办法》。

（3）经费保障

闽南文化生态保护区采取国家、省、市财政拨款和民间筹集方式解决经费问题。经费用于非物质文化遗产代表性项目活动、传承人经费资助、传习中心活动、对台对外交流活动、整体性保护区域建设、人才队伍建设、数据库建设、基础设施建设、非物质文化遗产研究等。

主要经费来源有四个方面。

一是国家、省、市财政投入比例为 1：1：1。

二是福建省人民政府设立闽南文化生态保护区建设专项资金，列入年度财政预算。

三是闽南文化生态保护区所涉及的市、区、县人民政府设立相应的专项资金，分别列入本级财政预算。

四是通过政策引导等措施，鼓励个人、企业和社会组织对文化生态保护区建设予以资助，多渠道吸纳社会资金投入。资金的募集、使用和管理，依照国家有关法律、行政法规和部门规章的规定执行。

2. 文化生态保护模式创新

闽南文化生态保护区设立的宗旨是更好地保护好当地的物质文化遗产和非物质文化遗产，其核心点是将物质文化遗产与非物质文化遗产紧密结合进行整体保护。这体现了我国的文化遗产保护工作从最初单一、片面、静态性的保护，迅速发展到整体、活态、生态性的保护（赵艳喜，2009）。

（1）静态与动态保护相结合

闽南文化生态保护区注重非物质文化遗产（见附录 1）、物质文化遗产（见附录 2）、自然遗产之间的关联性保护。保护区注意非物质文化遗产之间的关联性、非物质文化遗产与物质文化遗产之间的关联性、非物质文化遗产与自然遗产之间的关联性，以及非物质文化遗产、物质文化遗产、自然遗产三者之间的关联性，并根据三者之间的有机联系进行整体性保护。

闽南文化生态保护区实施非物质文化遗产资源普查、代表性项目和代表性传承人四级名录体系建设、非物质文化遗产资源数字化建设以及非物质文化遗产的研究。其中，静态的保护与传播活动、传承活动、学校教育活动、社会宣传教育活动等相结合，特别是融入人民群众的生产生活中进行动态保护，这也符合非物质文化遗产是活态文化的特质和文化传承发展的规律。

（2）重点与全面保护相结合

闽南文化生态保护区重点抢救一批濒危的非物质文化遗产代表性项目（见附录5），重点保护一批传播范围广、价值特征突出的重大的代表性项目，同时全面保护各级非物质文化遗产代表性项目；保存好非物质文化遗产资源，对重要的非物质文化遗产资源也进行了必要的保护。

闽南文化生态保护区在保护区中划出若干重点保护区域，作为实行整体性保护的抓手。重点区域要充分利用原有文化遗产、自然遗产的保护基础，与历史文化街区保护相结合、与历史文化名镇（乡）名村保护相结合、与文化艺术之乡建设相结合、与社会主义新农村建设相结合、与美丽乡村建设相结合、与自然保护区、风景名胜区保护相结合，使重点区域成为传统文化与现代文明共生并存的充满活力的文化空间（见附录4）。

（3）非物质文化遗产保护与"建设两岸文化交流的重要基地"相结合

非物质文化遗产代表性项目保护与营造有利于其生存、发展的环境相结合。正如物种的消亡是因为环境的变化一样，非物质文化遗产的生存受到威胁也是因为环境发生了巨大的变化。闽南文化生态保护区按照生态学生物与环境关系的原理，既要保护非物质文化遗产代表性项目，也要为非物质文化遗产的生存、发展营造各种良好的环境。

闽南与台湾地区地缘相近、血缘相亲、文缘相承、商缘相连、法缘相循，具有对台交往的独特优势。闽南文化生态保护区充分发挥祖地文化优势，建设两岸民间信俗、民间祭祖、民间艺术等全方位的文化交流的前沿基地，使闽南地区成为两岸人民共有精神家园（见附录5）。

（4）保护传承与合理利用相结合

闽南文化生态保护区在有效保护和传承各类物质文化遗产和非物质文化遗产的基础上，合理利用非物质文化遗产代表性项目开发具有地方、民族特色和市场潜力的文化产品和文化服务，如安溪建设中国茶都、德化建设中国瓷都、惠安建设中国雕艺之都等，促进闽南地区经济可持续发展。

二 存在的困难

当前，闽南文化生态保护区社区保护和发展仍存在如下困难。

（一）基层社区的自主性差异

非物质文化遗产保护与生物多样性保护在理念上有相似性，但两者的保护对象有差异，一个是人类，一个是动植物。因此，基层社区保护（或称"生态区保护"）策略的制定要有所差异，人与自然物性质不同，自然物被动地接受自然，而人有主观能动性，生物多样性保护与非物质文化遗产保护不能用同样的方式去对待。

在文化生态保护区保护规划的制定以及整个项目实施过程当中，政府一开始过多重视品牌创建，社区和民众的主体性没有得到很好的体现（吴效群，2008）。闽南文化生态保护区是自上而下推动设立的，总体规划更多反映了政府的主观意图，创建成功后，在实施过程中要更多体现出以人为本、以民为本的精神，就需要保护区中的社区和民众在总体规划指导下，把文化保护和民众的生产生活融合起来，当前存在简单地把"文化"当作舞台表演展现给外人的现象，社区和民众的主体性体现得还不够充分。因此，基层社区保护的主导者需要强调非物质文化遗产主体——社区民众参与的主动性和积极性。但目前还没有总结出一套行之有效的办法，可以让政府广泛影响社区民众的价值判断，使居民自觉成为保护工作的主动承担者并坚持下去，最终形成政府主导、民众主体、社会参与的良性互动格局。此外，闽南文化生态保护区制度层面上的保障和支持力度也不够，民众作为自觉的保护主体、学术界独立自主研究、政府法律法规服务三者良性互动的保护局面还没有形成。

（二）保护目标的偏移

世界范围内非物质文化遗产保护经验显示，"文化社区""地方社团""当地社团"等独立单元在保护中发挥重要作用。社区是非物质文化遗产产生、传承和发展的沃土，政府只要引导得当，在政策和法规方面做好服务工作，让民众认识到保护的意义，促使社区居民自愿承担起保护的相关责任，那么社区保护的目标就能够实现。

文化生态保护区如何使文化生态保护与自然生态保护相结合、整体保护与重点保护相结合，以及如何保持和维护自然与文化生态系统的完整性、正确处理好继承与发展的关系，这是困扰文化生态保护区的重大问题，这一系列问题的处理结果将直接关系到文化生态保护区的得失与成败问题。

（三）非物质文化遗产活力不足与"过旺"

中国非物质文化遗产的情况与许多国家和地区不同。改革开放前，非物质文化遗产中的大部分已从日常生活中退出或者丧失了社会功能，成为文化遗留物。改革开放后，经济持续高速增长，文化建设的重要性越发凸显出来，民间文化作为宝贵的传统资源受到政府、学术界的青睐和追捧，民众对于民族传统文化产生了前所未有的信心。在短短的几十年内，由于社会各界对非物质文化遗产认识的巨大转变，大多数的非物质文化遗产被从遗留物状态发掘出来，在"复活"之初就半推半就地登上地方经济发展的快车、登上行政工作的快车，外力推动虽然强劲，但由于历史发展原因，其自身的活力明显不足（陈华文、陈淑君，2016）。

非物质文化遗产集中的地区往往经济发展水平相对滞后，当地人民有着强烈的摆脱贫困、追求现代生活的愿望。对于与自己生活相关的非物质文化遗产保护，社区居民有权利做出自己的价值取舍。根据统计，当人均GDP小于1000美元时，赚钱比文化保护重要；当人均GDP超过1000美元时，文化保护被提上议事日程；当人均GDP超过3000美元时，文化保护就开始得到重视；当人均GDP超过10000美元时，各项社会发展规划都要重视文化保护与建设。当前，我国人均GDP已经超过10000美元，福建省人均GDP接近20000美元，在文化自信的指引下，闽南文化生态保护区建设成为中国传统文化保护与传承的重要载体。由于非物质文化遗产大都是农业社会的产物，今天人们对非遗的保护要更好地在当地的文化生态基底，特别是在产业环境条件下来分析，包括生态博物馆等保护方式都要处理好社会主义市场经济体制和非物质文化遗产保护等的关系，这些都隐含着诸多两难的问题，实质上反映了保护这一时代命题与当前社会发展阶段之间存在的差距，这些困扰同样存在于闽南文化生态保护区。

此外，在城镇化、市场化和信息化浪潮影响下，国家级文化生态保护区无疑具有很高的商业价值，旅游业、文创业等新兴业态的介入将不可避免，非物质文化遗产有可能被造就为一个以传统文化为卖点的产品，进而加速非物质文化遗产的商品化和私域化，造成非物质文化遗产活力"过旺"。闽南文化生态保护区三地政府在申报非物质文化遗产保护项目的同时，都需要一定的资金来投入保护，单纯依靠财政支持是不可持续的，如何协调保护与利用、保护与发展的关系，是当前保护区建设过程中的重点与难点。闽南文化生态保护区部分社区中的非遗被授予"老字号"后商业价值便迅速见长，各类资本迅速围猎，短期内迅速出圈，这种短期"爆红"现象对于非物质文化遗产保护的影响还有待进一步深入研究。

（四）文化生态保护跨行政区域管理困境

闽南文化生态保护区包含厦门、漳州、泉州三个地市，存在跨行政区域的文化生态保护区与现有行政区划管理体制和机制无法进行有效衔接，造成管理和协调困难的问题。由于历史、文化和自然的原因，特别是行政区划的变化，许多历史上同根同源、相对完整的文化生态区，无法进行统一的规划、管理、保护与建设。同样，闽南文化生态保护区的厦门、泉州、漳州三市，在当前各地政府政绩考核以 GDP 为主要指标体制下步调一致地开展文化生态保护，妥善处理保护区内跨行政区域的管理体制和机制问题，设立统一的管理、协调、保护与建设机构，统筹规划，共同实施，协调各方关系，这是闽南文化生态保护区建设中一项艰巨而重要的任务（卞利，2010）。此外，厦门、泉州、漳州三个地市怎样区别不同类型的非物质文化遗产，并采取有针对性的举措，实现对各种不同类型的非物质文化遗产的全面原生态保护，这也是保护区建设过程中无法回避的难题。

三　建立文化生态补偿机制

对于闽南文化生态保护区开展物质和非物质文化遗产保护而付出或牺牲的经济利益，建立有效补偿机制，这是调动保护区所在地区政府、社会和民众积极性和主动性，保证保护区可持续发展的重要保障。当前，文化生态补偿机制包括四个方面：一是建立和完善财政转移支付制度，由各级政府设立国家级和省级文化生态保护补偿专项基金，并动员社会捐助，建立民间保护基金；二是转变文化生态保护区所在地区的经济发展方式，改变文化生态保护区所在地政府单纯以 GDP 为主的经济考核指标，增加与文化生态保护区及非物质文化遗产保护项目有关的考核指标；三是对文化生态保护区内与非物质文化遗产保护项目相关的经济行为给予减免税收方面的优惠，以激发组织和个人保护与传承非物质文化遗产的积极性；四是对与文化生态保护区相邻地区因此受益的政府组织、社会组织、企事业单位和广大民众，征收一定比例的文化生态补偿基金，用作补偿文化生态保护区的专项资金（文化部非物质文化遗产司，2011）。因此，闽南文化生态保护区要建立起有法可依的文化生态补偿机制，比较稳定地获取一定金额的文化生态补偿金，这是保护区可持续发展的重要资金保障。

第七章
乡贤文化生态的保护与传承

第一节 乡贤与乡贤文化

一 乡贤概述

（一）乡贤概念

乡贤是中国传统农耕社会的产物（刘淑兰，2016）。"乡贤"一词最早出现在明代，浙江嘉兴人沈德符在《万历野获编》的《果报》类中记有《戮子》："嘉靖末年，新郑故都御史高捷，有子不才，屡戒不悛，因手刃之。中丞殁后，其地公举乡贤。"（王泉根，2011）此时，乡贤是指乡里有德行、有声望的人（林明水等，2017）。

在古代文献中，与"乡贤"近义的词有"乡先生""乡达""乡老""乡三老""乡绅"等，也均指乡里有声望、有德行的人。这些人或为官在外，或退职还乡，或为地方官员。

随着时代的发展，特别是科举制度的消亡，乡贤不再仅限于为官人群，而是拓展到社会的各个阶层，特别是各个阶层中的"名人"（刘淑兰，2016）。这些名人在自然和人文各个领域取得一定的业绩，具有全局性影响力或在本领域占有一席之地，是社会各界精英名流（朱璇，2012）。

综上所述，"乡贤"是指在乡村有德行、有才能、有声望，且深为当地民众所尊重的人（刘淑兰，2016）。这个概念凸显出乡贤有三个重要特征：一是有地域性，二是有知名度，三是受道德观、价值观的考评。三者缺一不可。地域性、知名度、道德观，这就构成了"乡贤"的三个基本要素（林明水等，2017）。

（二）乡贤类型

乡贤文化是中华优秀文化的重要组成部分，是值得珍视的宝贵的文化遗产，在广大农村还蕴藏着丰富的乡贤文化（解晓燕、冯广华，2010）。传统乡贤有两大社会功能，一是维持乡村自治；二是通过制定、执行乡规民约，淳化、维系乡村礼俗。当代乡贤形象较之传统乡贤形象有较大的差别，主要体现在三个方面。一是当代乡贤未必具备传统乡贤那样较为完备的道德思想观念，但有良知，具备个人道德修养。二是当代乡贤具有乡土情结。三是当代乡贤有见识，有现代思想。现代乡村已经不再是封闭自足的小型自治社会，仅仅熟知地方性知识已经无法应对乡村社会在现代转型过程中遭遇的各种问题，乡贤必须具备法律意识、经济意识、民主意识、生态意识等现代理念（李静，2016）。

综上，当代乡贤可以归纳为三种主要类型：一是有良知的乡村干部；二是有思想的乡村知识分子；三是回乡居住的退休知识分子（李静，2016）。

（三）当代乡贤的内涵

当代乡贤有四大内涵（李晓斐，2016）。一是自身的客观影响力。从乡贤概念发展的历程上看，传统士绅、地方精英、民间权威概念背后的社会结构与涵盖侧重差异虽然较大，但共同之处在于这些人均是当地社会具有影响力的核心人物。因此，当代乡贤首要特征就在于其自身所具有的客观影响力，其核心在于在乡土社会以己为中心的社会网络中具有成功扩张能力，从而居于社会圈子核心地位的"中心个人"。即不论是基层干部、先进典型还是普通村民，要想成为乡贤，其必然是当地社会成功的中心个人，或者说在乡土社会的社会网络格局中具有潜在扩张的客观能力，从而在当地具备或大或小的、客观的影响力与支配性。

二是民众的主观认定。当代乡贤更多依赖于当地普通民众对他的主观认定，乡贤不一定是精英，但一定具有民间权威的内涵。当代乡贤并不一定是居于当地社会分层体系顶端的精英，能否成为乡贤的关键因素在于个人是否得到当地普通村民的认可、信服、尊敬，或能否满足当地人们的某种普遍期待。因此，实现对各种资源的控制以及对当地社会的权力支配，并不是成为乡贤的必要条件。

三是特定的文化土壤。乡贤生长于特定文化观念体系的土壤之中，只有成功满足或履行地方社会中被广泛接受的特定的文化观念，才有可能符合当地民众的主观标准与期待，进而得到当地村民的普遍认可与信任尊敬。

四是本土的地域边界。乡贤也有一定的本土性，其影响力受一定地域范围的限制。这个范围小则可以是一个村庄、一个乡镇或县域，大则可以是某个文化区，这一特征与传统社会士绅的区域性特征相吻合（李晓斐，2016）。

二　乡贤文化

（一）乡贤文化的特质

乡贤文化大体属于地域文化。不同文化区的乡贤文化往往有不同特色，在地乡贤以不同形式致力于当地经济与社会发展事业。如江苏省丰县梁寨镇一些退休干部、老党员、老教师等，自发成立了志愿者服务队，收集民情民意，调解群众纠纷，宣传党的政策，起到了积极的作用。镇党委、政府为促进乡风文明建设，在梁寨镇设立了"乡贤工作室"，老同志积极发挥余热，化解社会矛盾（石培明、张道平，2015）。浙江省德清县着力培育一种维护社会公共利益、促进基层民主自治的农村社会组织——乡贤参事会，在基层党组织领导下，充分发挥其参与社会管理、公共服务的作用，成为群众参与基层治理、加强党群联系的新平台（袁艳，2014）。江西省万载县积极探索乡村治理新方法，在法治的框架下，最大限度地发挥乡镇非公经济人士、退休教师、退休干部、宗教界人士以及在家族或"屋场"有影响力、有威望的人士等乡贤的德治作用，在全县 17 个乡（镇、街道）创建了"乡村党外民间人士工作室"，工作室共聘请 541 名乡贤参与辅助村级事务管理，扭转乡村治理主体弱化的现状，促进乡村社会治理转型，对社会主义新农村建设发挥不可替代的作用（黄磊、欧阳思伟，2015）。另外，江苏宝应县乡贤回乡参与家乡经济建设（郑晋鸣、韩灵丽，2014）；山东省泗水县尼山地区乡贤参与化解社会矛盾纠纷（赵法生，2014）；江苏省徐州市贾汪区筹建乡贤工作室，为民办实事、化解基层社会小摩擦（王应举等，2015）；广东省推进乡贤反哺工程，广东丰顺县大力发展乡贤经济（冯科，2010）；上海市奉贤区推动乡贤参与城乡社区治理（祝越，2015）；浙江上虞大力发展乡贤文化（董光海、冯健英，2015）；福建松溪县乡贤返乡成立乡贤理事会，助力地方发展（张颖，2015）；湖北鄂州发挥当地"五老"作用（陈庆跃，2015）；天津武清区泗村店镇建立"乡贤"队伍，化解乡村矛盾（王昕等，2015）；等等。

　　作为中国传统乡村社会的重要文化景观，乡贤文化经过千百年的传承和积累，在乡村治理、文明教化、谋利桑梓等方面形成了丰富的经验和深厚的传统，对于中国社会的基层稳定、中华文明的赓续发扬具有举足轻重的意义。乡贤文化既体现乡贤热爱家乡、建设故里、乐于担当的情怀，又饱蕴见贤思齐、助人为乐、崇德向善的正能量，在垂范乡里、化育乡邻、维护乡村秩序、促进基层社会平稳发展等方面曾产生巨大而深远的影响（钱念孙，2016）。

　　乡贤文化内容广泛，大体包含人、事、结果三个层次：一是乡贤的构成及特质，即乡贤由哪些人组成，这些人具备什么样的能力和特点；二是乡贤的作用及影响，包括乡贤在乡村建设中扮演怎样的角色，发挥怎样的功能，产生怎样的效果等；三是乡贤治理乡村所创造并传承下来的文化遗产，包括祠堂、学堂、牌坊和功德碑等物质文化遗产，以及乡规民约、乡风民俗及村志谱牒等非物质文化遗产。这三个层次逐级递进，而乡贤文化的核心和基础是乡贤，没有乡贤，乡贤文化便无法形成；乡贤的流失，必然导致乡贤文化的衰落（刘丽华等，2018）。

（二）乡贤文化核心

　　传统乡贤在乡村社会中特别强调其道德伦理、政治、社会、文化上的突出特点，往往也是经济上的富足人士，其基本特征包括五个方面：一是明显的地域性；二是有较高的社会地位与政治影响力；三是拥有较高的声望与知名度；四是弘扬时代价值观；五是有良好的教育背景（张兆成，2016）。

　　当代乡贤是对传统乡贤的辩证否定与扬弃。当代乡贤摒弃了传统乡贤中等级森严、尊卑有别等糟粕，倡导现代社会的民主法治理念、开放竞争意识、包容创新氛围以及幸福、自由、平等精神等现代文明因子；从主体上说，当代乡贤既包括道德模范、不同领域的社会贤达等，也包括以自己的专长、学识和财富建设乡村、改善民生的各类优秀人物。因此，当代乡贤既汲取传统乡贤中的价值精华，又自觉践行和融入社会主义核心价值观；既发扬传统乡贤品格，又凝练现代乡贤品格，是社会主义核心价值观与优秀传统文化在乡村社会相契合、传统与现代相对接的新模式（黄海，2016）。

当代乡贤是传统乡贤的延续与发展。在新时代背景下产生的乡村治理主体，来自各条战线，既可能是退休干部、退休教师、退休工人、乡村族长、村干部，也可能是在职的在乡村地区工作的杰出人士；既可能是乡村中的各类优秀人物，也可能是通过各种渠道服务家乡经济社会发展的在外成功人士。当代乡贤继承了传统乡贤的优秀品格，继承了千百年来乡村社会背景下乡贤治理的有益经验并将之转化为现代乡村社会的物质与精神财富，从而服务于社会主义新农村建设。因此，当代乡贤既继承了传统乡贤的名号，也继承了传统乡贤的积极因素，是传统乡贤在新时期的延续（张兆成，2016）。

当代乡贤文化的核心包括五个方面。

一是地域性特征。乡贤活跃于广大乡村社会与社会最基层，他们本身是乡民的组成部分。在场乡贤扎根本土，把现代价值观传递给农民；不在场乡贤外出打拼，有了成就再回馈乡里，或通过思想理念、知识和财富等方式关心和支持家乡发展（张颐武，2015）。地域性成为在地乡贤致力于乡村发展与在外乡贤关心家乡建设的黏合剂。

二是平民化特征。当代乡贤，虽然也注重其家族和社会政治地位，但更多地趋向于平民化，普通百姓只要符合一定的条件，诸如品质良好、热心助人、热心公务、富有正义感，则无论是党员、党外人士抑或乡村一般民众，都可以成为乡贤的组成人员。从全国各地乡贤的基本构成看，乡贤大多由本村的老党员、党外人士、老村干部、党员代表、村民小组长、退休教师、老者等热心于乡村事务且有正义感的人员担当。乡贤本身来自基层，来自群众，服务于群众，因而更方便开展工作，成为群众的贴心人（张兆成，2016）。

三是社会声望高。乡贤未必熟读儒家经典、熟知礼仪教化，但大多接受过较高水平的教育，知晓党的政策和国家政策法规，对几千年传承下来的农村地区民俗、民风，本地的乡规民约以及乡村民众的生产、生活情况较为熟悉。正是由于乡贤对于所在的乡村而言是熟人，又加上办事公正、善于协调，从而在长期的与民相处过程中增进了感情，乡民能够听进其言，能够听其规劝行事，其在乡民之间口耳相传中获得了较高的社会声望。

四是掌握先进文化和秉承主流价值观（杨军，2015b）。先进文化是一个社会发展阶段中能够引领其他文化协同发展的中心意识形态（郭超，2014）。乡贤能够及时把握党和国家政策，通过报刊以及现代网络信息系统掌握先进文化的发展态势，积极倡导和践行社会主义核心价值观，在乡村地区带领实现乡村振兴（苏雁、孙宁华，2014）。在日常乡村事务中，乡贤能够通过喜闻乐见的形式培植群众的价值准则，能够自觉地把社会主义核心价值观和优秀传统文化有机结合起来，使优秀传统文化与社会主义先进文化、社会主义主流价值观充分对接，能够用接地气、听得懂、群众乐于接受的载体宣传，把农村群众的价值准则统一到社会主义核心价值观的要求上来（王志良，2014）。

五是有现代道德观念与民主法治意识。当代乡贤区别于传统乡贤的一个重要标志是具有现代思维方式，有较为先进的社会主义道德观及民主法治意识。乡贤在处理乡村事务的实践中，往往能够运用现代社会的道德伦理观念以及掌握的民主、法治知识去解决现实中的乡村矛盾，有效化解乡村社会所发生的各种矛盾纠纷。乡贤们在基层社会治理中，一方面利用自身的人格魅力来感染周边的人，用村民们能够接受的方式传递现代知识；另一方面，通过学习宣传以及利用多年用法经验，让现代的法律和契约精神与传统的价值和伦理得以协调（张颐武，2015）。

第二节　乡贤文化生态变迁

一　乡绅文化阶段

乡贤文化是一个地域的精神文化标记，是联结故土、维系乡情的精神纽带，是传承文化血脉、发扬固有文化传统的精神原动力，是中华优秀传统文化的组成部分（李宁，2017）。中国几千年的历史实际上就是农业文明形成与发展的历史，乡贤文化正是在这样一种深厚的乡村社会土壤中孕育和成长起来的，是中国乡村传统文化的智慧和经验的结晶。"乡贤"是乡贤文化的集中代表和体现，既是封建农耕文化的一种产物，也是生于斯长于斯的一个乡村精英群体。

（一）氏族部落阶段

乡贤文化萌芽于原始社会时期的氏族部落，特指一些拥有一定资历和威望的长者，在部落中自然承担起教化先民和传授经验的任务。"乡贤"在《汉语大词典》中的解释是："乡里德行高尚的人。"（《汉语大词典》编委会，1992）因而，这一阶段乡贤具备如下特征。一是有一定的知名度和社会影响力，包括拥有较高社会地位以及才学出众、品行高尚的人或是某地区的名门望族等，同时享有较高的社会声望和权威。二是乡贤往往在其乡里对文化知识的传播、贫困者的救助以及社会矛盾纠纷的化解做出过贡献，因此在维护乡村秩序和道德教化上，为实现民间风清气正而扮演着重要的角色，从而深受村民推崇敬重。可见，中国优秀的传统文化正是通过乡贤所推崇的美好品格的弘扬得以在乡村社会传承和拓展的。因此，这一阶段乡贤文化是一种乡土气息浓厚、正能量彰显的优秀文化（黄海，2016）。

（二）封建社会阶段

在中国封建君主专制统治下，一方面皇权至高无上，即"溥天之下，莫非王土；率土之滨，莫非王臣"；另一方面"天高皇帝远""皇权不下县"，皇权对于县以下乡村社会运行的干预极其有限。中央政府除征收赋税及维持基本社会治安外，乡村事务管理主要是由乡村自治来实现的（胡恒，2015）。帝制中国的政治结构由中央集权和地方自治两个层次构成，从中央到县的各级政府代表了自上而下的行政权；而县以下基层事务主要由以士绅为代表的地方权威负责，国家政权干涉较少。这些拥有地方性权威的士绅阶层就成为乡贤群体。这些乡贤由于拥有土地资源（地主）、学识（功名）以及宗族领袖地位等而具备了强大的地方社会实力，一方面通过在乡里架桥铺路、赈济救灾、创办学堂等善行义举，获得了当地乡民的信赖；另一方面在传统乡村社会治理中又起到承上启下之作用，是历代统治阶级在基层社会的最佳代理。此外，乡贤同时又代表乡村社区的利益与政府抗衡与博弈，使得其成为乡村的实际统治者或"无形之政府"（费孝通，1999）。可见，这一时期自上而下的皇权和自下而上的绅权和族权，共同构成了"皇帝无为而天下治"的乡村治理模式（林语堂，2007）。

（三）乡贤和乡绅的区别与联系

从概念上辨析，乡贤总体上属于乡绅，但随着时代的发展，乡贤的外延和内涵也在不断地发展变化。在国外，英国对乡绅的研究比较有代表性，乡绅（gentry）是英国农村中一个极为重要的社会阶层，是指介于自由持有农地和有称号的贵族之间的社会集团（徐华娟，2008）。在国内，中国社会有"国权不下县，县下惟宗族，宗族皆自治，自治靠伦理，伦理造乡绅"的传统（陈仲元，2008），特别是明清时期，基层社会大体上由官吏、乡绅和乡民三个社会阶层组成，而乡绅则是"官民中介"（徐祖澜，2010）。然而，1905 年我国正式废除了科举制，清末与民国年间的乡绅就不再用科举来衡量了（谢放，2000）。传统士绅阶层多为传统学绅和官绅，而民国时期的士绅则包括商绅、军绅、新式学绅以及部分以非法方式（土匪、寇首）进入这一阶层的人物（王先明，2009）。辛亥革命之后，中国社会上出现"打倒土豪劣绅""无绅不劣"的说法，乡绅一时成为人人得而诛之的革命对象（张传文，2015）。新中国成立以后，人民当家作主，乡绅阶层消失了，在宗法血缘关系极为浓厚的乡村，取而代之的是"乡贤"，在乡村治理中发挥着重要的作用（林明水等，2017）。

整体而言，乡贤与乡绅仍有一定的区别：一是乡绅是社会变迁中自然产生的社会阶层，而乡贤往往有一定的推选和官方认可程序；二是乡贤也不同于一般的乡村绅士，而是指比较开明贤达的乡绅，因为乡绅中也出现了一些横行乡里、作威作福、欺压民众的劣绅（朱璇，2012）；三是在社会主义中国，乡绅阶层消失了，而乡贤及其文化仍根植乡村，枝繁叶茂。

二　地方精英阶段

（一）新民主主义革命时期

近现代中国的乡村社会发展波澜起伏，先后经历了各类的战争与革命、多次的破坏与建设。尽管社会一直处于动荡中，但中华民族优良传统文化还是得到了继承，在不同的历史时期，先后涌现出不同类型的乡村精英，作为在国家和乡村之间沟通的桥梁和纽带，包括征收赋税、维持秩序、政令信息上传下达等。美国学者杜赞奇（Prasenjit Duara）曾形象地称地方精英（Rural Elite）为国家与社会之间的"经纪人"（Brokerage）（杜赞奇，1995）。

相较于乡绅，地方精英不再与国家知识与政治特权发生必然联系，被界定为"在县级以下的地方舞台上通过对各种资源的控制而实行支配与控制的任何人"，或"无论采取何种手段在地方竞技场中行使支配权的人们"（Zhang，2000）。这一界定大大扩展了原有乡绅的范围，既包括传统旧士绅，也包括新崛起的地方实业家、武装头目、地方长老等，还包括新中国成立之后基于阶级与政治身份的乡村主要党员干部，以及改革开放后出现的现代型经济能人（李晓斐，2018）。可见，"地方精英"概念更侧重于对地方社会客观支配的一面，即通过对网络、庇护、经纪、调解等种种策略的运用以及对物质、社会、个人或象征性资源的控制，产生客观上的权力与影响以及对地方社会的自上而下式支配。

与乡绅概念接近的还有民间权威，其内涵比地方精英更加宽泛，更具开放性。中国民间宗教与仪式所具有的象征性权威，是乡村社会生成民间权威人物的主要方式。在中国广大乡村，村庙或民间信仰构成大部分村民日常生活意义上的世俗性，民间权威的建构主要来自对村民广泛接受的权威人格的某种核心观念的遵从与履行（王铭铭，1997）。这与地方精英更强调客观支配不同，民间权威更强调普通村民对权威人物主观上的价值判断与认定。同时，这一认定又与当地社会的本土文化密切相关，只有成功满足或履行地方核心观念的人，才能得到村民们的普遍认可，从而获得相应的权威（李晓斐，2018）。由此可见，基于主观性特征的判断，民间权威的范围比地方精英宽泛得多，即民间权威既可以是控制着各类资源的精英，也可以是一般的普通村民或者小人物，其关键并不在于对地方的客观控制，而在于这些人是否能够遵守当地的核心观念体系。如果能够做到，即便是乡村小人物也可以获得村民的广泛称赞与主观认可，从而获得一定的权威性；反之，即便是各类精英人物也无法让村民信服与尊敬。

（二）新中国成立至改革开放时期

1949 年 10 月 1 日以来，中国共产党真正实现了对乡村社会全面而有效的控制，从而彻底改变了以往时期乡村土豪劣绅鱼肉乡里、中饱私囊形成的乡村治理的"政权内卷化"（State Involution）（李里峰，2017）。尽管在乡村发展过程中，也曾在计划经济时期出现国家对乡村治理采取"一竿子插到底"的体制，但是乡村精英在农村社会发展中，仍然起着稳定社会和带头的作用，即这种内生性权威的力量在中国乡村始终存在。

在中国共产党领导下，我国乡村经历了土地革命时期的打土豪分田地，抗日战争时期的减租减息，解放战争时期和新中国成立初期的土地改革，以及之后的农业集体化、人民公社等一系列群众运动，随着人民逐步当家作主和贫苦农民翻身，传统的乡贤精英的政治优势已经被曾经的边缘人物贫下中农等新型政治精英取代。尽管也曾出现传统乡村文化遭受浩劫的特殊时期，如祠堂庙宇被毁，纪念民间乡贤的塑像、器皿以及谱牒古籍和墓碑雕刻等被打砸抢烧，传统的乡贤文化在这一历史时期被摧残，但新的乡贤文化和乡村精英的内生性权威始终对乡村治理起着积极作用，这些人始终是中国农村稳定发展的内生权威力量。

（三）改革开放以来

改革开放以来，随着人民公社制度的解体、农业集体化时代的终结，国家与乡村关系发生了巨大变化，乡村精英的权力来源和社会构成都与集体化时代有了实质性区别。一方面，村民自治制度的确立，使乡村精英的权力来源从上层授权转变为下层认可。从 20 世纪 80 年代初开始，公社体制逐渐瓦解，村民自治制度逐渐兴起。根据 1987 年、1998 年先后颁布的试行和正式《村民委员会组织法》，村委会成员须由村民直接选举产生，任何组织或个人不得指定、委派或撤换村委会成员，而党章也明确规定基层委员会须由党员大会或代表大会选举产生。党支部、村委会成员虽然仍是国家承认的政治精英，但其合法性来源已发生了实质性变化，这不能不对乡村精英的自我认同和行动逻辑产生重要影响。另一方面，家庭联产承包责任制实行、乡镇企业兴起、劳动力城乡流动等诸多因素，又使乡村精英出现了显著分化。党员干部等政治精英一枝独秀的局面被打破，依靠家族力量、经济实力、知识阅历、社会声望而在村中发挥影响力的新型精英重新浮出水面，形成了乡村精英多元化的新局面。这些被称为"体制外精英"或"非体制精英"的人虽然并不担任党支部书记、村委会主任或其他村内职务，有时甚至连党员都不是，却因其本人或家族掌握较多的经济、社会资源而能对普通村民形成支配关系，在村庄日常事务管理中具有一定的发言权，甚至能在党支部选举、村委会选举等村庄重大政治事件中起到举足轻重的作用。得不到这些人的支持，担任党政职务的"体制内精英"就会遇到种种障碍，难以顺利完成政务与村务。当然，体制外精英对于乡村治理的影响是两面的，他们既能监督体制内精英、提出合理建议、提高村治效能，也完全可能利用影响力来为自己谋求特殊利益（李里峰，2017）。

经过 40 多年改革开放洗礼，中国农民不仅在物质生活层面得到改善，科学技术、文化水准、思想观念以及民主法治意识等方面的素质也都得到了提升。乡贤文化正是在乡村社会变革的过程中不断发展变化，乡贤主体主要是指正在或曾经生活在乡村的各个领域的具有杰出成就的精英群体，包括乡村中的致富能手、英雄模范人物、离退休干部、德高望重的社会知名学者、各类专家等。这部分人都是各行业的成功人士、时代精英，同时具有熟练的专业技能、先进的管理经验、勇于开拓进取和创新的精神，更重要的是这些社会精英即使远在他乡，也对家乡怀有割舍不断的情感，不忘乡情乡愁，因而采用不同方式反哺家乡，将自己的财富、智慧、能力用以帮助和推动家乡建设，为社会主义新农村发展贡献力量，这成为现代乡贤的一大共同点。这既体现了现代新乡贤精英特色，又体现了对中国古代乡贤文化的历史传承。

三　新乡贤阶段

时任中央宣传部部长刘奇葆指出，"从现实情况看，农村优秀基层干部、道德模范、身边好人等先进典型，成长于乡土、奉献于乡里，在乡民邻里间威望高、口碑好，正日益成为'新乡贤'的主体"（刘奇葆，2014），这一提法较为客观地概括了新乡贤的特征。乡贤之所以能够在乡民邻里间"威望高、口碑好"，并不仅仅因为是干部、模范或好人，而且因为其满足或履行了当地社会核心的本土文化观念与期待（李晓斐，2018）。当前社会开始热议"新乡贤"，目的在于发挥乡贤对于基层社会的积极作用，"希望于此发现一条能够黏合传统与现实的乡村建设新路"（季中扬、胡燕，2016）。

"新乡贤"之"新"在"乡"与"贤"的层面都有所体现（赵浩，2016）。首先，"乡"所指代的范围扩大和"乡"的类型发生变化。传统社会的"乡"保持着基本的相似性，即中国社会基层普遍"县下惟宗族，宗族皆自治"，当代社会的"乡"指代的不仅是城乡二元结构之下与城市相对的"乡村"，还包含更广阔的范围和更丰富的类型，包括基层的城镇与城市之内的社区，以行政划分或历史文化共同体为基本的区分标准。例如，中西部大部分地区的农村维持了原有的区域划分和结构形态，沿海地区的乡村与城镇之间的差距缩小，甚至乡村城镇化，原有的自然村已经逐渐融合或消失了，对于这些地方来说，"乡"可以指代新的范围更大的"乡村"或城镇。传统社会"乡贤"之"乡"限定了"贤"的"里籍"，在社会流动剧烈、人们户籍变化频繁的当代中国，"新乡贤"的限定相应地较传统社会有所变化，即不再强调一定要出生于当地，而更强调对当地所做的实质贡献，根据其道德行为进行评判，特别是对于一些新兴的社区来说，几乎所有的人口都是外来流动定居于此的，出生地域观念的淡化适应了现代社会的流动特质，也为乡贤的评定开辟了更大的选择空间（赵浩，2016）。其次，"贤"所具有的道德本质不会因为社会环境的不同而不同，其所指代的道德内容却可以因具体的社会情境有所调整。知识分子群体的分化与多样化是当代社会的特征，新乡贤标准不再拘泥于传统乡贤标准的"学行"与"德业"。从"学行"来看，具备各种人文知识的人以及科学家都可以包含在内，也就是说可以是儒家学者，也可以是道家学者、佛学家、历史学家等，也可以是科学家、医学家等，只要他们以自己的学识泽被所在的"乡"，为其文教发展、社会繁荣做出了贡献，乡贤本身所持有的知识立场与所分属的学科并不重要。从"德业"来看，传统乡贤的"德业"标准主要是儒家伦理，包括孝廉仁义礼智信等，这在当代社会值得继承与发扬，而当代社会所提倡遵循的社会主义核心价值观，包括富强、民主、文明、和谐的国家层面的价值目标，自由、平等、公正、法治的社会层面的价值取向，爱国、敬业、诚信、友善的公民个人层面的价值准则，也是新乡贤的重要德业标准。

新乡贤是基于新时期乡村治理的需要，延续古代乡贤的功能而被提出的，是对中国优秀传统文化的继承和发扬。杨军（2015a）认为新乡贤是农村中具有一定威望、能力的人，拥有较高的公信力与话语权，对乡村群众具有广泛的号召力，他们由生长在乡村、工作在乡村的村干部、党员、道德模范等组成，在发展农村经济、促进农村现代化建设、提高民众生活水平等方面做出了杰出贡献。李金哲（2017）通过比较古代乡贤与新乡贤，指出新乡贤是在乡村范围内活动的，在知识、技能、财富、社会地位、文化水平等方面有影响力的贤能之士。胡鹏辉等（2017）提出，新乡贤是在新的时代背景下，有资财、有知识、有道德、有情怀，能影响农村政治经济社会生态并愿意为之做出贡献的贤能人士。张颐武（2015）进一步扩大了新乡贤概念的地域范畴，认为新乡贤包括"在场"和"不在场"两种类型，在场乡贤扎根本土，把现代价值观传递给村民，不在场乡贤出去奋斗，有了成就再回馈乡里；新乡贤虽然不在当地，但由于通信和交通便利，可以通过各种方式关心和支持家乡发展，他们的思想观念、知识和财富都能影响家乡。

自《"十三五"规划纲要（草案）》提出新乡贤文化以来，新时期乡村振兴对新乡贤提出了新的要求。新乡贤不仅延续了传统乡贤的地域性、知名度、道德观等特征，还要坚持党的领导和具备社会主义核心价值观，身怀出众的才干或学问、具有崇高的声誉，主动参与乡村振兴等（钱静、马俊哲，2016）。

第三节　乡贤文化生态与乡村振兴

引导乡贤参与乡村振兴，既是国际上乡村振兴的普遍经验，也是我国乡贤文化得到继承和发扬，彰显大国文化自信的表现。实施乡村振兴战略，是党的十九大做出的重大决策部署，也是在场和不在场的新乡贤新时期的共同奋斗目标。与西方发达国家在城市化进入末期或者城市化基本完成的背景下实施乡村振兴战略有所差异，我国是在城市化还在快速推进的过程中实施乡村振兴战略。因此，乡村振兴战略并不是美丽乡村建设的简单升级，而是通过城乡融合发展破解传统城乡二元结构所带来的发展不平衡、不充分问题，是我国决胜全面建成小康社会、全面建设社会主义现代化国家的关键。欧美日韩等发达国家和地区普遍采取"政府主导、民间引导"的模式振兴乡村，其中吸引乡村精英返乡创业是激发乡村内部活力和动力的关键（刘丽华等，2018）。

一 乡贤文化与乡村振兴的关系

（一）乡村振兴

（1）乡村振兴的内涵

相对于城镇而言，乡村是人口规模较小、以农业用地为主的聚落。在工业化和城市化过程中，无论是 Lewis 关于工业主导农业、城市主导农村的城乡不平衡发展的观点，还是 Krugman 的"中心-外围"理论，都认为乡村建设与发展首先服务于城市和工业的需要，核心是为城镇发展提供劳动力和农产品资源（Krugman，1991；Fujita et al.，1999）。在这些理论的指导下，西方发达国家在工业化和城市化快速推进过程中，乡村发展滞后于城市、农村居民收入增长滞后于城市居民，城乡差距不断扩大，导致"空心村""老人村"等现象涌现，严重影响社会经济文化的协调发展（张军，2018）。欧美国家在第二次工业革命以后，开始实施乡村振兴战略，以促进城乡融合发展。东亚日本、韩国和我国台湾地区在 20 世纪 70～80 年代也着手实施各种"新村运动"，以缩小城乡差距和改善经济发展和人口空间分布严重失调现象（杨希，2016）。因此，乡村振兴战略并不是美丽乡村建设的简单升级，而是社会经济发展进入新阶段的国家战略调整。乡村振兴并不是停止城市化和工业化，而是通过城乡融合发展，缩小城乡社会、经济、文化和环境各方面差距，提升乡村生产、生活品质。

（2）乡村振兴的内容

乡村振兴的内容涉及社会、经济、文化和环境的方方面面，是一个系统性工程。然而，经济基础决定上层建筑，国内外乡村振兴战略落地首先从产业兴旺开始，各国都认识到产业兴才能乡村兴，经济强才能人气旺（刘合光，2018）。高兴明（2017）等学者指出，乡村振兴有农业产业、基础设施等十大内容，新农村建设的重点内容应该是解决农民最基本的公共设施和公共服务问题，满足他们生存和发展的需要，包括"六通、五改、两建设、一提高"；乡村发展要把握人力、地权、资本和技术四个重点。上述乡村振兴的内容可以归结为"地"、"钱"和"人"三大核心内容，即振兴哪里、怎么振兴、谁来振兴。

（3）乡村振兴的路径

乡村振兴战略成败的关键在于如何落地，即路径选择。欧美、韩国等发达国家和地区乡村振兴战略的成功实施，都在于走了政府引导、民间主导的发展路径，即起步阶段由政府主导推动农村建设，发展阶段由民间自主推动农村产业发展、环境整治和文化建设，成熟阶段由民间完全主导推动社区文明建设及经济开发（杨希，2016）。我国早期乡村振兴的路径，主要是政府主导模式，表现在两个方面：一是在农村内部，以土地制度和户籍制度为中心的制度改革；二是在农村外部，通过改善城乡关系，发挥城市现代文明发动机的核心作用，辐射带动农村发展（刘合光，2018）。这种模式形式上较为单一，难以持续发展，急需引入民间资本、人才和力量，激发乡村内在活力和动力，避免新农村建设过程中出现过度行政化、形式化等问题。

（二）乡贤与乡村振兴

乡贤在中国传统乡村治理中扮演重要角色。新时期乡村振兴，重新回归"新乡贤治理"模式成为社会共识（付翠莲，2016）。国内外对乡贤的研究主要包括如下三个方面。一是通过对古代先贤或近现代乡贤生平或主要事迹的研究，以及近现代乡贤反哺行为和社会活动的报道，引发公众对乡贤的赞扬和对社会的思考。二是对乡贤文化和乡贤精神的研究，包括对古代乡贤祠和乡贤理事会等组织的研究以及对乡贤文化的时代价值和实践意义的研究。三是在现代社会背景下，对何为"新乡贤"进行了梳理，并对新乡贤如何在乡村治理中发挥其积极作用，以及乡贤参与乡村治理的路径进行了研究。其中，在新乡贤的概念和内涵方面，基于历史背景、社会功能等，突破传统乡贤注重来源等地域限制，更加强调内生性与外生性（耿羽、郗永勤，2017）；在新乡贤参与乡村治理方式上，基于村民自治的村级组织和乡贤理事会成为主要和有效的方式；在参与治理内容上，精准扶贫、乡村旅游是新乡贤主要参与和较为成功的领域。

总体而言，乡贤一直是乡村振兴、乡村治理的特殊利益相关者，在传统乡村治理中发挥着政策解读、资金筹措、人才培养、项目协调和落地等作用，并取得了重要的成效，许多市、县也开始成立新乡贤理事会，以推进新乡贤文化发展和乡村基层自治。新时期乡村振兴，不仅包括传统的乡村治理，还包含更广阔的时代命题，如产业兴旺、生态宜居、乡风文明、生活富裕等，是一个综合的系统工程，需要"新乡贤"群体广泛和主动参与，才能破解乡村振兴"人、地、钱"三大核心问题。因此，乡贤是否愿意参与乡村振兴、承担何种职责、如何承担，成为乡村振兴理论与实践研究的重要命题。

二　乡村振兴背景下乡贤文化生态发展

（一）推进乡风文明建设

2015 年的中央一号文件指出，创新乡贤文化，弘扬善行义举，以乡情乡愁为纽带吸引和凝聚各方人士支持家乡建设，传承乡村文明。乡贤文化与社会主义核心价值观的基本要求具有一致性，是乡风文明的基石。乡贤文化来自乡土民间，具有亲民性、草根性，是广大乡民崇德向善的力量。乡贤们或利用自己的政治地位维护乡村社会秩序，或发挥自己的社会影响力为乡村争取资源，或利用经济实力引领乡民致富，或利用自己的才学教化乡民。他们是乡村稳定发展、社会和谐的主导力量。例如，福建是全国第二大侨乡，是全国重点侨乡和台湾同胞的主要祖籍地。截至 2023 年 12 月，福建拥有海外华侨华人 1580 万人（其中华侨 230 万人），分布在 188 个国家和地区，祖籍福建的港澳同胞 124 万人，归侨侨眷 530 万人以上，这些成为福建宝贵的乡贤资源。华侨乡贤热衷于推动家乡基础设施建设，如校舍、老人活动场所、环保设施、交通水利设施等，成为乡民热心公益的典范。据不完全统计，改革开放以来，侨胞在家乡的捐赠额超过 300 亿元（刘淑兰，2016）。乡贤们的嘉言懿行对于爱国守法、崇尚科学、勤俭节约、明礼诚信、邻里和谐、开拓进取、奉献社会等文明乡风的形成起到了标杆作用。

（二）推进共同富裕

乡贤文化是基层民众的无形行为规范，为基层百姓社会道德提供了有力的约束，乡贤是基层民众学习的榜样，是带领村民致富的领头羊。新时期的乡贤构成主要是各行业的成功人士、时代精英，基本具有娴熟的技术、先进的管理经验、前瞻性视野或开拓创新的时代品格。乡贤们对家乡有着割舍不断的感情，把乡村作为自己心灵深处的精神家园，不遗余力地利用自己的学识专长、创业经验反哺桑梓。即使有的已远离家乡，抹不去的乡愁也会促使他们通过各种方式促进当地经济社会的发展（刘淑兰，2016）。

近年来，许多乡村大力倡导乡贤治村，推出了许多新举措，如实施"金凤还巢"工程、"乡贤回归"工程，建立镇村"优秀科技人才"库、"首席乡土专家"库等，把培育产业与树立典型相结合。乡贤陆续返乡，不仅为当地村民争取了特殊政策、带来了大量资金、创办了特色产业、打造了亮点工程，带来了乡民经济收入的提升，更传播了先进的管理理念和文明的生活方式，如福建宁化县积极实施"明商回归工程"，乡贤成为推动该地经济发展的新生力量，以福特科光电、月兔空调、海西（宁化）电子商务城、东华山生态文化旅游等为代表的一批投资额度高、具有科技或文化优势的项目投产，推动了宁化县产业转型升级（俞祥波，2014）。

（三）推进文化自信

乡村是中华文化的源头，乡贤文化是中国特有的传统地域文化。上下几千年的农耕文明，孕育了耕读传家、守望相助、自强不息、敬畏自然等乡村传统文化，也涵养了教化乡民、反哺桑梓、泽被乡里、凝聚人心等乡贤文化（戎章榕，2014）。地域文化赋予生活于此的村民独特的个性风格，乡贤文化则是典型的地域文化。在这一空间环境中生活的人们受血缘关系的维系，分享着共同的历史和文化背景，承袭着共同的生活模式与风俗习惯，因而具有相似行为心理、价值取向（杨怡，2003）。正是由于乡贤文化这种同源性的特点，村民的道德水准、行为规范以及世界观、人生观、价值观等自然地接受本民族和本地域文化的熏陶和指引，也会身体力行地弘扬和践行乡贤文化的价值观，并内化、积淀于普遍的心理之中。弘扬乡贤文化对于增强本地区的文化自信心、文化软实力，激励社会群体向上向善具有特别重要的现实意义。

（四）推进社会和谐

乡贤文化以中国传统文化为根基，蕴含着德治、善治的力量，是维护乡村社会祥和稳定的思想源泉（刘淑兰，2016）。在我国的乡村治理中，基层政府是主导，但乡贤作为体制外精英也起着重要的帮扶作用。许多村落建立了乡贤参事会、乡贤工作室、乡贤调解室等，由经济文化能人、老党员、老教师、老干部等当地有声望、有能力、口碑好、熟谙并热心村中事务、为村民所信服的乡贤充当协调员或"和事佬"，在各地乡村形成了一些口碑好、形象佳、效果好的调解品牌。在此过程中，乡贤通过发挥其亲缘、人缘、地缘优势，既充当一些政策方针上传下达的"传声筒"，又在消除村民与村民、村民与村干部、村民与开发商之间的误会、隔阂中起到了桥梁和纽带的作用。可见，乡贤与村委会在乡村公共事务中各司其职、互相弥补，共同治理村庄，促进乡村社会和谐。

三　乡贤角色意识培养

我国历史上乡村繁荣年代的治理经验表明，乡贤群体在乡村自治、繁荣发展中发挥了不可或缺的作用（杨海坤、曹寻真，2010）。乡贤返乡创业，既盘活了乡村的土地资源，又带来了乡村产业发展所需的资金、技术和信息，推动我国传统"国权不下县，县下惟宗族，宗族皆自治，自治靠伦理，伦理造乡绅"的乡村治理体系繁荣发展（张新光，2007）。新时期乡村振兴，应该继续发挥新乡贤在乡村建设中的引领示范作用，以解决乡村振兴中问题把不准、目标偏移、高能低效等问题，促进要素双向流动，推进城乡融合发展。因此，乡贤是否愿意参与乡村振兴、承担何种职责、如何承担，成为乡村振兴理论与实践研究的重要命题。

（一）乡贤角色感知

本书基于角色理论，设计了乡贤感知指标体系、乡贤参与乡村振兴意向问卷，通过对福建省长泰县[1]潜在乡贤群体进行问卷调查获得数据。

角色感知是角色观念的核心内容。角色理论认为，角色是个人和社会的联结点，是最常见、最活跃的中介（奚从清，2010）。角色理论的核心是角色扮演，如图7-1所示，角色扮演是个人扮演角色参与社会互动过程中的内外行为，包括对角色的学习、对角色的评价和对角色的实践等三个方面；个人对角色的认知、态度、情感等即角色观念，包括角色感知、角色期望、角色规范等；个人扮演一定的角色后，所表现出来的外在实际行动就是角色行为，包括角色转换、角色冲突和角色形象等。乡贤参与乡村振兴，是个人扮演乡贤角色参与乡村振兴的内外行为，而个人对乡贤角色的准确认知是角色扮演的基础和关键。

---

[1] 长泰县自2021年4月22日起正式更名为长泰区，但本书对长泰县的研究主要在2018~2019年进行，为了行文的方便与前后文的衔接，本书仍称其为"长泰县"，特此说明，下文不再一一注释。

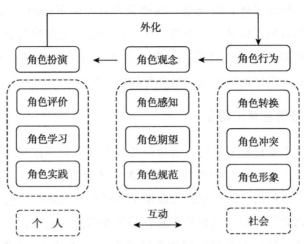

图 7-1　角色扮演框架模型

　　自《"十三五"规划纲要（草案）》提出新乡贤文化以来，新时期乡村振兴对乡贤角色提出了新的要求。新乡贤不仅延续了传统乡贤的地域性、知名度、道德观等特征，还要坚持党的领导和具备社会主义核心价值观，身怀出众的才干或学问、崇高的声誉（钱静、马俊哲，2016），主动参与乡村振兴。因此，本书从身份、声望、意识、技能、道德等五个方面构建了乡贤角色感知指标体系（见表 7-1）。

表 7-1　乡贤角色感知指标体系

二级指标	三级指标	同质性检验		
		信度	共同性	因素负荷量
身份	业绩地位很重要	0.885	0.694	0.833
	出身地位很重要	0.898	0.219	0.468
	经济基础很重要	0.895	0.297	0.545
声望	需要具备较高阶层	0.893	0.335	0.579
	需要有一定的情怀	0.895	0.303	0.550
	需要拥有一定的声望	0.901	0.225	0.533
意识	有责任参与乡村振兴	0.886	0.747	0.864
	有义务参与乡村振兴	0.884	0.827	0.909
	需要具备主动参与乡村建设的意识	0.886	0.781	0.884

二级指标	三级指标	同质性检验		
		信度	共同性	因素负荷量
技能	需要掌握一定的权力	0.887	0.707	0.841
	需要具备与时俱进的思想	0.885	0.777	0.881
	需要具备比普通村民更高的技术和社会能力	0.885	0.811	0.901
道德	需要具备社会主义核心价值观	0.900	0.216	0.540
	需要具备比普通村民更高的法治观念	0.901	0.201	0.517
	需要具备比普通村民更高的道德规范	0.903	0.205	0.478

（二）乡贤参与乡村振兴的意向

乡村振兴战略按照"产业兴旺、生态宜居、乡风文明、治理有效、生活富裕"总原则实施和开展，这和经济建设、政治建设、文化建设、社会建设和生态文明建设"五位一体"的总体布局紧密相关。新乡贤参与乡村振兴的意向，包含参与方式、参与项目、发挥作用三个方面（见表7-2）。根据乡贤在场和不在场两种类型，确定参与乡村振兴的方式包括返乡、不返乡和其他方式三种类型。依据乡村振兴的总原则和当前新农村建设的重点，确定乡贤参与乡村振兴项目包括推进产业振兴、推进美丽乡村建设、推进乡村文化复兴、推进乡村治理体系现代化、推进城乡配套设施建设和推进精准扶贫六个方面。基于角色理论中关于团队角色的划分，确定乡贤参与乡村振兴发挥的作用，包括参与实干、协调协商、推进推动、信息共享、创新管理、监督、凝聚人心和补缺完善八个方面（奚从清，2010）。

1. 问卷设计

本研究数据来自问卷调查。问卷内容包含人口统计学特征和问卷主体两个部分，人口统计学特征包括居住地、年龄、性别、年收入、职业、教育背景等，问卷主体包括乡贤角色、角色扮演、角色行为三个方面。问卷采用Linkert 5阶计分法，题目均为正向，非常同意、同意、一般、不同意、非常不同意分别对应5分、4分、3分、2分、1分。

对调查问卷进行初测，根据初测的结果进一步完善问卷。采用纸质问卷和网络问卷相结合的方式，于2018年1~2月，选择福建省长泰县商会、乡贤理事会、长泰一中校友会发放问卷。其中，发放纸质问卷100份，回

收 61 份，有效率 61%；网络问卷回收 300 份，有效问卷 287 份，有效率
95.67%，合计有效问卷 348 份。

表 7-2　乡贤参与乡村振兴的意向

单位：个，%

变量	类型	样本	占比
参与方式	返乡	93	26.72
	不返乡	41	11.29
	其他方式	214	61.49
参与项目	推进产业振兴	232	66.67
	推进美丽乡村建设	264	75.86
	推进乡村文化复兴	245	70.40
	推进乡村治理体系现代化	177	50.86
	推进城乡配套设施建设	195	56.03
	推进精准扶贫	216	62.07
发挥作用	参与实干	211	60.63
	协调协商	152	43.68
	推进推动	166	47.70
	信息共享	198	56.90
	创新管理	128	36.78
	监督	152	43.68
	凝聚人心	160	45.98
	补缺完善	166	47.70

2. 样本描述性统计

使用 SPSS17.0 统计分析软件，对本次问卷调查的样本进行初步分析。
348 位研究对象以男性为主，占 54.92%。年龄多集中在 30~39 岁（50.0%）
和 40~49 岁（27.93%）两个年龄段。家乡所在地集中在武安镇（44.85%），
其次是陈巷镇、枋洋镇、岩溪镇，古农农场占比最小。居住地以农村为
主，占比为 63.27%。在受教育程度上，以大学（大专和本科）为主，占
69.84%，其次为高中和中专（11.81%）。个人年收入以 10 万元以下为主，
占比 52.36%，年收入在 20 万元以上的也有 7.83%。在职业上多为事业
单位（34.25%）、私营企业（21.62%）和其他职业（17.54%），大学生

占有一定比例（10.37%），务农人员仅占 2.61%。

在调查对象中，有 36.78% 否认自己是新乡贤。其中，参与乡村振兴的主要方式是介于返乡和不返乡之间的其他方式，占比为 61.49%。参与乡村振兴项目的比例均超过 50%，排序依次为推进美丽乡村建设、推进乡村文化复兴、推进产业振兴、推进精准扶贫、推进城乡配套设施建设、推进乡村治理体系现代化。发挥的作用以参与实干和信息共享为主，推进推动、补缺完善次之，创新管理占比最小，仅为 36.78%。

3. 问卷信度与效度

（1）信度检验

使用 SPSS17.0 对问卷进行 Cronbach's α 系数检验，得出问卷总体信度系数为 0.902，大于推荐值 0.7。问卷中各变量的 α 值在 0.869~0.889，组合信度在 0.841~0.960，均大于 0.6 的门槛值，说明问卷信度较高，如表 7-3 所示。

（2）效度检验

在内容效度方面，由于问卷项目从参考文献中析出，使用之前进行了小范围预调研及反复修改论证，问卷调查过程中产生的异议较少，可以认为问卷有较好内容效度。在结构效度方面，各题项的标准化因子载荷在 0.585~0.916，满足因子载荷大于 0.5 的要求；平均方差提取在 0.471~0.799，说明问卷中变量具有较好的结构效度。

样本数据的 KMO 值为 0.955（大于 0.7），Bartlett 球形检验显著水平为 0.000（小于 0.05），表明拒绝球形检验的零假设，适合进行因子分析。以特征根大于 1 为标准，通过正交旋转，抽取方法采用主成分分析法，共抽取 3 个公因子，分别命名为身份-声望、道德-技能、意识，如表 7-3 所示。

表 7-3 问卷信度和效度分析

变量	测量指标	因子载荷	克朗巴哈系数	组合信度	平均方差提取
身份-声望	业绩地位很重要	0.718	0.761	0.841	0.471
	出身地位很重要	0.734			

变量	测量指标	因子载荷	克朗巴哈系数	组合信度	平均方差提取
身份-声望	经济基础很重要	0.756	0.761	0.841	0.471
	需要具备较高阶层	0.694			
	需要有一定的情怀	0.613			
	需要拥有一定的声望	0.585			
道德-技能	需要具备社会主义核心价值观	0.857	0.967	0.960	0.799
	需要具备比普通村民更高的法治观念	0.914			
	需要具备比普通村民更高的道德规范	0.916			
	需要掌握一定的权力	0.879			
	需要具备与时俱进的思想	0.894			
	需要具备比普通村民更高的技术和社会能力	0.904			
意识	有责任参与乡村振兴	0.775	0.776	0.853	0.660
	有义务参与乡村振兴	0.864			
	需要具备主动参与乡村建设的意识	0.796			

（三）乡贤角色感知的区域差异

地域性是新乡贤文化的重要特征之一。无论是在场还是非在场的乡贤，其成长都或多或少地受到所在地的地理环境、发展阶段、治理结构等因素的影响，具有一定的地域文化特征。本研究采用单因素方差分析方法，探索研究对象对乡贤角色感知的区域差异，结果发现7个乡镇（场）的研究对象在角色感知的3个维度上差异并不显著，如表7-4所示。主要原因有以下两个方面。一是长泰县的面积不大，仅为912平方千米，户籍人口不多，仅为19.46万人，且多为农业人口（15.46万人），县域内交通便捷，地域文化差异较小，导致研究对象的地域性差异不大；二是研究对象多来自武安镇，来自其他乡镇的人数较少，且武安镇又位于长泰县县城，乡村较少，影响了研究对象对乡贤的角色感知。

表 7-4　角色感知的区域差异比较

单位：%，分

变量	频次（占比）	角色感知			
		身份-声望	道德-技能	意识	总体
武安镇	156 (44.83)	3.24	3.62	3.31	3.38
陈巷镇	49 (14.08)	3.24	3.69	3.17	3.35
岩溪镇	41 (11.78)	3.26	3.77	3.19	3.42
枋洋镇	46 (13.22)	3.34	3.46	3.22	3.34
坂里乡	20 (5.75)	3.51	3.91	3.20	3.51
马洋溪	20 (5.75)	3.45	3.71	3.20	3.49
古农农场	16 (4.60)	3.27	3.93	3.31	3.53
总体	348	3.28	3.66	3.25	3.40
方差齐性检验		0.854	0.102	0.857	0.106
F		0.646	1.027	0.323	0.406
显著性		0.693	0.407	0.925	0.875

采用单因素方差分析方法分析个体人口统计学特征对乡贤的角色感知差异，如表 7-5 所示。分析结果显示，受访对象的性别对乡贤角色的总体感知和角色身份-声望的感知具有显著影响；受访对象的年收入、教育背景、职业对受访对象的角色身份-声望感知具有显著影响。此外，在受访对象的教育背景对角色总体感知方面，初中及以下、大学、研究生组之间差异性显著。而研究对象的年龄和居住地对乡贤的角色感知差异并不显著，主要原因是受访对象集中在 30~39 岁（50.0%）和 40~49 岁（27.87%）两个年龄段。

表 7-5　角色感知的人口统计学特征比较

变量		角色感知			
		身份-声望	道德-技能	意识	总体
性别	男	3.36*	3.72	3.26	3.46*
	女	3.19*	3.60	3.23	3.32*
年龄	20 岁以下	2.92	3.51	3.28	3.22
	20~29 岁	3.24	3.48	3.35	3.38
	30~39 岁	3.38	3.79	3.28	3.47

变量		角色感知			
		身份-声望	道德-技能	意识	总体
年龄	40~49 岁	3.22	3.58	3.15	3.31
	50~59 岁	3.30	3.23	3.26	3.32
	60 岁及以上	4.00	3.67	3.67	3.56
居住地	城镇	3.31	3.62	3.34	3.41
	乡村	3.27	3.69	3.20	3.39
年收入	10 万元以下	3.30*	3.64	3.27	3.40
	10 万~15 万元	3.32*	3.79	3.11	3.42
	15 万~20 万元	3.45*	3.78	3.21	3.48
	20 万~30 万元	3.19*	3.72	3.42	3.48
	30 万元及以上	3.43*	3.68	3.27	3.41
	无收入	2.91*	3.42	3.38	3.24
教育背景	初中及以下	2.74*	3.38	2.97	3.01*
	高中（中专）	3.30*	3.53	3.38	3.37
	大学	3.35*	3.70	3.28	3.45*
	研究生	3.30*	3.81	3.15	3.44*
职业	公务员	3.25*	3.96	3.40	3.54
	事业单位	3.44*	3.74	3.33	3.49
	私营企业	3.31*	3.66	3.11	3.34
	自由职业	3.20*	3.45	3.28	3.25
	务农	2.74*	3.46	2.85	3.05
	学生	2.91*	3.36	3.36	3.21
	其他	3.31*	3.69	3.22	3.43

注：* $p < 0.05$。

（四）乡贤角色意识提升路径

一是继续发挥新乡贤在乡村建设中的引领示范作用，可以有效解决乡村振兴中问题把不准、目标偏移、高能低效等问题，激发乡村振兴的内在活力和动力。新乡贤的角色感知包含身份-声望、道德-技能、意识三个维度，总体得分为 3.40 分，处于中等水平。其中，道德-技能维度的总体得分明显高于身份-声望和意识，显示出新乡贤的道德、技能维度的重要性。

受访对象角色感知的区域差异并不明显，主要原因是调研区域范围不大，主要调研对象处于县城等，影响了研究对象对乡贤的角色感知。此外，受访对象的性别对乡贤角色的总体感知和角色身份-声望的感知两个方面具有显著差异；受访对象的年收入、教育背景、职业等方面对受访对象的角色身份-声望感知方面具有显著差异；受访对象的教育背景对角色总体感知方面，初中及以下、大学、研究生组之间差异性显著；受访对象的年龄和居住地对乡贤的角色感知差异并不显著，主要原因是受访对象集中在30~39岁和40~49岁两个年龄段。

二是受访对象中超过六成认可自己是新乡贤，受访新乡贤愿意参与乡村振兴。参与乡村振兴的主要方式并不是返乡和不返乡两个简单选择，而是间歇性返乡，倾向比较自由的方式，如在自己正常工作的基础上，需要的时候返乡参与乡村振兴。参与乡村振兴的项目与发挥的作用有较强的联系，选择推进美丽乡村建设、推进乡村文化复兴的新乡贤超过70%，发挥的作用以参与实干和信息共享为主，比例均超过50%；选择推进城乡配套设施建设和推进乡村治理体系现代化的新乡贤较少，选择发挥创新管理作用的新乡贤仅为36.78%。

三是新时期，引导新乡贤参与乡村振兴，应重视对有道德、有能力的新乡贤的引导，特别是对男性、年收入较高、教育背景较好、职业较为稳定的新乡贤，由于他们对乡贤的角色感知度更高，参与的意识和积极性也更高，更能够自觉、主动地通过自己的言传身教，带动周围的新乡贤、村民发展产业、振兴乡风等，激发乡村振兴的内在活力和动力。

第四节　乡贤文化生态的区域差异

一　乡贤与乡村旅游

党的十九大提出实施乡村振兴战略以来，乡村旅游逐渐成为农民就业增收和脱贫致富的重要渠道，也成为地方政府实施乡村振兴战略的重要抓手（陆林等，2019；徐淑红，2020）。2018年11月，国家发展改革委、文化和旅游部等17个部门联合印发《关于促进乡村旅游可持续发展的指导意见》，标志着中国乡村旅游进入高质量发展的新阶段，可持续乡村旅游更加需要复合型人才的广泛参与。然而，当前中国广大地区城镇化进程仍在继续，大量中青年劳动力向城镇转移的趋势没有改变，乡村空心化问题仍然存在且日益严重，并成为乡村旅游可持续发展的主要阻碍（向富华，2018；黄震方、黄睿，2018）。欧美、日韩等发达国家和地区乡村振兴的经验表明，吸引乡村精英返乡创业是激发乡村内部活力和动力的关键（邱春林，2019；李玉恒等，2018）。我国也适时颁发《关于支持返乡下乡人员创业创新促进农村一二三产业融合发展的意见》（国办发〔2016〕84 号），各省区市陆续出台进一步鼓励乡贤返乡创业、发展乡村旅游等加快乡村振兴步伐的实施细则（宁满秀等，2018；黄粹，2020）。由此可见，引导乡贤参与乡村旅游不仅能够缓解当前乡村空心化危机，而且也是推进我国乡村旅游从粗放型开发向集约型发展的有效途径。

国内外关于乡贤参与乡村旅游的研究中，在研究内容方面多关注参与的方式与模式、扮演的角色类型和影响因素等方面（Yan，2015），且乡贤参与乡村旅游的角色类型和扮演机制是当前研究的热点和难点；在研究方法方面，主要采用观察法、访谈法、民族志等定性研究方法，问卷调查、空间分析等定量研究方法有待进一步加强（Komppula，2014；Paniagua，2015）。在文化生态视域下，乡贤是地方文化生态孕育的产物，其参与乡村旅游的开发和建设，是其回馈和促进地方文化生态传承和发展的重要路径。因此，乡贤无论是通过返乡还是不返乡的方式参与乡村旅游，都对中国乡村社会、经济和文化等方面发展具有积极和不可替代的作用（罗文斌、唐叶枝，2018）。当前，学术界多从乡贤群体外部视角审视这一现象，对乡贤个体角色认知和影响乡贤角色扮演的机制研究不足，这不利于有针对性地吸引乡贤参与乡村旅游，以化解乡村空心化的危机，推进乡村旅游可持续发展。因此，以闽南文化生态保护区厦门、漳州和泉州三市的省外乡贤为研究对象，探讨乡贤参与乡村旅游的角色感知、角色类型选择、影响因素和行为意向的区域差异与影响机制，在理论上可以进一步完善乡贤角色扮演的影响机制，在实践中有助于闽南文化生态保护区推动相关部门因地制宜地制定政策，引导乡贤返乡创新创业和振兴乡村，具有重要的研究意义。

二　研究设计

通过量表工具测量乡贤角色感知、乡贤参与乡村旅游的影响因素、乡贤参与乡村旅游的角色类型与行为意向。

（一）乡贤角色感知量表设计

乡贤参与乡村旅游的行为，从角色理论视角分析，是个体扮演乡贤角色参与乡村旅游的内、外部行为的集合，包括个体对乡贤角色的感知、角色类型的选择、角色扮演的过程，以及个体角色扮演行为外化后与社会的互动（李学锋、林明水，2021）。因此，个体对乡贤角色的认知和内化过程，是乡贤角色类型选择和角色扮演行为的前提和基础。本研究从身份、声望、意识、道德、技能等五个方面构建乡贤角色感知指标体系（见表7-1）。

（二）乡贤参与乡村旅游的影响因素量表设计

心理学研究显示，行为不仅由内部驱力所激发，还由外在诱因所驱使，因此乡贤参与乡村旅游的影响因素包括内部、外部两个方面（Lin et al.，2018）。张英魁概括了乡贤介入乡村的机理，指出介入目的在于良好的生活品质而非物质生产，文化心理归属城市市民文化而非乡村文化，其人格倾向于独立平等而非依赖于家庭和宗族的人际网络关系。林明水等（2017）研究显示，乡土情结是乡贤参与乡村旅游的主要推动因素，政府政策引导与支持是乡贤参与乡村旅游的主要拉引因素，宗族情感是乡贤参与乡村旅游的重要情感因素，土地及不动产是乡贤参与乡村旅游的重要资本考量。钟荣凤等（2019）进一步揭示，旅游发展前景好、资源丰富与生态环境优美、各级政府重视及相关政策支持、旅游扶贫效果好是乡贤参与乡村旅游的主要外在动机。上述研究的影响因子包括个体内部的时间、能力、情感、意愿、文化水平、家庭等因素，以及外部的传统观念、政策、相关部门和组织、信息、渠道、利益分配和周围人等因素。

将影响因素编制成访谈提纲，选取商会成员、乡贤理事会成员、校友等乡贤各5名进行访谈，对问卷进行进一步修正，最终确定乡贤参与乡村旅游的影响因素量表，如表7-6所示。

表 7-6 乡贤参与乡村旅游的影响因素量表

因子	编码	测量项目
内部因素	OF_1	时间因素，如是否有时间参与等
	OF_2	能力因素，如是否具备从事乡村旅游的经验等
	OF_3	情感因素，如是否经常返乡等
	OF_4	意愿因素，如是否愿意参与乡村旅游建设经营等
	OF_5	文化水平因素，如受教育程度等
	OF_6	经济条件因素，如家庭经济状况等
	OF_7	家庭因素，如家庭成员态度等
外部因素	OF_8	传统观念因素，如不同宗族之间是否有忌讳等
	OF_9	政策导向因素，如是否出台可执行的政策法规细则等
	OF_{10}	相关部门因素，如乡镇干部是否有作为等
	OF_{11}	相关组织因素，如协会和理事会是否重视等
	OF_{12}	信息因素，如与乡村管理者沟通是否顺畅等
	OF_{13}	渠道因素，如是否有资金捐赠以外参与方式等
	OF_{14}	利益分配因素，如投资回报预期是否确定等
	OF_{15}	周围人因素，如同事和朋友的态度等

（三）乡贤参与乡村旅游的角色类型与行为意向问卷设计

参照贝尔宾团队角色理论（Belbin's Theory of Team Role）中的角色类型，并结合乡村治理中主要利益相关者的架构和职能，对乡贤参与乡村旅游扮演的角色类型进一步细化和完善，具体包括参与实干、中间协调、推进推动、提供信息、创新管理、监督者、凝聚人心、补缺完善八种类型（奚从清，2010）。

行为意向是个人扮演角色参与社会互动过程中的内外行为，包括意愿、可能性和乐意程度。借鉴李华敏（2009）、朱璇等（2012）、吕婷等（2018）关于乡村旅游行为意向量表设计题项，包括"现有条件下，我愿意参与乡村旅游"、"目前我已参与乡村旅游"和"未来 1~2 年内我会参与乡村旅游"三个题项。

将上述量表编排成问卷，内容包含主体和人口统计学特征两个部分。问卷主体包括乡贤角色感知量表 15 道题、角色类型 8 道题、影响因素量表 15 道题和行为意向 3 道题，人口统计学特征包括受访者性别、年龄、职业、年收入、教育背景和家乡所在地6道题，共计47道题。问卷采用Likert 5阶计分法测量，题目均为正向，回答非常同意、同意、一般、不同意、非常不同意分别对应5分、4分、3分、2分、1分。

三　数据来源与研究方法

研究数据来源于闽南文化生态保护区三市的省外乡贤问卷调查，主要采用变异系数和回归分析等研究方法。

（一）数据来源

1. 研究案例地

本研究选择闽南地区厦门、漳州和泉州三市为研究案例地，理由如下。第一，厦门、漳州和泉州三市同属于闽南文化生态保护区，还是21世纪海上丝绸之路核心区建设的先行区、台湾同胞的祖根地和海外侨胞"原乡"故里，长期以来外出经商和创业者较多，"爱拼会赢"的拼搏精神和村村有宗庙、族谱的环境孕育了多元的乡贤文化（李子蓉，2009；刘登翰、陈耕，2014）。第二，厦门市是服务业较为发达的特区城市，漳州市是传统的农业城市，泉州市是福建省工业强市，三个城市代表不同产业优势背景下，乡贤参与乡村旅游的经济氛围。第三，厦门、漳州和泉州三市共有乡村旅游特色村225个，数量虽然仅占全省的28.92%，但每平方公里乡村旅游特色村的数量是全省平均值的1.3倍，乡村旅游发展态势较好。因此，选择闽南地区作为研究的案例地具有代表性。

2. 问卷调查

问卷调查分为预调查和正式调查两个步骤，均采用问卷星网络发放的方式开展。预调查时间为2018年11～12月，选择乡村旅游发展态势较好的厦门市新圩镇、漳州市长泰县和泉州市晋江市乡贤理事会和中学校友会，针对在外工作的乡贤采用微信转发的方式发放，收回问卷200份，删除作答不完整、随意勾选、前后矛盾等无效问卷35份，问卷有效率82.50%。在对问卷进行信效度分析，修正效度低于0.45的题项后，在2019年1～2月开展正式问卷调查。正式问卷调查共回收1295份问卷，有效问卷共计850份，问卷有效率65.64%。

问卷分析显示，受访者以男性为主，占比为63.0%；以中青年为主，20～

29 岁占比 45.9%，30~39 岁占比 28.7%；教育背景以大学本科（47.5%）为主，高中学历（30.9%）也占一定的比例；职业以企业职员（22.9%）为主，自由职业（19.6%）、公务员（19.2%）、事业单位（16.4%）也占一定的比例；大部分受访者年收入低于 15 万元，年收入在 15 万元以上者占比为 36.8%；家乡所在地为厦门市、漳州市和泉州市的比例分别为 60.5%、23.9% 和 15.6%。

（二）研究方法

1. 信效度分析

采用 SPSS22.0 软件对乡贤角色感知和影响因素量表进行信效度分析，结果如表 7-7 和表 7-8 所示。在表 7-7 中，角色感知量表去除公因子方差低于 0.45 的题项，保留 2、4、6、7、9、10、11、12 题项，因子分析显示存在身份-声望和意识-技能两个维度，累积解释的总方差为 65.33%，其中身份-声望维度克朗巴哈 α 系数为 0.790，意识-技能维度克朗巴哈 α 系数为 0.838，总体信度为 0.857，各题项信度在 0.830~0.852。

表 7-7　角色感知量表信效度分析

因子	编码	克朗巴哈 α 系数		公因子方差	累积解释的总方差
身份-声望	RP$_2$ 家庭出身	0.852	0.790	0.756	35.30%
	RP$_4$ 权力条件	0.836		0.661	
	RP$_7$ 业绩条件	0.830		0.551	
	RP$_9$ 身份地位	0.833		0.648	
意识-技能	RP$_6$ 使命感	0.844	0.838	0.656	65.33%
	RP$_{10}$ 能力条件	0.838		0.678	
	RP$_{11}$ 主动意识	0.840		0.692	
	RP$_{12}$ 法治观念	0.837		0.586	

注：KMO = 0.873，Bartlett's Chi-Square = 2676.498（$df = 28$，$p < 0.000$）。

在表 7-8 中，影响因素量表去除公因子方差低于 0.45 的题项，保留 1、2、3、4、9、10、11、12、13 题项，因子分析显示存在内部因素和外部因素两个维度，累积解释的总方差为 58.53%，其中内部因素维度克朗巴哈 α 系数为 0.788，外部因素维度克朗巴哈 α 系数为 0.802，总体信度为 0.861，各题项公因子方差在 0.463~0.675。

表 7-8　影响因素量表信效度分析

因子	编码	克朗巴哈 α 系数		公因子方差	累积解释的总方差
内部因素	OF$_1$ 时间因素	0.845	0.788	0.588	30.12%
	OF$_2$ 能力因素	0.848		0.608	
	OF$_3$ 情感因素	0.845		0.506	
	OF$_4$ 意愿因素	0.844		0.675	
外部因素	OF$_9$ 政策导向因素	0.845	0.802	0.639	58.53%
	OF$_{10}$ 相关部门因素	0.845		0.553	
	OF$_{11}$ 相关组织因素	0.844		0.584	
	OF$_{12}$ 信息因素	0.847		0.650	
	OF$_{13}$ 渠道因素	0.849		0.463	

注：KMO = 0.886，Bartlett's Chi-Square = 2641.317 ($df = 36$，$p < 0.000$)。

2. 变异系数

变异系数 (coefficient of variation) 是衡量指标中各观测值变异程度的统计量。采用变异系数分析各省份乡贤角色感知、角色类型和影响因素平均得分的差异，通过系数值的大小判断上述指标平均得分的离散程度。

3. 回归分析

回归分析 (regression analysis) 是确定两种或两种以上变量间相互依赖的定量关系的方法。采用线性回归分析方法，揭示乡贤角色感知、影响因素与参与乡村旅游行为意向关系，以及验证影响因素的中介效应。

四　研究结果

（一）乡贤角色感知、影响因素、行为意向和角色类型选择的差异

1. 乡贤角色感知差异

受访乡贤角色感知平均得分为 3.52，总体处于中等水平。其中，身份-声望感知得分略低于意识-技能感知平均得分，显示意识-技能在角色感知中略显重要。省外角色感知变异系数分析显示，身份-声望感知平均得分离散程度最大，角色感知次之，意识-技能感知最小，且各类型感知得分变异系数均小于 10%。由此可见，省外乡贤角色感知指标的总体差异较小，如图 7-2 所示。

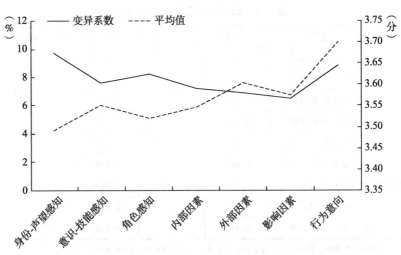

图 7-2　乡贤角色感知、影响因素和行为意向得分变异系数

分区域分析，乡贤角色感知得分高于平均水平的省（区、市）有 15 个，占比为 53.57%，主要分布在东北和中西部地区，如表 7-9 所示。其中，甘肃和宁夏两个省区受访乡贤不多，但角色感知得分明显高于其他省（区、市）；云南、海南两省受访乡贤也少，但角色感知得分明显低于其他省（区、市）。空间差异方面，角色感知得分较高的省（区、市）与福建省在空间上不毗邻，其他省（区、市）与闽南地区至少间隔两个省（区、市）的空间距离。

表 7-9　角色感知、影响因素和行为意向的区域差异

省（区、市）	角色感知	影响因素	行为意向
安徽	3.49	3.52	3.67
北京	3.57	3.66	4.10
重庆	3.91	3.69	3.83
甘肃	4.08	4.22	4.89
广东	3.48	3.59	3.56
广西	3.25	3.48	3.50
贵州	3.33	3.40	3.33
海南	3.08	3.26	3.40
河北	3.55	3.60	3.78
河南	3.36	3.45	3.57

省（区、市）	角色感知	影响因素	行为意向
黑龙江	3.66	3.62	3.80
湖北	3.54	3.86	3.67
湖南	3.52	3.51	3.53
吉林	3.93	3.76	4.06
江苏	3.66	3.50	3.95
江西	3.26	3.36	3.55
辽宁	3.70	3.87	3.99
内蒙古	3.50	3.61	3.62
宁夏	4.13	3.36	3.50
山东	3.52	3.51	3.84
山西	3.77	3.70	4.06
陕西	3.21	3.49	3.44
上海	3.66	3.59	3.70
四川	3.52	3.44	3.68
天津	3.29	3.84	3.67
新疆	3.13	2.93	3.33
云南	2.84	3.58	3.25
浙江	3.38	3.47	3.29
总计	3.51	3.56	3.70

2. 乡贤参与乡村旅游的影响因素差异

省外乡贤参与乡村旅游影响因素平均得分为 3.56 分，总体处于中等水平。其中，内部因素平均得分略低于外部因素，显示外部因素在影响因素中较为重要。影响因素平均得分变异系数分析显示，内部因素离散程度最大，外部因素次之，影响因素感知最小，且各类型感知得分变异系数均小于 9%。由此可见，省外影响因素指标的总体差异较小。

分区域分析，影响因素得分高于平均水平的省（区、市）有 14 个，占比为 50%，主要分布在东北和华北地区（见表 7-9）。其中，甘肃影响因素得分明显高于其他省份，新疆影响因素得分明显低于其他省份，这显示西部地区影响因素的差异较大。空间差异方面，影响因素得分较高的省（区、市）主要分布在辽宁、甘肃、湖北等省份，在空间上与福建省均有一定的距离。

3. 乡贤参与乡村旅游行为意向差异

省外乡贤参与乡村旅游行为意向平均得分为 3.70 分，总体处于中高水平。变异系数分析显示，行为意向平均得分变异系数小于 9%，表明省外乡贤行为意向指标得分的总体差异较小（见图 7-2）。

分区域分析，行为意向得分高于平均水平的省（市）有 10 个，占比为 34.48%，主要分布在长江以北地区（见表 7-9）。其中，甘肃、北京、吉林、山东行为意向得分明显高于其他省（区、市），云南和浙江行为意向得分低于其他省份。空间差异方面，行为意向得分较高的省（市）与福建省不毗邻，有一定的空间距离。

4. 角色类型选择的差异

受访者角色类型平均得分均高于 3.50 分，标准差均大于 1，显示受访者对于八种角色类型的选择意向均较强烈。平均得分排序显示，创新管理>补缺完善>提供信息>推进推动>凝聚人心>参与实干>监督者>中间协调，说明参与实干并不是首要选择，受访者希望创新参与乡村旅游的模式。

表 7-10　不同角色类型选择的区域内部差异

单位：人，分

角色类型	厦门市	漳州市	泉州市	平均值	标准偏差
参与实干	3.65	3.73	3.68	3.67	1.09
中间协调	3.60	3.68	3.65	3.63	1.03
推进推动	3.70	3.80	3.66	3.71	1.03
提供信息	3.70	3.81	3.77	3.74	1.03
创新管理	3.71	3.90	3.80	3.77	1.05
监督者	3.60	3.74	3.83	3.67	1.02
凝聚人心	3.70	3.78	3.68	3.71	1.07
补缺完善	3.74	3.81	3.68	3.75	1.07
数量	514	203	133	850	

5. 乡贤角色感知、影响因素和行为意向的闽南地区内部差异

方差齐性检验显示，乡贤参与乡村旅游的影响因素、参与意向显著性为 0.322 和 0.463，大于 0.050，接受虚无假设，表示两组样本的方差差异

均未达到显著，即未违反方差同质性假定。乡贤角色感知显著性为 0.017，小于 0.050，拒绝虚无假设，表示样本的方差不具有同质性。

进一步方差分析显示，厦门、漳州、泉州三市受访者参与乡村旅游的影响因素和参与意向得分均未达到显著差异，接受虚无假设，表示三市受访者参与乡村旅游的影响因素和参与意向差异不显著（见表 7-11）。而乡贤角色感知达到显著差异，拒绝虚无假设，表示三市受访者的角色感知差异显著。

事后比较显示，厦门市和漳州市乡贤角色感知平均得分的差异值为 -0.1857，显著性检验显示在 0.05 水平达到显著水平，显示厦门市受访者角色感知得分的平均数小于漳州市受访者。从 95% 置信区间分析，厦门市乡贤角色感知和漳州市的平均得分差异的 95% 置信区间为 [0.0272, 0.3442]，并未包含 0，因而两个指标平均得分的差异达到显著。

表 7-11　方差分析摘要

因子	项目	平方和	df	均方	F	p	事后比较 Scheffe 法
角色感知	组间	5.118	2	2.559	3.858	0.021	
	组内	561.890	847	0.663			
	总数	567.009	849				
影响因素	组间	1.769	2	0.884	1.661	0.191	漳州市>厦门市
	组内	451.106	847	0.533			
	总数	452.875	849				
行为意向	组间	1.769	2	0.885	1.080	0.340	
	组内	693.493	847	0.819			
	总数	695.262	849				

（二）乡贤角色感知、影响因素与行为意向的关系

1. 角色感知与行为意向的关系

回归分析显示，乡贤角色感知与行为意向之间相关系数为 0.676，呈现中度相关（见表 7-12）。决定系数 R^2 为 0.457，调整后的 R^2 为 0.456，显示角色感知可以解释行为意向 45.6% 的变异量。方差分析显示，F 值为 712.562，显著性检验的 p 值为 0.000，小于 0.01，显示回归模型整体解释

变异量达到显著水平。共线性分析显示，VIF 值为 1.000，小于 10；CI 值为 8.716，小于 30；特征值为 0.026，大于 0.01，显示变量间没有共线性问题。

表 7-12　角色感知、影响因素和行为意向回归模型系数

模型	非标准化系数		标准系数	t	共线性统计量			F	R^2
	B 的估计值	标准误差	Beta 分布		VIF	CI	特征值		
（常量）	1.069	0.101		10.580**				712.562	0.456
角色感知	0.748	0.028	0.676	26.694**	1.000	8.716	0.026		
（常量）	1.489	0.083		17.927**				655.833	0.435
影响因素	0.590	0.023	0.660	25.609**	1.000	8.710	0.026		
（常量）	0.779	0.117		6.650**				376.433	0.469
角色感知	0.633	0.037	0.572	17.177**	1.773	10.544	0.027		
影响因素	0.195	0.041	0.157	4.726**	1.773	14.128	0.015		

注：** $p < 0.01$。

角色感知与行为意向的非标准化回归模型为：

行为意向 = 1.069 + 0.748 × 角色感知。

2. 乡贤角色感知与影响因素的关系

回归分析显示，乡贤角色感知与影响因素之间相关系数为 0.660，呈现中度相关（见表 7-12）。决定系数 R^2 为 0.436，调整后的 R^2 为 0.435，显示影响因素可以解释参与行为意向 43.5% 的变异量。方差分析显示，F 值为 655.833，显著性检验的 p 值为 0.000，小于 0.01 的显著性水平，表明回归模型整体解释变异量达到显著水平。共线性分析显示，VIF 值为 1.000，小于 10；CI 值为 8.710，小于 30；特征值为 0.026，大于 0.01，显示变量间没有共线性问题。

角色感知与影响因素的非标准化回归模型为：

影响因素 = 1.9740 + 0.660 × 角色感知。

3. 影响因素的中介效应检验

在角色感知显著影响行为意向和影响因素的基础上，进一步分析角色感知与行为意向的中介关系。回归分析显示，决定系数 R^2 为 0.471，调整

后的 R^2 为 0.469，显示角色感知和影响因素可以解释行为意向 46.9% 的变异量（见表 7-13）。方差分析显示，F 值为 376.433，显著性检验的 p 值为 0.000，小于 0.01 的显著性水平，表明回归模型整体解释变异量达到显著水平。共线性分析显示，VIF 值为 1.773，小于 10；CI 值为 10.544、14.128，小于 30；特征值为 0.027、0.015，大于 0.01，显示变量间没有共线性问题。

角色感知、影响因素和行为意向的非标准化回归模型为：

行为意向 = 0.779 + 0.633 × 角色感知 + 0.195 × 影响因素。

可见，在影响因素的控制下，角色感知虽然也对行为意向产生了显著影响，但其影响效果由 0.748 下降为 0.633，说明角色感知对行为意向的影响中的部分影响效果通过影响因素实现。为了验证影响因素、角色感知对行为意向产生间接效果的显著性，进行 Sobel 检验、Aroian 检验和 Goodman 检验，结果发现在 $p<0.01$ 水平下显著性明显，进一步证实了在角色感知对行为意向的影响中，影响因素具有部分中介效应。其中，角色感知对行为意向的影响总效应为 0.748，直接效应为 0.633，间接效应为 0.115。

表 7-13　影响因素的中介效应检验

中介效应检验	Sobel test		Aroian test		Goodman test		中介效应	总效应	直接效应	间接效应
	Z-value	p	Z-value	p	Z-value	p				
角色感知→影响因素→行为意向	18.503	0.000	18.496	0.000	18.510	0.000	部分中介	0.748	0.633	0.115

4. 乡贤角色感知、影响因素与行为意向关系的闽南区域内部差异

回归分析显示，厦门市、漳州市、泉州市乡贤角色感知→行为意向回归模型调整后的 R^2 分别为 0.479、0.332、0.520，显示角色感知解释行为意向变异量大小地区排序为泉州市（52.0%）、厦门市（47.9%）和漳州市（33.2%），回归系数值大小排序也显示，泉州市乡贤角色感知变化对行为意向影响比厦门市和漳州市更大（见表 7-14）。厦门市、漳州市、泉州市乡贤角色感知→影响因素回归模型调整后的 R^2 分别为 0.433、0.339、0.500，显示角色感知解释影响因素变异量大小地区排序为泉州市（50.0%）、厦门市（43.3%）和漳州市（33.9%），回归系数值大小排序显示，漳州市乡贤角色感知变化对影响因素影响比厦门市和泉州市更大。

表 7-14　闽南地区乡贤角色感知、影响因素与行为意向回归模型系数

地区	模型	非标准化系数		标准系数	t	共线性统计量			F	R^2
		B 的估计值	标准误差	Beta 分布		VIF	CI	特征值		
厦门市	（常量）	1.014	0.126		8.078**				472.177	0.479
	角色感知	0.766	0.035	0.693	21.730**	1.000	8.459	0.028		
漳州市	（常量）	1.360	0.245		5.549**				101.372	0.332
	角色感知	0.663	0.066	0.579	10.068**	1.000	10.053	0.020		
泉州市	（常量）	0.947	0.235		4.026**				144.057	0.520
	角色感知	0.787	0.066	0.724	12.002**	1.000	8.218	0.029		
厦门市	（常量）	1.496	0.107		14.035**				393.030	0.433
	影响因素	0.594	0.030	0.659	19.825**	1.000	8.459	0.028		
漳州市	（常量）	1.408	0.196		7.184**				133.362	0.339
	影响因素	0.608	0.053	0.632	11.548**	1.000	10.053	0.020		
泉州市	（常量）	1.513	0.176		8.6128**				133.084	0.500
	影响因素	0.564	0.049	0.710	11.5368**	1.000	8.218	0.029		
厦门市	（常量）	0.636	0.144		4.401**				259.395	0.504
	角色感知	0.616	0.046	0.557	13.441**	1.768	10.242	0.028		
	影响因素	0.253	0.051	0.206	4.973**	1.768	13.731	0.016		
漳州市	（常量）	1.183	0.274		4.316**				51.872	0.342
	角色感知	0.587	0.085	0.512	6.924**	1.663	11.945	0.021		
	影响因素	0.126	0.088	0.106	1.430	1.663	14.648	0.014		
泉州市	（常量）	0.894	0.295		3.025**				71.574	0.524
	角色感知	0.767	0.093	0.705	8.210**	2.016	10.009	0.030		
	影响因素	0.035	0.117	0.026	0.302	2.016	15.594	0.012		

注：** $p<0.01$。

此外，厦门市乡贤角色感知、影响因素和行为意向的非标准化回归模型为：

行为意向 = 0.636+0.616×角色感知+0.253×影响因素。

可见，在影响因素的控制下，厦门市乡贤角色感知也对行为意向产生了显著影响。为了验证影响因素、角色感知对行为意向产生间接效果的显著性，进行 Sobel 检验、Aroian 检验和 Goodman 检验，结果发现在 $p<0.01$

水平下显著性明显，进一步证实了在厦门市乡贤角色感知对行为意向的影响关系中，影响因素具有部分中介效应（见表7-15）。其中，角色感知对行为意向的影响总效应为0.766，直接效应为0.616，间接效应为0.150。

表7-15　厦门市影响因素的中介效应检验

中介效应检验	Sobel test		Aroian test		Goodman test		中介效应	总效应	直接效应	间接效应
	Z-value	p	Z-value	p	Z-value	p				
角色感知→影响因素→行为意向	14.683	0.031	14.674	0.031	14.691	0.031	部分中介	0.766	0.616	0.150

五　小结

以闽南文化生态保护区三市的省外乡贤为研究对象，探讨乡贤角色感知、角色类型、影响因素和行为意向的差异与影响机制，得到如下研究结论。

乡贤角色感知、影响因素和行为意向的平均得分省域差异不显著，显示各省份乡贤个体对参与乡村旅游的角色认知水平差异不大。各省份乡贤角色感知、影响因素和行为意向平均得分的变异系数均小于10%，显示各省份乡贤在上述指标上的差异不大；角色感知平均得分变异系数最大，行为意向次之，影响因素最小，显示各省份乡贤对参与乡村旅游的影响因素的认知更为一致。

闽南地区乡贤角色感知、影响因素和行为意向平均得分的内部差异不显著，显示闽南文化生态保护区内乡贤文化内涵具有一致性和普适性。虽然厦门、漳州、泉州三市省外受访者角色感知差异达到显著水平，但方差分析进一步显示，仅漳州市省外乡贤角色感知平均得分略高于厦门市，泉州市与厦门市乡贤角色感知差异并不显著。乡贤参与乡村旅游的影响因素和行为意向方差分析未达到显著差异，表明厦门、漳州、泉州三市受访者平均得分在该组指标上的差异较小。

闽南地区乡贤角色类型的内部差异不显著，显示厦门、漳州、泉州三市省外乡贤角色期望较为一致。尽管有创新管理、提供信息、参与实干、监督者、中间协调五种角色类型方差齐性差异显著，但进一步事后比较显示，八种角色类型平均得分的闽南区域内部差异均未达到显著差异。乡贤角色类型平均得分排序显示，参与实干并不是省外乡贤参与乡村旅游的首要选择，受访者希望能够创新参与乡村旅游的模式，有更多的参与渠道和模式可以选择。

角色感知、影响因素对行为意向有显著的正向影响，影响因素具有部分中介效应（见图7-3）。角色感知可以解释行为意向45.6%的变异量，影响因素可以解释行为意向28.5%的变异量，两者可以解释行为意向46.9%的变异量，影响因素具有部分中介效应。因此，引导乡贤参与乡村旅游，不仅要提高省外乡贤自身角色感知水平，特别是意识-技能方面的角色感知水平，还要关注影响乡贤参与乡村旅游的内部、外部因素，特别是要营造良好的外部政策环境与氛围。

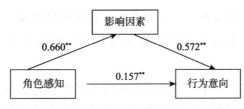

图7-3 乡贤参与乡村旅游意向的影响机制

注：** $p<0.01$。

空间距离和经济发展水平是影响乡贤参与乡村旅游角色感知、影响因素和行为意向得分的重要因素。角色感知、影响因素得分较高的省份与福建省在空间上不毗邻，其他省份与福建省间隔1个省份以上的空间距离；行为意向得分较高的省份与福建省不毗邻。三个指标得分较高的省（区、市）主要分布在长江以北，而经济较为发达的沿海地区，上述指标得分较低。这显示在经济较为发达、与福建省空间距离较近地区的乡贤，虽然有能力和实力，但对乡贤的角色认知有限，不一定是各级政府吸引返乡创新创业人才的重点对象；而经济水平略低于福建省、与福建省有一定空间距离的省（区、市）的乡贤，虽然能力和实力有限，但乡贤的角色认知水平较高，是各级政府人才引进的重点对象。

第五节　乡贤文化生态保护建议

一　乡贤文化生态发展困境

（一）乡贤文化主体缺失

1. 乡贤缺失

改革开放以来，城乡二元结构的状况正被逐渐打破，但仍存在事实上的差距。快速城镇化和工业化过程中，大批青壮年劳动力进城务工，农村出现空心化现象，乡贤文化主体随着城镇化的过程离乡，导致农村发展严重滞后于城市。城市在基础设施、文化教育、社会福利、养老医疗等社会保障方面都明显优于乡村（刘淑兰，2016）。城镇化的虹吸效应，引发了乡村大规模的人口流动，流出的大多是有较高文化程度的青壮年、大学生和优秀干部等。据统计，截至2022年底，我国城镇常住人口为92071万人，乡村常住人口为49104万人，城镇人口占全国人口比重（城镇化率）为65.22%。这些"城镇化"的人口大多是来自乡村的精英、能人和贤人。为此，《光明日报》曾推出"新乡贤·新乡村"系列报道和评论，在全国各地发掘"新乡贤"返乡创业的新闻人物和新闻故事，同时约请专家学者探讨乡贤文化的历史内涵和当代价值，为农村建设提供了新鲜经验（钱念孙，2017）。

2. 乡贤认定标准缺失

（1）传统士绅等同于当代乡贤

近年来，各地纷纷重视乡贤文化，搜集整理历史先贤、文化名人等资料，将他们的思想与善举加以提炼，使其成为乡民学习的榜样；或成立乡贤研究会，挖掘故乡历史、抢救文化遗产、弘扬乡贤精神、服务地方经济，通过倡导乡贤文化促进了当地社会经济文化的发展，成为乡贤实践的典型地区（叶辉，2011）。这些措施极大地促进了乡贤文化的发展，但也要注意到，原先那些支撑传统士绅生长并发挥积极作用的社会结构体系早已发生根本性的变化，将当代乡贤与传统士绅完全等同，或者认为通过宣传当地历史先贤思想就能直接产生当代乡贤，这无疑不符合当前已经发生根本变化的社会结构。此外，把回乡居住的当代退休官员直接默认为乡贤，也同样是不适合的。

（2）地方精英等同于当代乡贤

在市场经济的背景下，地方经济精英掌握并支配较多的资源，也能够对地方社会的政治与经济产生较大的影响力。如果将地方精英特别是地方经济精英直接等同于乡贤，或者将乡贤直接等同于地方的企业家、老板与村庄富人，这也是不适合的（何倩倩，2015）。乡贤拥有威望或权威，绝不单纯依赖于其经济实力，相反，其权威更多来自当地村民的主观认可与内心信服。如果经济精英与本地价值观念背道而驰，不能符合广大村民的核心文化期待，那么，离开了当地村民们的主观认定，经济精英也只能是新时代的"土豪"而已（李晓斐，2018）。

（3）道德楷模等同于乡贤

乡贤是社会主义核心价值观的工作载体，他们会综合运用舆论宣传、文化传播、政策制度等把核心价值观建设落到实处。在围绕乡贤的实践中，各地政府往往会把当地的各种道德楷模、先进典型及其感人事迹直接视为先进的乡贤文化，在乡间巡回报告、大力宣传。这在无形中把主流先进文化与乡村民间智慧二元对立起来（李晓斐，2010）。官方主流文化代表着先进、科学、现代，乡村民间文化特别是民间宗教信仰等却不都是落后、迷信的，而是主流文化的重要补充，两者相辅相成。村庄内生性的民间文化，在村民的日常生活中具有十分深远的影响。因此，乡村民间智慧的价值一旦缺乏应有的尊重与重视，乡贤也就失去了其所生存的文化土壤。

（二）乡贤文化生态变化

1. 乡村治理模式变化

20世纪90年代以来，乡村治理研究重点从村民自治的内容、模式、机制以及基层政权的制度建构等方面，向治理的多元主体性和社会自主的民间性等特征，以及中国乡村社会本土文化机制、农民的行动逻辑与价值观念等方面转变，呈现出从自上而下围绕村民自治制度及乡村基层政权的研究转为自下而上重新回归到治理本身并日益重视本土文化机制的变化趋势（李晓斐，2016）。近年来，随着我国城乡一体化的发展，城乡之间相对分割的状态被逐渐打破，城乡之间的交流融合不断加快，城乡之间的差距逐步缩小，包括自然状况、社会发展水平、民主发展进程、与城市的关系等方面的乡村治理的环境发生了较大的变化，与之相辅相成的乡贤文化生态环境也随之而变。

与城市中的"陌生人社会"不同，农村地区依然保留着"熟人社会"的基本特征。村民们祖祖辈辈都生活在同一村落，正所谓"抬头不见低头见"，血缘关系、姻亲关系和邻里关系互相交织，形成错综复杂的乡村社会人际交往方式和乡村政治生态。改革开放以来，农村经济社会快速发展，农民的物质生活水平不断提升，和农村生活环境大为改观，城乡之间的交流融合日益密切以及信息获取方式的日益便捷，使得农村社会文化发展呈现出多元化趋势，传统的乡村秩序受到冲击，但"熟人社会"的基本特征并未改变。村民自治制度设置的初衷正是基于农村地区"熟人社会"的特征，将内生权威与外生权威相融合，凸显乡村社会中道德教化、村规民约、风俗习惯等软性治理功能。但受国家民主法治进程和农民自身素质制约，村民自治在乡村社会中并未完全实现，当前的乡村社会依然保持着外生权威主导下的以强制力为后盾的"硬治理"模式特征。这不仅增加了国家在基层社会的治理成本，甚至还会因为"硬治理过度，软治理不足"而在某种程度上削弱国家在基层社会的治理成效。

2. 乡村内生权威流逝严重

拥有丰富的权威资源是实施有效统治和管理的重要基础（白现军、张长立，2016）。权威是组织赖以存在的基本条件，也是建立有序社会的政治基础。以组织为边界，按照权威生成机制的标准，可以将权威划分为内生权威和外生权威。内生权威是在组织发展过程中由组织内部逐步生发出来的权威主体，由于权威客体能够近距离接触并融入权威主体的形成过程，内生权威的认同程度更高和持续时间更长。传统乡村社会的乡贤治理模式无疑具有内生权威的特征。新中国成立后到改革开放前夕，在高度集中的计划经济体制作用下，人民公社成为乡村社会唯一权威主体。改革开放后，随着人民公社威权模式的解体村治格局由原来的村级政治组织"一统天下"转变为村级政治组织与宗族村庄地缘组织、宗教组织等多种力量共治（肖唐镖、戴利朝，2003）。在随后的工业化和城镇化进程中，农村精英群体逐渐流向城市，而村党委和村委也在数十年的"汲取型"体制中被污名化，其形象认知和权威大为弱化。乡村治理内生权威的流逝和外生权威的弱化，以及村落空心化与乡村文化断裂，让处于社会转型与体制转轨双重叠加期的乡村社会面临前所未有的治理困境，这也进一步危及乡贤文化的发展。

二　乡贤文化生态修复

（一）提升乡贤角色意识

角色感知是角色观念的核心内容。角色理论认为，角色是个人和社会的联结点，是最常见、最活跃的中介（奚从清，2010）。角色理论的核心是角色扮演，如图 7-1 所示，角色扮演是个人扮演角色参与社会互动过程中的内外行为，包括对角色的学习、对角色的评价和对角色的实践等三个方面；个人对角色的认知、态度、情感等即角色观念，包括角色感知、角色期望、角色规范等；个人扮演一定的角色后，所表现出来的外在实际行动就是角色行为，包括角色转换、角色冲突和角色形象等。从这个意义上，乡贤也是一种角色，个人对乡贤角色的准确认知是角色扮演的基础和关键。

自"十三五"新乡贤文化提出以来，新时期乡村振兴对新乡贤角色提出了新的要求。新乡贤不仅延续了传统乡贤的地域性、知名度、道德观等特征，还要坚持党的领导和具备社会主义核心价值观，身怀出众的才干或学问、崇高的声誉（钱静、马俊哲，2016），主动参与乡村振兴。

（二）修复乡贤文化生态：以乡村旅游为例

1. 乡贤参与乡村治理的动机

心理学研究显示，行为不仅由内部驱力所激发，还由外在诱因所驱使，据此，动机可以分为内部动机和外部动机两种具有不同性质的类型。乡贤参与乡村旅游的动机也包括推力动机和拉力动机两个方面，其中，推力动机是内在的，是指激发乡贤参与乡村旅游的所有刺激因素；拉力动机是外在的，是指乡村吸引乡贤参与乡村旅游的因素。

在对访谈内容进行整理的基础上，提取出乡贤参与乡村旅游的推力动机和拉力动机，如表 7-16 所示。

表 7-16　乡贤参与乡村旅游的动机

推力动机	拉力动机
回馈家乡	"美丽乡村"建设推进
乡土情怀	政府政策支持
工作需要	宗族邀请
人脉资源广	各级政府部门邀请
照顾家庭	接待朋友
打理家乡土地和房屋	旅游业快速发展
投资需要	脱贫
面子问题	亲戚朋友参与乡村旅游获得丰厚利润
宗族责任	环境优美
退休	上级私人委托
换工作	公司人力资源调整

表 7-17　主要数据来源

村落名称	类型		乡贤代表
漳州市古山重村	都市郊区	毗邻厦门市，主要客源为厦门市游客	F1：薛某，男，36 岁，当地人，当地旅游有限公司副总经理
			F2：薛某，男，36 岁，当地人，在外经商
龙岩市院田村	景区边缘区	毗邻古田旅游区（5A 级景区）和毛泽东才溪乡调查旧址（4A 级景区）	F3：李某，男，51 岁，当地人，县旅游局副局长
			F4：舒某，女，63 岁，非当地人，知青，诗人
龙岩市培田村	特色村寨	培田古民居	F5：邹某，男，37 岁，当地人，市某旅行社总经理
			F6：吴某，男，36 岁，当地人，在外经商
宁德市小梨洋村	特色农业基地	蔬菜种植基地	F7：甘某，男，62 岁，退休，当地人，省某局处长
			F8：甘某，男，45 岁，当地人，村主任

2. 乡贤文化生态修复路径

（1）依托乡土情结

乡土情结是指人们深藏于内心深处的对故乡故土思念、依恋、皈依的一种情感或价值心理。乡贤来自乡村，或出生或成长于此，有着浓厚的乡土情结，并将其转化为一种"集体无意识"。乡贤的乡土情结主要体现在两个方面：一是乡贤与乡村自然环境的关系，二是乡贤与乡村居民等人的关系。

在与乡村自然环境的关系方面，乡贤的"乡土情结"的核心价值是热爱故土和感恩故土，是乡贤参与乡村旅游的主要推动因素，包括乡土情怀和回馈家乡等因素。

> 我虽然住在县城，但是经常回家拿蔬菜和猪肉，总觉得家里的肉和菜更好吃，更放心。（F1）
>
> 退休了，住在城市觉得没有归属感，水、空气不如老家的好，想自己种点菜，活动活动筋骨，还是返乡养老好。（F8）
>
> 作为旅游局干部，在政府决策前已经对家乡乡村景观改造做了贡献，把自己家里改造成游客接待中心，供来访政府部门官员和诗歌协会会员使用，希望自己的几十年的旅游工作经验能够为家乡做点贡献。（F3）
>
> 插队三年，这里的山山水水给我的创作提供了很多的素材和灵感，我已经把这里作为自己的第二故乡，并把这里的山水风情写成了作品，以回馈这里的养育之恩。（F4）

在与乡村居民等人的关系方面，乡贤的"乡土情结"的核心价值是"爱家孝亲"的道德义务和道德情感。"家"不仅是身体的栖息地，也是心灵和情感的归宿，并转化为乡贤参与乡村旅游的照顾家庭和打理家乡土地和房屋等推动因素。

> 父母过世了，妹妹远嫁，家里房子、土地没有人管理；自己虽然忙于公司业务，但是仍然会抽出时间回去打理老家房屋和土地。（F2）
>
> 知青三年生活受到许多乡亲照顾，希望能够有机会为乡亲们做些回报。（F4）
>
> 作为村里的大学生，高级知识分子，又在外从事旅游相关工作，事业小有所成，父母引以为荣，希望借助自己的创业经历，为家乡发展乡村旅游做些贡献。（F5）

（2）政府政策引导与支持

党的十八大报告第一次提出了城乡统筹协调发展、共建"美丽中国"的理念。2013 年中央一号文件，依据美丽中国的理念第一次提出了建设"美丽乡村"的奋斗目标。随后，各级政府便从政策制定和专项资金支持等方面落实美丽乡村的建设，发展乡村旅游也成为福建省各级政府部门所提倡和支持乡村发展的方式。以旅游局为代表的福建省政府各部门先后出台了《福建省乡村旅游扶贫工程实施方案》、《福建省乡村旅游休闲集镇建设与服务规范》和《福建省乡村旅游特色村建设与服务规范》等政策文件，并对符合条件的乡村在发展乡村旅游中给予 15 万~50 万元不等专项补贴，政府的政策引导和支持成为乡贤参与乡村旅游的主要拉引因素。

> 公司房地产业务拓展需要，承包了整个村开发乡村旅游，……"美丽乡村"建设推进，作为厦门后花园，民间乡村旅游投资人陆续涌进，推动家乡民宿、休闲农业发展，提出租用或购置土地和房屋。经常有同学朋友提出到家乡旅游休闲，并看好本村的乡村旅游发展前景。自己的亲戚朋友开发民宿和休闲农业，并取得丰厚利润。"（F1）
>
> 县政府的政策决议，需要在红色旅游产品外打造一个适合居民休闲的地方，家乡有幸入选。县政府财政准备专项经费支持 3 亿元，同时配套相关的政策，着力开发本村。（F3）
>
> "美丽乡村"政策机遇，公司承接家乡各级部门委托的乡村旅游规划项目……（F6）
>
> 今年（2015 年）房地产行业形势不好，工地活不多，工资不好拿。国家重视"美丽乡村"建设，家里年轻人、中年人都迁出或外出打工，没有人负责村里的事……（F8）

（3）宗族情感维系

宗族是由男系血缘关系的各个家庭，在宗法观念的规范下组成的社会群体，我国传统社会人际以宗法血缘关系为纽带，在广大的乡村地区，现在仍或多或少地保留着这样的传统文化。在访谈中，特别是男性乡贤，往往有较强的宗族责任感，主动或被动地返乡参与乡村旅游开发和建设，成为延续宗族情感的重要举措。

> 作为客家李氏宗族长辈，有责任传承李氏文化。李氏宗族在乡村旅游发展中受益，自己作为李氏一员应主动参与其中。（F3）
> 作为甘氏家族的长辈，老家要脱贫，自己作为乡贤义不容辞。作为贫困村的乡贤，自己也觉得脸上无光，在外村人面前抬不起头。（F7）

（4）土地及不动产支撑

乡贤根植于乡土，在家乡往往保留有土地和房屋等资产。这些资产或由自己打理（乡贤代表 F2、F3、F7、F8），或由父母亲戚代为打理（乡贤代表 F1、F5、F6），在家乡乡村旅游开发中，往往面临着再利用和增值的机遇（乡贤代表 F1、F2、F3、F7、F8）。随着国务院办公厅正式颁布《关于引导农村土地经营权有序流转发展农业适度规模经营的意见》，乡贤无论是自愿还是被迫地返乡，以不动产参与家乡乡村旅游开发，成为乡贤参与乡村旅游最直接和普遍的方式。

第八章
传统村落文化生态失衡与修复

第一节 传统村落文化生态失衡

一 文化生态失衡

（一）文化生态失衡问题的提出

随着工业化进程的加速，全球经济日益呈现一体化的发展趋势，工业文明正深刻改变着人与自然的关系、文化与地理环境的关系，最终影响文化发展的进程。以机械化、自动化生产为标志的工业文明，创造了满足人类社会高速发展需求的物质基础，建造了一个区别于农业文明社会的崭新技术圈，并重组自然界的各种物质，提高了自然界物质的多样性。由于人类改造自然能力的飞速增长，人造的技术环境已扩展到整个地球甚至外太空，工业文明在日益扩大人造物质环境的规模和提高质量的同时，也破坏了自然生态系统，加速了自然界无序化过程，并引起了整个地球生物圈的紊乱，改变了文化创造的传统方式。建立在机械文明基础上的拥有先进生产力的工业文明，建造了一个自成体系的第二自然，也称为人工自然，在这种人造的自然环境中，人们的生产和生活方式都可以不受自然条件和地理环境的制约，从而用人工的物质环境割断了文化和其居住地的自然环境之间的密切联系，改变了传统文化变迁的方式（方李莉，2001）。

这种先进的工业文明的技术方式是从西方文化中孕育出来的，以舒适和方便的外在特征压制了能够满足人们物质需要的本土技术，并凭借物质变革的巨大作用扩散到不发达国家和地区，瓦解其他非西方国家和地区的本土文化。伴随着未经选择的技术的输入，西方的饮食习惯、生活方式、行为准则和价值观念也一起侵入到了不发达国家和地区，诱发了人们过高的物质需求，这就严重地冲击了当地居民日常生活中的行为规范和传统习俗，改变了人们的思维方式和价值取向，把技术和经济的发展同人们的文化环境割裂开来。同时，将外国模式纳入传统技术的合法地位中将导致传统技术的崩溃。由于技术深深扎根于社会文化组织之中，传统技术的崩溃往往引起地方社区的瓦解，使其失去文化特性，在国家一级加重了对西方文化的依赖（黄高智等，1991），表现在两个方面：一是人工的物质环境割断了文化和居民生活的自然环境之间的密切联系；二是工业化将外国生产模式纳入传统技术的合法地位中，加速传统技术的崩溃，使许多地方性的原生态文化失去了其赖以生存的根基，并遭到破坏甚至消亡，许多民族文化不仅失去了活力，同时也失去了其原有的创造力。

可见，工业化的影响，并非简单地局限于生产的范围，而且影响到人类与物质环境互动的一般特性，同时改变了人类的社会组织与环境之间原有的关系。在此背景下，地域性无可避免地与全球性彼此关联起来，传统地域社区不再仅仅是具有熟人社会关系的环境，在很大程度上深受远距离关系的影响。因此，文化生态失衡问题产生是一种非地域文化的形成过程，是现代性嵌入传统社会的过程，也是地域性文化消解的过程（方李莉，2001）。

（二）文化生态失衡的缘由

文化生态失衡不仅是文化自身发展的问题，也是一个社会重构的问题（高丙中，2012）。自达尔文时代以来，人类就被视为生命网的组成部分。地球需要保持生物多样性，包括丰富的基因、物种、生物群落，才能达到生物平衡，人类社会发展也有赖于多种文化、多种智慧的渗透（林庆，2010）。物种越丰富，大自然的基因库也就越丰富，文化越多样，文化生态系统就越稳定。

斯图尔德所提出的文化生态学理论认为，文化与自然环境虽然互相作用，但自然环境在某种程度上起着最终的决定作用，它不仅允许或阻碍文化发明的运用，而且还往往会引起具有深远后果的社会适应。但在工业文明的理论中，自然和环境只能制约那些落后的民族和落后的社会形态，而且越简单原始的生产技术越更多地受环境的制约，但当人类社会进入工业文明以后就不同了，高度发达的技术，使人们的生产方式和生活方式不再完全受制于当地的自然环境。在物质文明高度发达的社会中，人们似乎可以脱离自然的约束，然而建立在工业文明基础上的现代文化，并不像人们想象得那么十全十美。许多迹象表明，这种脱离了自然的高度发达且非常精密的现代文明，实际上是非常脆弱的，典型的案例就是这种文化所带来的自然生态的失衡和自然环境的污染。

工业文明的发展给人们的生活带来了便利，但忽视了很重要的一个方面，即人的内心世界、人的意识、人的情感的发展。因此，其在造成自然生态失衡的同时，也一并造成了文化生态的失衡。进入21世纪，人类不仅面临来自物质世界的科技革命，还面临来自人自身的革命，即人的自我认识的革命，这也是一个民族、一个国家的自我认识的革命。这种自我认识实际上就是一种文化的认识，也就是所谓的文化自觉的问题（方李莉，2001）。因此，人们关注的焦点不再仅仅是自然生态平衡的问题，更重要的是文化生态平衡的问题。这个问题必然涉及民族与民族之间、人与人之间、人与自身心理之间、人与自然之间的种种关系。

二　传统村落文化生态失衡的表现

（一）乡村转型发展过程中，出现多元文化生态失衡问题

中国传统村落是乡村景观文化基因的载体，是农耕文明的精粹以及中华民族文化的家园。保护和利用传统村落既可以延续地方文脉、复兴乡土文化，也有助于推进乡村的转型升级（冯淑华，2011）。改革开放以来，随着全球化、信息化、工业化和城镇化的不断发展，传统村落文化生态多元变迁势不可当（龙花楼、屠爽爽，2018）。随着城乡二元结构体制的不断发展，传统村落的乡村性逐渐丧失，出现农村主体过快老幼化、生产要素高速非农化、农村环境污损化、乡村深度贫困化以及村庄用地严重空废化等一系列文化生态失衡问题（刘彦随，2018）。住房和城乡建设部统计显示，2000~2021年，中国自然村数量从360万个下降到250万个，相当于每天约有包含各类古村落在内的150个自然村消失，文化生态失衡问题及其消极影响相当严峻，如何应对这些问题成为社会各界关注的焦点和学者们研究的难点（胡惠林，2017）。

（二）传统村落文化生态失衡问题缺乏系统整体性的诊断方案

习近平总书记多次强调，要推动乡村振兴健康有序进行，必须科学把握各地的差异和特点，注重地域特色，体现乡土风情，特别要保护好传统村落（赵银平，2018）。可见，不同特色传统村落有着不同的文化生态特质，其发展与振兴过程中存在不同类型的文化生态失衡问题，这对传统村落的生存和可持续发展存在不同程度的威胁。文化生态失衡问题大体从两个方面威胁村落的生存与发展：一是西方文化霸权所带来的文化全盘西化，导致传统村落"文化地震"，"个性文化""民族文化"逐步丧失，传统村落文化生态系统逐步失去韧性，容易诱发文化生态异化等问题（李红波，2020；李伯华等，2017）；二是全球化、逆全球化等政治经济格局演变所带来的产业分工，处于产业链中低端的发展中国家面临着资源与环境的过度消耗，生态环境的恶化逐步摧毁传统村落文化生态基底，容易诱发文化生态系统崩溃等问题（胡惠林，2017；孙九霞、王淑佳，2022）。因此，如何准确辨识传统村落文化生态失衡类型及其可能引发的安全威胁，是新时期做好传统村落系统整体性保护与利用，促进乡村振兴战略安全落地实施的前提和基础。

三　文化生态学理论为破解传统村落文化生态失衡问题提供思路

传统村落文化生态失衡的本质是村落文化与环境系统互不适应，是文化和环境耦合的文化生态复杂系统失去平衡（Head and Atchison，2008；高丙中，2012）。影响传统村落文化生态失衡的因素既有文化势能、文化创新等文化方面的因素，也有环境污染、生态退化等环境方面的因素，更有互联网引发的文化渗透和商品化倾向、工业化引起的城镇边界的扩张等文化与环境交互影响因素。此外，随着传统村落生命周期的变化，这些内外部影响因素及其主导作用也在发生变化（胡书玲等，2019；李志红，2022）。综上，不同文化生态失衡类型传统村落的影响因素大体相似，但共同影响因素的主次、因果反馈关系尚未被完全揭示，以至于多大的影响会诱发怎样的文化生态失衡问题难以量化（How much is too much）。

在传统村落文化生态保护与传承的理论和实践中，中国政府和学界进行了较多探索，如开展非物质文化遗产、文物保护单位评定工作，建立中国传统村落、中国历史文化名村以及中国美丽乡村等保护名录（冯天瑜等，2005；冯骥才，2013）。这些探索对传统村落文化生态的保护与传承起到了积极作用，但未能解决村落文化景观孤岛化、破碎化以及同质化的问题（汪芳等，2017）。近年来，传统村落文化生态保护与传承寻求区域系统性的模式创新，如2007年6月文化部批准设立闽南文化生态保护实验区，探索建立传统村落整体性、系统性和动态性的保护与利用模式。2019年12月，闽南文化生态保护区等7家保护区正式获评第一批国家文化生态保护区，这标志着文化生态保护区模式进入全面推广阶段。因此，从文化生态适应性视角，识别传统村落文化生态失衡问题，进一步厘清文化生态失衡背后的"适应性-失衡"逻辑关系，有助于深化文化生态系统动态演化的科学认识，从而破解文化生态失衡问题。

文化适应生态环境是推动文化生态系统演化的内生动力，应对传统村落文化生态失衡问题，文化生态学理论不仅可以像社区组织与管理、乡村聚落与景观保护、环境监测与管理、空间生产等理论和方法一样，直接适用于解决文化或生态系统单要素、静态和分散的保护与利用问题，还适用于复杂、动态和系统的区域文化生态保护与利用。如何评价传统村落文化生态适应性，如何建立文化生态"失衡-适应性"的分析框架，影响传统村落文化生态适应性的影响因素有哪几个方面，这些问题的解决，对于完善中国文化生态保护区制度，促进传统村落保护与利用有着重要的意义。

第二节　传统村落文化生态失衡适应性理论基础构建

一　文化生态"失衡-适应性"分析框架

文化生态系统是文化和环境系统耦合的产物，文化适应生态环境变化，则促进文化生态的变迁，推动文化生态系统的演进，保持文化生态系统平衡；反之，则产生文化生态失衡，威胁文化生态安全，影响文化生态系统演进（陈佳等，2020）。因此，文化适应生态环境变化的过程同时也推动文化生态系统的演化，适应是文化生态系统演进的动力，文化生态系统时刻处于从阶段性平衡向新平衡的动态演化中。在此过程中，文化生态失衡是文化生态系统应对内外部冲击所产生的暂时性失调现象，其本质是文化适应生态环境能力的下降。应对文化生态失衡问题，要通过准确识别各类失衡问题所对应的文化适应性类型，并根据影响文化生态适应性水平的各类因素的主次关系，有针对性地制定政策和措施以提高文化适应生态环境的能力，从而促进文化生态系统产生新的平衡，推动文化生态可持续发展（林明水等，2022），如图8-1所示。

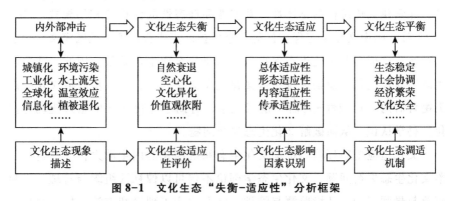

图8-1　文化生态"失衡-适应性"分析框架

二　传统村落文化生态适应性指标构建

（一）指标选取原则

传统村落文化生态适应性评价的核心是评价指标体系的构建。乡村人居环境转型发展及其生态适应性的研究，以及"社会-生态系统"背景下多主体适应性行为的研究等，为评价指标体系进一步完善提供了借鉴。本研究在构建传统村落文化生态适应性评价指标体系时，遵循了以下四个原则。

1. 系统性原则

传统村落文化生态系统是复杂的系统，文化生态是构成文化生态系统的基本单元，而文化生态主要体现在文化核心和文化特质要素上。因而构建传统村落文化生态适应性指标时，要从系统性出发筛选综合评价的指标因子。

2. 科学性原则

传统村落文化生态适应性评价指标体系必须充分体现传统村落、文化生态、适应性的概念内涵，基于文化生态学理论、人地关系地域系统理论、景观基因理论等进行指标的选取，使得评价指标能够科学、客观地反映传统村落的文化生态适应性。

3. 代表性原则

选取的指标应体现代表性。传统村落的评价指标涉及多个方面，但对于传统村落的文化生态适应性而言，指标的选取要具有代表性，不仅要符合传统村落的实际情况，反映文化生态特征，更要体现适应性。

4. 可操作性原则

选取的指标应是可行的，指标数据应容易获得，且保证数据的质量以及较强的可操作性。在进行指标选取时，要选取资料数据容易获取的指标，且能够被充分利用和量化，以确保后续评价工作开展的可行性。

（二）指标选取

传统村落文化生态适应性的指标选取借鉴生态人类学中适应的层次。生态人类学中谈到适应的三个层次，分别是行为、生理和遗传/人口统计学层次。首先，环境的突然变化会引起行为层次的适应；其次，如果动乱持续则产生生理的适应；最后，环境长期和持续的变迁会引发生物的本质——遗传/人口统计学层次机能的适应。在适应的三个层次中，行为层次触发最快，其次是生理层次，最后则是遗传/人口统计学层次（郭凡、邹和，2002）。在工业化、城镇化以及全球化迅速发展的背景下，传统村落受到不同程度的冲击，引发了传统村落文化生态一系列的变迁与重构，产生了不同层次的适应。借鉴生态人类学适应的层次架构方法，以形态、内容、传承作为传统村落文化生态适应性评价指标体系的 3 个一级指标（林明水等，2021a），形态适应性、内容适应性、传承适应分别对应适应的行为、生理和遗传/人口统计学这三个层次。

基于文献资料分析，结合传统村落调查登记表内容以及实地调研情况，遵循系统性、科学性、代表性和可操作性原则，构建传统村落文化生态适应性评价的二级和三级指标。设计了一级指标、二级指标、三级指标三个层次的指标体系，从形态适应性、内容适应性、传承适应性三个层次分析传统村落文化生态适应性，三个层次的适应性是层层递进的关系，反映传统村落适应性的不同程度。形态适应性是表层的、显而易见的；内容适应性是由表及里的更深层的适应；传承适应性是最高层级的，反映出传统村落在应对环境变化时，其虽然发生一系列的变化，但仍传承以及发展传统村落宝贵的资源与技术，而这也正是传统村落能够在变化浪潮中仍能保持自身特色，不被时代浪潮淹没，永葆生机的关键。

　　分别从土地利用现状、人口、传统建筑、旅游、非物质文化遗产以及基础设施这六个二级指标分析传统村落的形态适应性、内容适应性、传承适应性。在乡村社会—生态系统的研究中，尹莎等（2020）从自然、物质、金融、人力和社会五大资本维度构建农户生计资本评价指标体系，探究农户生计资本储量对农户生计适应行为选择的影响效应。张向龙等（2013）从人口数量、人口素质（初中以上学历比例）、水窖密度、农业劳动力数量、耕地面积、粮食作物和经济作物产值比、灌溉指数、人均年收入、粮食作物单产、植被覆盖率等维度构建水分敏感因子指标体系，探究社会—生态系统在外部干扰下的适应性循环演化过程和机制。参考人力资本、人口数量及素质、耕地面积指标，构建传统村落文化生态适应性评价中的土地利用现状以及人口二级指标。

　　参考社会生态系统、景观基因、脆弱性评价的指标及方法，结合传统村落调查登记表内容及实地调研情况，遵循系统性、科学性、代表性和可操作性原则，构建6个二级指标和35个三级指标，如表8-1所示。

表8-1　传统村落文化生态适应性指标选择

二级指标	三级指标	来源
土地利用现状	农业用地比例、工业用地比例；土地荒废比例；景观土地比例	刘彦随（2020）；张向龙（2013）；曾灿（2020）
人口	常住人口占户籍人口比例；居住在传统建筑的人口占常住人口的比重；地方语言普及率	邹君（2017）；刘彦随（2020）；张向龙（2013）；曾灿（2020）；安传艳（2022）；尹莎（2020）
传统建筑	传统建筑面积占村庄建筑总面积的比例；传统建筑毁坏比例、传统建筑保护规划；传统建筑投入保护情况、被列为文物保护单位的传统建筑等级	郑文武等（2021）；刘沛林等（2010）；陈驰等（2021）；刘沛林等（2009，2010）
旅游	游客中心或标识牌导览图、大巴停车场；讲解员、游客、旅游开发公司；旅游购品或文创产品	邹君（2017，2020）
非物质文化遗产	非遗数量；非遗展演、非遗存续情况、非遗与村落依存情况；非遗级别、非遗类型数、非遗传承人、非遗活动规模、非遗传承时间以及讲习所	王淑佳（2021）；邹君（2020）；曾灿（2020）

二级指标	三级指标	来源
基础设施	污水处理方式、道路建成时间、公交站点、垃圾处理方式；电商平台；微信公众号及网站数量、微信公众号及网站更新频率	王淑佳（2021）；曾灿（2020）；杨忍（2021）

（三）指标体系确定

参考社会生态系统、景观基因、脆弱性评价的指标及方法，结合传统村落调查登记表内容及实地调研情况，遵循系统性、科学性、代表性和可操作性原则，构建3个一级指标、6个二级指标和35个三级指标，如表8-2所示。

形态适应性，主要是为了识别全球化、工业化、城镇化等外界环境变化背景下，传统村落表层发生的显而易见的变化。土地利用现状指标中，构建农业用地比例、工业用地比例指标，反映传统村落目前的主要生产方式是农业、工业还是服务业。人口指标中选取常住人口占户籍人口比例，反映传统村落人口的空心化程度。传统建筑指标中，选取了传统建筑面积占村庄建筑总面积的比例，反映村落传统建筑的遗留情况。旅游指标中，构建游客中心或标识牌导览图、大巴停车场指标，反映传统村落旅游设施的建设情况。非物质文化遗产指标中选取非遗数量指标，反映传统村落非遗的丰富情况。基础设施指标中，选取污水处理方式、道路建成时间、公交站点、垃圾处理方式4个三级指标。污水处理方式以及垃圾处理方式反映传统村落的卫生情况，道路建成时间以及公交站点反映传统村落与外界联系的便利程度。

内容适应性，主要是为了识别传统村落在应对持续的环境变化时，更深层次发生的一系列文化生态适应变化。土地利用现状指标中，构建了土地荒废比例指标，反映传统村落土地荒废的程度。人口指标中选取居住在传统建筑的人口占常住人口的比重，反映传统建筑居住人口的空心化程度。传统建筑指标中，构建了传统建筑毁坏比例以及传统建筑保护规划指标，反映传统建筑在现代社会的受损程度与保护利用情况。旅游指标中，构建讲解员、游客、旅游开发公司三个三级指标，反映传统村落的旅游业发展情况。非物质文化遗产指标中选取非遗展演、非遗存续情况、非遗与村落依存情况指标，反映非物质文化遗产在传统村落生活中的影响度与传承度。基础设施指标中，构建电商平台指标，反映物流、信息化的发展是否深入普及到传统村落当中。

传承适应性，主要是为了识别传统村落在适应长期的环境变化过程中，产生的比内容适应性更深层次的文化变迁和资源与技术的变化与传承，这是适应性层级中最深层次的等级。在土地利用现状指标中，构建景观土地比例指标，反映传统村落土地的再利用情况。在人口指标中构建地方语言普及率指标，反映传统村落中仍用地方语言进行沟通的情况。在传统建筑指标中，选取传统建筑投入保护情况、被列为文物保护单位的传统建筑等级，反映传统建筑的修复与保护的受重视度。在旅游指标中，构建旅游购品或文创产品指标，旅游购品或文创产品是传统村落特色的象征，反映传统村落特有资源的传承及推广情况。在非物质文化遗产中选取非遗级别、非遗类型数、非遗传承人、非遗活动规模、非遗传承时间以及讲习所6个三级指标，反映传统村落非遗的传承情况。在基础设施指标中选取微信公众号及网站数量以及微信公众号及网站更新频率指标，反映传统村落信息化的程度以及对外宣传度。

表 8-2　传统村落文化生态适应性评价指标体系

一级指标	二级指标	三级指标	单位	指标属性	数据来源
形态适应性	土地利用现状	农业用地比例	%	正向	实地调研及访谈
		工业用地比例	%	正向	
	人口	常住人口占户籍人口比例	%	正向	传统村落调查登记表
	传统建筑	传统建筑面积占村庄建筑总面积的比例	%	正向	传统村落调查登记表
	旅游	游客中心或标识牌导览图	个	正向	实地调研及访谈
		大巴停车场	个	正向	
	非物质文化遗产	非遗数量	项	正向	传统村落调查登记表
	基础设施	污水处理方式	无	正向	传统村落调查登记表
		道路建成时间	年	正向	
		公交站点	个	正向	实地调研及访谈
		垃圾处理方式	无	正向	

一级指标	二级指标	三级指标	单位	指标属性	数据来源
内容适应性	土地利用现状	土地荒废比例	%	负向	实地调研及访谈
	人口	居住在传统建筑的人口占常住人口的比重	%	正向	传统村落调查登记表
	传统建筑	传统建筑毁坏比例	%	负向	实地调研及访谈
		传统建筑保护规划	无	正向	
	旅游	讲解员	人	正向	实地调研及访谈
		游客	人	正向	
		旅游开发公司	间	正向	
	非物质文化遗产	非遗展演	月/次	正向	传统村落调查登记表
		非遗存续情况	无	正向	
		非遗与村落依存情况	无	正向	
	基础设施	电商平台	个	正向	实地调研及访谈
传承适应性	土地利用现状	景观土地比例	%	正向	实地调研及访谈
	人口	地方语言普及率	无	正向	实地调研及访谈
	传统建筑	传统建筑投入保护情况	无	正向	实地调研及访谈
		被列为文物保护单位的传统建筑等级	无	正向	传统村落调查登记表
	旅游	旅游购品或文创产品	个	正向	实地调研及访谈
	非物质文化遗产	非遗级别	无	正向	传统村落调查登记表
		非遗类型数	个	正向	传统村落调查登记表
		非遗传承人	人	正向	传统村落调查登记表
		非遗活动规模	无	正向	传统村落调查登记表
		非遗传承时间	年	正向	传统村落调查登记表
		讲习所	个	正向	实地调研及访谈
	基础设施	微信公众号及网站数量	个	正向	微信公众号平台、网站
		微信公众号及网站更新频率	月/次	正向	

第三节　传统村落文化生态适应性评价

一　数据来源与研究方法

（一）数据来源

数据主要来源于以下三个方面：一是来源于传统村落调查登记表；二是来源于实地调研及访谈；三是来源于微信公众号平台、网站。此外，闽南地区第四批中国传统村落名录资料来源于中华人民共和国住房和城乡建设部。

所选取的指标中，存在定性和定量两种指标。对于三级指标中的定性指标，使用分等级赋值法对数据进行处理。定性指标为：游客中心或标识牌导览图、大巴停车场、污水处理方式、公交站点、垃圾处理方式、传统建筑保护规划、讲解员、游客、旅游开发公司、非遗展演、非遗存续情况、非遗与村落依存情况、电商平台、地方语言普及率、传统建筑投入保护情况、被列为文物保护单位的传统建筑等级、旅游购品或文创产品、非遗级别、非遗传承人、非遗活动规模、非遗传承时间、讲习所、微信公众号及网站数量、微信公众号及网站更新频率。定性指标的分等级赋分规则为：对于五个等级的指标赋分为 2 分、4 分、6 分、8 分、10 分，四个等级的指标赋分为 2.5 分、5 分、7.5 分、10 分，三个等级的指标赋分为 3.3 分、6.6 分、10 分，两个等级的指标赋分为 5 分、10 分。

对于三级指标中的定量指标，采用自然间断点分级法进行赋分，均为五个等级，分别赋分为 2 分、4 分、6 分、8 分、10 分。定量指标为：农业用地比例、工业用地比例、常住人口占户籍人口比例、传统建筑面积占村庄建筑总面积的比例、非遗数量、道路建成时间、土地荒废比例、居住在传统建筑的人口占常住人口的比重、传统建筑毁坏比例、景观土地比例、非遗类型数。

通过对三级指标赋分，运用累加求和的方法得到每个二级指标的得分。运用极差法对二级指标进行标准化处理。对正向指标和负向指标的标准化方法不同，具体如下所示：

正向指标

$$T_i = \frac{Z_i - Z_{min}}{Z_{max} - Z_{min}} \times 10,$$　　　　　　（8-1）

负向指标

$$T_i = \frac{Z_{max} - Z_i}{Z_{max} - Z_{min}} \times 10,$$　　　　　　（8-2）

式 8-1 和式 8-2 中，T_i 为第 i 个传统村落适应性指标的标准化值，变化范围为 0~10；Z_i 为第 i 个传统村落适应性指标的实际值；Z_{max} 为传统村落适应性指标最大值，Z_{min} 为传统村落适应性指标最小值。

（二）研究方法

1. 熵权 TOPSIS

运用熵权 TOPSIS 方法确定二级指标的权重，以评价对象距理想解的距离 C 作为评价标准，C 越接近 1 表示越优，越接近 0 表示越差。TOPSIS 模型又称"逼近理想解的排序法"，是一种距离综合评价法。熵权 TOPSIS 模型是对 TOPSIS 模型的改进，先利用熵权法确定评价指标的权重，客观评价指标的重要程度，再利用 TOPSIS 模型对决策目标进行排序，判断和衡量评价对象的优劣。熵权 TOPSIS 具有可操作性和客观性的优点，对样本需求不大且结果合理。

2. GIS 空间分析法与地理探测器

利用 GIS 空间分析法，对不同文化生态适应性水平的传统村落在空间上进行可视化。基于 ArcGIS10.6 软件，制作闽南 19 个不同文化生态基底传统村落的空间分布地图。采用自然间断点方法，将传统村落文化生态适应性分为强、中、弱三个等级，为传统村落文化生态适应性评价提供依据。采用地理探测器 GeoDetector 软件，通过因子探测和交互作用探测识别传统村落文化生态适应性的影响因素。

3. 文本分析法

开展传统村落文化生态适应性评价指标体系、文化生态是否平衡等方面的访谈，辅助完成传统村落文化生态适应性评价和影响因素的判断。采用 ROST CM6.0 软件对闽南传统村落相关文本进行分析。根据文本资料对闽南传统村落文化生态适应性影响因素进行分析，先把闽南 19 个传统村落相关文本通过整理保存为 TXT 文档，并导入软件，进而对文本进行社会网络和语义网络分析。

二 传统村落文化生态适应性水平

（一）传统村落文化生态基底

史徒华（1989）认为文化生态研究的对象并不是所有的文化，而是"与环境利用最有关联的资源与技术"（文化特质）和"与生产及经济活动最有关联的各项特质的集合"（文化核心）。对于传统村落来说，其文化特质和文化核心也是与生产和经济活动有关的资源和技术，表现为传统村落的生产和生活方式等。识别传统村落的生产和生活方式，判断传统村落的文化生态基底，可以为分析传统村落文化生态适应性提供参考（林明水等，2021b）。结合在企查查网站查找的传统村落产业类型及实地调研情况，综合判断传统村落的文化生态基底，文化生态基底分为农业、工业、服务业三种类型，对传统村落的文化生态基底判别结果如表 8-3 所示。其中，文化生态基底为农业的传统村落有 8 个；文化生态基底为工业的传统村落有 5 个；文化生态基底为服务业的传统村落有 6 个。

表 8-3 传统村落文化生态基底

文化生态基底	传统村落
农业	漳州市长泰县岩溪镇珪后村、漳州市云霄县火田镇菜埔村、漳州市南靖县书洋镇石桥村、漳州市南靖县书洋镇南欧村、漳州市华安县马坑乡福田村、漳州市龙海市港尾镇城内社村、泉州市德化县上涌镇曾坂村、泉州市德化县龙门滩镇碧坑村
工业	泉州市晋江市灵源街道灵水社区、泉州市晋江市龙湖镇福林村、泉州市德化县三班镇泗滨村、泉州市德化县三班镇桥内村、漳州市南靖县奎洋镇上洋村
服务业	泉州市晋江市新塘街道梧林社区、泉州市德化县三班镇三班村、泉州市南安市眉山乡观山村、漳州市南靖县书洋镇下版寮村、漳州市南靖县书洋镇塔下村、漳州市漳浦县湖西乡城内村

（二）闽南传统村落文化生态适应性时空格局

1. 总体格局

利用 ArcGIS 中的自然间断点法，将 19 个传统村落的文化生态适应性划分为强、中、弱三个等级，传统村落文化生态适应性空间分布格局如下。

分不同等级看，文化生态适应性较强的传统村落有 3 个，占比为 15.79%，分别是泉州市晋江市灵源街道灵水社区、漳州市长泰县岩溪镇珪后村、泉州市晋江市新塘街道梧林社区，其文化生态基底分别是工业、农业、服务业。文化生态适应性中等的传统村落有 7 个，占比为 36.84%，分别是漳州市南靖县书洋镇下版寮村、泉州市德化县上涌镇曾坂村、泉州市晋江市龙湖镇福林村、漳州市南靖县书洋镇塔下村、泉州市德化县龙门滩镇碧坑村、泉州市德化县三班镇三班村以及漳州市云霄县火田镇菜埔村。文化生态适应性较弱的传统村落有 9 个，占比为 47.37%，分别是漳州市南靖县书洋镇石桥村、漳州市南靖县书洋镇南欧村、泉州市德化县三班镇泗滨村、漳州市南靖县奎洋镇上洋村、漳州市漳浦县湖西乡城内村、泉州市德化县三班镇桥内村、漳州市华安县马坑乡福田村、泉州市南安市眉山乡观山村以及漳州市龙海市港尾镇城内社村。文化生态适应性较强和中等的传统村落总数占比为 52.63%，超过 50%。由此可见，闽南第四批传统村落文化生态适应性较强和中等的数量超过一半，传统村落文化生态适应性为中等水平。

分文化生态基底看，不同文化生态基底的传统村落适应程度也有所差别。文化生态基底为农业的传统村落中，适应性较强、中等、较弱的传统村落数量分别是 1 个、3 个、4 个，适应性较强和中等的总数占比为 50.00%。文化生态基底为工业的传统村落中，适应性较强、中等、较弱的传统村落数量分别是 1 个、1 个、3 个，适应性较强和中等的总数占比为 40.00%。文化生态基底为服务业的传统村落中，适应性较强、中等、较弱的传统村落数量分别是 1 个、3 个、2 个，适应性较强和中等的总数占比为 66.67%。由此可见，文化生态基底为服务业和农业的传统村落文化生态适应性较好，其次是文化生态基底为工业的传统村落。

分地市看，泉州市传统村落适应性较强、中等、较弱的数量分别是 2 个、4 个、3 个，适应性较强和中等的总数占比为 66.67%。漳州市传统村落适应性较强、中等、较弱的数量分别是 1 个、3 个、6 个，适应性较强和中等的总数占比为 40.00%。相比而言，在闽南第四批传统村落中，泉州市传统村落的文化生态适应性比漳州市的更强。

分县域看，传统村落文化生态适应性较强的县域主要是晋江市和长泰县，文化生态适应性中等的县域主要是晋江市、德化县、云霄县、南靖县，文化生态适应性较弱的县域主要是德化县、南安市、漳浦县、南靖县、华安县、龙海市。晋江市多为适应性较强和中等的传统村落。德化县无适应性较强的传统村落，适应性中等的村落数量占比为42.86%。南安市没有适应性较强和中等的传统村落。云霄县只有适应性中等的传统村落。漳浦县只有适应性较弱的传统村落。南靖县没有适应性较强的传统村落，适应性中等的传统村落占比为28.57%。华安县没有适应性较强、中等的传统村落。长泰县只有1个传统村落，且为适应性较强的村落。总体上看，晋江市、长泰县、德化县、南靖县的传统村落文化生态适应性较好，如表8-4所示。

表8-4 闽南第四批中国传统村落文化生态适应性分地区统计

单位：个，%

市	县域	强		中		弱		合计
		数量	占比	数量	占比	数量	占比	
泉州	晋江市	2	66.67	1	14.29	0	0	3
	德化县	0	0	3	42.86	2	22.22	5
	南安市	0	0	0	0	1	11.11	1
漳州	云霄县	0	0	1	14.29	0	0	1
	漳浦县	0	0	0	0	1	11.11	1
	南靖县	0	0	2	28.57	3	33.33	5
	华安县	0	0	0	0	1	11.11	1
	长泰县	1	33.33	0	0	0	0	1
	龙海市	0	0	0	0	1	11.11	1
合计		3	100.00	7	100.00	9	100.00	19

2. 分类型空间分布特征

（1）形态适应性

利用ArcGIS中的自然间断点法，将19个传统村落的形态适应性划分为强、中、弱三个等级，传统村落文化生态的形态适应性空间分布格局如下。

　　闽南第四批传统村落的形态适应性以较强和中等适应为主，传统村落的形态适应性为较强水平。其中，形态适应性较强的传统村落有 7 个，占比为 36.84%，分别是漳州市长泰县岩溪镇珪后村、泉州市晋江市灵源街道灵水社区、泉州市晋江市新塘街道梧林社区、泉州市德化县龙门滩镇碧坑村、漳州市南靖县书洋镇塔下村、漳州市南靖县书洋镇下版寮村以及泉州市德化县上涌镇曾坂村，其文化生态基底以服务业居多。形态适应性中等的传统村落有 7 个，占比为 36.84%，分别是漳州市南靖县奎洋镇上洋村、漳州市云霄县火田镇菜埔村、泉州市南安市眉山乡观山村、漳州市龙海市港尾镇城内社村、泉州市德化县三班镇泗滨村、泉州市德化县三班镇三班村以及泉州市晋江市龙湖镇福林村，其文化生态基底以工业居多。形态适应性较弱的传统村落有 5 个，占比为 26.32%，分别是泉州市德化县三班镇桥内村、漳州市南靖县书洋镇石桥村、漳州市南靖县书洋镇南欧村、漳州市华安县马坑乡福田村以及漳州市漳浦县湖西乡城内村，其文化生态基底以农业居多。

　　不同文化生态基底的传统村落形态适应性水平也有所差别，排序由强到弱分别是服务业、工业、农业。文化生态基底为农业的传统村落中，形态适应性较强和中等的总数占比为 62.50%。文化生态基底为工业的传统村落中，形态适应性较强和中等的总数占比为 80.00%。文化生态基底为服务业的传统村落中，形态适应性较强和中等的总数占比为 83.30%。

　　分地市看，泉州市传统村落形态适应性较强和中等的总数占比为 88.89%，漳州市传统村落形态适应性较强和中等的总数占比为 60.00%。相比较而言，闽南第四批传统村落中，泉州市传统村落文化生态的形态适应性比漳州市强。

　　（2）内容适应性

　　利用 ArcGIS 中的自然间断点法，将 19 个传统村落的内容适应性划分为强、中、弱三个等级，传统村落文化生态的内容适应性空间分布格局如下。

　　闽南第四批传统村落的内容适应性以中等和较弱为主，较强适应的传统村落数量最少，传统村落内容适应性为中等水平。其中，文化生态内容适应性较强的传统村落有 4 个，占比为 21.05%，分别是漳州市南靖县书洋镇下版寮村、泉州市晋江市新塘街道梧林社区、漳州市南靖县书洋镇南欧村以及泉州市德化县上涌镇曾坂村，其文化生态基底是服务业和农业。内容适应性中等的传统村落有 7 个，占比为 36.84%，分别是泉州市晋江市灵源街道灵水社区、漳州市南靖县书洋镇石桥村、泉州市德化县龙门滩镇碧坑村、漳州市华安县马坑乡福田村、漳州市长泰县岩溪镇珪后村、漳州市南靖县书洋镇塔下村以及漳州市漳浦县湖西乡城内村，其文化生态基底以农业为主。内容适应性较弱的传统村落有 8 个，占比为 42.11%，分别是泉州市德化县三班镇三班村、泉州市德化县三班镇泗滨村、漳州市龙海市港尾镇城内社村、漳州市南靖县奎洋镇上洋村、泉州市德化县三班镇桥内村、泉州市南安市眉山乡观山村、泉州市晋江市龙湖镇福林村以及漳州市云霄县火田镇菜埔村，其文化生态基底以工业为主。适应性较强和中等的总数占比为 57.89%，超过一半。

不同文化生态基底的传统村落适应程度也有所差别。文化生态基底为农业的传统村落中，内容适应性较强和中等的总数占比为 75.00%。文化生态基底为工业的传统村落中，内容适应性较强和中等的总数占比为 25.00%。文化生态基底为服务业的传统村落中，内容适应性较强和中等的总数占比为 66.67%。由此可见，不同文化生态基底的传统村落内容适应性排序由强到弱分别是农业、服务业、工业。

分地市看，泉州市传统村落内容适应性较强和中等的总数占比为 50.00%。漳州市传统村落内容适应性较强和中等的总数占比为 70.00%。相比而言，在闽南第四批传统村落中，漳州市传统村落的内容适应性比泉州市强。

（3）传承适应性

利用 ArcGIS 中的自然间断点法，将 19 个传统村落的传承适应性划分为强、中、弱三个等级，传统村落文化生态的传承适应性空间分布格局如下。

闽南第四批传统村落的内容适应性以中等为主，较强适应的传统村落数量与较弱的传统村落数量一致，传统村落的传承适应性为较强水平。其中，文化生态传承适应性较强的传统村落有 4 个，占比为 21.05%，分别是泉州市晋江市灵源街道灵水社区、漳州市长泰县岩溪镇珪后村、泉州市晋江市新塘街道梧林社区以及泉州市晋江市龙湖镇福林村，其文化生态基底以工业为主。传承适应性中等的传统村落有 11 个，占比为 57.89%，分别是泉州市德化县上涌镇曾坂村、漳州市南靖县书洋镇下版寮村、漳州市云霄县火田镇菜埔村、泉州市德化县三班镇三班村、漳州市南靖县书洋镇塔下村、漳州市南靖县书洋镇石桥村、泉州市德化县三班镇泗滨村、漳州市漳浦县湖西乡城内村、泉州市德化县三班镇桥内村、泉州市德化县龙门滩镇碧坑村以及漳州市南靖县书洋镇南欧村，其文化生态基底以服务业和工业为主。传承适应性较弱的传统村落有 4 个，占比为 21.05%，分别是漳州市南靖县奎洋镇上洋村、漳州市华安县马坑乡福田村、泉州市南安市眉山乡观山村、漳州市龙海市港尾镇城内社村，其文化生态基底以农业为主。传承适应性较强和中等的总数占比为 78.95%，远超一半。

不同文化生态基底的传统村落适应程度也有所差别。在文化生态基底为农业的传统村落中，传承适应性较强和中等的总数占比为 75.00%。在文化生态基底为工业的传统村落中，传承适应性较强和中等的总数占比为 80.00%。文化生态基底为服务业的传统村落中，传承适应性较强和中等的总数占比为 83.33%。由此可见，不同文化生态基底的传统村落传承适应性排序由强到弱分别是服务业、工业、农业。

分地市看，泉州市传统村落传承适应性较强和中等的总数占比为 88.89%，漳州市传统村落传承适应性较强和中等的总数占比为 70.00%。相比而言，在闽南第四批传统村落中，泉州市传统村落文化生态的传承适应性比漳州市强。

（三）总体分析

整体上看，闽南第四批中国传统村落的文化生态适应性较强和中等的数量超过一半，传统村落文化生态适应性整体水平较高。文化生态基底为服务业的传统村落文化生态适应性较强，其次是文化生态基底为农业、工业的传统村落。相对而言，泉州市传统村落的文化生态适应性比漳州市强，晋江市、长泰县的传统村落文化生态适应性较强。

分类型看，形态适应性方面，闽南第四批中国传统村落的形态适应性以较强和中等适应为主，传统村落的形态适应性为较强水平。不同文化生态基底的传统村落形态适应性排序由强到弱分别是服务业、工业、农业。

相对而言，闽南第四批中国传统村落中，泉州市传统村落文化生态的形态适应性比漳州市强，晋江市、德化县、长泰县的传统村落形态适应性较强。内容适应性方面，闽南第四批传统村落的内容适应性以中等和较弱适应为主，较强适应的传统村落数量最少，传统村落内容适应性为中等水平。不同文化生态基底的传统村落内容适应性排序由强到弱分别是农业、服务业、工业。相对而言，闽南第四批传统村落中，漳州市传统村落的内容适应性比泉州市强，南靖县、晋江市的传统村落内容适应性较强。传承适应性方面，闽南第四批中国传统村落的传承适应性以中等为主，较强适应的传统村落数量与较弱的传统村落数量一致，传统村落的传承适应性为较强水平。不同文化生态基底的传统村落传承适应性排序由强到弱分别是服务业、工业、农业。相对而言，闽南第四批中国传统村落中，泉州市传统村落文化生态的传承适应性比漳州市强，晋江市、长泰县的第四批中国传统村落传承适应性较强。

综上，在传统村落的文化生态形态、内容和传承三个方面适应性中，传统村落形态适应性最强，其次是传承适应性和内容适应性。文化生态基底为服务业的传统村落文化生态适应性最强。泉州市传统村落的文化生态适应性比漳州市强，晋江市、长泰县的文化生态适应性较强。这显示，在城镇化、信息化的背景下，传统村落适应情况更多为表层的形态适应性，也有内容及传承等更深层次的适应性，但适应性较弱。值得注意的是，传统村落传承适应性较强和中等的总数比内容适应性的更多，说明传统村落已向更深层次的方向发展，但仍存在内容适应性相对滞后的情况。闽南第四批中国传统村落的文化生态适应性较好，但仍需提升其内容适应性及传承适应性，提高文化生态基底为农业和工业的传统村落文化生态适应性，借鉴适应性较强的传统村落发展经验，不断提升区域整体的传统村落文化生态适应性。

第四节　传统村落文化生态适应性影响因素

一　影响因素的选取

当前，影响传统村落发展的因素受到学者的广泛关注，关于村落空间分布格局、贫困化空间分异、空间可达性、乡村旅游地空间分布等影响因素的研究较多。影响传统村落发展的因素可以综合归纳为自然因素和人文因素两大方面，如表 8-5 所示。

表 8-5　传统村落发展影响因素的相关研究

影响因素	来源
地形、生态、人口、经济、交通	李江苏等（2020）
地形地貌、坡度坡向、河流水系、社会经济、交通条件、人口数量、文化遗产	杨燕等（2021）
海拔、地面坡度、人均耕地资源、到主要河流距离、到主要干道距离、到各乡镇中心距离和到县城中心距离	刘彦随、李进涛（2017）
高程、坡度、水系距离、路网密度和城市综合实力	付强等（2021）
城镇居民可支配收入、人均地区生产总值、城镇人口数量、第一产业占比、第三产业占比、公路里程数、A 级景区数量、空气质量优良率、距水系距离、平均海拔、平均坡度	沈士琨等（2021）

借鉴以往学者的研究成果，结合传统村落的实际调研访谈情况，从自然因素和人文因素两方面分析传统村落文化生态适应性。自然因素是传统村落形成的基础条件，海拔、坡度、归一化植被指数（NDVI）反映村落的地貌形态，影响传统村落的形成与发展。其中，海拔影响传统村落的可进入性及水热资源；坡度影响农作物种植以及基础设施的建设；归一化植被指数反映村落的植被覆盖及生态环境情况。人文因素是传统村落发展的重要影响因素，城镇化水平、城乡居民人均可支配收入、农村投递路线总长度、公路通车里程、教育支出、在校学生数、卫生机构床位数反映村民的生活质量。其中，城乡居民人均可支配收入反映村民的购买力；农村投递路线总长度反映村落与外界的信息沟通便捷程度；公路通车里程反映村落的可进入性以及通达性；教育支出反映村落的教育质量；在校学生数反映村落的年轻人口数量及人口结构；卫生机构床位数反映村落的医疗保障水平。

二　分异及因子探测分析

将海拔、坡度、NDVI、城镇化水平、城乡居民人均可支配收入、农村投递路线总长度、公路通车里程、教育支出、在校学生数、卫生机构床位数等 10 个维度进行定量评价，并将这 10 个维度分别标记为 $X_1 \sim X_{10}$。为更清楚地揭示传统村落文化生态适应性探测因子的空间特征，利用 ArcGIS 中的自然断裂法将其划分为 5 种类型，将熵值评价结果分级设色并与泉州、漳州传统村落分布图进行叠置分析。最后运用地理探测器，探测各因素对传统村落文化生态适应性的影响力大小，探测结果如表 8-6 所示。

表 8-6　传统村落文化生态适应性影响因素探测结果

指标分类	具体指标	q 值	p
自然因素	海拔（x_1）	0.27	0.46
	坡度（x_2）	0.49	0.07
	NDVI（x_3）	0.40	0.51
人文因素	城镇化水平（x_4）	0.39	0.38
	城乡居民人均可支配收入（x_5）	0.34	0.49
	农村投递路线总长度（x_6）	0.41	0.40
	公路通车里程（x_7）	0.48	0.59
	教育支出（x_8）	0.63	0.06
	在校学生数（x_9）	0.32	0.30
	卫生机构床位数（x_{10}）	0.22	0.60

　　整体上看，各因素对于传统村落文化生态适应性的影响力存在显著差异，影响力从大到小依次为教育支出（0.63）、坡度（0.49）、公路通车里程（0.48）、农村投递路线总长度（0.41）、NDVI（0.40）、城乡居民人均可支配收入（0.34）、在校学生数（0.32）、海拔（0.27）、卫生机构床位数（0.22）。对传统村落文化生态适应性影响最大的前三类因素分别是教育支出、坡度以及公路通车里程，其中教育支出和公路通车里程都为人文影响因素，可见其受人文因素影响更为显著。

　　在自然因素中，坡度的影响力最大，是自然因素中的主导因素，其次是 NDVI 和海拔，海拔的影响力较低。坡度影响传统村落的农业生产条件以及基础建设，进而影响传统村落的文化生态适应性；人文因素中，教育支出的影响力最大，是人文因素中的主导因素，其次是公路通车里程、农村投递路线总长度等因素。教育支出影响村落的教育资源水平；公路通车里程影响村落的交通便捷程度；农村投递路线总长度影响村落的信息化水平以及接收快递的便利程度，从而影响传统村落的文化生态适应性。

三　交互作用探测分析

交互作用探测主要探寻影响因素对适应能力的空间分异是否存在交互作用，识别不同影响因素之间相互作用是否增强或削弱对因变量的解释力。传统村落文化生态适应性影响因素交互作用探测结果显示，各影响因素交互作用之后解释力明显增强，主要表现为双线性增强和非线性增强两种组合，因子间的双线性增强较为普遍，说明传统村落文化生态适应性空间分异现象不是由某一影响因素造成的，而是不同影响因素之间共同相互作用的结果，如表 8-7 所示。

表 8-7　影响因素之间的交互作用

C	A+B	结果	交互作用
$x_2 \cap x_1 = 0.83$	x_2 (0.49) $+x_1$ (0.30)	C>A+B	非线性增强
$x_3 \cap x_1 = 0.52$	x_3 (0.51) $+x_1$ (0.30)	C>Max (A, B)	双线性增强
$x_3 \cap x_2 = 0.94$	x_3 (0.51) $+x_2$ (0.49)	C>Max (A, B)	双线性增强
$x_4 \cap x_1 = 0.69$	x_4 (0.39) $+x_1$ (0.30)	C=A+B	独立
$x_4 \cap x_2 = 0.94$	x_4 (0.39) $+x_2$ (0.49)	C>A+B	非线性增强
$x_4 \cap x_3 = 0.81$	x_4 (0.39) $+x_3$ (0.51)	C>Max (A, B)	双线性增强
$x_5 \cap x_1 = 0.86$	x_5 (0.34) $+x_1$ (0.30)	C>A+B	非线性增强
$x_5 \cap x_2 = 0.87$	x_5 (0.34) $+x_2$ (0.49)	C>A+B	非线性增强
$x_5 \cap x_3 = 0.86$	x_5 (0.34) $+x_3$ (0.51)	C>A+B	非线性增强
$x_5 \cap x_4 = 0.81$	x_5 (0.34) $+x_4$ (0.39)	C>A+B	非线性增强
$x_6 \cap x_1 = 0.81$	x_6 (0.41) $+x_1$ (0.30)	C>A+B	非线性增强
$x_6 \cap x_2 = 0.87$	x_6 (0.41) $+x_2$ (0.49)	C>Max (A, B)	双线性增强
$x_6 \cap x_3 = 0.87$	x_6 (0.41) $+x_3$ (0.51)	C>Max (A, B)	双线性增强
$x_6 \cap x_4 = 0.81$	x_6 (0.41) $+x_4$ (0.39)	C>A+B	非线性增强
$x_6 \cap x_5 = 0.51$	x_6 (0.41) $+x_5$ (0.34)	C>Max (A, B)	双线性增强
$x_7 \cap x_1 = 0.86$	x_7 (0.48) $+x_1$ (0.30)	C>A+B	非线性增强
$x_7 \cap x_2 = 0.73$	x_7 (0.48) $+x_2$ (0.49)	C>Max (A, B)	双线性增强
$x_7 \cap x_3 = 0.87$	x_7 (0.48) $+x_3$ (0.51)	C>Max (A, B)	双线性增强
$x_7 \cap x_4 = 0.81$	x_7 (0.48) $+x_4$ (0.39)	C>Max (A, B)	双线性增强

C	A+B	结果	交互作用
$x_7 \cap x_5 = 0.80$	x_7（0.48）$+x_5$（0.34）	C>Max（A，B）	双线性增强
$x_7 \cap x_6 = 0.80$	x_7（0.48）$+x_6$（0.41）	C>Max（A，B）	双线性增强
$x_8 \cap x_1 = 0.81$	x_8（0.63）$+x_1$（0.30）	C>Max（A，B）	双线性增强
$x_8 \cap x_2 = 0.79$	x_8（0.63）$+x_2$（0.49）	C>Max（A，B）	双线性增强
$x_8 \cap x_3 = 0.86$	x_8（0.63）$+x_3$（0.51）	C>Max（A，B）	双线性增强
$x_8 \cap x_4 = 0.81$	x_8（0.63）$+x_4$（0.39）	C>Max（A，B）	双线性增强
$x_8 \cap x_5 = 0.80$	x_8（0.63）$+x_5$（0.34）	C>Max（A，B）	双线性增强
$x_8 \cap x_6 = 0.73$	x_8（0.63）$+x_6$（0.41）	C>Max（A，B）	双线性增强
$x_8 \cap x_7 = 0.80$	x_8（0.63）$+x_7$（0.48）	C>Max（A，B）	双线性增强
$x_9 \cap x_1 = 0.95$	x_9（0.32）$+x_1$（0.30）	C>A+B	非线性增强
$x_9 \cap x_2 = 0.82$	x_9（0.32）$+x_2$（0.49）	C>A+B	非线性增强
$x_9 \cap x_3 = 0.89$	x_9（0.32）$+x_3$（0.51）	C>A+B	非线性增强
$x_9 \cap x_4 = 0.81$	x_9（0.32）$+x_4$（0.39）	C>A+B	非线性增强
$x_9 \cap x_5 = 0.51$	x_9（0.32）$+x_5$（0.34）	C>Max（A，B）	双线性增强
$x_9 \cap x_6 = 0.50$	x_9（0.32）$+x_6$（0.41）	C>Max（A，B）	双线性增强
$x_9 \cap x_7 = 0.81$	x_9（0.32）$+x_7$（0.48）	C>A+B	非线性增强
$x_9 \cap x_8 = 0.66$	x_9（0.32）$+x_8$（0.63）	C>Max（A，B）	双线性增强
$x_{10} \cap x_1 = 0.95$	x_{10}（0.22）$+x_1$（0.30）	C>A+B	非线性增强
$x_{10} \cap x_2 = 0.95$	x_{10}（0.22）$+x_2$（0.49）	C>A+B	非线性增强
$x_{10} \cap x_3 = 0.89$	x_{10}（0.22）$+x_3$（0.51）	C>A+B	非线性增强
$x_{10} \cap x_4 = 0.81$	x_{10}（0.22）$+x_4$（0.39）	C>A+B	非线性增强
$x_{10} \cap x_5 = 0.51$	x_{10}（0.22）$+x_5$（0.34）	C>Max（A，B）	双线性增强
$x_{10} \cap x_6 = 0.50$	x_{10}（0.22）$+x_6$（0.41）	C>Max（A，B）	双线性增强
$x_{10} \cap x_7 = 0.81$	x_{10}（0.22）$+x_7$（0.48）	C>A+B	非线性增强
$x_{10} \cap x_8 = 0.80$	x_{10}（0.22）$+x_8$（0.63）	C>Max（A，B）	双线性增强
$x_{10} \cap x_9 = 0.50$	x_{10}（0.22）$+x_9$（0.32）	C>Max（A，B）	双线性增强

从交互类型看，各因子之间的交互作用包括双线性增强与非线性增强两种类型，其中非线性增强有 19 组，双线性增强有 25 组，因子间的双线性增强较为普遍。这表明各影响因素之间具有较强的交互作用，因子间交互作用后大大提高了对传统村落文化生态适应性空间分异现象的解释力。

交互类型为非线性增强的分别有海拔与坡度、城乡居民人均可支配收入、农村投递路线总长度、公路通车里程、在校学生数、卫生机构床位数；坡度与城镇化水平、卫生机构床位数；NDVI 与城乡居民人均可支配收入、在校学生数、卫生机构床位数；公路通车里程与卫生机构床位数。其中，海拔、NDVI、卫生机构床位数的组合较多。海拔和卫生机构床位数的单因子作用较弱，但与其他因子交互作用后影响力极大提高，由此可知，海拔和卫生机构床位数对传统村落文化生态适应性也起着较为重要的影响作用。

从单因子在双因子交互中的作用看，坡度、公路通车里程、教育支出与各因子的交互作用都在 0.6 以上。说明这些因素在交互作用中的影响力较强，在与其他因素的组合中大大提高了对传统村落文化生态适应性的影响力。传统村落文化生态适应性受坡度、公路通车里程、教育支出的影响较大。

从双因子交互后的影响力看，海拔与在校学生数、海拔与卫生机构床位数、坡度与 NDVI、坡度与卫生机构床位数的交互作用较强，其交互作用的 q 值都达到 0.9 以上，说明自然因素与人文因素中的教育和医疗的组合能较大提高单因子影响力。

由此可见，传统村落文化生态适应性是自然因素和人文因素综合影响的结果，因子间的交互作用大大增强了单因子对传统村落文化生态适应性的影响力。自然因素中的海拔和坡度，人文因素中的教育支出、公路通车里程、卫生机构床位数对于传统村落的文化生态适应性具有较强的影响力。

四　高频词的语义网络分析

结合传统村落实地调研以及访谈的文本资料，剔除与传统村落文化生态适应性影响因素无关的资料，使用文本分析方法进一步分析传统村落文化生态适应性的影响因素。通过文本分析方法软件（ROST CM6）提取传统村落文化生态适应性影响因素的高频特征词，使用语义网络分析，进一步探讨高频词之间的联系，梳理传统村落文化生态适应性影响因素之间的关系。

（一）高频词语分析

通过 ROST CM6 软件中的词频分析，提取出前 45 名高频词语，如表 8-8 所示。村落、传统建筑、土楼、修缮、建筑反映村落的建筑形态。保护、传承反映传统村落保护以及村落文化传承的重要性。人口、村民、老人、青壮年、小孩反映村落的人口情况，留在村内的多为老人和小孩，青壮年较少。快递、淘宝店反映村落生活方式的变化，发展较好的村落，快递能送到村中；随着陶瓷产业的发展，以陶瓷为主导产业的村落还产生了淘宝店，生产方式为自产自销。非遗、戏台、表演、文化反映村落的非物质文化，大多数村落有戏台，不过主要是逢年过节才会有表演。游客、旅游、旅游业、民宿、游客中心反映了传统村落的旅游业态，旅游业成为村落一种发展方式。土地、种植、农业、水稻、茶叶、耕地、农田反映了村落的土地作为农业生产的资源，用于农产品的种植。工业、工厂反映了村里发展

表 8-8　高频词语

单位：次

序号	词语	频数	序号	词语	频数	序号	词语	频数
1	村落	75	16	外出	17	31	文化	6
2	传统建筑	29	17	基础设施	14	32	茶叶	6
3	保护	24	18	青壮年	14	33	道路	6
4	传承	23	19	土楼	13	34	建筑	5
5	人口	23	20	居住	13	35	耕地	5
6	村民	22	21	农业	11	36	民宿	5
7	快递	21	22	空心化	10	37	淘宝店	5
8	老人	21	23	交通	9	38	小学	5
9	非遗	21	24	戏台	9	39	小孩	5
10	游客	19	25	水稻	8	40	工业	5
11	旅游	19	26	收入	8	41	摩托车	4
12	土地	18	27	修缮	7	42	镇上	4
13	发展	18	28	政府	7	43	农田	4
14	务工	18	29	旅游业	7	44	工厂	4
15	种植	18	30	表演	7	45	游客中心	4

工业的设施。外出反映了村里人口的流动情况。基础设施、交通、道路、摩托车反映了村里的交通设施，村民出行以摩托车为主。空心化反映了村落空心化的现象，如人口、土地、建筑的空心化。收入反映村民的经济情况。政府反映在传统村落保护与发展中政府发挥的作用。小学反映村落的教育资源。镇上反映村落与镇上的联系。其中，前十位高频词村落、传统建筑、保护、传承、人口、村民、快递、老人、非遗、游客，反映了人为对传统村落的保护与发展、传统建筑、人口结构、信息化、非遗以及旅游业态是村落文化生态适应性的重要影响因素。

（二）语义网络分析

高频词分析可以揭示传统村落文化生态适应性影响因素的重要程度，但未能反映高频词之间深层次的联系（春雨童，2021）。高频词越接近中心词，表示与中心词的联系越密切；高频词的线条连接数越多，则表示出现的频次越高（赵咪咪、张建国，2017）。通过语义网络分析，进一步分析高频词之间的联系，如图8-2所示。分析得知，村落、保护是核心圈层，反映传统村落文化生态适应性影响因素最核心的特征。土地、非遗、青壮年、传统建筑、务工、老人、旅游、游客、快递、传承是对核心特征的进一步拓展，是次核心圈层。基础设施、人口、发展、空心化、村民、外出、种植、戏台是对核心圈层及次核心圈层的补充。

"村落"与"保护"作为核心词语，反映了保护村落对于文化生态适应性的重要性。"村落—保护—发展"反映了传统村落在注重保护的过程中，还需关注村落的发展，村落的保护与发展需要村落多方面的协作。"村落—老人—青壮年—务工—空心化"，反映了传统村落人口结构，青壮年为了获得更可观的收入，多选择外出务工，因而留在村里的主要是老人，村落的人口空心化现象较为普遍。然而村落的发展离不开人才，可通过提供就业机会，吸引更多人才返乡参与乡村振兴。"村落—传统建筑—旅游—游客"反映了传统建筑和旅游的关系，传统建筑是村落历史的见证，通过修缮传统建筑，发挥传统建筑在村落旅游发展中的观赏价值，让游客在旅游参观的同时，也能感受到村落的独特文化。"村落—土地—种植"反映了村落土地的使用情况，除了部分村民仍从事农业生产外，村落较多土地呈现荒废的状态，土地资源没有得到较好的利用。可以通过发展生态农业，如建

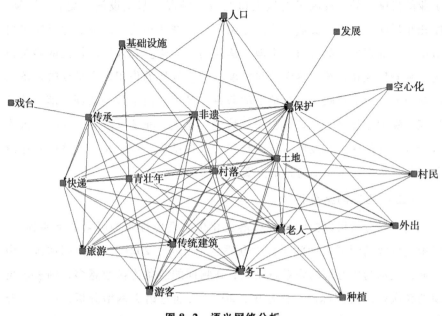

图 8-2　语义网络分析

设农家乐、生态园等，改变村落风貌，增加就业岗位，提高村民收入，吸引更多游客。"村落—非遗—传承—戏台"反映了非遗的传承与保护。非遗是村落宝贵的文化遗产，是村落优秀传统文化的重要组成部分。戏台是村落文化传播、展演的重要平台。可充分利用戏台开展非遗活动，让非遗得以更好地传承。此外，村落开展文化活动，也能使日渐空心化的村落焕发生机，丰富村中老年人的生活。"基础设施—快递"反映了村落的生活方式，随着信息化的不断发展，网上购物成为人们日常生活的重要组成部分，收发快递反映村落受信息化影响的程度。经济条件较好、位于镇中心的村落享有较好的基础设施，体现为在交通、教育、医疗、网上购物等方面都有着较为便利的条件，因而位于镇上的传统村落适应性较高，而远离镇中心的村落仍然面临着基础设施不完善的现象，适应性较弱。

　　由此可见，除了海拔、坡度、归一化植被指数、城乡居民人均可支配收入、农村投递路线总长度、公路通车里程、教育支出、在校学生数、卫生机构床位数等因素影响传统村落文化生态适应性外，传统村落的保护与发展、传统建筑、人口结构、信息化、非遗以及旅游业态等因素也影响着传统村落的文化生态适应性。

五 小结

以闽南第四批中国传统村落为研究对象，从形态适应性、内容适应性、传承适应性三个方面构建传统村落文化生态适应性评价指标体系，采用 GIS 空间分析法与地理探测器等方法，分析闽南第四批中国传统村落的文化生态适应性时空格局和影响因素，主要结论如下。

总体上看，闽南第四批中国传统村落文化生态适应性为中等水平。文化生态基底为服务业和工业的传统村落文化生态适应性较好，其次是文化生态基底为农业的传统村落。分类型看，传统村落的形态适应性较强；其次是内容适应性和传承适应性，为中等水平。不同文化生态基底中，文化生态基底为服务业的传统村落形态适应性较强；文化生态基底为农业的传统村落内容适应性较强；文化生态基底为服务业的传统村落传承适应性较强。相对而言，泉州市传统村落的文化生态适应性比漳州市强。

传统村落文化生态适应性受人文因素影响较为显著。因子探测分析得知，影响因素重要程度排名前四的是教育支出、坡度、公路通车里程以及农村投递路线总长度。交互探测结果显示，各影响因素之间存在明显的交互作用关系，且因子间交互后解释力明显增强，说明传统村落文化生态适应性应对外部环境变化的能力是自然、社会、经济和人口等要素相互作用的结果。

随着城镇化、全球化以及信息化的不断发展，闽南第四批中国传统村落的文化生态适应性较好，但仍需提升内容适应性以及传承适应性，提高文化生态基底为农业和工业的传统村落的文化生态适应性。可以通过公路、农村投递路线等基础设施的不断完善，为传统村落适应环境变化提供更好的条件，从而提高传统村落的文化生态适应性。

第五节 传统村落文化生态平衡调控

一 调控模型

传统村落文化生态适应性水平既受到促进适应要素的积极影响，也受到抑制限制因素的消极影响，符合一阶 S 形曲线，可以用系统动力学成长上限基模模拟。以系统动力学成长上限基模为基础，以文化生态适应性为水平变量，以影响因素的共有因子为辅助变量，依据因子间因果关系建立传统村落文化生态适应性的系统动力学模型，如图8-3所示。调节模型促进和抑制反馈回路参数，模拟传统村落文化生态适应性总体水平、分类型（形式适应性、内容适应性、传承适应性）水平变化，为提出传统村落文化生态适应性调控策略提供依据。

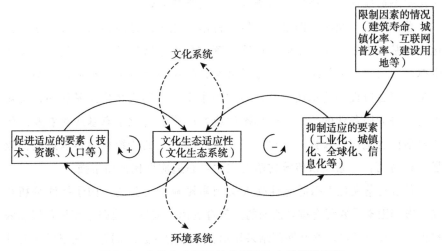

图8-3　文化生态适应性的系统动力学模型框架

二　农业型传统村落文化生态适应性调控策略

（一）失衡表现

对于农业型传统村落而言，形态适应性较弱的村落较为突出的表现是常住人口占户籍人口的比例较低、没有游客中心标识导览图和大巴停车场、非遗数量较少、没有公交站点、垃圾处理方式不环保等。内容适应性较弱的村落中，居住在传统建筑的人口占比较低，没有讲解员和旅游开发公司，游客较少，没有电商平台。在传承适应性较弱的村落中，地方语言普及率较低，没有为传统建筑提供保护资金，没有旅游产品和文创产品，非遗类型较少，没有微信公众号或网站，对外宣传不足。这些表现说明农业型传统村落的失衡问题主要为人口空心化较为严重，基础设施建设不完善，传统建筑保护力度不足，地方语言普及率较低，村落受信息化的影响较弱，信息化普及率较低等。

（二）调控策略及发展模式

1. 调控策略

在形态适应性中，适应性较强的传统村落土地利用比例、常住人口占户籍人口比例以及传统建筑面积比例较高，旅游设施如游客中心和标识导览牌、大巴停车场较为完善，非遗数量较多，基础设施中的污水处理、垃圾处理方式较为环保，村中有公交站点。较为突出的是土地利用率较高，常住人口占户籍人口比例较高，旅游设施较为完善。由此得知，农业型传统村落需充分利用村中的土地资源，提高土地利用率。通过政策支持吸引更多人才留在乡村，提高常住人口占户籍人口的比例，为乡村振兴注入活力以及完善旅游设施。

在内容适应性中，适应性较强的传统村落的突出表现是土地荒废比例较低，居住在传统建筑的人口比重大，有旅游开发公司、非遗展演活动，非遗存续状况较好且需依托村落存在。由此得知，农业型传统村落仍需降低土地的荒废比例，保护传统建筑，提高传统建筑的利用率，加强对非遗的传承与保护。

在传承适应性中，适应性较强的传统村落的地方语言普及率较高，传统建筑具有投入保护的资金，且被列为文物保护单位的传统建筑等级较高或数量较多，村落具有旅游购品或文创产品，非遗类型较多、传承情况较好，活动规模较大，村中有讲习所，开设了微信公众号且更新频率较高。可见，农业型传统村落需要加大对传统建筑的投入保护力度，投入资金保护和修缮传统建筑，开发村落的特色农产品，保护村落非遗、提高其传承度，设立讲习所。在信息化时代的背景下，可利用信息网络平台，开设村落的微信公众号或网站，在公众号或网站中公布村中事务，一方面可以让村民更迅速便捷地了解村中事务，另一方面也可以提高村落的对外宣传度。

2. 发展模式

农业型传统村落，适宜走生态农业的发展模式。基于村落的海拔、坡度、植被覆盖指数等自然地理特征，因地制宜选择合理的农业生产方式，建设农家乐、生态园等，发展村落生态旅游，提高土地利用效率。为缓解村落的人口空心化问题，可通过政策支持，吸引更多人才返乡，引进高技术人才，为村落的可持续发展出谋划策，促进村落在发展生态农业的过程中增加村民收入，留住人才，提高常住人口占户籍人口的比重，增强村落的活力。在传统建筑方面，需加大对传统建筑的保护力度，制定传统建筑保护规划。此外，提高非遗的传承度，充分发挥讲习所的作用，保护与传承非遗；完善村落的基础设施，如道路设施、教育资源、卫生医疗、快递物流服务等；在村落信息化的建设上，可开设村落微信公众号或网站，并在此公布村落的大小事宜。需要注意的是，在发展农业、开发村落的特色农产品的过程中要注重生态环境的保护，避免产生植被破坏等问题。

三　工业型传统村落文化生态适应性调控策略

（一）失衡表现

对于工业型传统村落而言，形态适应性较弱的传统村落，较为突出的表现是传统建筑面积占比例较低，没有游客中心、标识牌导览图及大巴停车场，旅游设施较为薄弱，没有公交站点。内容适应性较弱的传统村落，土地荒废比例较高，缺少传统建筑的保护规划，没有讲解员及旅游开发公司，游客较少。传承适应性较弱的传统村落，地方语言普及率较低，没有旅游购品和文创产品，非遗级别较低、传承度较低，村中没有开设微信公众号和网站。这些表现说明工业型传统村落的失衡问题主要为对传统建筑的保护较弱，基础设施建设较为薄弱，土地荒废比例较高，地方语言普及率较低，旅游设施建设不完善，非遗传承度较低，对外宣传不足等。

（二）调控策略及发展模式

1. 调控策略

在形态适应性中，适应性较强的传统村落中常住人口占户籍人口比例较高，旅游设施如游客中心、标识导览牌以及大巴停车场相对完善。基础设施较为完善，道路建成时间较长且有公交站点。由此可知，工业型传统村落中留住人才同样重要，工业发展需要较多的劳动力，因而可以通过创造就业机会，除了吸引本村村民留在村落以外，也吸引更多外地村民来此务工。此外，需完善村落的基础设施，完善村落的旅游设施或道路设施，可通过开通公交路线，为外地村民来此务工提供便利的交通条件，提高村落的可达性。

在内容适应性中，传统村落的适应性为中等或较弱水平，没有较高水平的传统村落。适应性为中等水平的传统村落较为突出的表现是村中有旅游开发公司入驻，村中有讲解员，游客数量较多，村中有非遗展演，非遗存续情况较好且需依托村落存在。由此可知，工业型传统村落需重视村落旅游设施的建设以及非物质文化遗产的传承与发展。

在传承适应性中，适应性较强的传统村落中地方语言普及率较高，非遗级别等级较高，非遗数量较多，具有传承人，活动规模较大，传承时间较久，村中有微信公众号或网站且更新频率较高。由此可知，工业型传统村落需关注村中地方语言的普及率及使用度；加强非遗的保护与传承，让更多村民参与到非遗的传承中来；建立村落的公众号和网站，为村民提供知悉村中事务的平台。

2. 发展模式

工业型传统村落，适宜走"工业+旅游"的发展模式。工业型传统村落具有较好的工业基础，如以陶瓷业为主导产业的村落，可以通过陶瓷手工制作，陶瓷工艺品售卖的途径发展旅游业、吸引游客。结合村落的工厂实业，创造就业机会，吸引人才。完善基础设施，提高村落的可达性。注重旅游设施的建设，加强非遗的保护与传承。提高地方语言的普及率。建立村落微信公众号和网站。利用信息化时代信息技术的优势，打造村落特色工艺品，让工艺品成为村落特色的名片，通过产业发展带动乡村振兴，提高传统村落的文化生态适应性。在发展工业的过程中，也要注重生态环境的保护，减少工业发展造成环境污染的状况，可建设工业开发区，集中工厂的管理，为工厂发展提供土地资源等，使村落在保护环境的过程中实现经济的发展。

四　服务业型传统村落文化生态适应性调控策略

(一) 失衡表现

对于服务业型传统村落而言，形态适应性较弱的传统村落较为突出的表现是常住人口占户籍人口的比例较低，传统建筑面积占比较低，没有游客中心标识导览牌和大巴停车场，没有公交站点。内容适应性较弱的传统村落中，没有讲解员及旅游开发公司，游客较少，非遗展演较少。传承适应性较弱的传统村落中，地方语言普及率较低，没有旅游购品和文创产品，非遗级别等级较低，传承情况较差，没有微信公众号和网站。这些表现说明服务业型传统村落的失衡问题为村落的常住人口占比较低，传统建筑面积占比较低，旅游设施建设不完善，土地利用率较低，旅游配置不足，非遗的传承度较低，地方语言普及率低，村落的对外宣传不足，游客了解村落的途径较少。

（二）调控策略及发展模式

1. 调控策略

在形态适应性中，适应性较强的传统村落都有游客中心、标识导览牌和大巴停车场，旅游设施较为完善，非遗数量较多，污水及垃圾处理方式较为环保，有公交站点。由此得知，服务业型传统村落尤其要重视旅游服务设施的建设、非遗的保护与传承以及村落人居环境的保护。

在内容适应性中，适应性较强的传统村落传统建筑保存较好，毁坏比例较低且具有保护规划。村中游客较多，有讲解员且有旅游开发公司入驻。村中有非遗展演，非遗传承良好且依托村落存在，具有电商平台。由此可知，对于服务型传统村落，需要注重传统建筑的保护情况，制定保护规划；完善旅游服务设施，如配置讲解员，与旅游开发公司合作；保护非遗，提高其展演频率。

在传承适应性中，适应性较强的传统村落的突出特征是具有旅游购品或文创产品，非遗级别较高，非遗种类较多、有确定的传承人，参与非遗活动的村民规模较大，非遗传承时间较长；村落有开设微信公众号或者网站且更新频率较高。由此得知，服务业型传统村落可注重旅游购品的生产和销售，提高非遗的传承度与参与度，开设微信公众号或网站。

2. 发展模式

服务业型传统村落，适宜走旅游开发与保护并行发展模式。结合传统村落的特色，如其独特的传统建筑、传统文化以及非物质文化遗产，通过修复传统建筑、开展非遗等文化活动、做好旅游宣传等方式促进传统村落旅游业的发展。通过修复传统建筑，对传统建筑进行合理规划和保护，让传统建筑成为村落旅游观光的景点。开展文化活动，提高非遗的保护、传承度与展演频率，增强非物质文化遗产的影响力。完善旅游设施，建设游客中心、标识导览牌、停车场，配置讲解员，引进旅游开发公司，建立完善的旅游开发机制，注重旅游购品的生产和销售。除了打造旅游景点和完善旅游设施外，也可通过拍摄旅游短视频推介传统村落，开设微信公众号或网站，提高传统村落的对外宣传度与知名度，创设较好的旅游发展条件，吸引更多游客。以服务业为主导的传统村落，除了部分村民会参与村落旅游之外，仍有较大部分村民外出务工，说明村落虽然大力发展旅游业，但是留在村里的人才仍然较少，因而在充分利用村中人力资源的同时，也可通过创造较好的政策支持条件吸引人才返乡。在发展旅游的过程中，要注重村落人居环境的保护，采用较为环保的污水和垃圾处理方式。也需加强与村民的沟通与联系，广泛听取村民在村落旅游开发中存在的困难与诉求，确保在传统村落开发过程中维护好村民的合法权益。

第九章
传统村落文化生态安全与保障

第一节　传统村落文化生态安全内涵

一　研究背景与研究问题

（一）研究背景

1. 传统村落文化生态失衡问题日趋严峻，威胁传统村落文化生态安全

改革开放以来，受快速工业化、城镇化、全球化和信息化所带来的社会和生态环境变化的影响，传统村落文化生态基底从农业社会向非农业社会转型发展，导致农耕文明所产生的物质与非物质文化遗产不适应当前以工业、服务业为主导的文化生态，产生了诸如自然衰退（Constant and Taylor，2020）、空心化（Haartsen and Strijker，2010）、文化异化（Jordan and Guerzoni，2021）、价值观依附（Lysgard，2019；娄瑞雪，2019）等文化生态失衡问题，如何应对这些问题成为社会各界关注的焦点和学者们研究的难点（胡惠林，2017）。习近平总书记在河南考察调研时指出，搞乡村振兴，不是说都大拆大建，而是要把这些别具风格的传统村落"改造"（赵文涵，2012）。可见，不同特色传统村落有着不同的文化生态特质，其发展与振兴过程中存在不同类型的文化生态失衡问题，这对传统村落的生存和可持续发展存在不同程度的威胁。因此，准确辨识传统村落文化生态失衡类型及其可能引发的安全威胁，是新时期做好传统村落系统整体性保护与利用，促进乡村振兴战略安全落地实施的前提和基础。

2. 传统村落文化生态安全评估体系尚不完善，调控策略亟须制定

传统村落文化生态安全是从环境与发展的视角描述文化环境变化对文化发展影响的指标，是指在人与环境、人与人及人与社会的互动的过程中，文化生态系统能够满足于人类的文化存在与发展而不受到威胁的状况（陈星、周成虎，2005）。当前，传统村落文化生态失衡主要从文化全盘西化所带来的文化生态异化和生态环境恶化所带来的文化生态系统崩溃（蔡瑞艳、钮维敢，2021；孙英春，2021）。两个方面威胁文化生态安全：不同类型文化生态失衡影响传统村落文化生态安全的路径是显而易见的，但多大的失衡会诱发怎样的文化生态安全问题却难以量化。因此，科学建立文化生态安全评估体系和制定调控策略，是新时期精准预防传统村落文化生态失衡，确保传统村落文化生态平衡发展的关键环节。

3. 传统村落文化生态安全的影响因素复杂多元，动态调控策略亟待提出

文化生态安全是文化生态系统平衡发展的保障。文化生态系统是文化和环境系统耦合的复杂巨系统，影响传统村落文化生态安全的因素既有文化方面的，如文化势能（韩源，2008）、文化创新（万钰莹，2020）等，也有生态环境方面的，如环境污染（肖笃宁等，2002）、生态退化（曲格平，2002a）等，更有文化和环境两方面交互的因素，如互联网引发的文化渗透和商品化倾向（徐绍刚，2002）、工业化引起城镇边界的扩张（胡书玲，2019）等。此外，随着传统村落生命周期的变化，这些内外部影响因素及其主导作用也发生变化，呈现动态反馈。可见，在一个传统村落成长期和成熟期不同的阶段，影响文化生态安全的因素有所差异；不同的传统村落，处于同一个发展阶段，影响文化生态安全的因素可能类似（彭建等，2017；张瑾青等，2020）。因此，在辨识传统村落文化生态安全的影响因素及其因果关系的基础上，提出文化生态安全的动态调控策略，是新时期破解文化生态失衡问题，增强传统村落文化生态韧性的重要保障。

（二）研究意义

1. 理论意义

本研究可以从文化生态安全视角揭示传统村落文化生态失衡问题及其威胁，进一步丰富文化生态系统动态适应的理论基础。文化生态作为一种可以直接研究的客观存在的文化事实，其研究结果都经得起反复的验证，成为任何时代的人们可以直接加以利用的精神财富。但对于以往的研究而言，研究者们多是立足于一定数量的具体文化生态实体，经过归纳总结和演绎，进行抽象总结。而各传统村落的文化生态本身就具有复杂性，还具有可变性。地域的差异、历史过程不同、外来文化的冲击都可能导致具体的文化生态实体发生变迁，从而出现所属文明类型不常见、不应有的文化突变现象。虽然这样的例外都不会最终损害具体的乡村文化生态研究结论，但需要归类整理和认识这一科学研究，才能进一步推动研究臻于完善。因此，本研究从文化生态安全视角，识别传统村落文化生态安全问题及其威胁，进一步厘清文化生态系统背后的"失衡－威胁－安全"逻辑关系，深化文化生态系统的科学认识。

2. 实践意义

本研究揭示了闽南传统村落文化生态安全空间格局及其影响机制，进一步验证了文化生态保护区制度的示范效应，为优化传统村落分类保护管理提供参考。本研究揭示了闽南传统村落文化生态安全的空间格局，进一步检验了文化生态保护区制度对区内厦门、漳州、泉州三地传统村落保护与利用的示范效应，为区内外不同类型传统村落整体性系统保护与利用提供决策参考，从而保障区域文化生态安全。此外，影响传统村落文化生态安全的因素是复杂和多元的，既有村落内部居民生产和生活的因素（谭雪兰等，2021），也有村落外部政治、经济等方面的因素（屠李等，2016），各因素交织影响传统村落文化生态安全，在村落不同生命周期阶段发挥着不同的作用，难以简单定性或定量分析确定（Quinlan et al.，2016；李玉恒等，2018）。本研究基于定性比较分析，探索传统村落文化生态安全的影响路径，在此基础上提出传统村落文化生态安全的提升策略，既是对文化生态系统动态平衡机理的完善，又拓展了文化生态保护区的制度实践。

二　文化生态安全概念界定

文化生态安全的概念是从文化安全和生态安全衍生而来的，从环境与发展的角度来描述和表达文化生态环境的变化对于人类发展的影响，与文化安全或生态安全概念的单一内涵有所不同。

（一）文化安全

"文化安全"这一概念来自"文化全球化"带来的"同化""西方化"等问题对各国文化发展带来的风险，中国学者提出文化安全旨在解决或化解"文化国际化"给中国文化主权、生存与发展带来的种种风险。对于文化安全的概念，目前学术界还没有统一的界定，一般是指一种民族文化的总体发展不受威胁、不受侵害的客观状况（姚伟钧、彭桂芳，2010）。正如美国学者塞缪尔·亨廷顿（Samuel Huntington）所言，我们正经历着一场文化地震——文化全球化，它几乎涉及地球的所有地方。文化全球化作为一种文化层面上的多元化挑战，原先被认为不成问题的传统如今逐渐崩解，信念和生活方式上出现了多种选择（亨廷顿、伯杰，2004）。

综合国内外学者的观点，可以将文化安全内涵大致划分成两种类型：一是强调文化系统中自身价值和特性的安全感，二是着重于为人民和国家的生活和生存提供保障的文化系统。

（二）生态安全

与文化安全概念相似，生态安全作为一种跨自然科学和社会科学的概念，在国内外还没有得到明确的定义（陈国阶，2002；曲格平，2002b），国外也将生态安全称为环境安全（environmental security）。广义上，美国保险会计与系统学会（Insurance Accountingand System Association，IASA）将生态安全定义为：人类的基本权利、生活保障、必要的资源、社会秩序以及人类的适应性，各个方面都没有被破坏或侵害的状态，具体包括自然生态安全，经济生态安全和社会生态安全三个方面，由此组成的一个复合的人工生态安全的系统。狭义上，生态安全是自然和半自然的，是对整个环境的整体质量和健康度做出的响应（肖笃宁等，2002）。

表 9-1　文化安全概念

第一种类型	第二种类型
国家文化主权是国家文化安全的核心内容，这些权力主要包括意识形态和文化制度的选择制定权、文化立法权、文化管理权、文化传播与交流权及人民享有特定价值观念权、选择特定生活方式权、自主宗教信仰权等（Walker，1991）。 文化安全是一种保障文化本质的功能状况，是一种保障文化权益免遭危害与侵犯的功能状况。思想是文化保障的中心（朱传荣，1999）。 从维护一国文化主权的观点来看，一国的文化主权是一种神圣的、不能被践踏的文化，它的文化传统、文化发展的选择都应该受到尊重。包括文化立法权、文化管理权、文化体制权、意识形态选择权、文化传播与文化交流的自主选择权，还有国家的政治经济环境、文化生态质量、文化资源保护、文化技术的自主知识产权的拥有能力、文化市场的占有率等非主权的内容（胡惠林，2003）。 广义的国家文化安全是"国家内的文化安全"（cultural security in a nation-state），也就是，一个国家的主流文化价值体系，还有建立在其上的意识形态、生活制度、语言符号系统、知识传统、宗教信仰等，都不会受到内外部对立力量的侵犯、破坏和扭曲，进而保证一个国家拥有完全的文化主权，拥有一个与国家社会、经济发展协调一致、良性互动与持续创新的文化系统，并在民众当中维持一种高度的民族文化认可。从维持价值体系的观点出发，文化安全是指一个主权国家的文化价值体系，尤其是一个主权国家的主导文化价值体系，不受来自内部或外部的文化因素的侵蚀、破坏或扭曲，从而能够很好地继承自己的文化价值观，在自主、自愿的前提下，进行文化创新，并吸收和借鉴一切对自己有利的文化价值观和文明的生活方式（石中英，2004）。 在我国的文化安全中，语言文字安全、风俗习惯安全、价值观念安全以及生活模式安全是四个重要的组成部分（刘跃进，2004）。 国家文化安全可以分为文化经济安全、文化政治安全、文化信息安全、文化资源安全等。文化经济安全是对文化市场安全、文化产业发	狭义的国家文化安全是一种"国家文化的安全"（security of national culture），即一个国家的国家意识形态、价值观念、基本政治制度、人民群众的政治身份和国家形象等重要的文化要素，不会被内外敌对力量所侵犯、破坏和扭曲，从而确保一个国家在自己的领土内外享有比较高和一致性的合法性（石中英，2004）。 国家的文化安全，指的是一个国家可以独立地对自己的政治制度和思想体系进行选择，抗拒别国在政治体系和思想体系的引导下，对自己的政治、经济、民主模式进行侵害，从而保证自己的价值观、行为方式、社会制度不受干扰，保持自己的文化的民族性，维护自己的民族尊严和团结精神，并通过各种方式来提高自己的文化在世界范围内的影响力（郝良华，2004）。 文化安全是一种"安全感"，是指人民感到自己所属"国家—民族"的"基本价值""文化特性"不会随着经济的发展而逐步衰退、消失（潘一禾，2007）。 文化霸权和文化多样性之间存在着不可调和的矛盾与冲突，文化霸权是国家文化安全最直接的威胁，乃至整个人类文化的威胁（周伟良，2007）。 文化安全是一个民族和国家的独立和发展的文化体系不受任何威胁和危害的一种稳定的状况（周伟良，2007）。 国家文化安全可以被看成国家文化的生存和发展免受威胁或危险的状态，对这种状态的不同程度的破坏都构成对国家文化安全的威胁（李文君，2011）。

第一种类型	第二种类型
展安全的集中表述；文化政治安全主要指国家的文化主权、国民的文化权利、国家意识形态安全形态；文化信息安全则涉及文化技术的掌握与应用、文化信息的传播与交流安全、文化知识产权的保护等；文化资源安全主要规定着文化资源、文化遗产的保护与开发（胡惠林，2005）。 　　文化安全是一种特殊的安全，具有间接性、隐蔽性和缓和性等特点（李文君，2011）。 　　基于对"文化"的认识与界定，文化安全的核心包括意识形态与价值观的安全（胡惠林，2017）。	

　　综上，可以将生态安全定义划分为两种类型（见表9-2）。第一种着重于健康安全、完整和可持续的生态系统自身；第二种着重于对人的生存保障，即对人的生命保障。

表 9-2　生态安全概念

第一种类型	第二种类型
生态安全包括两层含义：一层是保护健康的生态系统，另一层是对其弹性的维持（李文华，2000）。 　　生态安全是指一个地区的生态环境在一定程度上，其自身的结构和功能被打破。生态安全涉及外力本身的安全性，也就是对其本身的结构的损害（肖笃宁等，2001）。 　　在景观和区域层面上的生态安全，主要是指：区域生态系统的完整性和健康度，生态过程的延续和稳定度，生态灾难的风险和安全度（郭中伟，2001）。 　　生态安全是指自然环境不仅能满足生活在其中的天地万物的存在与发展的需要，而且还不会对自然环境本身造成危害（肖笃宁等，2002）。 　　生态安全是指人类生产、生活、健康等方面不受生态损害、不受环境污染的保护水平，包括基本因素：水、粮食安全、空气质量、环境保护（Xiao and Chen，2002）。 　　生态安全是指在人群与自然环境之间，在	在狭义上，"生态"是指"人"与"人"之间的关系，也就是"人"与"物"之间的关系。生态问题对人类的生命构成了更大范围、更广泛、更严重的危害，因此，人们对其进行了系统的研究。在某种程度上，"生态安全"就是指"人类生态安全"。生态安全是指人类生存环境处于一个良性可持续发展状态（Dabelko Dabelko，1995）。 　　生态安全的显性特征是生态系统所提供的服务的质量或（和）数量的状态。生态安全能否涉及对人的安全有利与否，也就是，为人们所能得到的服务提供保障（肖笃宁等，2001）。 　　生态安全是人的生活、健康、安乐、基本权利、生活保障来源、必要资源、社会秩序以及人民应对环境变化的能力等方面不遭到危险的状态，生态安全是一个由自然生态安全、经济生态安全和社会生态安全共同组成的复杂的人工生态安全系统（Malin，2002）。 　　生态安全包含两个方面的基本内涵：一是

第一种类型	第二种类型
不同种族之间，在人类与其他物种之间，在人类与致病细菌之间，保持着适当的平衡（曲格平，2002a）。	要阻止生态环境的恶化对经济基础造成严重的威胁。在这一过程中，主要是要阻止环境的恶化和自然资源的下降和恶化，对经济可持续发展的支撑能力造成严重的损害。二是要阻止环境破坏和自然资源的缺乏，引起人们的不满情绪，尤其是要阻止环境难民的大量产生，对整个社会的稳定造成严重的影响，进而造成国家的混乱（曲格平，2002b）。

（三）文化生态安全

由于文化安全和生态安全概念的复杂性，学术界对文化生态安全的概念也缺乏统一的认识。例如，文小勇（2002）提出，在工业文明和全球化背景下，自然界生态平衡遭到严重破坏的同时，人类社会所赖以生存的文化生态圈也在遭受毁灭性的破坏；徐秋涛（2010）从文化安全整体论的视角提出，文化生态安全的理念是指一个民族或国家在长期的历史发展中所形成的一种文化存在状态，它包括生活方式、历史传统、风俗习惯等要素，它一旦遭受毁灭性的破坏或推翻，就一定会对其文化政策或其发展策略的制定和选择产生深刻的影响；胡惠林（2017）从综合文化和生态安全视角，提出文化生态系统是由自然生态环境和社会生态环境两个方面构成的共同体，文化生态安全则是指在人与环境、人与人及人与社会这三者关系中，文化生态系统满足人类文化生存与发展需要而不受威胁的状态。综上，关于文化生态安全的概念比较一致的是，从环境与发展的角度来描述和表达文化生态环境的变化对于人类发展的影响，这与以往单一地从文化安全或生态安全视角定义文化生态安全概念有所不同。

文化生态安全研究目前还缺乏系统性，主要研究成果来自生态安全和文化安全两大方面。20世纪70年代，随着"零风险"的环境管理政策被打破，生态风险评价迅速发展（肖笃宁等，2002）。Barnthouse等（1986）在探讨生态模型在环境风险评估和管理中的作用，以及量化物质流动和物种间相互作用的生态系统模型时，提出了年龄结构种群模型，这为生态风险研究提供了重要参考。20世纪90年代，许多最重要的环境问题都发生在人类生活区，社会生态系统安全逐渐引起人们的关注，CarlFolke 等（2005）从社会维度出发，在生态系统的适应性管理中，将个人、组织、机构等社会因素联系起来，构建社会生态系统的框架，对以后的文化生态安全评价起到了较大的推动作用。上述研究将生态风险的单一控制拓展到社会—生态系统的多维指标构建，为科学定量地评估文化—生态系统的安全提供了新思路，但由于缺乏对非物质指标的量化和微观指标的选择，评估结果在判断文化—生态系统的失衡时有一定的局限性。因此，从宏观角度来看，文化生态建设要以保障为前提；从微观角度来看，由于文化生态安全研究对象具有广泛性，其评价过程高度依赖主观判断，结果的适用性受到了极大的限制。

近年来，国内外学者将文化生态安全评估作为避免文化生态系统失衡的重要手段，学者在研究中充分考虑了文化生态系统失衡的影响因素所具有的多样性和复杂性，以及其非物质指标的量化所具有的独特性，采用定性和定量相结合的方法研究文化生态安全。左伟等（2003）以评估生态环境系统的服务功能对于人们需求的满足程度为依据，建立了一个地区的生态环境系统安全的综合指标体系，包括生态环境系统状态指标、人文社会压力指标、环境污染压力指标、人文社会响应指标四个层次指标。谢花林、李波（2004）基于"P—S—R"模式，从"资源环境压力""资源环境现状""人文环境响应"三个角度，提出了"四级"的"城市环境"评估指标，并验证了该评估指标与评估方法的有效性。Picchi 等（2019）采用案例研究的方法，介绍了文化生态系统服务权衡评估在可持续能源景观开发中的应用，并对潜在的协同效应和权衡进行评估以进行长期战略规划。Schirpke 等（2020）从定性、定量和空间角度来识别和评估人类活动对文化生态系统的影响，例如土地使用、气候变化、人口增长和城市化等。上述的研究从不同层次对文化生态系统的风险进行了考量，这对于文化生态系统安全评估的研究有着非常重要的作用，也进一步表明可以借鉴文化安全、生态安全的评估方法采用适应性指标量化表征文化生态安全的能力及其变化。

随着我国统筹推进"经济建设、政治建设、文化建设、社会建设、生态文明建设""五位一体"总体布局步伐的加快，作为生态文明建设中重要一环的文化生态安全研究日益成为国内外学者关注的焦点。与乡村振兴等国家战略相叠加，作为中国传统文化基因库的传统村落文化生态安全研究得到学者的广泛关注。传统村落文化生态安全内涵也进一步丰富，是指在人与环境、人与人及人与社会三者相互作用过程中，文化生态系统满足人类文化生存与发展而不受威胁的状态（Rakauskas et al.，2009），用以描述和表达文化和环境的变化对于文化生态生存和发展的影响（胡惠林，2017）。在文化生态安全评估方面，主要采用定性描述方法分析文化生态系统性风险、威胁源、安全危机等（唐杰，2004；解学芳、臧志彭，2008），在此基础上针对宏观的政府层面、中观的行业组织层面以及微观的企业层面提出协同治理对策和方案，而针对传统村落文化生态安全水平和等级的研究还处于探索阶段（关进礼，2013）。在调控策略方面，相关研究均认为制定传统村落文化生态安全调控策略是一个非常重要的保护手段，可以通过对一些关键数据的及时采集和分析，评估文化生态安全级别，定期或不定期就文化生态安全状况和趋势进行预测，并向有关部门或公众发布安全信息（石中英，2004），或采用技术手段对传统村落开发过程中区域文化生态系统的变化进行动态监控，制定文化生态安全调控策略（王凯平，2022），而对于传统村落文化生态安全等级的量化研究、调控内容的研究尚未深入。近年来，随着移动互联网的普及和广泛应用，学者们也越来越重视"互联网+"融合策略的使用（吴腾飞，2020）。未来，耦合文化与生态系统、拓展定性评估研究范式、深化适应性管理策略，将是国内外传统村落文化生态安全的重点研究方向。

综上所述，学界对文化生态安全、传统村落文化生态以及传统村落文化生态安全指标等做了一定的探讨，但在以下两个方面的研究还存在一定的局限性。

第一，文化生态安全评估体系尚未建立。文化生态安全是国家文化安全的重要组成部分，文化生态安全概念体系比较模糊，具体含义和认定标准仍需要进一步界定，因此，文化生态失衡及与其相关的文化生态安全的内涵和外延如何界定？文化生态系统演进和文化生态平衡的理论框架模型如何构建？如何借鉴生态风险识别、生态脆弱性和生态健康评价等方法，进一步开展传统村落文化生态安全评估工作？这些问题都有待进一步探讨。

第二，文化生态安全的影响因素及其因果关系尚不清晰。影响文化生态安全的因素既有传统村落外部城镇化、工业化、信息化等方面的因素，也有传统村落内部人口流动、生活方式改变、生态环境变化等因素，而何种因素在何种阶段通过什么途径发挥了主导作用，尚未被完全辨识，影响文化生态安全的因素及其主次与因果关系亟须进一步明确。

第二节　闽南传统村落文化生态安全特征

一　研究区域概况

（一）研究区域

本研究为了进一步揭示文化生态保护区制度的示范效应，选择闽南地区为研究区域，闽南地区包括厦门市、漳州市和泉州市。厦门市为经济特区，没有申报中国传统村落品牌，因此，在本研究中，仅对泉州市和漳州市这两个地级市的所属区域进行研究。

（二）研究对象

本研究的研究对象是泉州市和漳州市的 19 个第四批中国传统村落。其中，泉州市共有 9 个，分布在晋江市、德化县以及南安市；漳州市共有 10 个，分布在云霄县、漳浦县、南靖县、华安县、长泰县以及龙海市，传统村落的空间分布及名单如表 9-3 所示。

表 9-3　闽南地区第四批中国传统村落

地级市	县（县级市）	乡（镇/街道）	传统村落
泉州	晋江市	灵源街道	灵水社区
		新塘街道	梧林社区
		龙湖镇	福林村
	德化县	三班镇	三班村
			桥内村
			泗滨村
		龙门滩镇	碧坑村
		上涌镇	曾坂村
	南安市	眉山乡	观山村

续表

地级市	县（县级市）	乡（镇/街道）	传统村落
漳州	云霄县	火田镇	菜埔村
	漳浦县	湖西乡	城内村
	南靖县	书洋镇	塔下村
			石桥村
			下版寮村
			南欧村
		奎洋镇	上洋村
	华安县	马坑乡	福田村
	长泰县	岩溪镇	珪后村
	龙海市	港尾镇	城内社村

二　研究方法

（一）文献分析法与田野调查法

采用文献分析法，在回顾国内外文化生态学理论基础上，梳理文化安全、生态安全和传统村落研究文献，建立传统村落文化生态安全概念体系。在田野调查方面，开展传统村落文化生态安全评价指标体系及其权重、文化生态失衡程度等方面的调查与访谈，辅助完成传统村落文化生态安全评价和文化生态系统安全状态判断。

（二）GIS 空间分析法

利用 GIS 空间分析法，基于 ArcGIS10.3 软件，制作传统村落文化生态安全水平专题地图，采用空间主成分分析方法（Spatial Principal Components Analysis，SPCA）（林明水等，2018）、空间距离分析等方法探究传统村落文化生态安全的风险潜在影响程度、发生概率。采用自然间断点分级方法，将传统村落文化生态安全水平分为高、中、低三个等级，为文化生态系统状态划分提供依据。

1. 空间主成分分析方法

采用空间主成分分析方法，构建文化生态安全指数（Cultural Ecological Security Index，CESI）以评价传统村落文化生态安全的潜在影响程度。

为了避免指数间存在的交叉与共线，采用 SPCA 方法对 10 项指数进行了综合，并按累计对指数的贡献大于 85% 来选择 5 个主要因子。

在此基础上，通过对各个评估因子的作用进行整合，得出了相应的 CESI。基于 SPCA 方法，通过对各个指数之间的相关性进行分析，并在保持最大限度的信息量的情况下，把若干数值转化成若干指数，从而得到 CESI，公式如下：

$$CESI = r_1 Y_1 + r_2 Y_2 + r_3 Y_3 + \cdots + r_n Y_n \qquad (9-1)$$

式 9-1 中：CESI 为文化生态安全指数，Y_n 为第 n 个空间主成分分析数值，r_n 为第 n 个空间主成分对应的贡献率。

此外，根据各主成分贡献率计算传统村落文化生态安全指数的平均值。

2. 文化生态安全的潜在影响程度分级

对 CESI 数值进行标准化处理，有利于对文化生态安全的潜在影响程度进行分级和比较。计算方法如下：

$$C_i = \frac{CESI_i - CESI_{min}}{CESI_{max} - CESI_{min}} \times 10 \qquad (9-2)$$

式 9-2 中：C_i 为第 i 个栅格单元文化生态安全指数的标准化值，变化范围为 0~10；$CESI_i$ 为第 i 个栅格单元文化生态安全指数的实际值；$CESI_{max}$ 为栅格单元文化生态安全指数最大值；$CESI_{min}$ 为栅格单元文化生态安全指数最小值。

参考国际上有关的评估准则，结合福建省的文化生态特点，运用自然间断点分级方法，将文化生态安全潜在风险分为 3 个等级：重度风险、中度风险、轻度风险，每个级别如表 9-4 所示。

表 9-4　文化生态安全潜在风险程度分级标准

风险程度	等级标准	文化生态特征
轻度风险	0~3	传统村落文化生态系统具有比较好的结构和功能，所受到的压力比较小，文化生态系统比较稳定，抗干扰能力和自我修复能力也比较强
中度风险	3~6	传统村落文化生态系统的结构和功能还可以保持，所受到的压力接近于文化生态安全阈值，文化生态系统是不稳定的，对干扰比较敏感，自我恢复能力比较差

风险程度	等级标准	文化生态特征
重度风险	6~10	传统村落文化生态系统结构和功能严重退化，所承担的压力极大，稳定性非常差，对于外界的扰动非常敏感，在遭受破坏之后，很难得到修复，而且还会造成无法挽回的后果

3. 文化生态安全的风险发生概率

基于福建省已对农村公路进行了一定的改造，其中最重要的就是实现"县县通高速，镇镇有干线，村村通公交"，且时空上的便利度较高，实现"乡村振兴"的可能性较大，因此，本研究以"农村公路"为切入点，选择传统村落与核心乡镇的空间距离作为传统村落文化生态安全风险发生概率的评价指标，即距离核心乡镇越远风险发生概率越高。

运用 ArcGIS10.1 中的空间距离分析、叠加公路网等方法，对我国传统村落的文化生态安全风险进行评估，评估结果参考式 9-2 归一化处理，利用李克特量表（Likert Scale），将其分为低、中、高三个层次（见表 9-5）。

表 9-5　文化生态安全风险的发生概率说明

风险发生的概率	说明	等级标准
低	极少发生	[0，3)
中	偶尔发生	[3，6)
高	很有可能发生	[6，10)

（三）风险矩阵法

风险矩阵法是由 Paul 等人在 1998 年首先提出的，是一种将定性和定量方法结合，并且操作简便的风险评估方法（Ni et al.，2010）。将潜在影响程度和风险发生概率按照一定的标准进行量化评分，其计算公式为：

$$R = L \times S \qquad (9-3)$$

式 9-3 中，R 为风险程度，L 为风险发生概率，S 为潜在影响程度。

本研究基于传统村落文化生态安全潜在风险影响程度和风险发生概率，综合判断传统村落文化生态系统安全等级。因传统村落的文化生态风险越高，其安全级别就越低，将其与风险的潜在影响程度以及风险发生概率相联系，建立了一个传统村落文化生态安全等级对照表，具体包括低安全、中安全和高安全三个安全级别，据此制成二维矩阵（见表9-6）。"低安全等级"体现了农村发展方式与运行机理的不可持续性，需要对现有的农村发展方式加以完善，并对风险进行治理与预防；"中安全等级"是指现有的农村发展方式与机理仍具有可持续性，但是需要加强对农村地区的保护；"高安全等级"体现了目前农村发展方式的可持续性，是值得积极推动的。

表9-6　传统村落文化生态安全等级对照

风险发生概率	风险的潜在影响程度		
	轻度风险	中度风险	重度风险
低	高安全	高安全	中安全
中	高安全	中安全	低安全
高	中安全	低安全	低安全

（四）定性比较分析法

定性比较分析法（Qualitative Comparative Analysis，QCA）是将案例研究与布尔代数和集合论相结合，从集合的角度观察条件与结果之间的关系，使用布尔代数算法形式化地分析问题的逻辑过程（Ragin，2014），有清晰集（csQCA）、多值集（mvQCA）和模糊集（fsQCA）三种使用形式。与传统的回归分析法比较，QCA强调的"多重并发因果关系"侧重于描述多个不同的条件变量如何以组合的形式影响结果变量，它能够更好地观察传统村落文化生态安全影响因素的多向性，通过定性与定量相结合的方式，最大限度地辨析影响因素的自由组合，有助于全面提炼传统村落文化生态安全调控策略。考虑到影响传统村落文化生态安全的条件变量不需要进行0或1的二元赋值，本研究采用清晰集（csQCA）进行赋值定级细分。

三　指标体系构建

（一）指标选取原则

建立一套科学有效的评价指标体系，对于我国传统村落文化生态安全的评估是十分必要的。本研究将对我国农村人居环境的转型发展与生态适应、"社会—生态系统"背景下多主体适应性行为等问题进行深入探讨，为评价指标体系进一步完善提供了借鉴。本研究在构建传统村落文化生态安全风险评价指标体系时，遵循以下三个原则。

1. 系统性原则

传统村落文化生态系统是一个复杂的系统，文化生态安全评价指标体系的设置必须系统、全面和完整，不能厚此薄彼。从传统村落文化生态系统的风险来源来看，主要有两种类型：自然风险和人文风险。在对这些风险监控时，应该对传统村落所能承受的各类风险程度进行全面的考量，做到合理规范、主次分明及突出重点。因而构建传统村落文化生态安全评价指标体系时，要从系统性出发筛选综合评价的指标因子。

2. 典型性原则

选取的指标应体现典型性。传统村落的评价指标涉及多个方面，但对于传统村落的文化生态安全而言，选取的指标要具有典型性，不仅要符合传统村落的实际情况，反映文化生态特征，更要体现传统村落面临风险的普遍性。

3. 可操作性原则

选取的指标应是可行的，指标数据应容易获得，且保证数据的质量以及具有较强的可操作性。在进行指标选取时，要选取资料数据容易获取的指标，且应能够被充分利用和量化，以确保后续评价工作开展的可能性。

（二）指标选取和指标体系构建

传统村落文化生态安全评价的基础和关键是文化生态安全评价指标体系的选择，鉴于生态敏感性—生态恢复力—生态压力度（Sensitivity-Resilience-Pressure，SRP）、压力—状态—响应（Pressure-State-Response，PSR）等模型均演变于"成因—结果"模型，且传统村落文化生态系统相对完整，即当传统村落文化生态系统自身敏感性较强时，便会产生原生性文化生态安全，当传统村落文化生态系统受到的旅游活动干扰超过其维持自身稳定的阈值时，就会产生次生性安全（田亚平、常昊，2012；Santos et al.，2013）。因此，本研究以 30m×30m 的栅格作为基本评价单元进行分析，为保证采用的指标具有良好的空间重合性，统一采用 Krassovsky 椭球体坐标和 Albers 投影，对归一化植被指数 NDVI 等指标则采用克里金插值法（Kriging）进行空间量化处理。在此基础上，根据文化生态安全的成因及指标选取原则，结合"成因—结果"模型，选取土地荒废比例指标，反映传统村落土地荒废程度；选取传统建筑破损度指标，反映村落传统建筑毁坏情况；选取非物质文化依存状况指标，反映传统建筑在现代社会的受损程度与保护利用情况；选取旅游基础设施状况指标，反映传统村落旅游设施的建设情况；选取休闲农业土地比例指标，反映传统村落土地的再利用情况；选取传统建筑人口居住率指标，反映传统建筑居住人口的空心化程度；选取坡度、海拔、归一化植被指数等指标，反映传统村落自然生态环境情况。以土地荒废比例、传统建筑破损度、非物质文化依存状况、旅游基础设施状况、休闲农业土地比例、传统建筑人口居住率、坡度、海拔、归一化植被指数等 9 个指标，构建传统村落文化生态安全评价指标体系，如表9-7所示。

表 9-7　指标描述及指标来源

指标	计算方法及说明	数据来源
土地荒废比例（%）	土地荒废面积占耕种面积比例	实地调研
传统建筑破损度（%）	传统建筑毁坏部分占完整传统建筑比例	实地调研
非物质文化依存状况	非遗传承情况、非遗级别、非遗展演、非遗传承人、非遗传承时间、讲习所	传统村落调查登记表、实地调研
旅游基础设施状况	各村游客服务中心、停车场、垃圾处理设施、污水处理设施数量、道路建成时间、微信公众号及网站数量、微信公众号及网站更新频率等	传统村落调查登记表、实地调研、微信公众号
休闲农业土地比例（%）	休闲农业土地占农业土地的比例	实地调研
传统建筑人口居住率（%）	居住在传统建筑里的人占常住人口的比例	传统村落调查登记表
坡度（度）	数字高程模型（DEM）计算提取	DEM
海拔（米）	数字高程模型（DEM）计算提取	DME
归一化植被指数（NDVI）	$NDVI = (R_{nir} - R_{red}) / (R_{nir} + R_{red})$	Landsat 影像数据

（三）数据来源与标准化处理

本研究数据主要来源于以下四个方面。一是来源于数字高程模型（Digital Elevation Model，DEM）数据提取、Landsat 影像数据等；二是向住建部申请获取传统村落调查登记表，表中含有村落的基本信息、传统建筑、村落选址和格局、非物质文化遗产、人居环境等详细资料；三是项目组于2021年7月在闽南地区传统村落开展的传统村落文化生态适应性调研获得的资料；四是传统村落开设的微信公众号平台及其官方网站。

为消除量纲影响，本研究采用极差法对评价指标与风险的关系进行赋值，评价指标正向关系越大，风险越高；评价指标负向关系越小，风险越高。正向指标包括坡度、海拔、土地荒废比例和传统建筑破损度；负向指标包括归一化植被指数、非物质文化依存状况、传统建筑人口居住率、休闲农业土地比例、旅游基础设施状况。

根据相关研究成果，采用分等级赋值法评价传统建筑破损度、非物质文化依存状况和旅游基础设施状况3个定性指标。邀请生态学、地理学和旅游学等领域专家，按照专业知识和实际生态环境特征对指标因子的相对重要性进行比较，直接赋值进行标准化处理，如表9-8所示。

表9-8 分等级赋值标准

指标	标准化赋值				
	2	4	6	8	10
土地荒废比例	<0.15	0.15~0.20	0.20~0.25	0.25~0.35	>0.35
传统建筑破损度	<0.06	0.06~0.16	0.16~0.26	0.26~0.36	>0.36
非物质文化依存状况	非常完好	较完好	完好	不完好	非常不完好
旅游基础设施状况	非常完善	较完善	完善	不完善	非常不完善
休闲农业土地比例	<0.05	0.05~0.1	0.1~0.15	0.15~0.2	>0.2
传统建筑人口居住率	>0.8	0.6~0.8	0.3~0.6	0.1~0.3	<0.1
坡度	<5	5~10	10~15	15~20	>20
海拔	<100	100~400	400~500	500~600	>600
归一化植被指数	>0.8	0.7~0.8	0.6~0.7	0.4~0.6	<0.4

（四）传统村落文化生态安全指标体系

传统村落文化生态安全指标体系来自SPCA提取的累计贡献率达到85%以上的6个主成分，（见表9-9）。土地荒废比例对第1个主成分33.255%的贡献率有很大的影响；在第2个主成分的15.022%贡献率中，传统建筑破损度对其影响最大；在第 3 个主成分的 12.738% 的贡献率中，非物质文化依存情况占了很大比重；在第 4 个主成分 11.697% 的贡献率中，旅游基础设施状况的贡献较大；在第 5 个主成分 9.941% 的贡献率中，休闲农业土地比例的贡献最大；在第 6 个主成分 8.134% 的贡献率中，传统建筑人口居住率的贡献较大。但坡度、海拔和归一化植被指数对该指标的影响不大，说明这三个指标与其他指标在内涵上共性小，这与福建省"八山一水一分田"、全国森林覆盖率第一大省的现实相吻合，传统村落在这三个方面差异较小。

表 9-9 传统村落文化生态安全驱动因子贡献

单位：%

驱动因子	贡献率	累计贡献率
土地荒废比例	33.255	33.255
传统建筑破损度	15.022	48.277
非物质文化依存状况	12.738	61.015
旅游基础设施状况	11.697	72.711
休闲农业土地比例	9.941	82.653
传统建筑人口居住率	8.134	90.787
坡度	5.168	95.955
海拔	2.531	98.486
归一化植被指数	1.514	100.000

四 文化生态安全等级

(一) 文化生态安全潜在影响程度

传统村落 30m×30 m 栅格单元 CEVI 的平均水平是 3.717，整体的潜在影响水平是中等的，但文化生态安全的潜在影响程度级别的空间分布特点并不突出，呈现一种零散的分布格局（见表 9-10）。重度风险村落有 4 个，占比为 21.05%，分别为桥内村、观山村、福田村和城内社村；中度风险村落有 11 个，占比为 57.89%，分别为福林村、三班村、泗滨村、碧坑村、曾坂村、菜埔村、城内村、塔下村、石桥村、南欧村和上洋村；轻度风险村落有 4 个，占比为 21.05%，分别为灵水社区、梧林社区、下版寮村和珪后村。

表 9-10　传统村落文化生态安全潜在影响程度等级

地级市	县（县级市）	乡（镇/街道）	传统村落	风险潜在影响程度
泉州	晋江市	灵源街道	灵水社区	轻度风险
		新塘街道	梧林社区	轻度风险
		龙湖镇	福林村	中度风险
	德化县	三班镇	三班村	中度风险
			桥内村	重度风险
			泗滨村	中度风险
		龙门滩镇	碧坑村	中度风险
		上涌镇	曾坂村	中度风险
	南安市	眉山乡	观山村	重度风险
漳州	云霄县	火田镇	菜埔村	中度风险
	漳浦县	湖西乡	城内村	中度风险
	南靖县	书洋镇	塔下村	中度风险
			石桥村	中度风险
			下版寮村	轻度风险
			南欧村	中度风险
		奎洋镇	上洋村	中度风险
	华安县	马坑乡	福田村	重度风险
	长泰县	岩溪镇	珪后村	轻度风险
	龙海市	港尾镇	城内社村	重度风险

（二）文化生态安全的风险发生概率

传统村落文化生态安全的风险发生概率总体水平一般（见表 9-11）。风险发生概率高的传统村落有 7 个，占比为 36.84%，分别为灵水社区、泗滨村、城内村、塔下村、石桥村、下版寮村和上洋村；风险发生概率为中等的传统村落有 10 个，占比为 52.63%，分别为三班村、桥内村、碧坑村、曾坂村、观山村、菜埔村、南欧村、福田村、珪后村和城内社村；风险发生概率低的传统村落有 2 个，占比为 10.53%，分别为梧林社区和福林村。

表 9-11　传统村落文化生态安全风险发生概率

地级市	县（县级市）	乡（镇/街道）	传统村落	风险发生的概率
泉州	晋江市	灵源街道	灵水社区	高
		新塘街道	梧林社区	低
		龙湖镇	福林村	低
	德化县	三班镇	三班村	中
			桥内村	中
			泗滨村	高
		龙门滩镇	碧坑村	中
		上涌镇	曾坂村	中
	南安市	眉山乡	观山村	中
漳州	云霄县	火田镇	菜埔村	中
	漳浦县	湖西乡	城内村	高
	南靖县	书洋镇	塔下村	高
			石桥村	高
			下版寮村	高
			南欧村	中
		奎洋镇	上洋村	高
	华安县	马坑乡	福田村	中
	长泰县	岩溪镇	珪后村	中
	龙海市	港尾镇	城内社村	中

五　文化生态安全等级空间特征

传统村落文化生态安全等级总体处于中低等水平（见表 9-12）。安全等级低的传统村落有 9 个，占比为 47.37%，分别为桥内村、泗滨村、观山村、城内村、塔下村、石桥村、上洋村、福田村和城内社村；安全等级中的传统村落有 7 个，占比为 36.84%，分别为灵水社区、三班村、碧坑村、曾坂村、菜埔村、下版寮村和南欧村；安全等级高的传统村落有 3 个，占比为 15.79%，分别为梧林社区、福林村和珪后村。

表 9-12 传统村落文化生态安全等级

地级市	县（县级市）	乡（镇/街道）	传统村落	安全等级
泉州	晋江市	灵源街道	灵水社区	中
		新塘街道	梧林社区	高
		龙湖镇	福林村	高
	德化县	三班镇	三班村	中
			桥内村	低
			泗滨村	低
		龙门滩镇	碧坑村	中
		上涌镇	曾坂村	中
	南安市	眉山乡	观山村	低
漳州	云霄县	火田镇	菜埔村	中
	漳浦县	湖西乡	城内村	低
	南靖县	书洋镇	塔下村	低
			石桥村	低
			下版寮村	中
			南欧村	中
		奎洋镇	上洋村	低
	华安县	马坑乡	福田村	低
	长泰县	岩溪镇	珪后村	高
	龙海市	港尾镇	城内社村	低

分地市来看，泉州市文化生态安全低等级和中等级的传统村落占比为77.78%，漳州市文化生态安全低等级的传统村落占比为90%。其中，泉州市文化生态安全高等级的传统村落有2个，漳州市有1个。相比而言，闽南第四批传统村落中，泉州市传统村落的文化生态安全总体较漳州市高。

分县域来看，晋江市和长泰县的第四批中国传统村落文化生态安全性较强。晋江市文化生态安全中高等级的传统村落占比为100%，德化县无高等级文化生态安全传统村落，南安市传统村落文化生态安全等级为低；云霄县传统村落文化生态安全等级为中，漳浦县传统村落文化生态安全等级为低，南靖县传统村落文化生态安全等级较低，华安县传统村落文化生态安全等级为低，长泰县传统村落文化生态安全等级为高，龙海市传统村落文化生态安全等级为低。

第三节　闽南传统村落文化生态安全影响因素

传统村落总体的文化生态安全风险等级水平各异，呈现不同的空间分布特征。分析传统村落文化生态安全水平及空间分异的影响因素，对提高传统村落文化生态安全水平具有重要的意义。通过 SPCA 提取，发现传统村落文化生态安全驱动因子以人文因素为主，但未能揭示不同传统村落安全状态的成因。本节通过 QCA 定性比较分析法，分析各等级传统村落文化生态安全的影响因素。

一　影响因素指标选取

当前，影响村落发展的因素受到学者的广泛关注，关于村落空间分布格局、贫困化空间分异、空间可达性、乡村旅游地空间分布等影响因素的研究较多（见表 9-13）。从表 9-13 中可以看出，对传统村落的文化生态安全产生影响的因素，可以被概括为两个主要的因素：自然因素和人文因素。大部分的传统村落都处于我国南部的红壤丘陵山区生态脆弱地区，其自然生态环境的安全受到了地貌、气候、植被、水文、土壤等多种因素的影响，而人为因素则主要来源于农村的生产、生活以及旅游活动等。在SPCA 分析中，土地荒废比例、传统建筑破损度、非物质文化依存状况、旅游基础设施状况、休闲农业土地比例和传统建筑人口居住率等 6 个人文因子累计贡献率达 90.787%，但坡度、海拔和归一化植被指数三大因子的累计贡献率却只有 9.213%。所以，自然条件既是外在影响因素，又是间接影响因素；而人为因素则既是内在影响因素，又是主要影响因素，即传统村落文化生态安全的主要影响因素为人为因素。

表 9-13　村落影响因素研究

影响因素	文献
地形、生态、人口、经济、交通	李江苏等（2020）
地形地貌、坡度坡向、河流水系、社会经济、交通条件、人口数量、文化遗产	杨燕等（2021）

影响因素	文献
海拔、地面坡度、人均耕地资源、到主要河流距离、到主要干道距离、到各乡镇中心距离和到县城中心距离	刘彦随、李进涛（2017）
高程、坡度、水系距离、路网密度和城市综合实力	付强等（2021）
城镇居民可支配收入、人均地区生产总值、城镇人口数量、第一产业占比、第三产业占比、公路里程数、A级景区数量、空气质量优良率、距水系距离、平均海拔、平均坡度	沈士琨等（2021）

借鉴以上研究成果，结合闽南传统村落的实地调研访谈情况，归纳提炼出传统村落文化生态安全的影响因素。以耕种面积、区域经济发展水平、人口规模、交通状况、传统建筑/文化保护情况和旅游设施为条件变量，以传统村落文化生态安全等级为结果变量。运用QCA定性比较分析传统村落文化生态安全的影响因素。

二 变量及分析过程

（一）条件变量与结果变量

1. 条件变量

耕种面积（X_1）：耕种面积是影响乡村土地荒废和休闲农业发展的直接因素之一。本研究基于现有数据，选取农业物耕种面积作为衡量农村农业发展程度的标准。以平均值为界，将大于或等于耕种面积平均值的赋值为"1"，否则为"0"。

区域经济发展水平（X_2）：人均GDP作为反映区域经济发展水平的重要指标，与村民们的生产与生活息息相关。以平均值为界，将大于或等于人均GDP平均值的赋值为"1"，否则为"0"。

人口规模（X_3）：乡村人口流失是土地荒废、非遗文化失传的重要原因。以平均值为界，将大于或等于乡村常住人口占户籍人口的比例平均值的赋值为"1"，否则为"0"。

交通状况（X_4）：选取公路通车里程反映村落的可进入性以及通达性。以平均值为界，将大于或等于乡村公路通车里程平均值的赋值为"1"，否则为"0"。

传统建筑/文化保护情况（X_5）：政策的支持有利于促进传统建筑和文

化的合理利用。根据调查数据，该村有传统建筑和文化投入保护的资金或其他优惠政策，赋值为"1"，否则赋值为"0"。

旅游设施（X_6）：旅游基础设施是旅游生产力发展的重要基础，基础设施滞后是制约旅游吸引力的主要因素，在调查中，如果村民选择旅游基础设施差或者旅游者少，赋值为"0"，否则赋值为"1"。

2. 结果变量

根据本研究对传统村落文化生态安全等级的评价，安全等级分为低、中、高三个等级，等级越高风险越小。因此，将中等级和高等级风险赋值为"0"，表示传统村落文化生态安全，将低等级赋值为"1"。

（二）真值表的构建与验证

真值表是 QCA 的核心要素之一，它包括结果变量、条件变量和案例等方面的信息。真值表可以反映各种条件出现或不出现之间的组合关系如何导致某种现象发生。QCA 通常以一个案例为单位对各个指标的数据进行汇总，将得到的条件变量组合以矩阵的形式呈现出来，生成真值表。本研究将分配的变量数据输入 fs/QaCA3.0 软件生成真值表，如表 9-14 所示。

表 9-14　影响村落文化生态安全的因素真值表

X_1	X_2	X_3	X_4	X_5	X_6	Outcome	Case（s）
0	1	1	1	1	1	1	福林村、桥内村、三班村
0	1	1	0	1	1	1	灵水社区、梧林社区
1	0	1	1	1	0	1	南欧村、下版寮村
1	1	1	1	0	0	1	城内社村
1	0	0	1	1	1	1	城内村
1	1	0	1	1	1	1	塔下村
0	1	1	1	1	0	1	珪后村
0	1	0	1	0	0	0	福田村
0	1	1	1	0	0	0	菜埔村
0	0	1	0	0	0	0	泗滨村
1	0	0	0	1	0	0	碧坑村
0	0	0	1	0	0	0	上洋村
1	0	0	0	1	0	0	石桥村

X$_1$	X$_2$	X$_3$	X$_4$	X$_5$	X$_6$	Outcome	Case（s）
0	0	0	1	0	1	0	曾坂村
1	0	1	0	1	0	0	观山村

（三）必要条件分析

在对条件组态进行分析前，研究人员必须对每一种情况分别进行"必要性（Necessity）"测试。在此基础上，研究人员需要对不能独立成为必要条件的每一种情况进行充分性条件分析，利用"布尔代数最小化"识别出对目标案例解释力度最大的条件组态。为此，我们对每一种情况分别做必要的分析，如表9-15所示。

表9-15　传统村落文化生态安全必要条件分析

条件变量	高文化生态安全		低文化生态安全	
	一致性	覆盖度	一致性	覆盖度
高耕种面积	0.584615	0.625000	0.500000	0.375000
低耕种面积	0.815385	0.727273	0.500000	0.272727
高区域经济发展水平	0.738462	0.700000	0.500000	0.300000
低区域经济发展水平	0.661538	0.666667	0.500000	0.333333
高人口规模	0.815385	0.800000	0.333333	0.200000
低人口规模	0.584615	0.555556	0.666667	0.444444
高交通状况	0.892308	0.600000	0.000000	0.000000
低交通状况	0.507692	1.000000	1.000000	0.400000
高政策支持	0.738462	0.700000	0.500000	0.300000
低政策支持	0.661538	0.461538	0.500000	0.333333
高旅游设施	0.507692	0.571429	0.500000	0.428571
低旅游设施	0.892308	0.750000	0.500000	0.250000

根据表9-15对高文化生态安全的必要条件分析结果显示，各个条件的一致性均低于临界值0.9。这表明，高文化生态安全可能并不存在必要条件，但低耕种面积、高区域经济发展水平、高人口规模、高交通状况、传统建筑/文化保护情况、低旅游设施的一致性均高于0.7，也可以认为其

对高文化生态安全的影响较大；在对低文化生态安全的必要条件分析中，低交通状况的一致性高于临界值 0.9。这表明，低交通状况可能是解释低文化生态安全的必要条件。但大部分单一条件变量的覆盖率较低，说明各因素对传统村落的文化生态安全的解释力较弱。换言之，传统村落的文化生态安全并非由某一因素决定的，而是由多个因素共同决定的。所以，必须对各因素进行配置分析。

三　传统村落文化生态安全影响因素分析

本研究采用由 Ragin（2008）提出的 QCA 分析结果形式。这种表示方式的优势是它可以较为清楚地显示出配置中各种状态的相对重要程度。其中，●和·表明条件存在，即条件变量取值较高。●表示"核心条件"；·则表示"边缘条件"；⊗表示核心条件缺失；⊗表示辅助条件缺失；而空格则意味着条件变量对于结果而言无关紧要。根据运算结果，对中间解进行分析，发现有 4 种条件组合，结果如表 9-16 所示。

表 9-16　传统村落文化生态安全影响因素

条件组态	1	2	3	4
耕种面积（X_1）	●	⊗	⊗	
区域经济发展水平（X_2）	⊗	·	·	●
人口规模（X_3）	⊗			●
交通状况（X_4）			●	●
传统建筑/文化保护情况（X_5）	⊗	●	·	
旅游设施（X_6）	⊗	●	·	
一致率	1	0.75	0.75	1
覆盖率	0.16	0.23	0.23	0.76
净覆盖率	0.16	0.23	0.23	0.76
总体一致率	0.92			
总体覆盖率	0.86			

表 9-16 列出了 4 种不同类型的影响因素，对传统村落的文化生态安全进行了阐释。一般情况下，总体覆盖率越接近 1，条件变量组合对结果变量的解释程度越高。当总体一致性接近 1 且不小于 0.75 时，说明两者之

间的关系较好。表9-16表明本案例总体一致性为0.92，总体覆盖率为
0.86，说明计算的条件变量组合通过了检验，对结果变量具有一定的说服
力，可以使用本研究中所有影响因素组合的一致性为1，证明这些组合与
村落文化生态安全具有良好的子集关系，即先行条件对结果变量具有良好
的解释力，简约解符合一致性逻辑，将核心条件相同的组合合并，形成以
下4种组态来说明影响因素组合，如表9-17所示。

表9-17　传统村落文化生态安全影响因素

条件组态	核心条件	高等级传统村落	中等级传统村落	低等级传统村落
组态1	耕种面积（X_1）	—	碧坑村	观山村、上洋村
组态2	传统建筑/文化保护情况（X_5）和旅游设施（X_6）	梧林社区	—	城内村、塔下村、石桥村
组态3	交通状况（X_4）	—	菜埔村、下版寮村、南欧村、曾坂村	福田村
组态4	区域经济发展水平（X_2）和人口规模（X_3）	福林村、珪后村	灵水社区、三班村	桥内村、泗滨村、城内社村

组态1：以耕地面积为核心条件，包括碧坑村等文化生态安全中等级
传统村落和观山村、上洋村等低等级传统村落。这意味着，当传统村落拥
有了高耕地面积时，也就拥有了解决区域经济发展水平低下、人口空心
化、传统建筑无人居住、非遗文化无人传承等问题的能力。相较于其他条
件而言，大规模的耕地面积对于传统村落文化生态安全而言更加重要，因
为其可以单独构成解释结果产生的充分条件。但在区域经济发展水平低、
人口规模小、传统建筑与传统文化保护较差以及旅游设施不完善等多种因
素的限制下，传统村落文化生态安全仍会面临危机。由于在组态1影响因
素中，当高耕地面积存在时，其他条件对于传统村落文化生态安全的影响
相对较弱，因此我们将这类影响因素命名为"耕地型"。这也表明，大规
模的耕地面积能够有效解决传统村落文化生态系统结构和功能退化的问
题。另外，约16%的传统村落案例仅能被这类影响因素解释。

组态2：以传统建筑/文化保护情况和旅游设施为核心条件，包括梧林
社区等高等级传统村落和城内村、塔下村、石桥村等低等级传统村落，表
明拥有传统建筑与传统文化保护较好、区域经济发展水平高以及旅游设施

完善的传统村落，在面临耕地面积小时，如果能够将更多的注意力分配给特色文化保护，其将会拥有较高等级的文化生态安全。其中，由传统建筑/文化保护情况、旅游设施、区域经济发展水平和交通状况等条件通过相互间的联动适配才能够发挥作用，传统建筑/文化保护主要依赖政府力量，以政策支持和旅游设施为核心条件，因此我们将组态 2 命名为"政策—旅游型"。该类影响因素能够解释约 23%的传统村落案例。

组态 3：以交通状况为核心条件，包括菜埔村、下版寮村、南欧村、曾坂村等中等级传统村落和福田村等低等级传统村落。对于面临耕地面积不足的传统村落而言，高区域经济发展水平、交通便利、强政策支持和旅游设施完善等因素作为推动力，依然能使乡村保持较高等级的文化生态安全。其中，组态 3 以交通状况为核心条件，区域经济发展水平、政策支持和旅游设施为补充条件，我们故将组态 3 命名为"交通型"，约 23%的传统村落案例仅能被这类影响因素解释。

组态 4：以区域经济发展水平和人口规模为核心条件，包括福林村、珪后村等高等级传统村落，灵水社区、三班村等中等级传统村落以及桥内村、泗滨村、城内社村等低等级传统村落。高区域经济发展水平、高人口规模、交通便利和旅游设施完善的传统村落，虽耕种面积和传统建筑/文化保护的条件不明显，但依然可以保持高等级文化生态安全。其中，区域经济发展水平和人口规模为核心条件，交通状况和旅游设施为补充条件。在这类影响因素中，由于高等级传统村落文化生态安全实现依然需要经济、人口、交通和旅游设施的协同开发效应，并且以区域经济发展水平和人口规模为核心条件，因此我们将组态 4 命名为"经济—人口型"，该类影响因素能够解释约 76%的传统村落案例。

第四节　闽南传统村落文化生态安全调控策略

一　低文化生态安全等级传统村落调控策略

文化生态安全水平较低的传统村落影响因素与"耕地型"相似，较为突出的问题是传统建筑与传统文化保护程度低、旅游基础设施不完善以及交通条件差，但耕种面积广阔是其重要优势。如观山村，位于偏远山区，空心化现象严重，以铁观音茶叶、油茶、柿饼、红薯干等为主要农产品；在传统建筑方面，闽南古厝及南洋风格和苏式风格的古厝在观山村随处可见，但缺乏保护的传统建筑威胁着村落文化生态安全，存在大量如番仔楼等"只可远观"的传统建筑（见图9-1、图9-2）。

图9-1　观山村概貌①

图9-2　年久失修的番仔楼

---

① 作者团队拍摄于2021年7月，全书照片同，不再一一注释。

加强传统建筑的保护与利用，走生态农业的道路，可以有效弥补传统村落文化生态安全核心条件影响因素的缺失。文化生态安全水平较低的传统村落以传统农业为主，所处的环境条件相对恶劣，文化生态环境相对脆弱，且人口流失严重。如观山村，为缓解村落的人口空心化问题，可通过政策支持，吸引更多人才返乡，引进高技术人才，为村落的可持续发展出谋划策，促进村落在发展生态农业的过程中增加村民收入，留住人才，加大传统建筑居住率，提高村落活力；基于村落的海拔、坡度、植被覆盖指数等自然地理特征，因地制宜选择合理的农业生产方式，建设农家乐、生态园等，发展村落生态旅游，提高土地利用效率；在传统建筑方面，需加大传统建筑的保护力度，制定传统建筑保护规划。在完善村落的基础设施的同时，注重生态环境的保护，避免产生植被破坏等问题，进一步提升文化生态安全水平。

二　文化生态安全中等级传统村落调控策略

文化生态安全水平中等的传统村落影响因素与"交通型"相似，区域经济发展水平交通状况良好是重要优势，较为突出的问题是对传统建筑和传统文化保护力度不足。如曾坂村，农业和工业均取得了较好的经济和社会效益，基础设施比较完善，1992 年铺设的城关至葛坑柏油路从曾坂村中部穿过，交通方便；在传统建筑方面，村落虽拥有较多明清时期的建筑，如乾田堂，但因缺乏保护，利用率极低，威胁村落文化生态安全（见图 9-3、图 9-4）。

图 9-3　曾坂村概貌

图 9-4 乾田堂

综合考虑工业化、城镇化和村庄自身发展需要，走城乡融合发展的道路。文化生态安全中等的传统村落一般位于城镇周边、城关镇附近，地理位置相对优越，产业相对集中，既有作为"后花园"的有利因素，又有较好的发展潜力，可以进行城镇化改造。以具有一定产业基础的曾坂村为例，综合考虑工业化、城镇化及村庄自身发展的实际需求，通过促进农村产业融合、基础设施互联互通、公共服务共建，保持农村特色，在管理上凸显城市特色，不断提升服务城市发展、承接城市功能外溢、满足城市消费等方面的功能，为我国农村融合发展的实践积累了宝贵的经验。

三 文化生态安全高等级传统村落调控策略

文化生态安全等级较高的传统村落影响因素与"政策—旅游型"相似，虽存在人多地少的问题，但在传统建筑/文化保护情况、旅游基础设施以及交通方面都表现不错。如梧林社区，2021 年入选全国乡村旅游重点村名单，并获批国家 3A 级旅游景区，2023 年获批国家 4A 级景区（见图 9-5、图 9-6）。村落目前保存有完整的华侨文化、闽南文化、宗族文化代表性建筑，如侨批馆、朝东楼、德鑨宅等，华侨建筑群被泉州市授予"闽南文化生态保护区晋江市展示点"。村落依山傍水，但土地面积较少，一直存在人多地少的问题。因此，村民多在附近的工厂从事加工制造或经商贸易。

图 9-5　梧林社区概貌

图 9-6　梧林社区商铺

　　提升乡土特色，增强旅游吸引力，走旅游开发与保护并行的道路，进一步强化高水平文化生态安全传统村落核心条件的影响因素。高水平文化生态安全传统村落一般具有丰富的自然历史文化特色资源，具备良好的交通条件和高开放度的政策环境，游客接待能力较好，区域经济发展水平整体较高，是彰显和传承中华优秀传统文化的重要载体。如梧林社区，虽旅游业发展较好，但仍有较大部分村民外出务工，因而在充分利用村中人力资源的同时，应创造更多的就业岗位留住人才。与此同时，在发展旅游业的时候，要对保护、利用与发展之间的相互关系进行统筹，确保村庄的完整性、真实性和延续性，对村落的传统选址、格局、风貌以及自然和乡村景观等的总体空间形式与环境进行有效保护，对文物古迹、历史建筑、传统民居等传统建筑进行全方位的保护，在推动地方居民的生产和生活模式的改进中，提高村落文化生态安全的水平。

闽南文化生态保护区非物质文化遗产
代表性项目名录

类别	项目名称	级别	申报地区或单位	数量
民间文学	闽南童谣	国家级	厦门市	8
	陈三五娘传说	省级	泉州市	
	灯谜	省级	泉州市（石狮市、晋江市）、漳州市（芗城区）	
	洛阳桥传说	省级	泉州市（洛江区、泉州市台商投资区）	
	姑嫂塔传说	省级	泉州市	
传统音乐	南音	国家级	泉州市、厦门市	11
	泉州北管	国家级	泉州市	
	东山南音	省级	漳州市	
	泉州闽南什音	省级	泉州市	
	南靖四平锣鼓乐	省级	漳州市	
	莲花褒歌	省级	厦门市	
	泉州笼吹	省级	泉州市	
	晋江深沪褒歌	省级	泉州市	
	德化山歌	省级	泉州市	
	漳州哪吒鼓乐	省级	漳州市	
传统舞蹈	泉州拍胸舞	国家级	泉州市	8
	浦南古傩	国家级	漳州市	
	泉州踢球舞	省级	泉州市	
	厦门同安车鼓弄	省级	厦门市	
	厦门翔安拍胸舞	省级	厦门市	
	泉州鲤城火鼎公火鼎婆	省级	泉州市	

续表

类别	项目名称	级别	申报地区或单位	数量
传统舞蹈	泉州跳鼓舞	省级	泉州市	8
	漳台大鼓凉伞舞	省级	漳州市	
传统戏剧	梨园戏	国家级	泉州市	17
	高甲戏	国家级	泉州市、厦门市	
	高甲戏（柯派）	国家级	泉州市	
	歌仔戏	国家级	漳州市、厦门市	
	泉州提线木偶戏	国家级	泉州市	
	晋江布袋木偶戏	国家级	泉州市	
	漳州布袋木偶戏	国家级	漳州市	
	打城戏	国家级	泉州市	
	潮剧	国家级	漳州市云霄县	
		省级	漳州市东山县	
	惠安南派布袋戏	省级	泉州市	
	诏安铁枝戏	省级	漳州市	
	南靖竹马戏	省级	漳州市	
	闽南皮影戏	省级	厦门市	
	铁枝木偶戏	省级	漳州市	
曲艺	锦歌	国家级	漳州市	7
	东山歌册	国家级	漳州市	
	答嘴鼓	国家级	厦门市	
	讲古	国家级	厦门市	
	厦门歌仔说唱	省级	厦门市	
	漳州南词	省级	漳州市	
	闽南讲古	省级	泉州市	
传统体育、游艺与杂技	五祖拳	国家级	泉州市	8
	新坡五祖拳	省级	厦门市	
	厦金宋江阵	省级	厦门市	
	泉州刣狮	省级	泉州市（鲤城区、石狮市）	
	南安蛇脱壳古阵法	省级	泉州市	
	漳州太祖拳青龙阵	省级	漳州市	
	俞家棍	省级	泉州市	

附录 1　闽南文化生态保护区非物质文化遗产代表性项目名录

续表

类别	项目名称	级别	申报地区或单位	数量
传统美术	漳州木版年画	国家级	漳州市	13
	惠安石雕	国家级	泉州市	
	漳州木偶头雕刻	国家级	漳州市	
	永春纸织画	国家级	泉州市	
	泉州花灯	国家级	泉州市	
	漳浦剪纸	国家级	漳州市	
	泉州（李尧宝）刻纸	国家级	泉州市	
	江加走木偶头雕刻	国家级	泉州市	
	泉州妆糕人制作技艺	省级	泉州市	
	惠安木雕技艺	省级	泉州市	
	诏安彩扎技艺	省级	诏安县	
	潘山庙宇木雕	省级	晋江市	
	翔安农民画	省级	厦门市	
传统技艺	德化瓷烧制技艺	国家级	泉州市	41
	厦门漆线雕技艺	国家级	厦门市	
	水密隔舱福船制造技艺	国家级	泉州市	
	铁观音制作技艺	国家级	泉州市	
	漳州蔡福美传统制鼓技艺	国家级	漳州市	
	漳州八宝印泥制作技艺	国家级	漳州市	
	闽南传统民居营造技艺	国家级	泉州市（鲤城区、惠安县、南安市）	
		省级	厦门市湖里区	
	华安玉雕	省级	漳州市	
	安溪蓝印花布	省级	泉州市	
	厦门珠绣手工技艺	省级	厦门市	
	东山黄金漆画技艺	省级	漳州市	
	东山剪瓷雕工艺	省级	漳州市	
	泉州十音铜锣锻制技艺	省级	泉州市	
	泉州传统竹编工艺	省级	泉州市	
	泉州金苍绣技艺	省级	泉州市	
	安溪县成珍桔红糕制作技艺	省级	泉州市	

类别	项目名称	级别	申报地区或单位	数量
传统技艺	泉州锡雕技艺	省级	泉州市	41
	泉州春生堂酿酒技艺	省级	泉州市	
	源和堂蜜饯制作技艺	省级	泉州市	
	永春漆篮制作技艺	省级	泉州市	
	永春顺德堂老醋酿制作技艺	省级	泉州市	
	福船制造技艺	省级	泉州市	
	东山海船钉造技术	省级	漳州市	
	东山海柳雕技艺	省级	漳州市	
	东山金木雕技艺	省级	漳州市	
	东山肖米（烧卖）制作技艺	省级	漳州市	
	仙草制作技艺	省级	漳州市	
	漳绣技艺	省级	漳州市	
	漳窑（米黄色瓷）传统制作技艺	省级	漳州市	
	诏安黄金兴（咸金枣、宋陈咸橄榄、梅灵丹）传统制作技艺	省级	漳州市	
	漆线雕（泉州）	省级	泉州市	
	剪瓷雕工艺（诏安）	省级	漳州市	
	珠光青瓷烧制技艺（同安汀溪）	省级	厦门市	
	竹藤编技艺（安溪）	省级	泉州市	
	漳州水仙花雕刻技艺	省级	漳州市	
	长泰明姜制作技艺	省级	漳州市	
	清源山茶制作技艺	省级	泉州市	
	永春佛手茶制作技艺	省级	泉州市	
传统医药	灵源万应茶	国家级	泉州市	4
	漳州片仔癀制作技艺	国家级	漳州市	
	东山宋金枣传统制作工艺	省级	漳州市	
	泉州老范志神粬	省级	泉州市	
民俗	惠安女服饰	国家级	泉州市	33
	泉州闹元宵习俗	国家级	泉州市	
	闽台东石灯俗	国家级	泉州市	
	南安英都拔拔灯	国家级	泉州市	

续表

类别	项目名称	级别	申报地区或单位	数量
民俗	保生大帝信俗	国家级	厦门市、漳州市	33
		省级	泉州市安溪县	
	蟳埔女习俗	国家级	泉州市	
	安海嗦啰嗹习俗	国家级	泉州市	
	中秋博饼	国家级	厦门市	
	石狮端午闽台对渡习俗	国家级	泉州市	
	闽台送王船	国家级	厦门市	
	清水祖师信俗	国家级	泉州市	
	海沧蜈蚣阁	国家级	厦门市	
	岩溪硅塘祭祀民俗	省级	漳州市	
	闽台玉二妈信仰民俗	省级	漳州市	
	泉州祭祖民俗	省级	泉州市	
	厦门疍民习俗	省级	厦门市	
	云霄开漳圣王巡安民俗	省级	漳州市	
	闽台风狮爷信俗	省级	厦门市	
	三平祖师信俗	省级	漳州市	
	闽台乞龟民俗	省级	漳州市	
	东山关帝信俗	省级	漳州市	
	德化窑坊公信俗	省级	泉州市	
	关岳信俗（泉州）	省级	泉州市	
	关帝信俗（安溪）	省级	泉州市	
	广泽尊王信俗（南安）	省级	泉州市	
	福德信俗（仙岳山）	省级	厦门市	
	大使公信俗（灌口）	省级	厦门市	
	延平郡王信俗	省级	厦门市	
	山重赛大猪祈丰年	省级	漳州市	
	妈祖信俗（泉州、漳浦）	省级	泉州市、漳州市	

注：国家级第一批至第三批合计 54 项，省级第一批至第四批合计 150 项。

附录 2
闽南文化生态保护区国家级、省级文物保护单位

项目	国家级文物保护单位	省级文物保护单位
古遗址	屈斗宫德化窑遗址、磁灶窑遗址、德济门遗址、南胜窑遗址	磁灶窑址、安溪瓷窑址、南坑窑址、庵山沙丘遗址、汀溪窑址、龙头山寨遗址、水操台遗址、天地会创立遗址、厦门所城墙
古墓葬	郑成功墓、伊斯兰教圣墓	陈元光墓、陈政墓、黄道周墓、俞大猷墓、施琅墓、王潮墓、回族郭仲远墓、丰州古墓群、蓝理墓、东山戍守台湾将士墓群
古建筑	安平桥（五里桥）、清净寺、开元寺、洛阳桥、崇武城墙、泉州天后宫、泉州府文庙、蔡氏古民居建筑群、施琅宅、祠、泉州港古建筑、安溪文庙、东山关帝庙、青礁、白礁慈济宫、漳州石牌坊、江东桥、漳州府文庙大成殿、赵家堡－诒安堡、福建土楼（二宜楼、田螺坑土楼群、和贵楼、怀远楼、南阳楼、怀远楼、锦江楼）、德远堂、林氏义庄、漳州林氏宗祠、安溪县文庙、南安中宪第	水寨大山、陀罗尼经幢、万寿塔、六胜塔、崇福寺、清水岩、李贽故居、东关桥、陈埭丁氏宗祠、真武庙、湖头贤良祠、杨阿苗民居、安固石亭、五塔岩石塔、沙格灵慈宫、衙口施氏大宗祠、延平郡王祠、永宁城隍庙、诗山塔、青山宫、留公陂、开元寺祖师塔、濠溪桥、星塔、福全卫城、蟳埔顺济宫、石门玉湖殿、祖闾苏民居、锡兰侨民旧居、花桥慈济宫、急功尚义坊、泉州黄氏民居、东石寨、凌云叶氏家庙、大演洪氏民居、石狮城隍庙、西坪土楼、新坂堂、莲塘别墅、萧氏宗祠四美堂、富美宫、江夏堂、七贤庵、龙潭楼、聚斯堂、长教简氏大宗祠、梅林天后宫、报本堂、树滋楼、何地何氏家庙、官园威惠庙、石码杨氏大夫第、路边威惠庙、绩光铜柱坊、浦头大庙、河坑土楼群、蓝氏宗祠、南山寺及南屏书院、五通宫、聚精堂、扶摇关帝庙、侯山宫、中湖宗祠、白礁王氏家庙、婆罗门佛塔、芦山堂、黄道周讲学处、塔口庵经幢、南诏镇明代石牌坊群、南山宫、南靖武庙、六鳌城墙、平和文庙、万松关、裕昌楼、中正和平坊、蓝廷珍府第、平和城隍庙、新街礼拜堂、同安孔庙、南普陀寺大雄宝殿

附录 2　闽南文化生态保护区国家级、省级文物保护单位

续表

项目	国家级文物保护单位	省级文物保护单位
石窟寺及石刻	清源山石造像群、九日山摩崖石刻、草庵石刻	石笋、陀罗尼经幢、南天寺石佛和摩崖刻石、西资寺石佛、莲花峰石刻、新建蚶江海防官署碑记、九仙山弥勒造像、魁星岩西方三圣造像、开化洞阿弥陀佛造像、古檗山庄石刻、安福寺石造像、仙公山摩崖石刻、永兴堂石造像、澎湖阵亡将士之灵碑、徐一鸣攻剿红夷刻石、赵纾攻剿红夷刻石、朱一冯攻剿红夷刻石、醉仙岩征倭摩崖石刻、仙字潭摩崖石刻、云洞岩摩崖石刻、南山寺弥陀佛石造像、木棉亭碑刻、重兴鼓浪屿三和宫记摩崖石刻
近现代重要史迹及代表性建筑	陈嘉庚墓、胡里山炮台、陈化成墓、鼓浪屿近代建筑群、集美学村和厦门大学早期建筑、厦门破狱斗争旧址、中国工农红军东路军领导机关旧址——芝山红楼 省级：弘一法师舍利塔、净峰寺弘一法师旧居、陈化成墓、东石玉记商行建筑群、鼓浪屿林公馆、王顺兴信局旧址、霞美陈氏民居、安礼逊图书楼、乌山革命旧址、"惠安暴动"旧址、大嶝金门县政府旧址、厦门市总工会旧址、日本帝国主义厦门领事馆警察署地下监狱、厦门破狱斗争旧址、平和暴动遗址、中共福建临时省委旧址、东山县抗战烈士陵园、五更寮炼铁高炉	
其他		龙山寺木雕千手观音
历史文化名城、街区、镇、村	国家级历史文化名城：泉州、漳州 国家级历史文化名镇：平和县九峰镇 中国历史文化名村：晋江市金井镇福全村、南靖县书洋镇田螺坑村	福建省历史文化名镇：南靖县梅林镇 福建省历史文化名村：泉州市泉港区后龙镇土坑村、漳州市龙文区蓝田镇湘桥村、南靖县书洋镇塔下村、石桥村，龙海市东园镇埭美村、诏安县西潭乡山河村、华安县马坑乡和春村

注：国家重点文物保护单位45处，省级文物保护单位147处。

301

附录 3
闽南文化生态保护区濒危非物质文化遗产
代表性项目名录

单位：项

类别	项目名称	级别	地区	数量
传统音乐	南靖四平锣鼓乐	省级	漳州市	4
	晋江深沪褒歌	省级	泉州市	
	德化山歌	省级	德化县	
	漳州哪吒鼓乐	省级	漳州市	
传统舞蹈	浦南古傩	国家级	漳州市	2
	泉州踢球舞	省级	泉州市	
传统戏剧	诏安铁枝戏	省级	漳州市	5
	南靖竹马戏	省级	漳州市	
	打城戏	国家级	泉州市	
	闽南皮影戏	省级	厦门市	
	铁枝木偶戏	省级	漳州市	
曲艺	答嘴鼓	国家级	厦门市	2
	厦门方言讲古	省级	厦门市	
传统美术	漳州木版年画	国家级	漳州市	6
	永春纸织画	国家级	泉州市	
	泉州妆糕人制作技艺	省级	泉州市	
	泉州江加走木偶头雕刻	国家级	泉州市	
	漳州木偶头雕刻	国家级	漳州市	
	泉州李尧宝刻纸	国家级	泉州市	
传统技艺	安溪蓝印花布	省级	泉州市	11
	厦门珠绣手工技艺	省级	厦门市	

附录 3　闽南文化生态保护区濒危非物质文化遗产代表性项目名录

类别	项目名称	级别	地区	数量
传统技艺	东山黄金漆画技艺	省级	漳州市	11
	水密隔舱福船制造技艺	国家级	泉州市	
	泉州十音铜锣锻制技艺	省级	泉州市	
	泉州传统竹编工艺	省级	泉州市	
	泉州金苍绣技艺	省级	泉州市	
	泉州锡雕技艺	省级	泉州市	
	福船制造技艺	省级	泉州市	
	漳绣技艺	省级	漳州市	
	漳窑（米黄色瓷）传统制作技艺	省级	漳州市	

附录4
闽南文化生态保护区主要传统民俗活动

时间（农历）	民俗活动内容
正月	初一："开正"、祭祀祖先；初二：女儿回娘家；初三：家祭祖先；初四：接神；初五：迎财神；初六：三平祖师公祭典；初九：玉皇诞辰（"天公生"）、南安英都"拔拔灯"民俗活动、同安朝元观活动；十一：漳州龙文区蓝田镇檀林"吃福"；十三：关圣帝君诞辰、"开漳圣王巡安"、南靖竹马戏表演活动；十五：各地闹元宵、上元祭祖、泉州天后（妈祖）宫"乞龟"习俗；漳浦沿海"穿灯脚"、同安"莲花褒歌"、东石数宫灯、龙海林前伽蓝药王巡社与汉畲泼水节、长泰岩溪珪塘叶氏族人举行"三公下水操"、同安吕厝装瓯祭祖习俗；廿九：泉州东海蟳埔妈祖"巡香"
二月	初二：土地公生日；十二："北山王"诞辰；十五：开漳圣王诞辰日；春二月祭祖。
三月	三月节吃"润饼"习俗；初三：泉州玄天上帝生日祭海神、洛阳桥民俗踩桥活动、厦门"三日节"祭祖先；初五：清明节墓祭祖先；十四：德化大卿宫"摆大龟"，供奉吴真人；十五：大道公生日，白礁慈济宫、青礁慈济宫举行"慈济宫吴真人诞辰祭典仪式"；廿三：妈祖生日，晋江东石天后宫信众到泉州天后宫绕境进香，惠安洛阳云庄村信众往湄洲岛进香，集美后溪霞城城隍庙会
四月	初一：同安"走康王公"；初八：佛祖生日
五月	初五：端午节，蚶江"闽台端午对渡习俗"；安溪湖头祭江习俗；鲤城、晋江安海嗦啰嗹习俗；泉港沙格龙舟赛；厦门集美龙舟赛
六月	初六："天晚节"祭祖敬老；十五："半年节"，祭祖先并祀土地公；十八：马巷元威殿池王爷诞辰；廿六：洋西山北"拾福份"
七月	初七：七夕；十五：泉港山腰抢"七星灯"民俗，山格、小溪举行纪念"大众爷"神像人坛仪式；十九：纪念戚家军抗倭民俗
八月	十五：中秋节，闽南各地盛行博饼活动；廿二：郭圣王生日；廿六：同安祭孔；廿八：泉州城东祭"十班"
九月	廿三：马公爷生日
十一月	冬至前厦门送王船；冬至前一天龙文区梧桥檀林威惠庙举行"请祖"活动；冬至节祭祖
十二月	十六：尾牙；廿四：送神日（祭灶）；除夕，泉州围炉、跳火群

附录5
闽南文化生态保护区对台对外主要活动

单位：项

地区	活动名称	数量
泉州	闽南文化节、闽台（石狮）端午对渡文化节、妈祖巡安文化节、泉州元宵节、闽台祭祖、国际南音会唱、国际木偶节、安溪茶文化节、永春佛手禅茶文化节、德化瓷文化节、惠安国际雕艺节、国际南少林武术节、威远楼之夏戏剧节、两岸文庙交流合作、中秋博饼、民间舞蹈比赛、中小学生南音比赛、讲古比赛、美食文化节、石雕（惠安）工艺美术大奖赛、民间戏曲会演、闽台姓氏族谱和涉台文物展暨宗亲恳谈会、泉港沙格龙舟赛、闽南笋江文化节、晋江安海民俗文化节、南安广泽尊王文化节	26
漳州	海峡两岸保生大帝文化节、东山关帝文化节、南靖土楼文化节、海峡两岸开漳圣王文化节、海峡两岸三平祖师文化节、漳台族谱对接与祭祖活动、海峡两岸灯谜节、诏安书画艺术节、漳浦剪纸艺术节、华安奇石节、闽台乞龟民俗活动、海峡两岸木偶艺术节、海峡两岸歌仔戏（芗剧）艺术节	13
厦门	海峡两岸保生大帝文化节、郑成功文化节、海峡两岸民间艺术节、闽南语歌曲大赛、海峡两岸南音展演、民间艺阵表演、元宵灯会、花车踩街、龙舟赛、闽南中秋博饼、民间婚礼、福德文化节、王爷文化节、孔子文化节	14

参考文献

埃尔斯沃思·亨廷顿，2020，《文明与气候》，吴俊范译，商务印书馆。

埃斯特·博塞拉普，2015，《农业增长的条件》，罗煜译，法律出版社。

爱德华·伯纳特·泰勒，1992，《原始文化》，连树声译，上海文艺出版社。

安传艳、翟洲燕、李同昇，2022，《传统村落空间的表征与话语权力：基于文本话语的分析》，《地理科学》第 4 期。

白现军、张长立，2016，《乡贤群体参与现代乡村治理的政治逻辑与机制构建》，《南京社会科学》第 11 期。

卞利，2010，《文化生态保护区建设中存在的问题及其解决对策——以徽州文化生态保护实验区为例》，《文化遗产》第 4 期。

伯特兰·罗素，2006，《西方的智慧——从苏格拉底到维特根斯坦》，瞿铁鹏等译，上海人民出版社。

蔡瑞艳、钮维敢，2021，《全球化视域下的资本主义阵营文化扩张与发展中国家文化安全》，《宁夏社会科学》第 5 期。

曹兵武，2022，《信息视角下的博物馆学——基于苏东海先生"生态博物馆之惑"的一点思考》，《东南文化》第 6 期。

曹新向，2006，《基于生态足迹分析的旅游地生态安全评价研究——以开封市为例》，《中国人口·资源与环境》第 2 期。

柴云，2009，《联合国三次人类环境会议比较分析》，硕士学位论文，苏州大学。

朝阳镇志编委会，2014，《朝阳镇志》，方志出版社。

陈驰、晏薇、李伯华、袁佳利，2021，《基于景观基因理论的传统聚落数字化保护与开发利用——以板梁古村为例》，《城市建筑》第 6 期。

陈国阶，2002，《论生态安全》，《重庆环境科学》第 3 期。

陈华文、陈淑君，2016，《中国文化生态保护区的实践探索研究》，《浙江师范大学学报》（社会科学版）第 2 期。

陈佳、杨新军、温馨、邓梦麒，2020，《旅游发展背景下乡村适应性演化理论框架与实证》，《自然资源学报》第 7 期。

陈静生、蔡运龙、王学军，2001，《人类-环境系统及其可持续性》，商务印书馆。

陈静生、蔡运龙、王学军，2007，《人类—环境系统及其可持续性》，商务印书馆。

陈利顶、刘洋、吕一河、冯晓明、傅伯杰，2008，《景观生态学中的格局分析：现状、困境与未来》，《生态学报》第 11 期。

陈亮、王如松、王志理，2007，《2003 年中国省域社会-经济-自然复合生态系统生态位评价》，《应用生态学报》第 8 期。

陈琦、吕树庭、龚建林等，2010，《文化生态学视野下南部沿海区域大众体育的发展》，《体育学刊》第 1 期。

陈庆跃，2015，《建立乡村乡贤工作室为群众排忧解难》，《农民日报》9 月 11 日。

陈寿朋、杨立新，2005，《论生态文化及其价值观基础》，《道德与文明》第 2 期。

陈文波、肖笃宁、李秀珍，2002，《景观空间分析的特征和主要内容》，《生态学报》第 7 期。

陈星、周成虎，2005，《生态安全：国内外研究综述》，《地理科学进展》第 6 期。

陈勇，2012，《人类生态学原理》，科学出版社。

陈之荣，1993，《人类圈与全球变化》，《地球科学进展》第 3 期。

陈仲元，2008，《国家、地方政府、乡绅与乡村秩序——以民国初年微山湖地区"垦务公司事件"为例》，《中国矿业大学学报》（社会科学版）第 1 期。

楚国帅，2021，《中国文化生态保护区建设的现状分析与未来走向》，《民俗研究》第 3 期。

春雨童、王传生、计卫星、邓宁，2021，《基于网络文本分析的重游意向旅游形象感知研究——以厦门鼓浪屿风景名胜区及北京故宫博物院为例》，《地域研究与开发》第 4 期。

崔胜辉、李旋旗、李扬、李方一、黄静，2011，《全球变化背景下的适应性研究综述》，《地理科学进展》第 9 期。

戴伟华，2011，《文化生态与中国文学研究》，《华南师范大学学报》（社会科学版）第 2 期。

邓辉，2003，《卡尔·苏尔的文化生态学理论与实践》，《地理研究》第 5 期。

邓先瑞，2003，《试论文化生态及其研究意义》，《华中师范大学学报》（人文社会科学版）第 1 期。

第二届历史古迹建筑师及技师国际会议，2018，《国际古迹遗址保护与修复宪章（威尼斯宪章）》，http://wglj. suzhou. gov. cn/szwhgdhlyj/fzzfjs/201812/77b118d472104c1cb4c4f97a664af5f5. shtml，最后访问日期：2024 年 5 月 4 日。

董光海、冯健英、唐晓阳、冯所海，2015，《弘扬"乡贤精神"发展"乡贤文化"——赴浙江上虞学习考察"乡贤文化"纪实（三）》，《海口晚报》11 月 10 日。

董晓峰、陈春宇、朱宽樊，2014，《名人故居文化生态系统的保护利用研究——以北京市总布胡同梁林故居一带为例》，《中国园林》第 4 期。

董雪旺，2003，《旅游地生态安全评价研究——以五大连池风景名胜区为例》，《哈尔滨师范大学自然科学学报》第 6 期。

杜祥琬、温宗国、王宁、曹馨，2015，《生态文明建设的时代背景与重大意义》，《中国工程科学》第 8 期。

杜赞奇，1995，《文化、权力与国家——1900—1942 年的华北农村》，王福明译，江苏人民出版社。

段超，2005，《再论民族文化生态的保护和建设》，《中南民族大学学报》（人文社会科学版）第 4 期。

段勇，2017，《当代中国博物馆》，译林出版社。

恩斯特·卡西尔，2004，《人论》，甘阳译，上海译文出版社。

范大平，2005，《论中国农村文化生态环境建设》，《求索》第二期。

方李莉，2001，《文化生态失衡问题的提出》，《北京大学学报》（哲学社会科学版）第 3 期。

方李莉，2005，《警惕潜在的文化殖民趋势——生态博物馆理念所面临的挑战》，《民族艺术》第 3 期。

方世南，2023，《以人与自然和谐共生的现代化创造人类生态文明新形态研究》，《江苏大学学报》（社会科学版）第 5 期。

费孝通，1999，《乡土重建》，载《费孝通全集》（第 5 卷），群言出版社。

封志明、杨艳昭、闫慧敏等，2017，《百年来的资源环境承载力研究：从理论到实践》，《资源科学》第 3 期。

冯骥才，2013，《传统村落的困境与出路——兼谈传统村落是另一类文化遗产》，《民间文化论坛》第 1 期。

冯科，2010，《以乡贤资源带动丰顺经济发展》，《新经济》第 4 期。

冯淑华，2011，《传统村落文化生态空间演化论》，科学出版社。

冯天瑜，1990，《中华文化史》，上海人民出版社。

冯天瑜，2006，《文化守望》，武汉大学出版社。

冯天瑜、何晓明、周积明，2005，《中华文化史》，上海人民出版社。

冯智明，2021，《文化生态重建与价值更新——关于瑶族盘王节内涵及传承发展的再认识》，《原生态民族文化学刊》第 2 期。

福建省人民政府办公厅，2014，《闽南文化生态保护区总体规划》，http://zfgb.fujian.gov.cn/1020，最后访问日期：2023 年 11 月 23 日。

付翠莲，2016，《我国乡村治理模式的变迁、困境与内生权威嵌入的新乡贤治理》，《地方治理研究》第 1 期。

付强、杨壮、董锁成、杨红新、牛智慧、许文璐，2021，《河南省国家级传统村落空间可达性及影响因素研究》，《河南师范大学学报》（自然科学版）第 6 期。

高丙中，2005，《民族志的科学范式的奠定及其反思》，《思想战线》第 1 期。

高丙中，2012，《关于文化生态失衡与文化生态建设的思考》，《云南师范大学学报》（哲学社会科学版）第 1 期。

高兴明，2017，《实施乡村振兴战略要突出十个重点》，《农民日报》12 月

9 日。

高宣扬，2005，《后现代论》，中国人民大学出版社。

葛剑雄，1992，《全面正确地认识地理环境对历史和文化的影响》，《复旦
大学学报》（社会科学版）第 6 期。

耿羽、郗永勤，2017，《精准扶贫与乡贤治理的互塑机制——以湖南 L 村
为例》，《中国行政管理》第 4 期。

龚建林，2011，《体育文化生态系统的结构与特性》，《体育学刊》第 4 期。

谷树忠、胡咏君、周洪，2013，《生态文明建设的科学内涵与基本路径》，
《资源科学》第 1 期。

关进礼，2013，《新形势下国家文化安全威胁及对策研究》，《思想理论教
育导刊》第 10 期。

管宁，2003，《文化生态与现代文化理念之培育》，《教育评论》第 3 期。

郭超，2014，《用乡贤文化滋养主流价值观》，《光明日报》8 月 15 日。

郭凡、邹和，2002，《生态人类学》，文物出版社。

郭建斌，2003，《民族志方法：一种值得提倡的传播学研究方法》，《新闻
大学》第 2 期。

郭远智、刘彦随，2021，《中国乡村发展进程与乡村振兴路径》，《地理学
报》第 6 期。

郭中伟，2001，《建设国家生态安全预警系统与维护体系——面对严重的
生态危机的对策》，《科技导报》第 1 期。

韩茂莉，2000，《2000 年来我国人类活动与环境适应以及科学启示》，《地
理研究》第 3 期。

韩念勇，2000，《中国自然保护区可持续管理政策研究》，《自然资源学报》
第 3 期。

韩源，2008，《国家文化安全引论》，《当代世界与社会主义》第 6 期。

《汉语大词典》编委会，1992，《汉语大词典》（第 10 卷），汉语大词典出
版社。

郝良华，2004，《论全球化背景下中国国家文化安全与文化创新》，《理论
学刊》第 10 期。

何倩倩，2015，《"乡贤治村"调查》，《决策》第 4 期。

何艳冰、黄晓军、杨新军，2017，《快速城市化背景下城市边缘区失地农民适应性研究——以西安市为例》，《地理研究》第 2 期。

胡恒，2015，《皇权不下县的由来及其反思》，《中华读书报》11 月 4 日。

胡惠林，2003，《在积极的发展中保障中国的国家文化安全》，《美术》第 2 期。

胡惠林，2005，《中国国家文化安全报告》，山西人民出版社。

胡惠林，2017，《文化生态安全：国家文化安全现代性的新认知系统》，《国际安全研究》第 3 期。

胡建华、李洪涛、周延飞，2018，《鲁西北传统村落文化生态数字化保护模式》，《文化学刊》第 11 期。

胡鹏辉、高继波，2017，《新乡贤：内涵、作用与偏误规避》，《南京农业大学学报》（社会科学版）第 1 期。

胡书玲、余斌、王明杰，2019，《乡村重构与转型：西方经验及启示》，《地理研究》第 12 期。

胡燕、陈晟、曹玮、曹昌智，2014，《传统村落的概念和文化内涵》，《城市发展研究》第 1 期。

胡最、刘春腊、邓运员、杨立国，2012，《传统聚落景观基因及其研究进展》，《地理科学进展》第 12 期。

黄粹，2020，《乡村振兴中的女乡贤：时代价值与培育路径》，《云南民族大学学报》（哲学社会科学版）第 4 期。

黄高智等，1991，《内源发展——质量方面和战略因素》，中国对外翻译出版公司。

黄海，2016，《用新乡贤文化推动乡村治理现代化》，《西部大开发》第 6 期。

黄卉洁、苗红、王云，2021，《西北地区传统村落旅游开发潜力评价研究》，《地域研究与开发》第 6 期。

黄婧、谢攀琳，2020，《全球生态危机背景下习近平生态文明思想的世界视野与世界担当》，《广西科技师范学院学报》第 4 期。

黄磊、欧阳思伟，2015，《以德治村有乡贤——万载党外民间推乡村治理转型侧记》，《宜春日报》5 月 20 日。

黄勤、曾元、江琴，2015，《中国推进生态文明建设的研究进展》，《中国人口·资源与环境》第 2 期。

黄淑聘、龚佩华，1998，《文化人类学理论方法研究》，广东高等教育出版社。

黄永林，2013，《"文化生态"视野下的非物质文化遗产保护》，《文化遗产》第 5 期。

黄育馥，1999，《20 世纪兴起的跨学科研究领域——文化生态学》，《国外社会科学》第 6 期。

黄震方、黄睿，2018，《城镇化与旅游发展背景下的乡村文化研究：学术争鸣与研究方向》，《地理研究》第 2 期。

黄正泉，2015，《文化生态学》，中国社会科学出版社。

J. H. 斯图尔德，1983，《文化生态学的概念和方法》，王庆仁译，《民族译丛》第 6 期。

戢斗勇，2004，《文化生态学论纲》，《佛山科学技术学院学报》（社会科学版）第 5 期。

季中扬、胡燕，2016，《当代乡村建设中乡贤文化自觉与践行路径》，《江苏社会科学》第 2 期。

江金波，2005，《论文化生态学的理论发展与新构架》，《人文地理》第 4 期。

江金波、司徒尚纪，2002，《论我国文化地理学研究的前沿走向》，《人文地理》第 5 期。

姜爱、刘春桃，2019，《乡村"过疏化"背景下传统村落乡村精英的角色——基于鄂西南盛家坝乡 E 村的个案考察》，《中南民族大学学报》（人文社会科学版）第 5 期。

蒋立松，1999，《山地生境与贵州少数民族物质文化的形成及其特征》，《贵州民族研究》第 3 期。

蒋逸民，2011，《自我民族志：质性研究方法的新探索》，《浙江社会科学》第 6 期。

角媛梅，1999，《哈尼梯田文化生态系统研究》，《人文地理》第 S1 期。

解晓燕、冯广华，2010，《乡绅文化与新农村建设新探》，《山西农业大学学报》（社会科学版）第 4 期。

解学芳、臧志彭，2008，《信息时代的网络文化生态安全危机与化解》，《情报科学》第 5 期。

金利霞、文志敏、范建红、杜志威，2020，《乡村空间重构的理论研究进展与理论框架构建》，《热带地理》第 5 期。

金其铭、杨山、杨需，1993，《人地关系论》，江苏教育出版社。

晋秀龙、陆林，2008，《旅游生态学研究方法评述》，《生态学报》第 5 期。

卡西尔，2004，《人论》，甘阳译，上海译文出版社。

阚耀平，1999，《新疆草原文化区域系统研究》，《人文地理》第 1 期。

康璟瑶、章锦河、胡欢、周珺、熊杰，2016，《中国传统村落空间分布特征分析》，《地理科学进展》第 7 期。

L. A. 怀特，1988，《文化的科学——人类与文明的研究》，山东人民出版社。

黎德扬、孙兆刚，2003，《论文化生态系统的演化》，《武汉理工大学学报》（社会科学版）。

李伯华、刘沛林、窦银娣、曾灿、陈驰，2017，《中国传统村落人居环境转型发展及其研究进展》，《地理研究》第 10 期。

李伯华、曾灿、刘沛林、窦银娣，2019，《传统村落人居环境转型发展的系统特征及动力机制研究——以江永县兰溪村为例》，《经济地理》第 8 期。

李伯华、曾荣倩、刘沛林、刘一曼、窦银娣，2018，《基于 CAS 理论的传统村落人居环境演化研究——以张谷英村为例》，《地理研究》第 10 期。

李春莹、林彩斌、林明水、柯菅菅，2020，《县域全域旅游竞争力评价研究——以福建省为例》，《福建师范大学学报》（自然科学版）第 4 期。

李二玲、胥亚男、雍雅君、魏莉霞，2018，《农业结构调整与中国乡村转型发展——以河南省巩义市和鄢陵县为例》，《地理科学进展》第 5 期。

李鹤、张平宇、程叶青，2008，《脆弱性的概念及其评价方法》，《地理科学进展》第 2 期。

李红波，2020，《韧性理论视角下乡村聚落研究启示》，《地理科学》第 4 期。

李红波、张小林，2012，《国外乡村聚落地理研究进展及近今趋势》，《人文地理》第 4 期。

李华敏，2009，《乡村旅游行为意向形成机制研究：基于计划行为理论的拓展》，中国社会科学出版社。

李吉远、谢业雷，2009，《"文化生态"视阈下传统武术的传承与保护》，《西安体育学院学报》第 2 期。

李江苏、王晓蕊、李小建，2020，《中国传统村落空间分布特征与影响因素分析》，《经济地理》第 2 期。

李金哲，2017，《困境与路径：以新乡贤推进当代乡村治理》，《求实》第 6 期。

李进涛、熊强，2021，《基于熵值法和 TOPSIS 模型的城市韧性评价——以湖北武汉为例》，《经济界》第 2 期。

李静，2016，《当代乡村叙事中乡贤形象的变迁》，《江苏社会科学》第 2 期。

李里峰，2017，《乡村精英的百年嬗蜕》，《武汉大学学报》（人文科学版）第 1 期。

李明、岳宗、符信、车作斌，2012，《发挥乡贤反哺作用 促进区域协调发展》，https://news. sina. com. cn/o/2012 - 10 - 16/065925366102. shtml，最后访问日期：2024 年 5 月 4 日。

李宁，2017，《乡贤文化和精英治理在现代乡村社会权威和秩序重构中的作用》，《学术界》第 11 期。

李文兵，2008，《旅游背景下古村落文化生态演变机制——以张谷英古村落为例》，《社会科学家》第 11 期。

李文华，2000，《可持续发展的生态学思考》，《四川师范学院学报》（自然科学版）第 3 期。

李文华、张彪、谢高地，2009，《中国生态系统服务研究的回顾与展望》，《自然资源学报》第 1 期。

李文君，2011，《基于国家文化安全的中国文化认同构建》，博士学位论文，湖南师范大学。

李向民、杨昆，2021，《新时代的文化生态与文化业态》，《深圳大学学报》（人文社会科学版）第 2 期。

李小寒、李泽新、于林，2016，《基于文化—生态可持续的传统村落保护
　　与发展——以重庆市蔺市镇凤阳村为例》，《城市》第 11 期。

李晓斐，2010，《现代性与民间传统的互动——以河南省路村"院"、"庙"
　　为例》，《开放时代》第 4 期。

李晓斐，2016，《乡土社会"中心个人"的文化生产与当代转型——以河
　　南省路村调查为例》，《北京社会科学》第 7 期。

李晓斐，2018，《当代乡贤：理论、实践与培育》，《理论月刊》第 2 期。

李学锋、林明水，2021，《文化生态视域下乡贤参与乡村旅游意向的区域
　　差异与影响机制研究》，《重庆社会科学》第 7 期。

李学江，2004，《生态文化与文化生态论析》，《理论学刊》第 10 期。

李玉恒、阎佳玉、武文豪、刘彦随，2018，《世界乡村转型历程与可持续
　　发展展望》，《地理科学进展》第 5 期。

李振基，2004，《生态学》，科学出版社。

李振基、陈小麟、郑海雷、连玉武，2000，《生态学》（第四版），科学出
　　版社。

李志红，2022，《乡村振兴背景下农村"空心化"治理与社区建设融合发
　　展研究》，《农业经济》第 1 期。

李子蓉，2009，《泉州闽南文化与乡村旅游的互动研究》，《世界地理研究》
　　第 3 期。

梁渭雄、叶金宝，2000，《文化生态与先进文化的发展》，《学术研究》第
　　11 期。

廖国强、关磊，2011，《文化·生态文化·民族生态文化》，《云南民族大
　　学学报》（哲学社会科学版）第 4 期。

林继富，2021a，《民族地区非物质文化遗产扶贫实践路径研究——基于文
　　化生态保护区建设视角》，《湖北民族大学学报》（哲学社会科学版）
　　第 1 期。

林继富，2021b，《文化生态保护区的"空间"认知研究》，《中国人民大学
　　报》第 3 期。

林继富，2021c，《文化生态保护区建设的动力机制——基于"空间生产"
　　视角的讨论》，《中央民族大学学报》（哲学社会科学版）第 4 期。

林琳、田嘉铄、钟志平、李诗元、任炳勋，2018，《文化景观基因视角下传统村落保护与发展——以黔东北土家族村落为例》，《热带地理》第3期。

林明水，2014，《湖库型旅游地可持续发展研究》，福建人民出版社。

林明水、陈玉萍、李微、曾春水、李春莹，2022，《传统村落文化生态适应性评价及影响因素研究》，《中国生态旅游》第3期。

林明水、李春莹、王甫园等，2021a，《中国传统村落文化生态研究进展与展望》，《中国生态旅游》第1期。

林明水、林金煌、程煜、王新歌、张明锋、祁新华，2018，《省域乡村旅游扶贫重点村生态脆弱性评价——以福建省为例》，《生态学报》第19期。

林明水、王新歌、伍世代、陈田，2017，《乡贤参与乡村旅游的机制研究——以福建省典型地为例》，《福建论坛》（人文社会科学版）第1期。

林明水、鄢沂、曾春水、朱鹤、王甫园，2021b，《中央苏区红色旅游资源跨区域整合开发研究：文化生态学视角》，《自然资源学报》第7期。

林庆，2010，《民族文化的生态性与文化生态失衡——以西南地区民族文化为例》，《云南民族大学学报》（哲学社会科学版）第2期。

林希元，1997，《同安林次崖先生文集》，齐鲁书社。

林语堂，2007，《中国人》，学林出版社。

刘登翰、陈耕，2014，《论文化生态保护——以厦门市闽南文化生态保护试验区为中心》，福建人民出版社。

刘合光，2018，《乡村振兴战略的关键点、发展路径与风险规避》，《新疆师范大学学报》（哲学社会科学版）第3期。

刘嘉毅、葛绪锋、陈玉萍，2017，《传统村落遗产保护与旅游开发研究——来自江苏洪泽龟山村的样本》，《中南林业科技大学学报》（社会科学版）第6期。

刘魁立，2007，《文化生态保护区问题刍议》，《浙江师范大学学报》（社会科学版）第3期。

刘丽华、林明水、王莉莉，2018，《新乡贤参与乡村振兴的角色感知与参与意向研究》，《福建论坛》（人文社会科学版）第11期。

刘沛林，2003，《古村落文化景观的基因表达与景观识别》，《衡阳师范学院学报》第 4 期。

刘沛林、刘春腊、邓运员、申秀英、胡最、李伯华，2009，《客家传统聚落景观基因识别及其地学视角的解析》，《人文地理》第 6 期。

刘沛林、刘春腊、邓运员、申秀英、李伯华、胡最，2010，《中国传统聚落景观区划及景观基因识别要素研究》，《地理学报》第 12 期。

刘沛林、刘春腊、李伯华、邓运员、申秀英、胡最，2010，《中国少数民族传统聚落景观特征及其基因分析》，《地理科学》第 6 期。

刘奇葆，2014，《创新发展乡贤文化》，http://news. cntv. cn/2014/09/16/ARTI1410866462431211. shtml，最后访问日期：2024 年 5 月 4 日。

刘淑兰，2016，《乡村治理中乡贤文化的时代价值及其实现路径》，《理论月刊》第 2 期。

刘彦随，2007，《中国东部沿海地区乡村转型发展与新农村建设》，《地理学报》第 6 期。

刘彦随，2018，《中国新时代城乡融合与乡村振兴》，《地理学报》第 4 期。

刘彦随，2020，《中国乡村振兴规划的基础理论与方法论》，《地理学报》第 6 期。

刘彦随、李进涛，2017，《中国县域农村贫困化分异机制的地理探测与优化决策》，《地理学报》第 1 期。

刘跃进，2004，《解析国家文化安全的基本内容》，《北方论丛》第 5 期。

刘增文、李雅素、李文华，2003，《关于生态系统概念的讨论》，《西北农林科技大学学报》（自然科学版）第 6 期。

龙花楼、屠爽爽，2018，《乡村重构的理论认知》，《地理科学进展》第 5 期。

娄瑞雪，2019，《传统村落文化生态保护性发展思考——基于海南岛屿传统村落视域的问题探微》，《云南行政学院学报》第 6 期。

鲁枢元，2000，《生态文艺学》，陕西人民教育出版社。

陆林、任以胜、朱道才、程久苗、杨兴柱、杨钊、姚国荣，2019，《乡村旅游引导乡村振兴的研究框架与展望》，《地理研究》第 1 期。

吕婷、李君轶、代黎、王萌、杨敏，2018，《电子口碑对乡村旅游行为意向的影响——以西安城市居民为例》，《旅游学刊》第 2 期。

罗伯特·F. 墨菲，1991，《文化与社会人类学引论》，王卓君、吕迺基译，商务印书馆。

罗康隆、刘旭，2015，《文化生态观新识》，《云南师范大学学报》（哲学社会科学版）第 4 期。

罗康隆、彭兵，2021，《对中国传统"农曆"的文化生态再认识》，《原生态民族文化学刊》第 3 期。

罗微，2009，《闽南文化生态保护工作研讨会文集》，浙江人民出版社。

罗文斌、唐叶枝，2018，《新时代乡村旅游发展需要发挥新乡贤企业家精神》，《中国旅游报》7 月 10 日。

马菁，2011，《近十年来国内文化生态问题研究综述》，《湖南社会科学》第 1 期。

马骏、李昌晓、魏虹、马朋、杨予静、任庆水、张斐，2015，《三峡库区生态脆弱性评价》，《生态学报》第 21 期。

马凯，2013，《坚定不移推进生态文明建设》，《求是》第 9 期。

马克思，2021，《1844 年经济学—哲学手稿》，刘丕坤译，研究出版社。

马历、龙花楼，2020，《中国乡村地域系统可持续发展模拟仿真研究》，《经济地理》第 11 期。

马林诺夫斯基，2016，《西太平洋上的航海者》，弓秀英译，商务印书馆。

马千里，2019，《非遗保护应强化整体性保护观念》，《中国文化报》10 月 23 日。

马盛德，2018，《文化生态保护实验区建设要关注的几个问题》，《中南民族大学学报》（人文社会科学版）第 4 期。

马世骏、王如松，1984，《社会－经济－自然复合生态系统》，《生态学报》第 1 期。

孟林盛、乔恩东、李慧贤、孔毓泽，2021，《村落民俗体育的文化生态适应与当代发展——基于下董寨村"跑马排"春节习俗的田野调查》，《体育与科学》第 3 期。

苗毅、宋金平、修方睿、王翔宇，2021，《基于耦合关系的县域乡村发展格局与优化——以寒亭区为例》，《人文地理》第 1 期。

聂永江，2020，《乡村文化生态的现代转型及重建之道》，《江苏社会科学》
　　第 6 期。

宁满秀、袁祥州、王林萍、邓衡山，2018，《乡村振兴：国际经验与中国
　　实践——中国国外农业经济研究会 2018 年年会暨学术研讨会综述》，
　　《中国农村经济》第 12 期。

潘守永，2011a，《生态博物馆及其在中国的发展：历时性观察与思考》，
　　《中国博物馆》第 1 期。

潘守永，2011b，《生态博物馆在中国》，《中国文化遗产》第 6 期。

潘一禾，2007，《文化安全》，浙江大学出版社。

彭建、赵会娟、刘焱序、吴健生，2017，《区域生态安全格局构建研究进
　　展与展望》，《地理研究》第 3 期。

皮家胜、罗雪贞，2016，《为“地理环境决定论”辩诬与正名》，《教学与
　　研究》第 12 期。

品橙旅游，2021，《万字盘点：国家级文化生态保护（实验）区》，http://
　　www. pinchain. com/article/260520，最后访问日期：2023 年 11 月 23 日。

齐渊晗，2016，《文化生态价值下少数民族传统村落保护与发展》，《贵州
　　民族研究》第 11 期。

钱静、马俊哲，2016，《国内新乡贤文化研究综述》，《北京农业职业学院
　　学报》第 4 期。

钱念孙，2016，《乡贤文化为什么与我们渐行渐远》，《学术界》第 3 期。

邱春林，2019，《国外乡村振兴经验及其对中国乡村振兴战略实施的启
　　示——以亚洲的韩国、日本为例》，《天津行政学院学报》第 1 期。

邱均平、邹菲，2004，《关于内容分析法的研究》，《中国图书馆学报》第
　　2 期。

曲格平，2002a，《关注生态安全之一：生态环境问题已经成为国家安全的
　　热门话题》，《环境保护》第 5 期。

曲格平，2002b，《关注生态安全之二：影响中国生态安全的若干问题》，
　　《环境保护》第 7 期。

冉茂云，2019，《城市旅游规划中的文化生态适应性分析》，《建筑工程技
　　术与设计》第 22 期。

戎章榕，2014，《寻求并用好乡贤文化的价值》，《福建日报》12月24日。

阮云星，2007，《民族志与社会科学方法论》，《浙江社会科学》第2期。

塞谬尔·亨廷顿、彼得·伯杰，2004，《全球化的文化动力》，康敬贻、林振熙、柯雄译，新华出版社。

赛汉，2011，《文化生态保护区中的文化、文化生态及其主体性——以内蒙古东乌珠穆沁旗游牧文化生态保护区建设为例》，《民族艺术研究》第1期。

沈海琴，2013，《美国国家公园游客体验指标评述以 ROS、LAC、VERP 为例》，《风景园林》第5期。

沈士琨、史春云、张大园、张颜玉、姜巧，2021，《江苏省乡村旅游地空间分布及其影响因素研究》，《中国生态旅游》第3期。

生态环境部党组，2023，《深入学习贯彻习近平生态文明思想全面建设人与自然和谐共生的美丽中国》，《环境保护》第19期。

石培明、张道平，2015，《三千名乡贤解民忧——江苏丰县"乡贤工作室"开创乡村治理新模式》，《中国县域经济报》7月30日，第7版。

石群勇、龙晓飞，2011，《民族文化生态特征与民族文化生态保护关系研究》，《青海民族研究》第1期。

石中英，2000，《学校教育与国家文化安全》，《教育理论与实践》第11期。

石中英，2004，《论国家文化安全》，《北京师范大学学报》（社会科学版）第3期。

司马云杰，2007，《文化社会学》，中国社会科学出版社。

斯图尔德，1988，《文化生态学的概念和方法》，玉文华译，《世界民族》第6期。

斯图尔德，2013，《文化变迁论》，谭卫华、罗康隆译，贵州人民出版公司。

宋俊华，2011，《关于国家文化生态保护区建设的几点思考》，《文化遗产》第3期。

宋向光，2005，《生态博物馆理论与实践对博物馆学发展的贡献》，《中国博物馆》第3期。

宋增文、周建明、所萌、王茜，2013，《文化生态保护实验区文化生态旅游发展研究——以热贡文化生态保护实验区为例》，《中国人口·资源与环境》第 S1 期。

苏飞、莫潇杭、童磊、郑珂、曹轶蓉，2020，《旅游地社会-生态系统适应性研究进展》，《地理科学》第 2 期。

苏雁、孙宁华，2014，《乡贤的道德精神是可以"看见"的》，《光明日报》8 月 13 日。

孙九霞，2017，《传统村落：理论内涵与发展路径》，《旅游学刊》第 1 期。

孙九霞、王淑佳，2022，《基于乡村振兴战略的乡村旅游地可持续发展评价体系构建》，《地理研究》第 2 期。

孙卫卫，2004，《文化生态——文化哲学研究的新视野——兼论当代中国文化生态及其培育》，《江南社会学院学报》第 1 期。

孙英春，2021，《逆全球化趋向下的文化安全与文化治理》，《浙江学刊》第 5 期。

孙兆刚，2003a，《论文化生态系统》，《系统辩证学学报》第 3 期。

孙兆刚，2003b，《文化生态系统演化及其启示》，《云南师范大学学报》（哲学社会科学版）第 5 期。

Thomas E. Wartenberg 编著，2011，《什么是艺术》，李奉栖等译，重庆大学出版社。

谭华，2008，《体育本质论》，四川科学技术出版社。

谭雪兰、蒋凌霄、安悦、余航菱、周舟、李印齐，2021，《湖南省传统农区乡村功能时空演变及影响因素研究》，《地理科学》第 12 期。

汤国安、赵牡丹、杨昕、周毅，2023，《地理信息系统》（第二版），科学出版社。

唐建军，2013，《文化生态与文化产业：以风筝艺术为例》，中国青年出版社。

唐杰，2004，《全球化背景下的中国文化生态安全——从"端午节"归属之争谈起》，《经济与社会发展》第 10 期。

唐丽霞、张一珂、陈枫，2020，《贫困问题的国际测量方法及对中国的启示》，《国外社会科学》第 6 期。

唐纳德·L. 哈迪斯蒂，2002，《生态人类学》，郭凡、邹和译，文物出版社。

唐艳群，2021，《文化生态研究新范式——评〈当代中国文化生态初论〉》，《环境工程》第 9 期。

田亚平、常昊，2012，《中国生态脆弱性研究进展的文献计量分析》，《地理学报》第 11 期。

屠李、赵鹏军、张超荣，2016，《试论传统村落保护的理论基础》，《城市发展研究》第 10 期。

托马斯·哈定、大卫·卡普兰、马歇尔·D. 萨赫林斯、艾尔门·R. 塞维斯，1987，《文化与进化》，韩建军、商戈令译，浙江人民出版社。

万钰莹，2020，《习近平新时代文化安全观探析》，《广西社会科学》第 10 期。

汪芳、蒋春燕、卫然，2017，《文化景观安全格局：概念和框架》，《地理研究》第 10 期。

汪芳、薛鹏程、刘钊、吴莹，2021，《变化中的适应还是适应中的变化？传统村落政策对区域景观系统适应性的影响研究》，《中国园林》第 10 期。

汪嘉杨、宋培争、张碧、刘伟、张菊，2016，《社会-经济-自然复合生态系统生态位评价模型——以四川省为例》，《生态学报》第 20 期。

汪瑞霞，2019，《传统村落的文化生态及其价值重塑——以江南传统村落为中心》，《江苏社会科学》第 4 期。

汪欣，2011，《非物质文化遗产保护的文化生态论》，《民间文化论坛》第 1 期。

王长乐，1999，《论"文化生态"》，《哈尔滨师专学报》（社会科学版）第 1 期。

王恩涌、赵荣、张小林、刘继生、周尚意、李贵才、韩茂莉，2006，《人文地理学》（第二版），高等教育出版社。

王国刚，2010，《城镇化：中国经济发展方式转变的重心所在》，《经济研究》第 12 期。

王海燕、张晶香、李玉琼、李丹，2019，《基于文化生态学的聚落文化发展与保护策略研究——以澜沧拉祜族自治县老达保为案例》，《普洱学院学报》第 2 期。

王宏钧，2001，《博物馆学基础（修订本）》，上海古籍出版社。

王会昌，1996，《中国文化地理》，华中师范大学出版社。

王劲峰、李连发、葛咏等，2000，《地理信息空间分析的理论体系探讨》，《地理学报》第 1 期。

王劲峰、徐成东，2017，《地理探测器：原理与展望》，《地理学报》第 1 期。

王凯平、冯悦、张云路，2022，《改革开放后乡村人居环境发展历程、逻辑与展望》，《城市规划》第 1 期。

王黎明，1998，《区域可持续发展——基于人地关系地域系统的视角》，中国经济出版社。

王礼茂、郎一环，2002，《中国资源安全研究的进展及问题》，《地理科学进展》第 4 期。

王路，1999，《农村建筑传统村落的保护与更新——德国村落更新规划的启示》，《建筑学报》第 11 期。

王明东，2001，《独龙族的生态文化与可持续发展》，《云南民族学院学报》（哲学社会科学版）第 3 期。

王铭铭，1997，《村落视野中的文化与权力：闽台三村五论》，生活·读书·新知三联书店。

王诺，2011，《欧美生态文学》，北京大学出版社。

王泉根，2011，《中国乡贤文化研究的当代形态与上虞经验》，《中国文化研究》第 4 期。

王如松、欧阳志云，2012，《社会–经济–自然复合生态系统与可持续发展》，《中国科学院院刊》第 3 期。

王淑佳、孙九霞，2021，《中国传统村落可持续发展评价体系构建与实证》，《地理学报》第 4 期。

王昕、张荣、吕猛，2015，《建立"乡贤"队伍化解矛后纠纷》，《天津政法报》11 月 3 日。

王先明，2009，《乡绅权势消退的历史轨迹——20 世纪前期的制度变迁、革命话语与乡绅权力》，《南开学报》（哲学社会科学版）第 1 期。

王应举，2015，《乡贤携手"三解三促"上作组共创和谐》，《江苏法制报》12 月 3 日。

王云才、杨丽、郭焕成，2006a，《北京西部山区传统村落保护与旅游开发利用——以门头沟区为例》，《山地学报》第 4 期。

王云才、杨丽、郭焕成，2006b，《北京西部山区传统村落价值评价及可持续利用模式探讨——以北京市门头沟区传统村落的调查研究为例》，《地理科学》第 6 期。

王志良，2014，《继承和弘扬乡贤文化践行社会主义核心价值观》，《光明日报》7 月 23 日，第 1 版。

威廉·A. 哈唯兰，2006，《文化人类学》，瞿铁鹏、张钰译，上海社会科学出版社。

魏成、钟卓乾、廖辉辉，2021，《古劳水乡空间生成解析与传统村落文化生态特征》，《南方建筑》第 4 期。

文化部非物质文化遗产司，2011，《探索与实践——国家级文化生态保护区建设现场交流会暨专家论坛资料集》，文化艺术出版社。

文小勇，2002，《论文化生态圈与文化安全》，《思想战线》第 4 期。

乌丙安，2013，《关于文化生态保护区建设基本思路和模式的思考》，《四川戏剧》第 7 期。

吴必虎，2016，《基于乡村旅游的传统村落保护与活化》，《社会科学家》第 2 期。

吴传钧，1991，《论地理学的研究核心——人地关系地域系统》，《经济地理》第 3 期。

吴合显，2017，《文化生态视野下的传统村落保护研究》，《原生态民族文化学刊》第 1 期。

吴吉林、周春山、谢文海，2018，《传统村落农户乡村旅游适应性评价与影响因素研究——基于湘西州 6 个村落的调查》，《地理科学》第 5 期。

吴腾飞，2020，《新时代维护国家文化安全的三个维度》，《延边大学学报》（社会科学版）第 2 期。

吴效群，2008，《文化生态保护区可行吗?》，《河南社会科学》第 1 期。

吴兴帜，2011，《文化生态区与非物质文化遗产保护研究》，《广西民族研究》第 4 期。

吴赢，2014，《农村文化生态系统及其建构——基于社区营造的视角》，《福建江夏学院学报》第 1 期。

奚从清，2010，《角色论——个人与社会的互动》，浙江大学出版社。

向富华，2018，《乡村旅游开发：城镇化背景下"乡村振兴"的战略选择》，《旅游学刊》第 7 期。

向远林、曹明明、秦进、吴冲，2020，《基于精准修复的陕西传统乡村聚落景观基因变异性研究》，《地理科学进展》第 9 期。

肖笃宁、陈文波、郭福良，2002，《论生态安全的基本概念和研究内容》，《应用生态学报》第 3 期。

肖笃宁、冷疏影，2001，《国家自然科学基金与中国的景观生态学》，《中国科学基金》第 6 期。

肖娟、杨永清，2017，《基于生态适应性理论的川东民居传统聚落景观分析》，《生态学报》第 13 期。

肖唐镖、戴利朝，2003，《村治过程中的宗族——对赣、皖 10 个村治理状况的一项综合分析》，《福建师范大学学报》（哲学社会科学版）第 5 期。

谢放，2000，《晚清文献中的"乡绅"的对应词是"城绅"》，《近代史研究》第 4 期。

谢花林、李波，2004，《城市生态安全评价指标体系与评价方法研究》，《北京师范大学学报》（自然科学版）第 5 期。

熊春林，2012，《论我国农村传统文化生态的建设》，《湖南社会科学》第 2 期。

熊春林、黄正泉、梁剑宏，2010，《国内文化生态研究述评》，《生态经济》第 3 期。

熊好琴、李旭光、姜文华、丁易，2003，《武隆县旅游开发中的生态安全对策研究》，《重庆环境科学》第 5 期。

徐凤，2016，《再论"文化生态"》，《教育教学论坛》第 10 期。

徐庚保、曾莲芝，2016，《系统论是仿真又一个基础理论》，《计算机仿真》第 12 期。

徐华娟，2008，《社会转型时期英国乡绅简论》，《唐山师范学院学报》第6期。

徐秋涛，2010，《文化安全及其界定的新尝试》，《天水行政学院学报》第4期。

徐绍刚，2002，《浅谈当代中国的文化安全问题》，《新视野》第4期。

徐淑红，2020，《乡村旅游对农村经济发展影响实证研究》，《社会科学家》第12期。

徐祖澜，2010，《乡绅之治与国家权力——以明清时期中国乡村社会为背景》，《法学家》第6期。

杨朝霞，2018，《生态文明建设观的框架和要点——兼谈环境、资源与生态的法学辨析》，《环境保护》第13期。

杨持，2014，《生态学》（第三版），高等教育出版社。

杨国安、甘国辉，2003，《人文地理学研究方法述要》，《地域研究与开发》第1期。

杨海坤、曹寻真，2010，《中国乡村自治的历史根源、现实问题与前景展望》，《江淮论坛》第3期。

杨宏伟、徐旖瑶，2013，《文化与生态共生图式初探——兼论奥康纳与萨卡的文化生态思想》，《江西社会科学》第10期。

杨洪源，2023，《做党和人民需要的真专家》，https://theory.gmw.cn/2023-06/19/content_36638742.htm，最后访问日期：2024年5月4日。

杨华基、刘登翰，2014，《论文化生态保护——以厦门市闽南文化生态保护实验区为中心》，福建人民出版社。

杨军，2015a，《乡贤文化参与乡村治理探究》，《未来与发展》第3期。

杨军，2015b，《新乡贤在培育社会主义核心价值观中载体作用探究》，《文化学刊》第3期。

杨立国、刘沛林，2017，《传统村落文化传承度评价体系及实证研究——以湖南省首批中国传统村落为例》，《经济地理》第12期。

杨立国、龙花楼、刘沛林、刘小兰，2018，《传统村落保护度评价体系及其实证研究——以湖南省首批中国传统村落为例》，《人文地理》第3期。

杨忍，2021，《珠三角地区典型淘宝村重构过程及其内在逻辑机制》，《地理学报》第 12 期。

杨忍、潘瑜鑫，2021，《中国县域乡村脆弱性空间特征与形成机制及对策》，《地理学报》第 6 期。

杨庭硕、罗康隆，2007，《生态人类学》，民族出版社。

杨庭硕、彭兵，2015，《生态文明建设与文化生态之间的区别与联系》，《云南师范大学学报》（哲学社会科学版）第 4 期。

杨庭硕、杨曾辉，2015，《树立正确的"文化生态"观是生态文明建设的根基》，《思想战线》第 4 期。

杨希，2016，《日本乡村振兴中价值观层面的突破：以能登里山里海地区为例》，《国际城市规划》第 5 期。

杨燕、胡静、刘大均、贾垚焱、蒋亮，2021，《贵州省苗族传统村落空间结构识别及影响机制》，《经济地理》第 2 期。

杨怡、郑先友，2003，《徽州古村落的空间环境意象》，《安徽建筑》第 2 期。

杨曾辉、李银艳，2013，《论文化生态与自然生态的区别与联系》，《云南师范大学学报》（哲学社会科学版）第 2 期。

仰和芝，2009，《试论农村文化生态系统》，《江西社会科学》第 9 期。

姚伟钧、彭桂芳，2010，《构建网络文化安全的理论思考》，《华中师范大学学报》（人文社会科学版）第 3 期。

姚修杰，2020，《习近平生态文明思想的理论内涵与时代价值》，《理论探讨》第 2 期。

叶辉，2011，《浙江上虞传承乡贤文化》，《光明日报》12 月 21 日。

叶文虎、陈国谦，1997，《三种生产论：可持续发展的基本理论》，《中国人口·资源与环境》第 2 期。

伊·普里戈金、伊·斯唐热，2005，《从混沌到有序——人与自然的新对话》，曾庆宏、沈小峰译，上海译文出版社。

易剑东，2006，《体育文化学》，北京体育大学出版社。

尹莎、陈佳、杨新军，2020，《社会——生态系统重构背景下农户适应行为及影响机理》，《人文地理》第 2 期。

尹绍亭，2008，《民族文化生态村——当代中国应用人类学的开拓理论与方法》，云南大学出版社。

尹贻梅、陆玉麒、邓祖涛，2004，《国内旅游空间结构研究述评》，《旅游科学》第 4 期。

尤小菊，2013，《民族文化村落的空间研究——以贵州省黎平县地扪村为例》，知识产权出版社。

游海燕，2008，《体育生态论》，四川科学技术出版社。

余谋昌，2005，《生态文化是一种新文化》，《长白学刊》第 1 期。

余压芳、刘建浩，2006，《生态博物馆研究进展及其对文化遗产保护理念的影响》，《建筑学报》第 8 期。

余压芳、庞梦来、张桦，2019，《我国传统村落文化空间研究综述》，《贵州民族研究》第 12 期。

余勇、田金霞，2008，《旅游环境中民族文化的生态适应性变化研究：以张家界郝坪、包谷山土家族为例》，《商业研究》第 10 期。

余泽娜，2021，《论"人与自然和谐共生"蕴涵的三层关系》，《云南社会科学》第 1 期。

俞祥波，2014，《宁化：乡贤投资项目助推产业转型升级》，《三明日报》11 月 10 日。

袁艳，2014，《德清给村两委配"智囊团"—乡贤，村务好帮手》，《浙江日报》12 月 11 日。

曾灿、潘鑫玥、李伯华、窦银娣，2020，《传统村落人居环境脆弱性评价研究——以湖南省江永县上甘棠村为例》，《资源开发与市场》第 10 期。

曾嵘、魏一鸣、范英、李之杰、徐伟宣，2000，《人口、资源、环境与经济协调发展系统分析》，《系统工程理论与实践》第 12 期。

曾芸，2013，《文化生态与非物质文化遗产保护研究》，《中央民族大学学报》（哲学社会科学版）第 3 期。

翟向坤、郭凌，2016，《乡村旅游开发中乡村文化生态建设研究》，《农业现代化研究》第 4 期。

张传文，2015，《新型城镇化建设中现代乡绅的政府培育》，《华南农业大学学报》（社会科学版）第 3 期。

张鸽娟，2020，《系统动力学视角下陕西传统村落营建的多方参与机制及效应分析》，《城市发展研究》第 10 期。

张建忠、刘家明、柴达，2015，《基于文化生态旅游视角的古村落旅游开发——以后沟古村为例》，《经济地理》第 9 期。

张瑾青、罗涛、徐敏、王艳云、刘江，2020，《闽三角地区城镇空间扩张对区域生态安全格局的影响》，《生态学报》第 15 期。

张军，2018，《乡村价值定位与乡村振兴》，《中国农村经济》第 1 期。

张松，2009，《文化生态的区域性保护策略探讨——以徽州文化生态保护实验区为例》，《同济大学学报》（社会科学版）第 3 期。

张向龙、杨新军、王俊、刘文兆、张潇，2013，《基于恢复力定量测度的社会-生态系统适应性循环研究——以榆中县北部山区为例》，《西北大学学报》（自然科学版）第 6 期。

张象枢，2008，《〈农业系统工程〉书评》，《农业工程学报》第 1 期。

张小军、木合塔尔·阿皮孜，2014《走向"文化志"的人类学：传统"民族志"概念反思》，《民族研究》第 4 期。

张晓玲，2018，《可持续发展理论：概念演变、维度与展望》，《中国科学院院刊》第 1 期。

张新光，2007，《质疑"皇权不下县"——基于宏观的长时段的动态历史考证》，《吉首大学学报》（社会科学版）第 2 期。

张需军、黄昌智，1999，《论民族文化的生成环境》，《中央民族大学学报》第 3 期。

张颐武，2015，《重视现代乡贤》，《人民日报》9 月 30 日。

张英魁，2017，《乡贤的外生性及其介入乡村机理分析》，《中国特色社会主义研究》第 3 期。

张颖，2015，《黄屯乡贤返乡啦！跟吗?》，《福建日报》10 月 14 日。

张勇，1996，《生态博物馆思维初探》，中国博物馆。

张幼良，2006，《文化生态与 20 世纪 80 年代的词学研究》，《江海学刊》第 4 期。

张兆成，2016，《论传统乡贤与现代新乡贤的内涵界定与社会功能》，《江苏师范大学学报》（哲学社会科学版）第 4 期。

赵尔文达，2021，《"文化生态保护区"研究：现况与展望》，《青海民族大学学报》（社会科学版）第4期。

赵法生，2014，《再造乡贤群体重建乡土文明》，《光明日报》8月11日，第2版。

赵浩，2016，《"乡贤"的伦理精神及其向当代"新乡贤"的转变轨迹》，《云南社会科学》第5期。

赵景柱，1992，《人口与社会-经济-自然复合生态系统的持续发展——伊春市人口的系统分析与调控对策》，《生态学报》第1期。

赵咪咪、张建国，2017，《基于网络文本分析的城郊森林公园形象感知研究——以丽水白云森林公园为例》，《林业经济问题》第4期。

赵其国、黄国勤、马艳芹，2016，《中国生态环境状况与生态文明建设》，《生态学报》第19期。

赵荣，2019，《人文地理学》，高等教育出版社。

赵文涵，2012，《新华微评·学习笔谈：乡村振兴不是大拆大建》，http://www.xinhuanet.com/politics/2019-09/17/c_1125006763.htm，2012-09-17/2024-05-04，最后访问日期：2024年5月4日。

赵艳喜，2009，《论文化生态保护区中物质文化遗产与非物质文化遗产的关系》，《青海民族研究》第2期。

赵银平，2018，《习近平的改革之"诺"》，《理论导报》第12期。

郑晋鸣、韩灵丽，2014，《在冲撞与融合中塑造新乡村文明——透视江苏省宝应县乡贤回乡的文化现象》，《光明日报》7月16日。

郑文武、李伯华、刘沛林、曾荣倩、邓运员、曾灿，2021，《湖南省传统村落景观群系基因识别与分区》，《经济地理》第5期。

郑晓云，2018，《用文化的力量助推生态文明建设》，http://theory.people.com.cn/n1/2018/1029/c40531-30367783.html，最后访问日期：2023年11月23日。

中共中央、国务院，2015，《印发关于加大改革创新力度加快农业现代化建设的若干意见》，《人民日报》2月2日。

中国博物馆学会，2006，《2005年贵州生态博物馆国际论坛论文集交流与探索》，紫禁城出版社。

钟荣凤、詹岚、谢新丽，2019，《闽东地区乡贤参与乡村旅游的动力机制及障碍因素研究——以"中国扶贫第一村"赤溪村为例》，《宁德师范学院学报》（哲学社会科学版）第 2 期。

钟永光、贾晓菁、钱颖，2023，《系统动力学》（第二版），科学出版社。

周建明、所萌、岳凤珍，2014，《文化生态保护区的理论基础与规划特征》，《城市规划》第 2 期。

周生贤，2009，《积极建设生态文明》，《求是》第 22 期。

周伟良，2007，《论当代中华武术的文化迷失与重构——以全球化趋势下的国家文化安全为视角》，《首都体育学院学报》第 1 期。

周星，2004，《把民族民间的文化与艺术遗产保护在基层社区》，《民族艺术》第 2 期。

周颖、许建初、王立刚、李玉义，2023，《哈尼梯田农耕文化系统可持续发展稳态机制研究》，《中国农业综合开发》第 1 期。

朱传荣，1999，《试论面向 21 世纪的中国文化安全战略》，《江南社会学院学报》第 1 期。

朱春全，1997，《生态位态势理论与扩充假说》，《生态学报》第 3 期。

朱竑、司徒尚纪，1999，《近年我国文化地理学研究的新进展》，《地理科学》第 4 期。

朱利安·H. 斯图尔特、潘艳、陈洪波，2007，《文化生态学》，《南方文物》第 2 期。

朱利安·史徒华，1989，《文化变迁的理论》，张恭启译，台北：远流出版事业股份有限公司。

朱利安·斯图尔德，2013，《文化变迁论》，谭卫华、罗康隆译，贵州人民出版社。

朱生东、赵士德，2011，《文化生态保护区理论溯源与研究述评》，《资源开发与市场》第 3 期。

朱璇，2012，《新乡村经济精英在乡村旅游中的形成和作用机制研究——以虎跳峡徒步路线为例》，《旅游学刊》第 6 期。

朱一中、夏军、谈戈，2002，《关于水资源承载力理论与方法的研究》，《地理科学进展》第 2 期。

诸大建，2013，《生态文明的世界背景、中国意义、上海思考》，https://news. sina. com. cn/o/2013 – 01 – 16/064926044793. shtml，最后访问日期：2023 年 11 月 23 日。

祝越，2015，《本贤区推动乡贤参与城乡社区治理》，《文汇报》10 月 21 日。

邹君、刘媛、刘沛林，2020，《不同类型传统村落脆弱性比较研究》，《人文地理》第 4 期。

邹君、刘媛、谭芳慧、刘沛林，2018，《传统村落景观脆弱性及其定量评价——以湖南省新田县为例》，《地理科学》第 8 期。

邹君、朱倩、刘沛林，2018，《基于解释结构模型的旅游型传统村落脆弱性影响因子研究》，《经济地理》第 12 期。

邹诗鹏，2002，《生存论转向与马克思的实践哲学》，《现代哲学》第 1 期。

左伟、周慧珍、王桥，2003，《区域生态安全评价指标体系选取的概念框架研究》，《土壤》第 1 期。

Abrutyn, Seth. 2009. "Towards a General Theory of Institutional Autonomy. " *Sociological Theory* 27.

Alain, Lipietz. 1999. "Cultural Geography, Political Ecology and Ecology. " *European Planning Studies* 7 (1).

Anderson, E. N. 1996. *Ecologies of the Heart*. New York: Oxford University Press.

Anderson, E. N. , and Barbara A. Anderson. 2012. *Warning Signs of Genocide*. Lanham, MD: Lexington Books.

Anderson, E. N. , Eugene Hunn, Deborah Pearsall, et al. 2011. *Ethnobiology*. New York: Wiley-Blackwell.

Anderson, M. Kat. 1999. "The Fire, Pruning, and Coppice Management of Temperate Ecosystems for Basketry Material by California Indian Tribes. " *Human Ecology* 27 (1).

Anderson, M. Kat. 2005. *Tending the Wild: Native American Knowledge and the Management of California's Natural Resources*. Berkeley: University of California Press.

Antoci, A. , Russu, P. , and Sacco, P. L. 2018. "Cultural Ecologies of Adaptive vs. Maladaptive Traits: A Simple Nonlinear Model. " *Communica-*

tions in Nonlinear Science and Numerical Simulation 58 （May）.

Ashmore, Wendy. 2004. "Social Archaeologies of Landscape. " in *A Companion to Social Archaeology*, edited by LynnMeskell and Robert Preucel. Oxford: Blackwell.

Ashmore, Wendy, and A. Bernard Knapp. 1999. *Archaeologies of Landscape: Contemporary Perspectives*. Oxford: Blackwell.

Atran, Scott, and Douglas Medin. 2008. *The Native Mind and the Cultural Construction of Nature*. Cambridge, MA: MIT Press.

Auer, A. , Maceira, N. , and Nahuelhual, L. 2017. "Agriculturisation and Trade-offs between Commodity Production and Cultural Ecosystem Services: A Case Study in Balcarce County. " *Journal of Rural Studies* 53.

Balee, William. 1998. "Historical Ecology: Premises and Postulates. " in *Advances in Historical Ecology*, edited by William Balee. New York: Columbia University Press.

Balee, William. 2006. "The Research Program of Historical Ecology. " *Annual Review of Anthropology* 35.

Banks, W. E. , Aubry, T. , D'Errico, F. , et al. 2011. "Eco-cultural Niches of the Badegoulian: Unraveling Links between Cultural Adaptation and Ecology during the Last Glacial Maximum in France. " *Journal of Anthropological Archaeology* 30 （3）.

Ba, Q. X. , Lu, D. J. , Kuo, W. H. J. , et al. 2018. "Traditional Farming and Sustainable Development of an Indigenous Community in the Mountain Area-A Case Study of Wutai Village in Taiwan. " *Sustainability* 10 （10）.

Barnthouse, L. W. , O'Neill, R. V. , Bartell, S. M. , et al. 1986. "Population and Ecosystem Theory in Ecological Risk Assessment. " *Aquatic Toxicology and Environmental Fate* 9.

Beel, D. E. , Wallace, C. D. , Webster, G. , et al. 2017. "Cultural Resilience: The Production of Rural Community Heritage, Digital Archives and the Role of Volunteers. " *Journal of Rural Studies* 54.

Bennett, John W. 1976. *The Ecological Transition: Cultural Anthropology and*

Human Adaptation. New York: Academic Press.

Bennett, John W. 1992. *Human Ecology as Human Behavior.* New Brunswick. NJ: Transaction.

Berensmeyer, I. 2011. "Cultural Ecology and Chinese Hamlets." *New Literary History* 42 (3).

Berkes, Fikret. 2008. *Sacred Ecology.* 2nd ed. New York: Routledge.

Bhadauria, T., Kumar, P., Kumar, R., et al. 2012. "Earthworm Populations in a Traditional Village Landscape in Central Himalaya, India." *Applied Soil Ecology* 53.

Blaikie, Piers, and Harold, Brookfield. 1987. *Land Degradation and Society.* London: Methuen.

Bodley, John H. 1999. *Victims of Progress.* 4th ed. Mountain View. CA: Mayfield.

Botkin, Daniel. 1990. *Discordant Harmonies: A New Ecology for the Twenty-First Century.* New York: Oxford University Press.

Boyd, Robert, and Peter, Richerson. 2005. *The Origin and Evolution of Cultures.* New York: Oxford University Press.

Brück, Joanna, and Melissa, Goodman. 1999. "Introduction: Themes for a Critical Archaeology of Prehistoric Settlement." in *Making Places in the Prehistoric World: Themes in Settlement Archaeology,* edited by Joanna Bruck and Melissa Goodman. London: UCL Press.

Brockington, Dan, Rosaleen, Duff, and Jim, Igoe. 2008. *Nature Unbound: Conservation, Capitalism and the Future of Protected Areas.* London: Earthscan.

Bryson, J. M., and Crosby, B. C. 1992. *Leadership for the Common Good: Tackling Public Problems in a Shared-Power World.* San Francisco: Jossey-Bass.

Bullard, Robert. 1990. *Dumping in Dixie.* Boulder: Westview.

Burnett, D. Graham. 2007. *Trying Leviathan.* Princeton: Princeton University Press.

Butzer, Karl W. 1982. *Archaeology as Human Ecology*. Cambridge: Cambridge University Press.

Caneva G. , Traversetti L. , Sujarwo W. , et al. 2017. "Sharing Ethnobotanical Knowledge in Traditional Villages: Evidence of Food and Nutraceutical Core Groups in Bali, Indonesia. " *Economic Botany* 71 (4).

Chase-Dunn, Christopher, and Anderson, E. N. 2005. *The Historical Evolution of World-Systems*. New York: Palgrave Macmillan.

Chase-Dunn Christopher, and Kelly Mann. 1998. *The Wintu and Their Neighbors: A Very Small World-System in Northern California*. Tucson: University of Arizona Press.

Chen, B. , Nakama, Y. , and Zhang, Y. 2017. "Traditional Village Forest Landscapes: Tourists' Attitudes and Preferences for Conservation. " *Tourism Management* 59.

Chivian, Eric, and Aaron Bernstein. 2008. *Sustaining Life: How Human Health Depends on Biodiversity*. New York: Oxford University Press.

Choi, Wonsuk. 2011. "Cultural Ecology on the Village Fengshui. " *Journal of the Korean Association of Regional Geographers* 17 (3).

Clifford, James, and George, Marcus. 1986. *Writing Culture*. Berkeley: University of California Press.

Clifton, J. A. 1968. *Introduction to Cultural Anthropology: Essays in the Scope and Methods of the Science of Man*. Boston: Houghton Mifflin.

Clutton-Brock, Juliet. 2012. *Animals as Domesticates: A World View through History*. East Lansing: Michigan State University Press.

Coates, Peter A. 1998. Nature: Western Attitudes since Ancient Times. *London: Polity Press.*

Constant, N. L. , and Taylor, P. J. 2020. "Restoring the Forest Revives Our Culture: Ecosystem Services and Values for Ecological Restoration across the Rural-urban Nexus in South Africa. " *Forest Policy and Economics.*

Crumley, Carole L. , A. Elizabeth, van Deventer, and Joseph, J. Fletcher. 2001. *New Directions in Anthropology and Environment: Intersections*. Walnut Creek,

CA：AltaMira Press.

Crumley, Carole L. , A. Elizabeth van Deventer, and Joseph J. Fletcher, eds. 2001. *New Directions in Anthropology and Environment：Intersections.* Walnut Creek, CA：AltaMira Press.

Dabelko, G. D. , and Dabelko, D. D. 1995. "Environmental Security：Issues of Conflict and Redefinition. " *Environmental Change & Security Project Report* 1 (1).

Darwin, Charles. 1859. *On the Origin of Species by Means of Natural Selection.* New York：D. Appleton & Co.

Denevan, William. 2001. *Cultivated Landscapes of Native Amazonia and the Andes.* New York：Oxford University Press.

Dincauze, Dena F. 2000. *Environmental Archaeology：Principles and Practice.* Cambridge：Cambridge University Press.

Domosh, M. , Neumann, R. P. , Price, P. L, et al. 2010. *The Human Mosaic：A Cultural Approach to Human Geography.* Devon/Bonn： W. H. Freeman.

Duncan, J. S. , Johnson, N. C. , and Schein, R. H. A. 2004. *A Companion to Cultural Geography.* London：Blackwell Publishing Ltd.

Elbakidze, M. , and Angelstam, P. 2007. "Implementing Sustainable Forest Management in Ukraine's Carpathian Mountains：The Role of Traditional Village Systems. " *Forest Ecology & Management* 249 (1-2).

Ellis, Stephen C. 2005. "Meaningful Consideration? A Review of Traditional Knowledge in Environmental Decision Making. " *Arctic* 58 (1).

Elster, Jon. 1987. *Rational Choice.* Cambridge：Cambridge University Press.

Esherick, Joseph W. , Mary, Backus Rankin, et al. 1990. *Chinese Local Elites and Patterns of Dominance.* Berkeley：University of California Press.

Feld, Steven, and Keith, Basso. 1996. *Senses of Place.* Santa Fe：School of American Research.

Feld, Steven, and Keith, Basso. 2001. *Cultivated Landscapes of Middle America on the Eve of Conquest.* New York：Oxford University Press.

Feng, C. 2018. "Cultural Ecology Exploration: Enlargement and Practice of National Attributes in Ontological Music Art." *Archaeofauna* 27 (5).

Finke, P. 2006. "The Evolutionary Cultural Ecology: Backgrounds, Principles and Perspectives of a New Theory of Culture." *Anglia Journal for English Philology* 124 (1).

Folke, C. , Hahn, T. , Olsson, P. , et al. 2005. "Adaptive Governance of Social-ecological Systems." *Annual Review of Environment and Resources* 30 (1).

Forde, C. Daryll, ed. 1934. *Habitat, Economy and Society: A Geographical Introduction to Ethnology.* London: Methuen.

Forman, Richard T. T. , and Michel Godron. 1986. *Landscape Ecology.* New York: Wiley.

Frank, Robert. 1988. *Passions within Reason. Cambridge*, MA: Harvard University Press.

Fu, Bojie, Shuai Wang, Junze Zhang, Zengqian Hou, and Jinghai Li. 2019. "Unravelling the Complexity in Achieving the 17 Sustainable-Development Goals." *National Science Review* 6 (3).

Fujita, M. , Krugman, P. , and Venables, A. 1999. *The Spatial Economy: Cities, Regions, and International Trade.* Cambridge: MITPress.

Gaukroger, Stephen. 2006. *The Emergence of a Scientific Culture: Science and the Shaping of Modernity 1210-1685.* Oxford: Oxford University Press.

Geertz, Clifford. 1963. *Agricultural Involution.* Berkeley: University of California Press.

Gepts, Paul, Thomas, R. Famula, Robert, L. Bettinger, et al. 2012. *Biodiversity in Agriculture: Domestication, Evolution, and Sustainability.* Cambridge: Cambridge University Press.

Gigerenzer, Gerd. 2007. *Gut Feelings: The Intelligence of the Unconscious.* New York: Viking.

Glacken, ClarenceJ. 1967. *Traces on the Rhodian Shore: Nature and Culture in Western Thought from Ancient Times to the End of the Eighteenth Century.*

Berkeley: University of California Press.

Goldman, Mara J., Paul, Nadasdy, and Matthew, D. Turner. 2011. *Knowing Nature: Conversations at the Intersection of Political Ecology and Science Studies*. Chicago: University of Chicago Press.

Gragson, Ted L., and Ben, G. Blount. 1999. *Ethnoecology: Knowledge, Resources, and Rights*. Athens: University of Georgia Press.

Green, Donald, and Ian, Shapiro. 1994. *Pathologies of Rational Choice Theory*. New Haven, CT: Yale University Press.

Gupta, J., Termeer, C., Klostermann, J., et al. 2010. "The Adaptive Capacity Wheel: A Method to Assess the Inherent Characteristics of Institutions to Enable the Adaptive Capacity of Society." *Environmental Science & Policy* 13 (6).

Haartsen, T., and Strijker, D. 2010. "Rural Youth Culture: Keten in the Netherlands." *Journal of Rural Studies* 26 (2).

Harris, Marvin. 1966. "The Cultural Ecology of India's Sacred Cattle." *Current Anthropology* 7 (1).

Harris, Marvin. 1968. *The Rise of Anthropological Theory*. New York: Crowell.

Harris, Marvin. 1974. *Cows, Pigs, Wars and Witches*. New York: Random House.

Harris, Marvin. 1979. *Cultural Materialism: The Struggle for a Science of Culture*. New York: Random House.

Hawkes, Kristen. 1993. "Why Hunter-Gatherers Work." *Current Anthropology* 34 (4): 341–61.

Head, L. 2007. "Cultural Ecology: The Problematic Human and the Terms of Engagement. Progress in Human Geography." *Progress in Human Geography* 31 (6).

Head, L. 2010. "Cultural Ecology: Adaptation Retrofitting a Concept?" *Progress in Human Geography* 34 (2).

Head, L., and Atchison, J. 2008. "Cultural Ecology: Emerging Human-plant Geographies." *Progress in Human Geography* 33 (2).

Hecht, S. B. 2015. "Between the Devil and the Deep Blue Sea: A Meditation on Nietschmann's Cultural Ecology and Politics of History. " *Progress in Human Geography* 39 (6).

Henry, Donald O. 1995. *Prehistoric Cultural Ecology and Evolution: Insights from Southern Jordan.* New York: Plenum.

Hinton, Alexander Laban. 2002. *Genocide: An Anthropological Reader.* Oxford: Blackwell.

Hirst, K. Kris. 2018. *Cultural Ecology.* New York: ThoughtCo. https://www. thoughtco. com/cultural-ecology-connecting-environment-humans-170545.

Hogarth, J. R. , and Wójcik, D. 2016. "An Evolutionary Approach to Adaptive Capacity Assessment: A Case Study of Soufriere. " *Sustainability* 8.

Huang, H. T. 2002. "Hypolactasia and the Chinese Diet. " *Current Anthropology* 43 (5).

Huang, Y. , and Zhang, Q. 2019. "Research on Image Screening Model of Ancient Villages. " *Journal of Visual Communication & Image Representation* 61 (5).

Ingold, Tim. 2011. *The Perception of the Environment: Essays on Livelihood, Dwelling, and Skill.* London: Routledge.

Isaacs, S. 2010. "Transnational Cultural Ecologies: Evolving Challenges for Nurses in Canada. " *Journal of Transcultural Nursing* 21 (1).

Johnson, Allen W. , and Timothy Earle. 2000. *The Evolution of Human Societies. 2nd ed.* Stanford: Stanford University Press.

Johnson, Leslie Main, and Eugene, S. Hunn. 2010. *Landscape Ethnoecology: Concepts of Biotic and Physical Space.* New York: Berghahn.

Jordan, A. , and Guerzoni, M. 2021. "Cursed is the Ground because of You: The Impact of Culture, Religion, and Ethnicity on the Adoption of Fertilisers in Rural Ethiopia. " *Journal of Evolutionary Economics* 31 (3).

Kahneman, Daniel. 2011. *Thinking, Fast and Slow.* New York: Farrar, Straus and Giroux.

Kant, Immanuel. 1978. *Anthropology from a Pragmatic Point of View.* Victor Lyle Dowdell, trans. Carbondale: Southern Illinois University Press.

Kay, Charles E. , and Randy, T. Simmons. 2002. *Wilderness and Political Ecology*: *Aboriginal Influences and the Original State of Nature*. Salt Lake City: University of Utah Press.

Kitcher, Philip. 1993. *The Advancement of Science*. New York: Oxford University Press.

Kohn, Eduardo. 2007. "How Dogs Dream: Amazonian Natures and the Politics of Transspecies Engagement." *American Ethnologist* 34 (1).

Komppula R. 2014. "The Role of Individual Entrepreneurs in the Development of Competitiveness for a Rural Tourism Destination: A Case Study." *Tourism Management* (1).

Kong, L. , Xu, X. , Wang, W. , et al. 2021. "Comprehensive Evaluation and Quantitative Research on the Living Protection of Traditional Villages from the Perspective of 'Production-Living-Ecology'." *Land* 10 (6).

Kormondy, Edward J. 1996. *Concepts of Ecology*. 4th ed. Upper Saddle River, NJ: Prentice Hall.

Kroeber, Alfred L. 1939. *Cultural and Natural Areas of Native North America*. *University of California Publications in American Archaeology and Ethnology* 38. Berkeley: University of California Press.

Krugman, P. 1991. "Increasing Returns and Economic Geography." *The Journal of Political Economy* 99 (3).

Kweon, D. , and Youn, Y. C. 2021. "Factors Influencing Sustainability of Traditional Village Groves (Maeulsoop) in Korea." *Forest Policy and Economics* 128 (3).

Laird, Sarah A. 2002. *Biodiversity and Traditional Knowledge*: *Equitable Partnerships in Practice*. London: Earthscan.

Latour, Bruno. 2004. *Politics of Nature*: *How to Bring the Sciences into Democracy*. Catherine Porter, trans. Cambridge, MA: Harvard University Press.

Latour, Bruno. 2005. *Reassembling the Social*: *An Introduction to Actor-Network-Theory*. Oxford: Oxford University Press.

Lepofsky, D. , Armstrong, C. G. , Greening, S. , et al. 2017. "Historical Ecology of Cultural Keystone Places of the Northwest Coast. " *American Anthropologist* 119 (3).

Levant, A. 2016. "An Anthropology of Learning: On Nested Frictions in Cultural Ecologies. " *Mind Culture and Activity* 23 (2).

Lindberg, K. , Tisdell, C. , and Xue, D. Y. 2002. *Ecotourism in China's Nature Reserves*. New York: The Haworth Hospitality Press.

Lin, M. S. , Yu, H. , Zeng, Y. F. , et al. 2018. "A Study on the Influence Mechanism of Vandalism Intention of Outbound Tourists based on Extended Theory of Planned Behavior Mode. " *Applied Ecology and Environmental Research* (5).

Liu, C. , Cao, Y. , Yang, C. , et al. 2020. "Pattern Identification and Analysis for the Traditional Village Using Low Altitude UAV-borne Remote Sensing: Multifeatured Geospatial Data to Support Rural Landscape Investigation, Documentation and Management. " *Journal of Cultural Heritage* 44.

Liu, S. , Bai, M. , and Yao, M. 2021. "Integrating Ecosystem Function and Structure to Assess Landscape Ecological Risk in Traditional Village Clustering Areas. " *Sustainability* 13 (9).

Li, Tania Murray. 2007. *The Will to Improve: Governmentality, Development, and the Practice of Politics*. Durham: Duke University Press.

Li, X. M. , Li, W. Y. , Smith, K. S. , and Smith, A. C. 2019. "Hidden from the Wind and Enjoying the Water: The Traditional Cosmology of Fengshui and the Shaping of Dong Villages in South-western China. " *Landscape Research* 44 (5).

Li, Y. R. , Fan, P. C. , and Liu, Y. S. 2019. "What Makes Better Village Development in Traditional Agricultural Areas of China? Evidence from Long-term Observation of Typical Villages. " *Habitat International* 83.

Lysgard, H. K. 2019. "The Assemblage of Culture-led Policies in Small Towns and Rural Communities. " *Geoforum* 101.

Malin, F. M. 2002. Human Livelihood Security Versus Ecological Security-An Ecohydrological Perspective (Balancing Human Security and Ecological Security Interests in a Catchment-Towards Upstream/Downstream Hy-Dmsolidarity, Stockholm, August).

Mao, N., and Gu, B. 2019. "Study of the Protection and Renewal of Urban Villages in Emerging Cities: The Example of Hubei Ancient Village in Shenzhen." *Journal of Architectural Conservation* 26 (1).

Mason, Otis. 1894. Technogeography, or the Relation of the Earth to the Industries of Mankind. *American Anthropologist* 7 (2): 137−61.

Mathewson, Kent. 1998. "Cultural Landscape and Ecology, 1995 − 96: Of Oecnmenics and Nature." *Progress in Human Geography* 22 (1).

Mathez-Stiefel, Sarah-Lan, Regine Brandt, et al. 2012. "Are the Young Less Knowledgeable? Local Knowledge of Natural Remedies and Its Transformations in the Andean Highlands." *Human Ecology* 40.

McIntosh, Roderick J., Joseph A. Tainter, and Susan Keech McIntosh, eds. 2000. *The Way the Wind Blows: Climate, History, and Human Action.* New York: Columbia University Press.

Mithen, Steven J. 1990. *Thoughtful Foragers: A Study of Prehistoric Decision Making.* Cambridge: Cambridge University Press.

Mokoena, L. G. 2019. "Cultural Tourism: Cultural Presentation at the Basotho Cultural Village, Free State, South Africa." *Journal of Tourism and Cultural Change* 18 (2).

Montesquieu, Charles Baron. 1949. The Spirit of the Laws. New York: Hafner. Orig.

Moritz, Michael, Daniel Ewing, and Rebecca, B. Garabed. 2013. "On Not Knowing Zoonotic Diseases: Ethnoveterinary Knowledge in the Far North Region of Cameroon." *Human Organization* 72.

Myers, Fred. 2002. *Painting Culture: The Making of an Aboriginal High Art.* Durham: Duke University Press.

Nadasdy, Paul. 2004. *Hunters and Bureaucrats: Power, Knowledge, and Aboriginal-State Relations in the Southwest Yukon.* Vancouver: University of British Columbia Press.

Nagengast, Carole, and Terence Turner. 1997. "Introduction: Universal Human Rights Versus Cultural Relativity." *Journal of Anthropological Research* 53 (3).

Nazarea, Virginia D. , eds. 1999. *Ethnoecology: Situated Knowledge/Located Lives.* Tucson: University of Arizona Press.

Nguyen, H. T. , and Nguyen T. H. 2021. Tourism Planning of Rattan and Bamboo Villagesin the Red River Delta, Applied to Thu Sy Craft Village, Hung Yen Province. IOP Conference Series: Materials Science and Engineering.

Ni, H. , Chen A. , and Chen N. 2010. "Some Extensions on Risk Matrix Approach." *Safety Science* 48 (10).

Ostrom, Elinor. 1990. *Governing the Commons: The Evolution of Institutions for Collective Action.* New York: Cambridge University Press.

Pahl-Wostl, C. 2009. "A Conceptual Framework for Analyzing Adaptive Capacity and Multi-level Learning Processes in Resource Governance Regimes." *Global Environmental Change* 19 (3).

Paniagua, A. 2015. "Geographical Trajectories, Biographical Determinants and (New) Place Political Elites in Selected Remote Rural Areas of North-central Spain." *Geographical Journal* (4).

Paulson, Susan, and Lisa Gezon, eds. 2005. *Political Ecology across Spaces, Scales, and Social Groups.* New Brunswick, NJ: Rutgers University Press.

Peet, Richard, and Michael Watts, eds. 1996. *Liberation Ecologies: Environment, Development, Social Movements.* London: Routledge.

Picchi, P. , van Lierop, M. , Geneletti, D. , et al. 2019. "Advancing the Relationship between Renewable Energy and Ecosystem Services for Landscape Planning and Design: A Literature Review." *Ecosystem Services* 35.

Pimentel, D. , Mcnair, M. , Buck, L. , et al. 1997. "The Value of Forests to World Food Security." *Human Ecology* 25 (1).

Quinlan, R. J. , Dira, S. J. , and Caudell, M. , et al. 2016. "Culture and Psychological Responses to Environmental Shocks: Cultural Ecology of Sidama Impulsivity and Niche Construction in Southwest Ethiopia." *Current*

Anthropology 57（5）.

Ragin, C. C. 2008. *Redesigning Social Inquiry*. Chicago: University of Chicago Press.

Ragin, C. C. 2014. *The Comparative Method: Moving beyond Qualitative and Quantitative Strategies*. Berkeley: University of California Press.

Rakauskas, Michael E., Nicholas J. Ward, and Susan G. Gerberich. 2009. "Identification of Differences between Rural and Urban Safety Cultures." *Accident Analysis & Prevention* 41（5）.

Richerson, Peter J., and Robert Boyd. 2005. Not by Genes Alone: How Culture Transformed Human Evolution. Chicago: University of Chicago Press.

Robbins, Paul. 2004. *Political Ecology*. Oxford: Blackwell.

Robbins, Paul. 2007. *Cultural Ecology*. London: Blackwell Publishing Ltd.

Ross, Norbert. 2004. *Culture and Cognition: Implications for Theory and Method*. Thousand Oaks, CA: Sage.

Sanderson, Stephen. 1999. *Social Transformations: A General Theory of Historical Development*. Lanham, MD: Rowman & Littlefield.

Santos, C. F., Carvalho, R., and Andrade, F. 2013. "Quantitative Assessment of the Differential Coastal Vulnerability Associated to Oil Spills." *Journal of Coastal Conservation* 17.

Schirpke, U., Scolozzi, R., Dean, G., et al. 2020. "Cultural Ecosystem Services in Mountain Regions: Conceptualising Conflicts among Users and Limitations of Use." *Ecosystem Services* 46.

Shepard, Glenn, Douglas W. Yu, and Bruce W. Nelson. 2004. "Ethnobotanical Ground-Truthing and Forest Diversity in the Western Amazon." *Advances in Economic Botany* 15.

Shepard, Glenn H., Taal Levi, Eduardo GoesNeves, et al. 2012. "Hunting in Ancient and Modern Amazonia: Rethinking Sustainability." *American Anthropologist* 114.

Sillitoe, Paul. 2010. *From Land to Mouth: The Agricultural Economy of the Wola of the New Guinea Highlands*. New Haven, CT: Yale University Press.

Simmonds, N. W. 1976. *Evolution of Crop Plants*. London: Longmans.

Simoons, Frederick. 1979, Questions in the Sacred Cow Controversy. *Current Anthropology* 20 (3).

Smith, Adam. 1920. *The Wealth of Nations*. New York: Dutton. Orig.

Smith, Eric Alden. 1991. *Inujjuamiut Foraging Strategies*. Seattle: University of Washington Press.

Sreekumar, T. T. 2011. "Mobile Phones and the Cultural Ecology of Fishing in Kerala, India." *The Information Society* 27 (3).

Steward, J. H. 1955. *Theory of Culture Change: The Methodology of Multilinear Evolution*. Urbana: University of Illinois press.

Steward, J. H. 1972. *Theory of Culture Change: The Methodology of Multilinear Evolution*. Urbana: University of IllinoisPress.

Sutton, M. Q., and Anderson, E. N. 2013. *Introduction to Cultural Ecology*. Maryland: Altamira Press.

Swarbrooke, J. 1999. *Sustainable Tourism Management*. Washington DC: CABI.

Tang, C. J., He, S. Y., and Zhang, W., et al. 2019. "Environmental Study on Differentiation and Influencing Factors of Traditional Village Lands based on GIS." *Ekoloji* 28 (5).

Taylor, Michael, 2006. *Rationality and the Ideology of Disconnection*. New York: Cambridge University Press.

Vayda, Andrew P. 2009. *Explaining Human Actions and Environmental Changes*. Lanham, MD: AltaMiraPress.

Vayda, Andrew P., and Roy A. Rappaport. 1968. Ecology, Cultural and Noncultural. in James A. Clifton, ed. *Introduction to Cultural Anthropology: Essays in the Scope and Methods of the Science of Man*. Boston: Houghton Mifflin.

Walker, R. B. J. 1991. "State Sovereignty and the Articulation of Political Space/Time." *Millennium* 20 (3).

Wang, H. F. and Chiou, S. C. 2019. "Study on the Sustainable Development of Human Settlement Space Environment in Traditional Villages." *Sustainability* 11 (15).

West, Paige. 2006. *Conservation Is Our Government Now*: *The Politics of Ecology in Papua* New Guinea. Durham: Duke University Press.

Whitaker, A. R, Rosenthal, J. S. , and Brandy, P. 2019. "Social Boundaries, Territoriality, and the Cultural Ecology of Artiodactyl Hunting in Prehistoric Central California. " *Quaternary International* 518.

White, Lynn, Jr. 1967. The Historical Roots of Our Ecologic Crisis. *Science* 155.

Whitmore, Thomas, and B. L. Turner. 2001. *Cultivated Landscapes of Middle America on the Eve of Conquest*. New York: Oxford University Press.

Whitmore, T. M. , and Turner, B. L. 1992. Landscapes of Cultivation in Mesoamerica on the Eve of the Conquest. *Annals of the Association of American Geographers* 82 (3).

Wiley, A. S. 1997. "A Role for Biology in the Cultural Ecology of Ladakh. " *Human Ecology* 25 (2).

Woodcock, G. , and Avakumovi I. 1990. *Peter Kropotkin*: *From Prince to Rebel*. Quebec: Black Rose Books.

Wylie, Alison. 2002. *Thinking from Things*: *Essays in the Philosophy of Archaeology*. Berkeley: University of California Press.

Wylie, Alison. 2004. "Why Standpoint Matters. " in Sandra Harding, ed. *The Feminist Standpoint Theory Reader*: *Intellectual and Political Controversies*. London: Routledge.

Xiao, D. , and Chen, W. 2002. "On the Basic Concepts and Contents of Ecological Security. " *The Journal of Applied Ecology* 13 (3).

Yan, L. 2015. "What Landscape Meant for the Early Medieval Chinese Gentry. " *Asia Pacific Journal of Tourism Research* (11).

Yuan, Z. , Lun, F. , He, L. , et al. 2014. "Exploring the State of Retention of Traditional Ecological Knowledge (TEK) in a Hani Rice Terrace Village, Southwest China. " *Sustainability* 6 (7).

Zhang, Xin. 2000. *Social Transformation in Modern China*: *The State and Local Elites in Henan*: 1900–1937. Cambridge: Cambridge University.

Zhang, Z. , Xu, H. , and Xu, M. 2021. "Research on the Protection and Inheritance of Traditional Villages from the Perspective of Cultural Genes—Take Wuhan Dayu Bay Historical and Cultural Village as an Example. " IOP Conference Series: Earth and Environmental Science.

Zheng, X. , Wu, J. , and Deng, H. 2021. "Spatial Distribution and Land Use of Traditional Villages in Southwest China. " *Sustainability* 13 (11).

Zhu, S. T. 2019. "Chongming Islanders in Great Shanghai: An Investigation of Cultural Ecology. " *Inter-Asia Cultural Studies* 20 (1).

Zimmerer, Karl S. 2004. "Cultural Ecology: Placing Households in Human-environment Studies-the Cases of Tropical Forest Transitions and Agrobiodiversity Change. " *Progress in Human Geography* 28 (6).

后　记

习近平总书记在内蒙古巴彦淖尔考察时强调："科研工作者要把论文写在大地上，把实践中形成的真知变成论文，当党和人民需要的真博士、真专家。"（杨洪源，2023）这一重要论述，饱含着对广大科研工作者的殷切期望，为做好科研工作指明了方向、提供了遵循。时代课题是科学创新的驱动力，也是科研工作的主攻方向。自 2007 年 6 月 9 日文化部设立第一个国家级文化生态保护实验区——闽南文化生态保护实验区以来，福建省各界积极参与保护区建设的模式探索，形成了"保护是基础，传承是核心，交流是载体，研究是关键，分类是重点"的工作思路，探索出一个具有闽南地方特色的文化生态保护与利用模式。作为一个地地道道的闽南人，我能够以保护区村民、文化生态学者、高校专家等多重身份参与保护区的创建工作，既是一份荣誉，也是一份责任。当然，我也很幸运能够获得国家自然科学基金面上项目"闽南传统村落文化生态失衡诊断、空间分异与形成机理"（42271254）、国家社会科学基金重大项目"革命老区'红色文化+旅游'融合发展研究"（21&ZD179）子课题的立项资助，这让我的研究团队能够心无旁骛地开展实地访谈与调研活动，将文化生态区制度理论与实践的最新成果写在祖国大地上，为中国文化生态学自主知识体系构建贡献一份绵薄之力。

在此，感谢提供基金和项目立项资助的各级部门与评审专家，正是得到充足的经费支持，项目团队成员才能够潜心调研，专心撰写文稿，产出高质量文化生态学研究成果；感谢项目组师生紧密协作、辛勤劳作，为项目研究顺利开展集思广益，收集并整理了大量的文献、技术方法、数据信息等资料，保障专著顺利成稿；感谢社会科学文献出版社的编辑为专著出版所倾注的心血，确保成果早日与读者见面。

　　本书可以作为高校、科研院所、研究机构等部门的人类学、地理学、生态学相关专业师生教材或参考读物。由于作者水平和时间有限，书中难免存在不足和疏漏，敬请广大读者批评指正！

林明水

2023 年 12 月于旗山湖

图书在版编目（CIP）数据

文化生态学：理论与实践 / 林明水著. -- 北京：
社会科学文献出版社，2024.8（2025.9 重印）
ISBN 978-7-5228-3625-6

Ⅰ.①文⋯ Ⅱ.①林⋯ Ⅲ.①文化生态学-研究
Ⅳ.①G0

中国国家版本馆 CIP 数据核字（2024）第 092182 号

文化生态学：理论与实践

著　　者 / 林明水

出 版 人 / 冀祥德
组稿编辑 / 谢蕊芬
责任编辑 / 赵　娜
文稿编辑 / 杨　莉
责任印制 / 岳　阳

出　　版 / 社会科学文献出版社·群学分社 （010）59367002
　　　　　　地址：北京市北三环中路甲 29 号院华龙大厦　邮编：100029
　　　　　　网址：www.ssap.com.cn
发　　行 / 社会科学文献出版社 （010）59367028
印　　装 / 北京盛通印刷股份有限公司

规　　格 / 开　本：787mm×1092mm　1/16
　　　　　　印　张：22.25　字　数：354 千字
版　　次 / 2024 年 8 月第 1 版　2025 年 9 月第 2 次印刷
书　　号 / ISBN 978-7-5228-3625-6
定　　价 / 128.00 元

读者服务电话：4008918866